高等学校市场营销学系列教材
云南省2014年省级精品教材

营销渠道管理

Marketing Channel Management

第二版

主编　李克芳　范新河

WUHAN UNIVERSITY PRESS
武汉大学出版社

高等学校市场营销学系列教材

总序

以电子技术为代表的第三次科技革命加速了经济全球化的进程，以高科技产业及信息产业为基础的网络经济使各国企业营销突破了时空界限。各国交叉文化的出现使各国消费者消费需求趋同化，如当今，中国的青少年和美国的同龄人一样，穿Nike鞋，喝Coca Cola，吃McDonald，听Backstreet Boys。然而，经济全球化并没有使全球市场同一化。由于各国营销环境的差异性使各国顾客需求仍存在巨大的差异，顾客需求随着市场经济不断发展越来越个性化，期望也越来越高，大市场不断细分，成为特定市场和定制化市场，甚至“人分市场”（即 一人一个细分市场），有的学者因此而提出人类社会已经从产品经济、服务经济过渡到了体验经济（Experience Economy）。

新的市场环境给市场营销理论和实践带来了新的挑战，但同时也为市场营销理论的发展带来了新的契机。根据营销环境的变化研究新的营销理论与实践，是每一个营销理论工作者义不容辞的责任。

市场营销学是建立在经济学、行为科学及现代管理理论基础上的一门综合性边缘管理学科。市场营销学自创立以来，尤其在近年来，其理论及应用范围得到了迅速的发展和扩大。一方面，市场营销学从基础市场营销学（或者说消费品营销学）拓展到产业营销学、服务营销学、国际营销学、社会营销学、政治营销学、绿色营销、关系营销及网络营销等范畴；另一方面，基础营销学自身又扩展成为各个独立的部分，诸如市场调研、消费者行为、产品管理、分销管理、广告管理、销售管理、营销审计等。现代营销理论的深化和拓展对于培养21世纪市场营销高级人才，以及指导与推动我国企业营销的发展具有重要的意义。

我们编写这套市场营销学教材，目的是在介绍市场营销理论的基础上，对其各分支进行较系统、深入的研究，同时吸收学科前沿的研究成果，以适应市场营销理论发展及教学的需求。这套教材主要包括：《市场营销学》、《国际市场营销学》、《营销调研》、《消费者行为学》、《品牌管理》、《销售管理》、《分销管理》、《广告管理》、《服务营销》及《网络营销》共十部。

这套教材具有系统性、前瞻性和实践性的特点。它们不仅涵盖了市场营销方面的基本知识、基础理论与基本技能，而且介绍了当今营销理论的新领域与新观念，并结合21世纪新时代特点，从战略观念的高度重新审视市场营销理论体系。另外，这套教材也非常重视理论与实践的结合，每章除设有小结及习题外，还附有案例及案例分析讨论题，这既有助于学生通过案例与习题加深对有关营销理论的理解，同时也有利于培养学生分析问题及解决问题的能力。

这套教材的作者中既有学术界的著名学者，也有中青年学术骨干。他们不仅在教学科研方面卓有成就，而且还为许多知名企业开展过管理咨询活动，他们的经验与阅历对编写好教材具有重要的意义。

这套教材主要供市场营销专业的本科生使用，也适用于经济类学生和管理类其他专业的学生以及企业经营管理人员阅读。

这套教材在编写过程中，吸收了国内外同行的研究成果，得到了武汉大学出版社的大力支持和帮助，对此，我们深表感谢。

高等学校市场营销学系列教材编写组

前言

本书自2011年1月出版以来，已连续3次印刷，受到广大读者和营销管理工作者的欢迎，被评为云南省2014年省级精品教材。根据营销渠道理论的发展和企业营销活动的实践，我们编写了《营销渠道管理》第二版。

作为营销组合的重要构成部分，营销渠道已经成为企业传递顾客价值、提高经济效益、赢得持久竞争优势的重要工具。营销渠道在企业营销中的重要性在不断地提升，已经在市场营销管理中占据了一定的地位。随着经济全球化和信息技术的发展，营销渠道的结构发生了变化，渠道管理的难度在不断加大，如何对整个营销渠道进行有效的设计与管理成为企业关注的重点，营销渠道管理的重要性日益突出。

本书从管理决策的角度出发，构建了营销渠道管理学的"设计—管理"的理论结构体系。全书共分为四大部分10章。第一部分为概述，阐述了营销渠道在市场营销管理中的重要性，提出了本书的整体理论框架，并介绍了营销渠道的基本概念与理论。第二部分是营销渠道设计，主要是阐述了营销渠道的设计与组织模式。第三部分是营销渠道的运作管理，重点介绍了渠道成员的选择与激励、营销渠道控制、渠道冲突管理、营销渠道评估与调整等内容。第四部分为营销渠道形式，根据营销渠道形式方面的最新发展和潮流，对目前使用比较广泛的连锁经营和特许经营，以及新兴的网络营销渠道等重要的渠道形式进行了介绍。本书力求以完整的知识体系、丰富翔实的案例、通俗易懂的语言，来展现中国特色的渠道管理。

本书将营销渠道理论与实务融为一体，全面介绍营销渠道管理的基本概念、原理和方法。本书具有以下特点：

1. 体系独特。本书从管理决策的角度出发，提出了营销渠道管理的设计—管理的体系结构，全书共由四大部分构成，即营销渠道概述、营销渠道设计、营销渠道运作管理、营销渠道的形式。全书体系独特，内容全面，涵盖了营销渠道基础理论和前沿知识。

2. 实用性强。本书注重实践性和实用性。通过文中大量穿插的小案例和每章末的案例分析，展现营销渠道理论在实践中的应用，使理论更加贴近现实。丰富翔实的营销案例，有助于读者更容易、更好地理解营销渠道的概念与原理，并提高分析、解决问题的能力。新增加的实践活动栏目有实训、游戏、情景模拟和辩论赛等多种形式，有助于培养学生的实战能力。

3. 教辅合一。本书通过精心设计的编写体例与栏目，如在全书中设置学习目标、各章结构图、引入案例、相关链接、渠道专栏、应用案例、习题、实践活动等，有利于引导读者快速掌握渠道管理的基本理论与操作技巧。本书中类型多样的习题是其他著作中所没有的，并专门为教师提供电子版的习题以及包含详细案例分析的习题答案，便于授课教师从中自由选择进行期中考试与期末考试命题。本书配套的教学课件包括理论点、课堂讨论案例、图形、表格等内容，以方便教学使用。

本书由李克芳、范新河主编，编写的分工如下：李克芳副教授编写第1、2、3、7、9章；范新河副教授编写第4、5、6、8、10章。全书由李克芳审稿、修订、校对和定稿。研究生张曾垚、罗佳佳和申慧芹等参与了部分资料的收集与整理工作。

本书的编写和出版得到了武汉大学出版社的支持和帮助，尤其是武汉大学出版社的范绪泉老师为本书的出版付出了大量的心血，对他的辛勤劳动表示诚挚感谢。本书作为国家自然科学基金项目（71462035、71362015、71462034、71662036）的研究成果之一，在编写中得到了核心团队成员的大力支持，特此感谢！同时，感谢云南省高校电子商务创新与创业重点实验室（云教科2014［16］）与2015年高水平大学实践教学能力提升工程项目——云南省电子商务教学示范中心（云教高2015）的帮助。本书的编写参考了国内外大量的文献资料，除在书中注明资料出处的部分外，限于篇幅未能一一列出，在此，对这些作者表示感谢。

本书适合于高等院校市场营销、工商管理专业作为教材，也可以作为各类相关培训的教材，还可以供对营销渠道有兴趣的各类专业人士学习参考。

由于作者水平有限，书中难免会有些不当之处，恳请各位专家和读者批评指正，以便今后再版时修订。

李克芳

2017年6月

目录

第1章 营销渠道与营销渠道管理

学习目标

- 理解营销渠道受到重视的原因
- 认识营销渠道的重要性
- 掌握渠道策略与营销战略的关系
- 掌握渠道与营销组合中的产品、价格和促销的关系
- 了解营销渠道管理的内涵
- 明确营销渠道管理的特点
- 理解营销渠道管理学的理论框架

本章结构

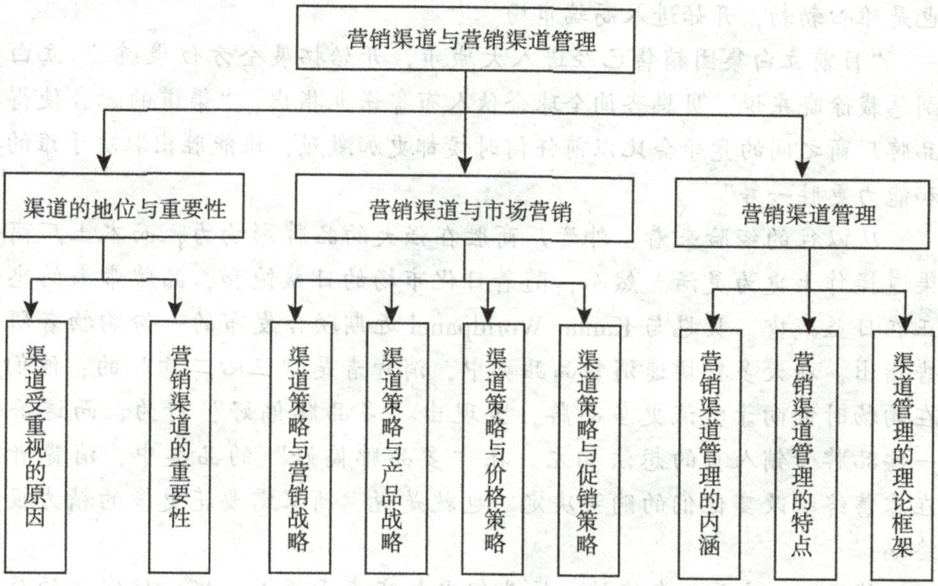

导入案例

宝洁变慢

宝洁正在丢掉市场份额。宝洁中国区客户生意发展部的一位高管向其部门全体员工发送了一封邮件，列数了过去一个财年几大指标的达成情况。在增长份额的一栏中，这位高管写道："大家的努力使得销售量占比提高了1%，但是市场份额占比降低了0.4%，对我们的挑战非常大。"

不只宝洁，同为中国日化行业巨头的联合利华也在不断地丢失市场份额。单以外资品牌主导的牙膏品类为例，欧睿咨询的数据显示，宝洁在中国牙膏市场的占有率从20.8%下降到19.7%。联合利华在中国牙膏市场的份额已从12%下降到9.9%。而在洗衣粉和肥皂的品类中，广州立白和纳爱斯集团两家本土公司的产品份额已达到27.6%，而宝洁的份额为7.6%，联合利华为6.6%。

是什么使得曾经在中国日化行业创造过神话的巨头们在商战中节节退败，转攻为守？

渠道融合是一个重要的原因。外资品牌和本土品牌已在某些领域展开直接竞争。而在此之前，即便同属一个品类，两者通常也处于不同的细分市场。外资品牌一般瞄准高端消费者，专注于现代渠道和一二线城市，而本土品牌则迎合低端或大众消费者，并通过传统渠道发展了强大的销售网络。现在，外资品牌开始渐渐走出高端市场，向三至五线城市扩张直接挑战本土企业。本土品牌也是雄心勃勃，开始进入高端市场。

"目前立白集团销售已经进入大城市，开始拓展全方位渠道。"立白集团副总裁徐晓东说。贝恩咨询全球合伙人布鲁诺也指出，"渠道的融合使得各个品牌厂商之间的竞争会比以前任何时候都更加激烈，谁能胜出取决于谁的技巧和能力更胜一筹"。

从以往的经验来看，外资厂商胜在强大的品牌影响力，而本土厂商却在渠道操作上更为灵活。然而，随着日化市场的日益饱和，品牌带来的忠诚度正在日益减少。贝恩与Kantar Worldpanel近期联合发布的一份购物者研究报告指出，在大多数快速消费品品类中，消费者是"三心二意"的，他们通常在购物时倾向于尝试更多品牌，呈现出"多品牌偏好"行为，而这恰恰和一些品牌营销人员的想法相左。在"多品牌偏好"的品类中，消费者经常在零售终端改变他们的购买决定。也就是说，商家需要花更多的精力投资于终端。

然而，一方面，在终端，巨头们更加吝啬于投入。据一位宝洁的员工透露，蓝月亮给零售商的前后台费用远远高于自己。对于企业来说，花费更少的费用获得更多的销量是值得骄傲的事情，但因此，零售商们常常抱怨“做宝洁不赚钱”。

另一方面，在投入时，大公司需要耗费更高的成本。仅以促销员为例，宝洁通过第三方雇用促销员，期望以更加规范的运作方式规避法律风险，而结果就是，其一名促销员的成本相当于本土企业的两倍左右。这给企业带来了压力，使得宝洁对于促销员的商店销量考核更加严格，而竞争对手却因此在终端屡屡抢占先机。

“对于‘多品牌偏好’品类，终端的投入要比市场广告投入更重要。我们发现，在这样的品类当中，广告投入少，但是终端做得好的情况下，有销售成功的案例。”布鲁诺说。

宝洁和联合利华品类众多，在其强势品类中往往能撒下巨大投入，而其他品类中则可能败于强敌。过去一年中，Unicharm 旗下的苏菲卫生巾在重点零售商中投入巨大，往往通过总部签订协议获取更好的位置，使得其新品能够在终端获取更多展示。而宝洁曾在两年前推出的一个卫生巾新品则由于投入不够持续，无法提升整体销量。蝴蝶效应的另一端是，这个品牌在上市两年后仍然只占宝洁的整体生意比重的 1%，更得不到销售员工的重视。

“中国消费者在购买大多数消费品品类时，往往很少忠诚于某一特定品牌，而更愿意不断尝试不同的品牌，包括新品。”布鲁诺说。

本土品牌能够更为迅速地推出新品牌。在家庭洗涤市场，甚至是本土的品牌在领先。蓝月亮首先推出了洗衣液，而这个洗衣液项目在奥妙的项目组中已经酝酿了多年，使得奥妙最终下定决心在 2009 年年底推出洗衣液的原因却是听说宝洁要推出此产品而立即提速。而从蓝月亮开始，两家巨头随后推出的洗衣液产品已经开始颠覆洗涤用品的市场，成为下一个销量和利润的增长动力。

“公司在发布新品前需要考核销量，而通常都会因为预期销量太小而毙掉项目。”上述员工说。这并非大公司的错，只是可能在变化多端的零售市场错过很多机会。

同时，当下沉到三线市场时，销售员的能力甚至比产品品牌更为重要。当随意走进一家县城的杂货铺的时候，“小店店主大多会推荐立白，而非奥妙”。一位联合利华的员工告诉本刊。而这样的结果与业务员是否勤快以及覆盖模式有关。而三线城市之下洗衣粉销量超过中国整体销量的一半，这也是为何雕牌在三至五线城市拥有 60%渗透率，而奥妙仅为约 30%。

而本土品牌的优势已经不单单是营销渠道了，他们在研发品牌方面也丝毫不落后。立白每两年推出一次配方更新，有的时候根据市场的反应会更快一点，例如，“超洁”洗衣粉两年前的配方与今天的必然不同。宝洁的一位外籍研发人员对立白的评价就是“变化太快”。

同时，还有许多外资品牌也在同巨头们展开市场份额的抢夺之战。花王去年与家化结成联盟，希望能够更快地发展中国的渠道，目标是从 90 个城市扩充到 650 个城市。“我们想花三至五年的时间加速地开拓中国的市场。”花王(上海) 产品服务有限公司董事长兼总经理解田稔说。

这一切都是商战中各自的策略与方式，零售巨头们尽管屡遭进攻，但仍然把控着大阵地。值得他们注意的是，在宝洁和联合利华的主打品牌中已经出现了“过度促销”的情况，宝洁和联合利华的员工告诉记者，宝洁的洗发水和联合利华的洗衣粉，其促销销售量已经占整体销售额比例的 50%以上——而这正是一个强大品牌真正危机的开始。

资料来源：林仲旻．宝洁变慢．http：//businessleaders. com. cn/8/30353_1. html.

营销渠道是为了满足顾客需要而存在的，它使顾客能够方便地购买到所需要的产品。在现实中，成千上万个顾客的生活都会受到营销渠道的影响，他们需要通过营销渠道来方便快捷地获得各种各样的产品。对于企业来说，营销渠道在企业营销中占有重要的地位，它成为企业获得竞争优势的重要工具。为了使营销渠道能够充分地发挥作用，企业应该加强对营销渠道的管理。本章将对营销渠道的重要性、营销渠道与市场营销之间的关系，以及营销渠道管理进行探讨。

1.1　营销渠道的地位与重要性

随着营销理论与企业营销实践活动的发展变化，营销渠道成为营销组合中的一个不可或缺的、重要的营销要素，与产品、价格、促销等营销因素同等重要。营销渠道在企业营销中占有重要的地位，其地位可具体表述为：营销渠道是企业营销组合中的一个重要因素，是企业能否将产品顺利地打入市场、提高市场占有率、实现企业营销目标的一种重要的营销工具。

1.1.1　营销渠道受到重视的原因

以前，很多企业认为营销渠道是无关紧要的，但是，不少企业在经历了广告、产品、价格竞争之后，逐渐认识到营销渠道的重要性，开始重视营销渠道。伯特·罗森布洛姆认为，营销渠道策略之所以被许多企业所重视，主要是因为：

1. 企业获取持久竞争优势变得日益困难

持久竞争优势是指竞争者无法快速模仿或轻易模仿的竞争优势。近年来，面对消费者多样化、个性化的消费需求和竞争激烈的市场，企业试图通过产品、价格、促销这些策略来获取持久竞争优势已经变得越来越困难。

从产品策略来看，新产品的研发费用高、失败率也高，产品的生命周期越来越短，而且全球化的竞争使竞争者容易获得技术以提供类似的产品，企业只注重于产品这一因素已难以在竞争中获得优势。在现实中，从工业机器、办公设备、计算机、汽车、家用电器、服装、化妆品、食品以及其他产品的市场竞争来看，单纯凭借产品差异化来获得长久的竞争优势的机会越来越少。

在经济全球化的情况下，相对于产品策略，企业想通过价格策略获得持续竞争优势的可行性更小。近年来，随着跨国公司的不断增多，很多产品的价格竞争也变得日趋激烈，此起彼伏的价格战侵蚀了企业的利润，使企业维持竞争优势的基础变得更不稳定。即使一家公司在市场竞争中将价格降得比竞争对手更低，也不可能保持长期的优势，因为其他的跨国公司可以通过全球化的生产来降低成本，使产品价格与该公司的产品价格相当或更低。

使用促销来赢得长远的竞争优势更是不太可能。一方面，促销更容易被竞争对手迅速地模仿。一个有创意、制作精美的广告出现后，很快会被竞争者模仿。同样，一家服装商场采用会员特价的销售促进方式来提升销量，竞争对手也会纷纷采用，最终导致促销费用上升，利润减少。另一方面，促销的影响力下降。无论人们在大街上，在餐馆中，还是在家里，在公共汽车和地铁上，甚至在卫生间，广告等各种促销信息无孔不入，充斥在人们的生活工作中，成千上万的广告通过电视、广播、报纸、杂志和网络冲击着消费者，大量的广告和各种各样的销售促进信息给人们带来了极大的混乱，使促销的影响力大幅度下降。

相对于产品、价格、促销，通过渠道获取持久竞争优势的可能性更大。这是因为：第一，营销渠道的建立与运行是一个长期的过程。营销渠道的组建与运行涉及设计渠道、选择和激励中间商、对渠道的控制与评估等问题，它需要企业进行长期的营销努力和花费大量的投资来构筑和维持渠道这一网络系统。如果竞争对手要使用有效的营销渠道与企业相抗衡，则需要进行长期而艰苦的努力。第二，关系和人员是渠道的基础。营销渠道是由一系列组织构成的网络系统，渠道系统的成功依赖于各个组织的良好合作，这就需要各组织中的人员大力协作，共同建立并保持良好的渠道关系，但是良好的渠道关系是不容易建立和维系的。第三，营销渠道不易调整。营销渠道组建起来后，在长期的运行中逐步形成了比较固定的渠道模式，一旦想要对营销渠道进行调整，重新建立新的渠道模式和形成新的渠道关系的难度都比较大，调整渠道的成本也会比较高。所以，一家企业拥有了有效的营销渠道，竞争对手在短期内是很难模仿的，对获取持久的竞争优势来说，渠道比其他营销组合要素更能提供潜在力量。

2. 中间商的力量日益增长

近年来，随着营销环境的变化，一些大型中间商的实力不断上升，渠道成员之间的经济力量对比发生了变化，权力从产品的制造商转移到了中间商，中间商对渠道的控制力在不断增强。例如，从我国家电行业来看，自改革开放到 20 世纪 90 年代中期，家电产品供不应求。在营销渠道中，家电厂家在渠道中占据主导地位，而中间商的实力很弱，往往从属于家电厂家。但在 20 世纪 90 年代后期，随着买方市场的形成，整个家电业的重心发生了变化，由原来以制造商为中心转向以消费者为中心，中间商对稀缺资源——顾客的拥有，使得家电业主导权正在由制造环节向流通环节转移，零售商在渠道中逐渐占据主导地位，尤其是以国美、苏宁等为代表的零售商对渠道的控制力不断增强。从全球来看，沃尔玛、家乐福、7-11 等大型零售商也变得越来越强大，在各类产品的销售中成为引人注目的渠道控制者。

相关链接

在讨论消费者产品制造商所面临的挑战时，高露洁公司的总裁特别强调了营销渠道中不断强大的零售商。强大的零售连锁也正越来越多地控制了消费者市场的入口，因为它们决定了什么样的产品可以或不可以陈列在商店的货架上。

资料来源：伯特·罗森布洛姆．营销渠道管理（第 6 版）．李乃和，等，译．北京：机械工业出版社，2003：154.

从制造商的角度来看，强大的零售商在消费者市场中发挥着“看门人”的作用，控制着产品通向市场的大门。但是，作为看门人的零售商，所扮演的角色是消费者的购买代理，而非制造商的销售代理商。这些零售商大部分是以低毛利—低价格的方式经营，为了成功地经营下去，往往会向制造商提出一些强硬要求，致使厂商之间不断出现矛盾冲突。这种发展趋势迫使制造商开始重视营销渠道，寻求一种有效的营销渠道策略，来更好地处理自己与这些强有力的零售商之间的关系。

3. 减少渠道成本的要求

企业过去主要把精力花费在削减制造成本和内部运营成本方面，取得了一定的成功。例如，组织再造、重组和扁平化的实施在削减成本方面起到了一定的作用。这些成本的降低导致了产品成本的下降，但是，渠道成本也是产品成本的一个重要组成部分，居高不下的渠道成本会对产品价格产生较大的影响。如表 1-1 所示，渠道成本往往在产品价格中占有相当比例，有些产品的渠道成本甚至超过了制造成本，如汽油的制造成本仅为 19%，而渠道成本则高达 28%。包装食品的渠道成本为 41%，已经超过其制造成本。较高的渠道成本引起了人们的关注，压缩成本的努力开始向营销渠道方面延伸。作为成本控制的一个新领域，如何削减渠道成本，这些问题使得企业更加关注于营销渠道。

表 1-1　　　　最终产品价格中的各种成本

成本来源	汽车	软件	汽油	传真机	包装食品
渠道	15%	25%	28%	30%	41%
制造	40%	65%	19%	30%	33%
原材料和零部件	45%	10%	53%	40%	26%

资料来源：伯特·罗森布洛姆．营销渠道（第7版）．宋华，等，译．北京：中国人民大学出版社，2006：7.

4. 信息技术日益增长的作用

信息技术的发展影响着营销渠道的发展，尤其是互联网技术正在对消费者和营销渠道产生影响，这种影响是不容忽视的。随着互联网的快速发展，消费者不用花时间亲自到商店去，只需坐在家中，在计算机的键盘上敲几下，就可以从网上直接购买产品。例如，消费者可以从当当网上购买书籍、玩具、家用电器，从淘宝网上购买衣服。为了适应互联网的快速发展和顾客行为的变化，保持企业的竞争力，不少企业在传统渠道的基础上，试图引入网络营销渠道，建立多渠道系统，这就迫使企业重新设计营销渠道。即使建立了多渠道系统，在渠道运行的过程中，容易引发多渠道冲突，会导致渠道效率降低。互联网技术的发展在给企业带来机会的同时，也带来了挑战。在新的环境下，企业应该如何对渠道进行设计和对渠道运作进行管理，这些问题也引起了人们对营销渠道的重视，不少学者纷纷对这些问题进行研究，取得了一定的研究成果。

总之，所有这些要素的综合，使得营销渠道成为营销管理中的一个重要因素。在激烈的市场竞争中，高效畅通的营销渠道日渐成为企业竞争获胜的重要武器。

1.1.2　营销渠道的重要性

1. 营销渠道是产品进入市场的重要通道

很多企业在生产出产品之后，往往需要借助营销渠道，通过渠道所提供的所有权效用、时间和地点效用，来解决企业与消费者之间的种种矛盾，使产品尽快进入消费领域，实现产品的价值。在社会化大生产和市场经济条件下，企业与消费者之间存在许多矛盾：一是所有权分离的矛盾。企业生产出产品，拥有产品的所有权，但自己并不需要产品，而消费者需要这些产品，却不拥有产品的所有权。二是时间分离的矛盾。有些产品常年生产却存在季节性消费，如空调，有些产品是季节性生产却一年四季都需要，如蔬菜和水果。三是空间分离的矛盾。企业相对集中在某些地区，而消费者分布在全国或全球的不同地方。四是供需数量的矛盾。企业为获得规模效益会大量生产某种产品，而消费者每次购买的产品数量比较少。五是花色品种方面的矛盾。企业往往进行专业化生产，而顾客却需要各种花色品种的产品。为了解决这些矛盾，中间商等重要渠道成员的参与是必不可少的。通过引入中间商，构建渠道网络系统，由不同中间商执行促销、订货、谈判、物流、匹配和付款等功能，提供所有权、时间、空间和形式效用，来解决企业和消费者之间的这些矛盾，将产品由企业顺利转移给顾客消费，满足顾客的需求。可以说，离开了营销渠道，再好的产品都无法由生产领域进入到消费领域。

2. 充分发挥渠道成员的作用，是提高企业经济效益的重要手段

中间商是营销渠道的重要成员，中间商专门从事产品的分销，具有专业的知识和技能、丰富的分销经验、广泛的社会联系和有效的分销网络，合理利用中间商从事产品的分销，能以高效率、低成本推动产品进入目标市场，使企业的经济效益提高。

首先，有效地利用中间商可以提高渠道效率。在生产活动中，企业通过劳动分工，把一项复杂的任务分解为许多比较简单的活动，再将这些活动分派给不同的专业人员，以获得更高的生产效率，增加产出。劳动分工运用于一个企业的生产时，可以提高生产效率，这在实践中已经得到证实。分工原理同样适用于营销渠道，渠道管理者可以将分销活动分解为采购、销售、运输、库存、信息提供和订单处理等不同的分销任务，再把这些分销任务分配给能最有效地完成相应任务的渠道成员，实现分销任务的最优分配，从而提高渠道效率。

其次，合理利用中间商可以减少交易次数，降低交易成本。与企业和消费者直接交易相比，企业通过中间商与消费者进行交易的次数更少。如图 1-1、图 1-2 所示。图 1-1 说明，三家企业直接与三群消费者进行交易，每家企业至少要与这三群消费者发生 3 次交易，则总共需要进行 9 次交易。图 1-2 表示，通过引入一个零售商，这三家企业将各自生产的产品销售一家商店，再由该商店将商品卖给三群顾客，则总共只需发生 6 次交易。这说明，合理使用中间商，企业可以减少与顾客直接接触的次数，节省时间、人力和资金的耗费，降低交易成本，从而提高企业的经济效益。

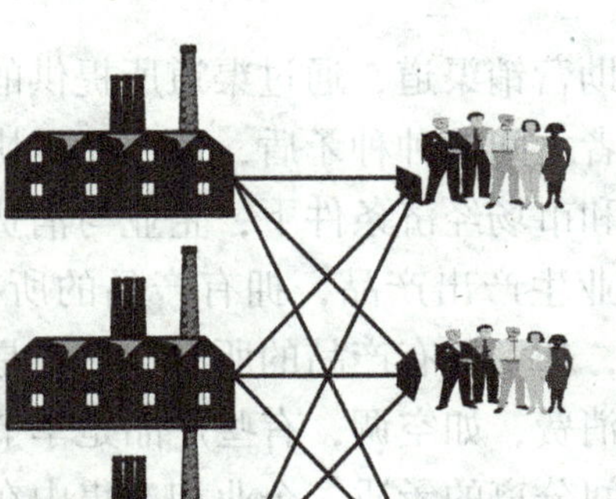
图 1-1　不通过中间商的交易次数

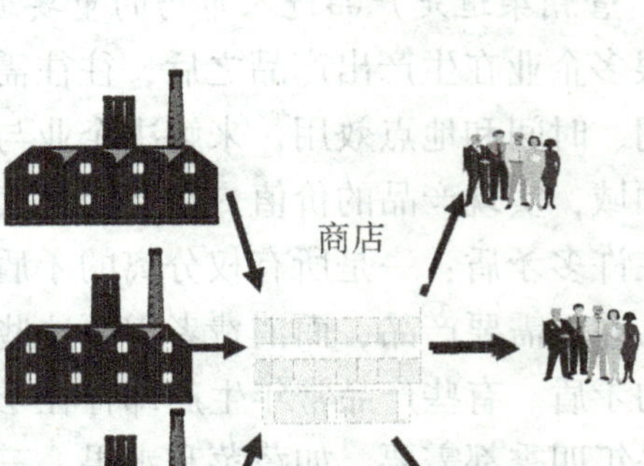

图 1-2　通过中间商的交易次数

应用案例

我国台湾地区茶叶销售：茶叶中间商的关键作用

我国台湾地区的茶叶工业始于19世纪中期，茶树自中国大陆引进并种植于台湾山地。到了20世纪20年代后期，台湾地区总共有20000名茶农。他们通过280名茶叶中间商中的一位销售他们的产品（所谓的生茶），然后中间商将茶叶卖给60个坐落在大稻埕海滨的加工厂，准备进行贸易和出口。中间商进山搜寻购买茶叶，再将其带到码头地区卖给加工厂。

中间商在茶农和加工厂两边的声誉都不佳。茶农和加工厂被指责中间商通过低买高卖来剥削市场，并指出行业需要一个简单的直接交易系统来彻底摆脱中间商渠道。作为回应，台湾地区于1923年在大稻埕设立了茶叶拍卖行。茶农可以直接将茶叶运输到拍卖行，通过一级密封价格拍卖来决定卖给加工厂的茶叶的价格。拍卖行通过收取茶农们会员费、交易佣金和政府补助来弥补其运营费用。在这样的情况下，中间商需要和拍卖行竞争，尽管如此，中间商还是幸存了下来，而最终拍卖行却不得不关门大吉。如果中间商只是市场的盘剥者，为什么会出现这样的状况呢？

答案就在于台湾地区的茶叶中间商所扮演的角色。第一，中间商促进了市场搜寻。一个中间商会访问很多的茶庄，找到可以卖的茶叶——于是为产品供应搜寻了渠道上游。然后，中间商会带着茶叶的样本去一些加工厂寻求订单。访问很多的加工厂是必需的，因为每个加工厂对于相同茶叶的用途不同，对于相同质量和品种茶叶的报价也会不同。另外，中间商还必须在每个季节都重复这样的搜寻，因为加工厂在不同季节的订单存在差异。所以，中间商既为茶农收获的茶叶找到了买家，也为加工厂找到了茶叶供应来源。

第二，中间商从事多种分类工作。生茶是一种非常多样化的产品，即使同一种茶树，由于种植环境的差异也会产出质量不等的茶叶。更重要的是，在台湾地区的山区有25种不同的茶树科目。中间商和加工厂都会进行挑选，因此需要相当的专业技术。加工厂会雇用一些专家来对中间商送来的茶叶进行审核。中间商在此过程中起到的帮助作用是将不同茶农生产的茶叶聚集和分类，然后送往加工厂。

第三，中间商减少了渠道系统中的接触次数。假设有20000名茶农和60个加工厂，总共需要进行1200000次接触来确保每个茶农以最优价格卖出他们的茶叶（即使所有茶农都只种植一种茶树）。相反的是，每个茶农只需要将茶叶卖给一个中间商，他们在茶农和中间商渠道层面要完成20000次接触。如果一个中间商平均收集n种茶叶，让280名中间商分别代表茶农与60个加工厂进行谈判，会产生［$60\times280\times n$］次谈判。所以在存在中间商的情况下，整个渠道当中总共发生［$20000+16800\times n$］次谈判。只有当茶叶的种类超过 70 种的时候（［$20000+16800\times n$］$=1200000$，解出 n），渠道中的谈判次数才会超过 1200000 次。然而，台湾地区当时只有 25 种茶叶，所以，中间商将渠道接触的数量由 1200000 次降到了 440000 次。

这些增加价值的行为被攻击中间商为市场盘剥者的声音所忽略了。当局资助的拍卖行的失败意味着茶叶中间商不仅不是市场盘剥者，而是效率加强者。显然，在这种情况下，中间商不仅增加了价值，同时节约了成本。

资料来源：安妮·T. 科兰，路易斯·W. 斯特恩，等. 营销渠道（第 7 版）. 北京：中国人民大学出版社，2008：11.

3. 营销渠道是企业获得竞争优势的重要工具

随着经济全球化和市场竞争的加剧，市场竞争不再是单个企业之间的竞争，而是一个网络和另一个网络之间的竞争，建立了更好网络的企业最终将赢得竞争优势。营销渠道是企业为实现交易目的而构建的网络系统，渠道的构建是一项长期的决策，企业所拥有的有效的营销渠道很难被竞争对手快速地模仿，因此，在现代社会中，高效畅通的营销渠道逐渐成为企业赢得竞争优势的一个重要武器。在当前激烈的市场竞争中，不少企业逐渐认识到，仅靠自身力量与竞争对手单打独斗已经很难取胜，而通过与中间商的密切合作，构建协调高效的营销渠道，往往可以获得差别化或成本领先等竞争优势。所以，许多企业开始重视具有持久竞争力的营销渠道的设计和管理，试图通过建立畅通高效的渠道系统来传递和实现顾客价值，提高顾客的满意度，以更好地实现企业目标。

相关链接

企业如何在渠道中实现差异化，获得竞争优势

一些著名公司成功经营的一个共同点，是通过明智地管理其所选择的渠道，在各自的市场中成功地实现了自身的差异化，发掘了产品线和自有品牌优势。这些公司成功管理渠道的一个原因是，认识到为销售网络的发展和各种形式的渠道支持所作出的努力，将获得持续不断的生产力收益。如果没有渠道管理，得到相关机构的协作支持，无论你设计得如何优秀，也不会有好的报答。

公司怎样才能在渠道中达到差异化，以不同于竞争者呢？以下战略将有助于建立这种竞争优势。

第一，专卖权路线。专卖权为供应商提供了强烈的“形象控制”，它可以规定中间商数目和类型，在渠道网络形成关键优势。本田 Acure 部门使用该策略创造了截然不同的经销商关系。这种渠道路线的缺点是专卖网络不够大，不利于在需求增长时发展的市场机会。

第二，引入第二品牌。利用渠道发展独特的第二品牌，以在市场中获得不同的价格定位，是另一种经典的差异化战略。如 Hallmark 贺卡公司在百货商店中销售其 Hallmark 卡，而在折扣店中销售其 Ambassador 卡。该战略可以使公司通过新的渠道拓展业务范围，而无须破坏主要品牌的形象。然而，若第二品牌不能明显区别于主要品牌，该战略就会产生不良后果。这时，人们将购买折扣品牌，并认为他们以更低的价格获得了相同的产品，影响了主要品牌的销售。

第三，别出心裁。使用非传统的渠道形成差异化。如英国的 Church 鞋在国外市场通过男性高档服饰店而不是鞋店销售，使这种鞋与零售点构成一个整体，成为唯一在这类商店销售鞋类的品牌。尽管独特的渠道可能会限制品牌的范围，但它可以引起消费者的注意，并明显地将公司与其他竞争者区分开来，避免激烈的价格战。

第四，汇集专家。建立和培训高水平的经销商、代理商队伍，为客户提供更有效的服务。John Deere 通过这一战略，建立了声誉极佳的渠道，成为行业内最好的农产品分销商。这一培训需要时间、承诺和不断联系。在渠道内发展这种关系可以达到差异化。

资料来源：卜妙金．分销渠道管理．北京：高等教育出版社，2007：14-15.

1.2 营销渠道与市场营销

菲利普·科特勒教授认为，市场营销是个人和群体通过创造产品和价值，并同他人进行交换以满足需求和欲望的一种社会和管理过程。从营销管理的角度来看，企业以消费者为核心来开展一系列营销活动，这些营销活动既包括了对市场环境进行研究，对消费者、竞争者进行分析，选择目标市场，又包括了对产品、价格、渠道和促销等营销组合的综合运用，企业所开展的这些营销活动都是为了满足消费者的需求，以实现自身的营销目标。企业基本的营销任务是在不断变化的营销环境中选择并确定目标市场，设计并运用有效的营销组合策略，在满足消费者的需求和欲望的基础上实现企业的目标。因此，渠道策略作为营销管理的主要策略之一，它应与营销组合中的产品、价格和促销这些策略相协调，以满足目标市场的需求和竞争要求。企业构建和维持渠道网络系统，正是为了支持和强化营销组合中的产品、价格和促销等要素，从而为满足目标市场的需求而服务的。

1.2.1 渠道策略与市场营销战略的关系

从企业战略层次结构来看，企业战略分为总体战略、经营战略和职能战略三个层次，市场营销战略属于职能战略层次，它包括决定目标市场和发展营销组合等内容。渠道是营销组合的要素之一，渠道策略是市场营销战略的一个重要构成部分。渠道策略与市场营销战略的关系体现在以下两方面：

第一，渠道策略的制定必须以营销战略为依据。从企业的战略体系来看，企业总体战略决定了市场营销战略，市场营销战略又决定了渠道策略，因此，在制定渠道策略的过程中，应该充分到考虑企业的市场营销战略，以市场营销战略为依据来制定渠道策略，使渠道策略与市场营销战略保持良好的一致性。

第二，渠道策略为营销战略的实现提供了途径。渠道策略取决于市场营销战略，渠道策略是为市场营销战略服务的。渠道策略的有效制定和实施，有助于与产品策略、价格策略和促销策略形成良好配合，使产品能顺利进入目标市场，完成市场交换，实现企业的营销战略。

1.2.2 渠道策略与产品策略

产品是营销组合的基础，企业通常先确定应该向消费者提供什么产品，然后再来决定采用什么样的营销渠道将产品提供给消费者。因此，产品策略对渠道策略有着直接或间接的影响，渠道策略应该支持和配合产品策略。反过来，渠道策略也会影响到产品策略。以下将主要从产品组合、产品生命周期和产品形象等方面来说明渠道策略和产品策略的相互影响和相互配合的关系。

1. 产品组合不同，选择的渠道也不同

产品组合是企业提供给市场的全部产品线和产品项目，它说明了企业的业务经营范围。在当前激烈的市场竞争中，很少有企业仅靠一个产品来获得较高的销售额和利润，大部分企业都通过合理的产品组合，向不同目标市场提供不同的产品来提高市场占有率和利润水平。而产品组合是否能够实现企业预期的目标，与所选择的渠道有着一定的关系。如在应用案例中，可以看出欧莱雅的产品组合与渠道之间存在紧密的联系。

一般来说，产品组合比较宽、比较深，可以选择较短的营销渠道，或直接向零售商供货。相反，则应该选择较长的营销渠道。这是因为，当产品组合宽度很窄、深度很浅时，企业只是大批量地生产有限的产品种类和品种，而消费者一般购买不同种类、不同花色品种的少量产品，这就需要引入很多中间商来执行相应的分销任务，以满足消费者的需求。因此，在这种情况下，企业适合采用较长的渠道。

产品组合的关联性比较强，企业适宜采用相似的渠道。例如，雅芳公司主要生产化妆品，各条产品线有一定的相关性，产品组合的关联性较强，雅芳公司可以通过一样的营销渠道来销售各种化妆品。而美国的通用电气公司生产的产品类型不同，所生产的产品有二十多万种，则该公司可以为不同种类的产品采用不同的营销渠道。

2. 产品生命周期的不同阶段需要采用不同的渠道策略

产品生命周期是产品从投放市场到退出市场所经历的全部过程，它一般分为产品引入期、成长期、成熟期和衰退期四个阶段。在产品的引入期，消费者对新进入市场的产品缺乏了解，中间商往往不愿意经营风险较大的新产品，因此，企业面临着提高产品知名度和组建渠道系统的困难。在产品的引入期，企业必须确保能够得到有经验的中间商，说服中间商分销其新产品，并通过对新产品的陈列、展示、店内促销，来引起消费者的注意，使新产品能尽快打开市场。如果无法找到所需要的中间商，企业只有自己组建销售队伍，向顾客开展强有力的促销活动来激发市场需求，在这种情况下，企业会选择直销。在产品的成长期，产品的销售量急剧上升，竞争者看到有利可图，纷纷进入，市场竞争加剧。针对这种情况，一方面，企业需要通过足够的渠道成员将产品供应到不同目标市场，以保持销售量快速增长的势头，因此，企业可以增加新的营销渠道，采用多渠道来满足不同目标市场对产品的需求。另一方面，企业要注意试图挤入本企业营销渠道的那些竞争对手，争取中间商对本企业产品的支持。在产品的成熟期，市场趋于饱和，企业可以通过调整产品的渠道结构来延长成熟期。企业应从消费者需求出发，选用一些消费者更容易、更方便接触到的低成本渠道，以获取更多的利润。在产品衰退期，企业应将那些销售业绩差的中间商淘汰掉，尽量采用成本较低的渠道，以降低产品成本，通过有竞争力的价格来吸引消费者购买产品。

3. 营销渠道会对产品形象产生影响

不同的渠道会使消费者对产品质量产生不同的印象。通常而言，在高档百货商店销售的产品，代表着一种高品质、高档次的产品，以及优质的服务。而在地摊上销售的产品，消费者会认为是低档次的产品，甚至会认为是劣质的产品。

应用案例

丰田汽车公司在为其凌志豪华汽车设计渠道及选择中间商时非常慎重。丰田公司在设计渠道时的慎重使人想起该公司在制造汽车时的仔细。实际上，获取该公司分销权必须符合从销售点门环设计到装饰销售点橱窗所贴宣纸层数的详细规定。任何事情都是如此详细计划，以至于凌志的销售点似乎是由公司自己经营的。

资料来源：伯特·罗森布洛姆. 营销渠道（第8版）. 宋华，等，译. 北京：中国人民大学出版社，2014：244.

问题：

请对丰田汽车公司的以上做法进行评论。

1.2.3　渠道策略与价格策略

价格是营销组合中唯一能够创造收益的因素，产品研发和生产、渠道的运行和管理、促销活动的开展都会产生成本。因此，价格是营销组合中一个非常重要的要素，价格的高低和渠道不同层次价格的制定，会影响市场需求和渠道成员各方的利益。同样，渠道成本和渠道形象也会对价格策略产生影响。

1. 定价影响着渠道成员的利益和行为

营销渠道的定价会直接影响到中间商的利益。营销渠道的定价犹如很多人分蛋糕，也就是说，营销渠道中每一层次的中间商都希望从顾客支付的产品价格中分到一部分，以弥补其成本并得到满意的利润。在渠道系统中，很多企业为产品定价时，会制定出一系列的价格，如出厂价、批发价、零售价等，这些不同价格的制定直接影响着中间商的利益。从渠道的定价来看，每两个不同渠道层次的价格之间存在着一定的价差，每个中间商都希望企业提供的价差可以支付渠道费用和提供足够的利润。在大多数情况下，只要企业提供的利差能使中间商盈利，中间商就会购进该产品。反之，中间商就不愿意销售企业的产品。因此，价格会对中间商的行为会产生重要的影响，当中间商认为企业的产品定价考虑到了自己的需要和利益时，中间商可能会与企业密切合作；相反，如果中间商认为企业的产品定价使其难以盈利，中间商与企业之间很少会进行合作，甚至会出现冲突。

2. 渠道成本影响产品的定价

成本是影响产品定价的一个重要因素，产品成本决定了产品价格的最低限。产品成本主要由生产成本、渠道成本和其他成本构成，渠道成本的高低必然会对产品价格产生影响。例如，我国一直以来都存在“看病难，买药贵”的问题，尽管历经多次药品降价，药品零售价仍然虚高，消费者并未从中得到实惠，究其根源，从渠道角度来看，主要是与我国医药现有营销渠道过于落后有关。与国外低成本、高效率的药品营销渠道相比，我国的药品营销渠道较长、参与的中间商数量过多而盈利能力弱。一般来说，渠道越长，产品流通的环节越多，渠道成本就越高，产品价格也就越高。我国的药品经过的渠道环节很多，从制药厂家往往要经过层层批发才能到达医疗机构或零售药店，最终销售给顾客，药品渠道呈现出“中间宽、两头尖”的形状，这不仅增加了渠道成本，导致药品最终零售价格过高，还减缓了药品流通速度，降低了渠道效率。因此，如果企业能够构建合理的营销渠道，往往能够压缩渠道成本，降低产品总成本，使产品的定价可以享受更大的自由度，制定出有竞争力的价格，从而提高产品的市场竞争力。

3. 渠道形象影响到定价策略

不同的渠道具有不同的形象，给顾客提供的服务也不同，向顾客传递着不同的信息，这些都会对企业的价格策略产生影响。在市中心开设的精品店，豪华的店面装修、优雅的购物环境、精致的商品和个性化的服务等都暗示着高品质的商品与服务，向顾客传递着高档次购物体验的信息，有助于为精品店树立高档的形象，这种形象能够支撑着较高的商品价格，因此，企业可以采取撇脂定价策略。而在郊区开的超市，店面装修一般，商品趋于大众化，倾向于自助式服务，企业的新产品在进入这些渠道终端时，更适合采用渗透定价法。例如，同样的装饰品，在地摊上销售时，一般只能制定低价，而摆放到饰品专卖店却可以卖很高的价格，比较适宜采用高价策略。

1.2.4 渠道策略与促销策略

促销是一种信息沟通活动，是企业向消费者传递企业和产品的信息，激发消费者的购买欲望，促使消费者产生购买行为的活动。促销工具主要有广告、人员推销、公共关系、销售促进等。营销渠道和促销之间的关系主要表现在以下几个方面：

1. 激励渠道成员往往需要借助于各种促销方式

激励渠道成员是渠道管理的重要内容之一。营销渠道是由一系列独立的渠道成员组成的网络系统，这些渠道成员有着不同的目标，企业与中间商之间不是命令与服从的关系，企业不可能靠命令来维持整个渠道系统的运转。为了使整个渠道系统能够持续有效地运作，企业需要不断地激励中间商，调动起中间商的主动性和积极性，促使其高效地完成分销任务，共同合作将产品或服务传递给消费者。

在对渠道成员进行激励时，企业往往会采用各种促销方式。为了鼓励中间商大量购买本企业的产品，企业会向中间商使用数量折扣；为了刺激中间商在淡季购买产品，企业往往会采用淡季折扣；对销售业绩突出的中间商给予经销奖励，以及在中间商之间开展的经销商销售竞赛等销售促进方式，都有助于促使中间商积极销售本企业的产品；对中间商提供资助也可以促使中间商执行相应分销任务，如对运输本企业产品的中间商提供补贴、对陈列本企业产品的中间商免费提供样品、对为本企业产品打广告的中间商提供补贴，这些资助方式可以协助中间商完成各种任务，增进企业与中间商的合作关系。总之，激励渠道成员需要借助于各种促销方式，这些促销方式在激励渠道成员中的有效运用，可以获得中间商的支持与合作，促进渠道系统的有效运转。

2. 促销策略需要渠道策略的配合

促销作为营销组合中的一个重要构成部分，对刺激消费者购买、提高产品销量、扩大产品的知名度和美誉度、塑造品牌形象和企业形象有着重要的作用。但是，促销作用的发挥，是与营销渠道的支持紧密相关的。从总体来看，促销策略主要有推式策略和拉式策略两大类。有些企业倾向于运用推式策略，有些企业则主要使用拉式策略，也有些企业既使用推式策略又使用拉式策略。不管企业如何使用，这些促销策略都需要与渠道相配合才能发挥作用。

应用案例

"那些人没能展现出我们新的意大利面食产品的特点。"Alice DeMarco 如此说道。Alice DeMarco 是一家投资于新鲜冷冻食品这个成长行业的主要制造商的产品部经理。公司正试图建立新鲜食品产品组合，而意大利面食正是其主要产品。DeMarco 话中所指的人是区域超市链上的店经理。他们并没有使用制造商为了凸显产品特征，而经过精心设计的，并要求辅以特殊标记的摆放方式。他们只是将产品堆起来放在冰箱中，而旁边就是鸡蛋和牛奶。这种情况持续了五个星期，而意大利面食这类产品销售得很不好。DeMarco 把这种糟糕的结果归咎于缺乏零售商的销售支持。

资料来源：伯特·罗森布洛姆．营销渠道（第 8 版）．宋华，等，译．北京：中国人民大学出版社，2014：306-307.

问题：

从获得渠道成员支持的必要性和推式策略方面来讨论上述的情况。

推式策略是企业运用人员推销和销售促进等手段将产品推入营销渠道，并通过中间商将产品最终推进市场。推式策略主要是以中间商为促销对象，通常采用人员推销和销售促进等促销手段调动中间商的积极性，使中间商主动将产品推向消费者。推式策略要求中间商参与到企业的产品促销行动中来，运用营销渠道所具有的促销功能，利用中间商来开展各种各样的促销活动，实现促销目的。例如，对于某种新药而言，除了企业开展的促销活动外，零售商的各种促销活动都会影响消费者的购买欲望和行为，如药店的形象和信誉、该药品的陈列、POP 展示、销售支持、服务人员是否向患者推荐该药以及各种店内促销活动等对消费者是否会购买这种新药有很大影响，该新药的销量在一定程度上取决于各个药店的促销活动。因此，推动策略的实施离不开批发商、零售商等渠道成员的大力支持。

拉式策略是企业使用非人员促销方式吸引顾客，以扩大产品的销售。该策略一般采用广告和销售促进等手段，直接针对消费者进行促销，以刺激消费者的购买欲望。即使企业使用拉式策略激发起消费者对产品的需求，但如果缺少渠道成员的配合，消费者在这个时候无法在商店中购买到或不能方便地购买产品，那么不仅会使企业的促销努力和促销资金白白浪费，还会影响到产品的销售，尤其对于新产品而言影响更大，可以导致新产品的失败。例如，一家企业所生产的新型吸尘器质量非常好，投放市场后开展了大量的广告宣传，不少消费者看到广告后，纷纷到当地百货大楼去购买，却很难找到这种吸尘器，询问售货员有无该产品，而售货员也不知道，消费者只好失望离开或改买其他吸尘器，最终导致了这种新产品在该地区的失败。原来，该企业在当地尚未组建起营销渠道，没有将这一产品分销当地的百货大楼。可以说，如果没有营销渠道的支持，再好的产品也无法传递给消费者，大量的促销也是徒劳。

应用案例

李宁的"中年危机"

2014年上半年，李宁公司花了6个月的时间关掉了244间店铺，取消了3个经销商，但下跌势头并没有被控制住。看起来，开始于2012年夏天的"革新计划"并未取得明显成效，但留给李宁的时间已经不多。李宁公司的发展轨迹犹如一条"n"形曲线。从1990年成立开始，李宁公司一直维持高速增长状态，营业额一路攀升到2010年的94.78亿元，然后犹如一列失控的过山车掉头直下。2012年下半年李宁巨亏20亿元，2014年上半年报亏5.86亿元，比去年同期亏损扩大4亿元。亏损不是一日造成的。李宁连续20年高增长的背后，积累了大量问题，以往的快速增长掩盖了这些问题，但并没有解决它们。当经营环境发生变化的时候，这些问题被突然引爆，李宁轰然倒塌。回顾李宁公司的历史，以下三大因素，将它从"高增长的轨道"推到了"下坡路"。

1. 战略失策

20世纪90年代，在消费市场初启的背景下，李宁遵循低成本竞争战略，以耐克、阿迪达斯追随者的姿态切入体育用品市场，这帮助它取得初期的成功，奠定了其中国头号体育品牌的江湖地位。

一个突出的问题是：李宁以耐克为师，产品设计、品牌LOGO和营销口号也与耐克极为相似，这一战略定位引来两个问题："耐克是李宁的天花板吗?""当耐克战略下沉的时候李宁怎么办?"

李宁公司抓住2008年北京奥运带来的全民健身热潮，推行激进的扩张战略，在"奥运红利"的刺激下，收获了丰厚的商业利润。李宁这一时期的成功在于抓住了市场潮流，向中国消费者提供质优价廉的产品，但是并没有在设计、研发、管理、渠道、品牌、营销等方面形成足够强大的竞争优势，因此，当它希望突破以往的追随者姿态，提高产品售价，改变"中国的耐克"的品牌形象，重新锁定目标消费者——"90后"，吸引年轻一代消费群体的时候，不匹配的核心竞争力与顶层战略定位严重脱节，引发了此后一连串的系统性反噬。

2. 模式陈旧

李宁采取的是传统的批发模式，直接面对的客户是各级中间商而非终端消费者，因而缺乏对市场变化的敏感度和对消费者需求的洞察力，市场反应速度过慢，产品积压严重。

李宁公司采取“直营门店+加盟门店”的市场布局方式，这一模式的优势在于借助经销商的力量迅速抢占市场，挟制竞争对手，劣势在于经销商各自为政，难以系统化管理。由于多数经销商属于单店经营，店铺形象陈旧，运营、销售水平欠佳，导致过季产品的大量积压。

从 2012 年开始，李宁重塑业务模式，控制经销商数量，同时扩张直营网络。2014 年上半年，在关闭 437 家特许经销商店铺的同时，新开张 193 家直营店铺，直营店铺销售占比提升了 7%。截至 2014 年 6 月，李宁有特许经销商店铺 4552 家，直营店铺 1119 家。

3. 管理粗放

由于特许经销商占比过高，李宁的企业文化和管理理念难以渗透到各级经销商，以至于对渠道缺乏管控力，无法及时反馈和掌握动态的市场信息快速反应。

李宁致力于筹建“零售及营销运营平台”，在全部直营门店和部分经销商门店推行 IT 整合管理平台，每周举行“快速反应/快速铺货执行委员会会议”，检测产品到店覆盖率、货品陈列、零售折扣及售罄率，掌握存货变动，调整营销方式和陈列布局，但是成效还需时间的检验。

李宁公司已经成立 24 年了，这并不是一个短的时间。然而不得不接受的事实是，在当今这个急剧变化的世界中，李宁已经走过高速成长的好年景，提前步入了缓慢的中年。人到中年万事休。身后，年轻一代正在朝气蓬勃地涌来；前面，得势一代仍然把持去路。

对于李宁而言，安踏为代表的本土竞争对手正后来居上，与挡在前面的耐克、阿迪达斯形成夹击之势，它能够从包围中杀出一条生路，在“n”形曲线之外，勾勒出另一条“s”形曲线吗？

资料来源：杜博奇．李宁的“中年危机”．http：//www. fortunechina. com/column/c/2014-10/30/content_226115. htm.

1.3　营销渠道管理

1.3.1　营销渠道管理的定义

在本书中，我们将从制造商的角度来讨论渠道管理，使用渠道管理者来称呼在一个企业或组织中专门从事渠道管理的人员。

从企业的角度来看，营销渠道管理是指企业为实现分销目标，通过计划、组织、协调与控制，整合营销渠道中所有渠道成员的行为以确保渠道成员之间相互协作的管理过程。根据营销渠道管理的定义，可以从以下几个方面来理解营销渠道管理的内涵：

1. 渠道管理的目的是为了实现一定的分销目标

营销渠道正是为了实现分销目标而存在的，企业对营销渠道所开展的全部管理活动也是为完成分销目标而服务的。分销目标反映了渠道在实现企业整体营销目标过程中所起的作用。分销目标为企业进行渠道管理指明了方向，对渠道管理起到极其重要的作用。一旦分销目标发生变化，渠道结构、渠道组织模式以及企业对渠道的管理方式等都会随之发生变化。

2. 渠道管理的对象是所有的渠道成员

营销渠道由一系列成员构成，它包括了制造商、中间商、消费者以及辅助机构，如物流公司、广告公司、市场调研公司和银行等。尽管这些成员都是渠道管理的对象，但企业在渠道管理中更注重对中间商的管理。这是因为营销渠道的主要业务是购销，主要反映的是产品所有权转移的关系，而批发商、零售商、代理商等中间商与产品所有权相关，他们取得产品所有权或帮助所有权转移，因此，企业在对所有渠道成员进行管理时，更侧重于对批发商、代理商、零售商等中间商的管理，这些中间商是企业的外部组织。

3. 渠道管理的措施是计划、组织、协调和控制

营销渠道是由多个组织组成的，如果让这些组织自行运转，各个渠道成员可能会各自追求自身利润最大化，从而导致渠道成员之间出现矛盾冲突，使整个渠道效率低下。因此，企业需要对渠道进行管理，借助于计划、组织、协调和控制等管理措施，来协调和规范渠道成员的行为，保证渠道成员相互合作，使整个渠道成为一个有机的系统，促进营销渠道整体运作效率提高。

1.3.2 营销渠道管理的特点

与一般的管理活动相比，营销渠道管理更为复杂。营销渠道的成员众多，这些渠道成员分布在不同的区域，是一个个独立的组织，各自有着不同的利益，营销渠道的管理涉及不同组织的活动和关系，是一项比较复杂的管理活动，有着不同于一般管理活动的特点。

1. 营销渠道管理是一种跨组织管理

尽管也有一些企业直接将产品销售给顾客，许多企业仍利用中间商来分销产品。在大多数情况下，营销渠道是由一个企业与它外部的多个组织构成的一个网络系统，外部组织意味着它并不是企业内部组织结构的构成部分，而是存在于企业的外部。因此，营销渠道管理更多的是组织间的管理，它涉及一个企业对其他一些组

织的管理。认识到营销渠道管理的这一特点十分重要，正是因为营销渠道管理是一个企业对它外部的多个组织进行管理，而这些组织并不隶属于企业，企业与这些组织之间是平等的，它们之间不是主从关系，而是交换和合作的关系。所以，营销渠道管理在很多方面都呈现出与企业内部管理完全不同的特点。例如，从管理方式来看，一般的企业管理依靠制度和权力进行管理，而渠道管理更多依靠利益、契约和规范。

应用案例

苏珊·基生，一家消费包装商品制造商的营销经理，对三个月前导入市场的新燕麦麸皮饼干的销售结果感到非常心烦意乱。她相信销售黯淡的一个重要原因是全国过多的超级市场没有通过制造商引起消费者的震动和意识，在巨大的货架走廊端头来推荐展示该产品的特性。苏珊·基生沮丧而又生气地评论说："如果我对这帮家伙有更多的控制权，我真想敲这些商店经理的头，因为他们没有展示该产品"。

资料来源：伯特·罗森布洛姆．营销渠道（第 8 版）．宋华，等，译．北京：中国人民大学出版社，2014：24.

问题：

试根据营销渠道管理的特点结合该案例的内容来讨论。

2. 营销渠道管理具有一套跨组织的目标体系

企业内部管理也存在一套目标体系，但这套体系只涉及企业本身，而营销渠道管理的目标体系则涉及了企业和它外部关联组织的独立目标和共同目标，也就是说，营销渠道管理的目标体系既包含了企业本身的目标，也包含了代理商、批发商、零售商等渠道成员的目标，更为重要的是还包含了营销渠道的整体分销目标。

渠道管理属于跨组织管理，其目标体系当然也是跨组织的。这就意味着：①渠道成员有一些共同目标。例如，渠道成员都是为消费者服务的，需要彼此之间通过共同合作，将产品顺利传递给消费者，更好地满足消费者需求，实现高度的顾客满意。他们都希望提高渠道效率，获得更多更好的经济效益。②每个渠道成员都有其独立的目标。如发展目标、利润目标和销售目标等。③各个渠道成员的独立目标之间并非总是相容的，它可能会导致渠道成员之间发生矛盾冲突。因此，有效的渠道管理要求设计一套合理的跨组织目标体系，将各渠道成员的独立目标与共同目标整合成为一个整体，使这些目标相互连贯和一致，并使渠道成员认识到只有努力实现共同目标，才能更好地达到自身的目标。

1.3.3 营销渠道管理学的理论框架

本书立足于制造企业，从管理的角度来介绍营销渠道管理。从管理决策的角度出发，本书构建了营销渠道管理学的“设计—管理”的理论结构框架，如图 1-3 所示。从图 1-3 可以看出，本书主要由概述、渠道设计、渠道的运作管理和渠道形式四大部分构成。

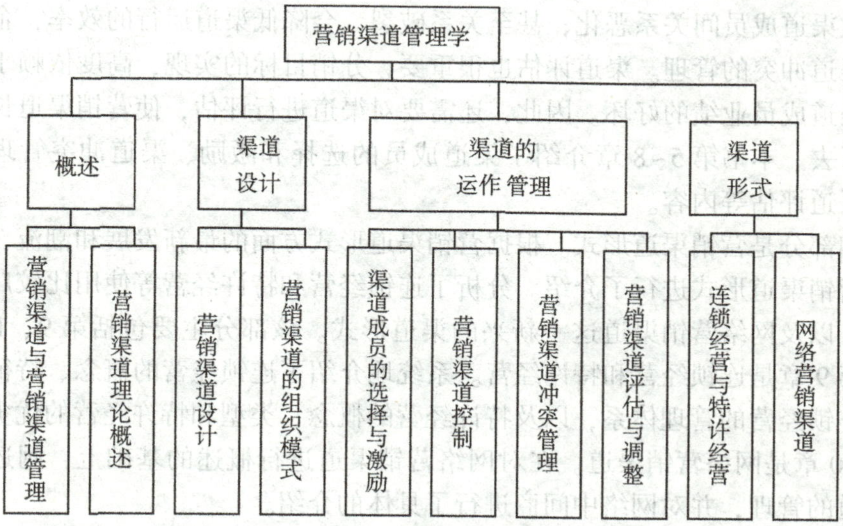

图 1-3　营销渠道管理学的理论框架

第一部分是概述部分。该部分指出了营销渠道在企业市场营销中的重要地位，引出了本书的整体框架，阐述了营销渠道的基本概念与理论。在概述部分中，第 1 章对营销渠道和营销渠道管理进行了概括性的描述。强调了营销渠道的重要性，阐述了营销渠道与市场营销之间的关系，提出了营销渠道管理学的理论框架。第 2 章是营销渠道理论的概述。对营销渠道的基本概念和基本理论进行了介绍，包括营销渠道的含义、营销渠道的功能与流程、营销渠道结构的形成与演变、营销渠道成员等内容，以便为本书后面章节的学习奠定基本的理论基础。

第二部分是营销渠道设计。该部分阐述了营销渠道的设计和组织，它是营销渠道管理学中的重要内容之一。第 3 章是营销渠道设计。在明确渠道设计的含义的基础上，对在哪些情况下需要进行渠道设计进行了介绍，并详细说明了渠道设计的典型程序，这一设计程序包括设定分销目标、说明分销任务、分析影响渠道结构的因素、制定渠道结构方案、选择合适的渠道结构方案五个步骤。第 4 章是营销渠道的组织模式。介绍了传统渠道系统、整合渠道系统。

第三部分是营销渠道的运作管理。该部分介绍了如何对营销渠道的运作进行管理，也是营销渠道管理学的重要内容之一。设计渠道并非易事，管理好营销渠道更是一件困难的事情。渠道管理主要包括选择渠道成员、激励渠道成员、控制营销渠道、管理渠道冲突、评估和调整渠道等内容。渠道设计好以后，渠道管理者需要借助多种途径寻找渠道成员，然后再按一定的选择标准挑选出合适的渠道成员配备到渠道系统中。为了促使渠道成员高度合作，渠道管理者还必须对渠道成员进行激励。在营销渠道的运行过程中，还要对渠道进行控制，以免偏离方向，确保分销目标的实现。渠道冲突管理是渠道管理的一个重要组成部分。渠道冲突是营销渠道的固有行为问题，在渠道中非常普遍。大部分冲突是高水平冲突，往往会造成法律争端，导致渠道成员间关系恶化，甚至关系破裂，会降低渠道运行的效率，企业应该重视对渠道冲突的管理。渠道评估也很重要，分销目标的实现，高度依赖于一个个独立的渠道成员业绩的好坏。因此，还需要对渠道进行评估，使营销渠道长期稳定地运行下去。本书第 5~8 章介绍了渠道成员的选择和激励、渠道冲突管理、渠道控制和渠道评估等内容。

第四部分是营销渠道形式。根据营销渠道形式方面的最新发展和潮流，对几种重要的营销渠道形式进行了介绍。分析了连锁经营和特许经营等使用比较广泛的渠道形式，以及网络营销渠道这一新兴的渠道形式。该部分主要包括第 9、10 两章。其中，第 9 章是连锁经营和特许经营。系统地介绍了连锁经营的概念、特征、基本模式和连锁经营的管理体系，以及特许经营的概念、类型和特许经营的优劣势等内容。第 10 章是网络营销渠道。在对网络营销渠道进行概述的基础上，阐述了网络营销渠道的管理，并对网络中间商进行了具体的介绍。

本章小结

相对于产品、价格和促销而言，渠道只是一个次要的营销组合因素，近年来，对营销渠道的忽视已经得到了极大的改变，渠道成为了一个重要的角色。营销渠道之所以受到重视，主要是由于营销渠道逐渐成为企业获取持久竞争优势的工具、中间商的力量日益增长、减少渠道成本的要求，以及信息技术日益增长的作用等因素所导致，所有这些因素的综合，使得营销渠道成为营销管理中的一个重要的要素。营销渠道在企业营销中的重要性在逐渐提升，营销渠道是产品进入市场的重要通道，充分发挥渠道成员的作用有助于提高企业经济效益，营销渠道成为了企业获得竞争优势的重要工具。

从营销渠道与市场营销的关系来看，渠道策略作为市场营销管理的主要策略之一，渠道策略的制定必须以营销战略为依据，它应与营销组合中的产品、价格和促销这些策略相匹配，支持和配合营销组合中的这些要素，以满足目标市场的需求和竞争要求。

营销渠道管理是指企业为实现分销目标，通过计划、组织、协调与控制，整合营销渠道中所有渠道成员的行为以确保渠道成员之间相互协作的管理过程。渠道管理的目的是为了实现一定的分销目标，渠道管理的对象是所有的渠道成员，渠道管理的措施是计划、组织、协调和控制。营销渠道管理的特点是：营销渠道管理是一种跨组织管理，它具有一套跨组织的目标体系。从管理决策的角度出发，本书构建了营销渠道管理学的“设计—管理”的理论框架，主要由概述、营销渠道设计、营销渠道的运作管理和营销渠道形式四个部分构成。

习　题

一、单选题

1. 渠道管理的目的是为了实现一定的(　　)。

A. 利润　B. 分销目标　C. 市场占有率　D. 销售额

2. 渠道策略的制定必须以(　　)为依据。

A. 渠道方案　B. 中间商的力量　C. 产品策略　D. 营销战略

3. 当产品处于(　　)，企业应淘汰那些销售业绩差的中间商，尽量采用成本较低的渠道。

A. 成长期　B. 成熟期　C. 衰退期　D. 引入期

4. 营销渠道管理是一种(　　)管理。

A. 跨组织　B. 企业内部　C. 命令式　D. 一般

5. 有效地利用中间商会提高(　　)。

A. 渠道成本　B. 渠道效率　C. 产品价格　D. 产品成本

二、多选题

1. 在营销渠道管理中，企业与代理商、批发商和零售商等这些组织之间是(　　)的关系。

A. 主从　B. 平等　C. 交换　D. 合作　E. 命令与服从

2. 营销渠道管理是指企业为实现分销目标，通过(　　)，整合营销渠道中所有渠道成员的行为以确保渠道成员之间相互协作的管理过程。

A. 计划　B. 组织　C. 协调　D. 控制　E. 决策

3. 企业构建和维持渠道网络系统，是为了支持和提高(　　)等要素，从而为满足目标市场的需求而服务的。

A. 促销　B. 产品　C. 推销　D. 广告　E. 价格

4. 营销渠道管理的跨组织的目标体系包括(　　)等目标。

A. 制造商的目标　B. 营销渠道的整体目标

C. 批发商的目标　D. 零售商的目标

E. 代理商的目标

5. 促销策略主要包括(   )等策略，这些促销策略需要与渠道相配合才能发挥作用。

A. 推式　　B. 广告　　C. 拉式　　D. 人员推销　E. 销售促进

三、判断题

1. 对获取持久的竞争优势来说，渠道比其他营销组合要素更能提供潜在力量。(   )

2. 互联网技术不会对渠道结构和渠道管理产生影响。(   )

3. 合理利用中间商可以减少交易次数，提高企业的经济效益。(   )

4. 产品组合比较宽、比较深，适合选择较长的营销渠道。(   )

5. 一般来说，渠道越长，环节越多，渠道成本也越高，最终会使产品价格较高。(   )

四、简答题

1. 营销渠道受到重视的原因有哪些？

2. 营销渠道的重要性体现在哪些方面？

3. 简述渠道策略与价格策略之间的关系。

4. 营销渠道管理的特点有哪些？

五、案例分析题

空气净化器的电商困局

10年前，冯墨和张子辰合伙创办了空气净化器工厂，之前一直做欧美国家的OEM订单，销售额已经达到1亿元人民币，有10%的利润。然而，壮志凌云的两位年轻人并不满足于为海外品牌做代工的现状，决心凭借自己的技术实力在国内空气净化器行业闯出一片天地，于是两年前，他们注册了内销品牌宝德信。

但是对于宝德信的营销渠道布局，冯墨和张子辰一直犹豫不定——做电商对他们而言，在成本、人力方面压力会比较小，但是不是还应该同时兼顾线下渠道呢？恰在此时，冯墨偶然参加了一个电商峰会，遇到了杨嘉。杨嘉经营着一个只在电商渠道销售的女包品牌，国内市场年销售额已经突破1亿元大关，并且成为了天猫女包类目的第一名。冯墨主动找杨嘉请教电商销售的经验，并将自己的困惑告诉了杨嘉。

杨嘉为冯墨分析："现在互联网技术突飞猛进，消费者越来越习惯在线上买东西，单靠线下渠道做销售已经很难了，所以很多线下品牌都开始转移阵地到线上发展。我觉得你们现在进入线上渠道正是最佳时机，趁线下大品牌还没有开始行动前，应该率先抢占网上空气净化器的销售份额。"

为了进一步说服冯墨，杨嘉搬出了自己品牌的发展经历："当初我们坚定地选择走纯电商这条路，就是因为品牌小，没有知名度，公司人力和资金都很弱，要走线下销售根本就是不可能的。如今，通过电商渠道的积累，我们与大品牌打了个时间差，不仅收获了可观的客户数、销售额，也建立起良好的品牌口碑。”此外，杨嘉还建议冯墨利用各种互联网社交工具和客户直接建立联系，培养品牌粉丝，从而避免与线下大品牌正面交锋。

冯墨第一次听到“品牌粉丝”这个概念，这使他眼前一亮，并对杨嘉在电商方面的经验更加深信不疑。与杨嘉一番交谈之后，冯墨认为应该集中精力布局宝德信的电商渠道，同时培养品牌粉丝。

随后，冯墨兴冲冲地回到公司，与张子辰聊起了电商渠道布局的策略。张子辰对冯墨的想法表示支持，并商定依旧延续代工中的分工模式——冯墨负责研发和生产，张子辰负责市场和销售，但是在一些重大决策上仍需要二人共同商议决定。随即，张子辰立即着手在京东和天猫上开设了宝德信的旗舰店。

接下来的一年里，张子辰想了诸多办法吸引消费者，促销、微博互动，甚至是当下时兴的众筹。但是宝德信的年销售额始终徘徊在100万元人民币左右——这与冯墨、张子辰当初设定的目标差了一大截。

冯墨有些失望，又找杨嘉讨教突破百万销售额的良方。杨嘉告诉他，这是品牌初创期必经的阶段，宝德信应该抓住“双十一”的大好时机开展大规模的促销，以此吸引新客户，扩大销售额，品牌的忠实客户最初就只能靠这样的方法慢慢积累。

冯墨觉得杨嘉的话颇有道理，自己确实应该更耐心一点。于是他提前三个月就和张子辰商量好了“双十一”的促销策略，砸下了近百万元——这对公司来说可是一笔不小的投入。这笔投入为宝德信带来了1%的销量增长，这与杨嘉的预测几乎一模一样！

冯墨觉得，如今做纯电商的空气净化器品牌大多还没什么知名度，也都不算成功，所以自己要想从同行身上汲取经验恐怕很难；而杨嘉经营的女包品牌在产品品类上虽然与宝德信差别很大，但是毕竟两者的商业模式都是直接面对消费者的，在营销和推广上还是有一些可借鉴的打法。冯墨甚至隐隐觉得，宝德信的发展路径在某种程度上将会与杨嘉的女包品牌十分相似。

然而，就在冯墨对“双十一”的战绩颇感满意，甚至想趁着“双十二”乘胜追击时，张子辰不仅对这1%的增长不屑一顾，甚至觉得这是在拖品牌发展的后腿。原因就在于尽管“双十一”多卖出了几台空气净化器，差评就接踵而至，由于宝德信的销量本来就不大，这样一来差评率一下子就长了两个百分点，直接影响到了品牌形象。

对于当初冯墨提出的要聚拢粉丝的策略，张子辰颇为赞同。但是经过一年来在电商渠道的销售，他发现购买宝德信产品的客户群相当分散，很难找到能引发他们共鸣的话题，与他们的互动就更无从谈起了。就在张子辰感到气馁的时候，他遇到了老同学李琦。

李琦是一家母婴连锁店“艾宝儿”的销售总监，正在为如何拓宽连锁店内的产品品类犯愁。当她得知张子辰的空气净化器在网上的销售业绩平平，便建议他将产品陈列到艾宝儿母婴店内。李琦觉得艾宝儿的客户群是愿意分享、愿意晒的妈妈群，而艾宝儿在妈妈群中的口碑相当不错，大家都信任艾宝儿出售的产品。因此，将宝德信引入艾宝儿，再配上专业的促销员进行讲解，妈妈们为了孩子的健康就肯定愿意掏钱购买。随后，在经过妈妈群中的推荐、分享，宝德信的大卖将指日可待。

李琦还列举了某品牌奶瓶消毒机的例子。她当初无意间将消毒机放在了店里，被一位光顾店里的妈妈看到，硬是买走了。后来，竟然不断有妈妈听了别人的推荐到艾宝儿问这款消毒机。于是，李琦干脆找到那家生产奶瓶消毒机的厂家，做起了代理销售的生意。他们的产品如今在艾宝儿的销售情况相当好。

张子辰将进驻母婴店的想法告诉了冯墨，却没想到，冯墨仍坚持要在“双十二”搞大促。他们二人针尖对麦芒，谁也没有说服谁，最终弄得不欢而散。

张子辰离开后，冯墨将二人的争议和目前公司的状况进行了梳理。说心里话，张子辰进驻母婴店的提议是很有诱惑力，但是以目前公司的实力，想要布局线下真心是不容易呀。目前公司账上确有一笔闲钱，也只是将将够用在母婴店的进场费，或是“双十二”的大促上，只能二选一。唯一不同的是，如果选择“双十二”，公司后续的投入并不会太大；可要是进驻母婴店，那就不同了，为每一家店铺准备的库存、促销人员的招募与培训、物流、生产能力的匹配，哪一样不要花钱？冯墨一想到这些，就感觉头皮阵阵发麻。再说了，以近两年电商发展的速度与猛劲儿，线下渠道已经尽显疲态，难道宝德信还要主动往这潭死水里跳吗？

然而，如果就照着现在的模式继续在电商渠道发力，所能见到的成效又似乎微乎其微。冯墨心里很清楚，如果宝德信的销售再没有起色，那终将会被淹没在电商的洪流中，这似乎是自己更不愿意见到的结果。

冯墨应该赞同进驻母婴店的提议，还是继续在线上渠道进行推广？

资料来源：聂开锦，葛伟炜．空气净化器的电商困局．http：//www.ebusinessreview.cn/articledetail-268818.html.

问题：

1. 从该案例来看，该企业面临的问题是什么？
2. 从营销渠道与市场营销的角度，来说明该企业应该怎么办？

实践活动

一、实训目的

了解公司的营销渠道情况，认识公司的营销渠道与其他营销组合之间的关系，知晓公司如何开展营销渠道管理。

二、实训内容

访问华为公司、小米公司、苹果公司或三星公司的网站，或者通过其他途径，收集某一家公司的手机产品的营销组合资料，并完成下列任务：

1. 介绍该公司及其手机的基本情况。

2. 介绍该公司手机的营销渠道现状。

3. 对该公司手机的营销组合要素进行分析，并说明手机的渠道与其产品、价格、促销之间的关系。

三、实训组织

1. 教师提前 1 周布置实训题，说明实训要求及注意事项。

2. 将教学班同学进行分组，每组 4~6 人。

3. 各小组的组长负责组织其成员进行资料收集、小组讨论、撰写报告和制作演示文稿等事项。

4. 教师组织部分小组在课堂上进行交流。

四、实训步骤

1. 各小组分别确定一家公司并收集该公司的基本情况及其手机的营销组合要素情况。

2. 各小组根据实训目的与内容整理相关资料，讨论并制作报告和演示文稿。

3. 教师安排 1~2 个课时，由部分小组的代表向全班同学交流其成果。

4. 各小组代表在课堂上进行交流，教师和其他同学可以提问或发表意见。

5. 教师进行总结评价。

6. 各小组根据教师和同学意见或建议进一步修改报告和课件并提交给教师，教师给出实训成绩。

第2章

营销渠道理论概述

学习目标

- 理解营销渠道的含义
- 掌握营销渠道的功能与流程
- 了解营销渠道结构及其演变
- 认识渠道成员

本章结构

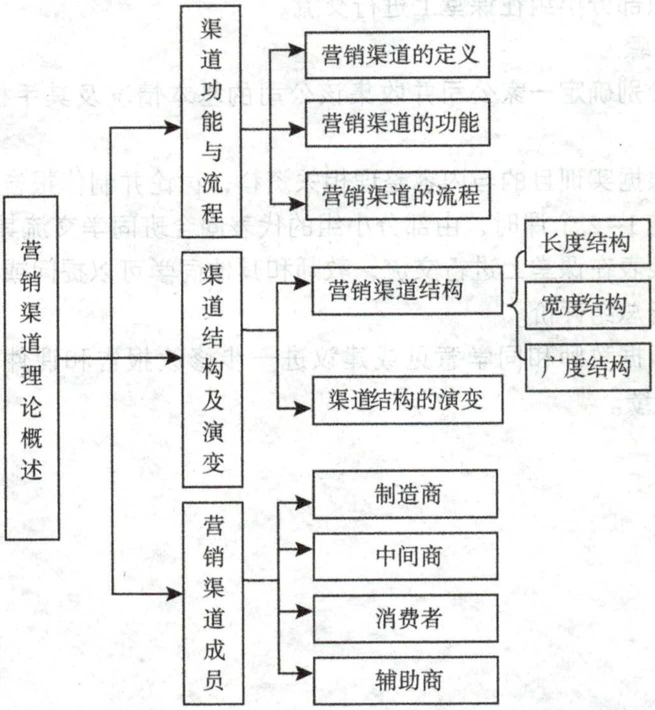

导入案例

多彩饰家：O2O的渠道新玩法

在传统企业互联网化的浪潮中，越来越多的企业都开始做电商，这种厂家通过网络平台，将产品（通常是以更低的价格）直接卖给消费者的趋势正在愈演愈烈，也让渠道客户的生存空间受到很大挤压，说白了，就是品牌商与渠道商抢市场、抢客户。

这对本来就承受着高备货成本的经销商来说可谓雪上加霜。可还不算完，生怕落人之后的厂家一边忙得不亦乐乎地去做O2O，一边也在积极说服经销商参与进来。既然大家都在做，那咱就做呗。不急，咱先谈一下分成比例，还有市场推广费，以及你所需要做的线下服务支持……最让人上火的是，还有种挥之不去为他人作嫁衣的忧伤！说好的共赢合作呢？渠道商的处境很尴尬！

那么网销的效果如何呢？拿涂料行业来说，行业年销售额约为3000亿元，可网销却只有6个亿，相对于家居行业可谓“寒碜”。究其原因，涂料的行业特性占了很大一块。在有着“三分涂料七分施工”说法的涂料行业，涂料以桶装半成品销售，即使网购也是如此，消费者买完之后还要跑到店里调色，之后再另行去找油漆工、买辅料，非但没有更便捷，还平白增加了物流环节，更有看不到实际效果、产生色差的困扰，程序烦琐，购物体验不佳，销量自然上不去，引流也相对有限。

品牌商槽点满满，渠道商痛点多多！渠道商的痛，痛在地位得不到足够重视，痛在逐渐被边缘化，痛在压货窜货，痛在付出得更多，得到的却越来越少。O2O的两端貌合神离，其合力效果又能好到哪去？

所以，品牌商在做O2O时，先别急着搞什么平台整合、技术优化、市场推广，先问问自己：凭什么号召客户，又能为渠道商带来什么切实的利益？

互联网思维讲究以用户为中心，对于品牌商来说，经销商就是其渠道客户，所以在O2O方案里，最好的出发点就是解决客户的痛点，通过需求痛点创造价值。

来看一个新生涂料企业——多彩饰家的案例，它的O2O渠道设计有什么新玩法。

搭平台

颠覆传统，多彩饰家对行业陈旧的涂料销售模式进行了彻底革新，这就是它的“定制涂料模式”。基于用户思维，它把自身产品“多色彩，立体化”的差异价值发挥到极致，依托专业的涂装效果设计，将产品以款式丰富的样板形式直观展现，而非传统的桶装堆放；以每平方米为单位的成品进行销售，而非以桶计的半成品；以O2O为基础，实现涂装一体化，为消费者提供店面或线上下单、3D 色彩搭配、上门测量、专业施工、售后服务。

多彩饰家的线下终端门店更像是一个展厅和体验空间，有精心设计的吧台、座椅和墙上色彩、款式丰富的涂装样板。产品形态和展示方式的革新，让消费者的购买体验大为改观。同时，这不仅使得品牌、渠道成员的形象大幅提升，有效提高了门店集客能力，还在无形之中增加了所售产品的档次和附加值。

更现实的好处是，它对渠道商没有存货要求，由自己的区域分仓实现“24 小时到货”。这意味着渠道成员可以用更少的资金投入来运营生意。而且，没有了存货，自然就不会再有被压货、窜货之苦。

在产品价格体系的制定上，多彩饰家遵从了线上线下同价的原则。“我们的最终目的，是让消费者拥有我们的产品和服务，而渠道的融合是第一步。”多彩饰家 CEO 吴堂祥如是说。同价策略的实施，优化了消费者体验，也让经销商吃了定心丸，对于全渠道的融合，资源、信息共享，也是一大利好。

分角色

O2O 是多彩饰家渠道设计的核心，执行中有两个关键环节：线上引流和线下落地，而渠道能否密切融合、O2O 能否发挥功效，还取决于厂商对各自职能角色的重新界定和梳理。

作为品牌商，多彩饰家在组织架构上给予 O2O 模式的职能支持，成立了网销部，一方面，通过技术优化、专项投放、绑定合作、资源整合等途径，在各大网购平台进行市场推广，保障流量的获取，另一方面，则是负责向线下门店引流。在此过程中所产生的公关、广告均由企业来砸，经销商只需要做好一件事，那就是服务。

“未来只有一种经销商存在，那就是服务商。”吴堂祥的判断很明确，因为电商、物流、快递的发展是大势所趋，当厂家和消费者能够直接交易时，传统型经销商最大的职能和空间就只有服务，包括展示、体验、上门测量、施工、售后等。

为此，多彩饰家还专门成立了培训中心和店面运营部，对新开门店提供一系列保姆式服务，从选址、装修、陈列、培训到开业前后支持的全部过程，都有会员顾问深度参与，直到开店 15 天之后才撤走。用吴堂祥的话来说就是，不仅要把经销商招来，还要扶上马送一程！

切蛋糕

生意的最高法则就是自己切蛋糕，也就是自己掌控利益分配，而只有通过新产品、新模式提升核心竞争力才能拥有足够分量的话语权。在多彩饰家看来，不仅要自己切蛋糕，也要舍得下刀，不跟经销商争利。

多彩饰家 O2O 线下的落地，按照订单就近分配的原则，交由各地的渠道门店服务执行。消费者的网上订单全部分配到线下门店，公司与门店按统一比例分账，“我们保证渠道商有充足的利润”。

这就得说到多彩饰家的产品结构设计：10%平涂定制，90%为立体、艺术定制涂料。它将时下仍是市场主流的平涂产品作为自己的敲门砖，但附加了更加个性化、售前售后一体化的服务；而剩余90%产品则有绝对的话语优势，价格自不必说，况且它还有更多产品玩法，如绝版私人定制、奢华水晶涂层等。

资料来源：王深圳．多彩饰家：O2O的渠道新玩法．销售与市场（渠道版），2014（6）．

营销渠道将产品或服务从制造商转移给消费者，它消除了制造商与消费者之间在时间、空间和所有权等方面的差异，使消费者能随时随地获得所需要的产品。营销渠道在促成产品或服务提供商与消费者达成交易，实现产品价值和满足消费者需求等方面发挥着重要的作用。

2.1 营销渠道的功能与流程

2.1.1 营销渠道的定义

关于营销渠道的定义，各位学者从不同的角度给出了不同的定义。在渠道理论中，对渠道的定义主要可以概括为两种观点。

一是分销途径说。美国学者爱德华·肯迪夫和理查德·斯蒂尔指出：渠道是当产品从生产者向最终消费者和产业用户移动时，直接和间接转移所有权所经过的途径，包括生产者、商人中间商、代理中间商、辅助商以及最终消费者或用户等。罗伯特·琼和汤姆斯·尼克也认为渠道是“当产品从生产者向最终消费者或产业用户移动时，直接或间接转移所有权所经过的途径”。这些学者都认为营销渠道就是产品流转过程中所经过的途径。

二是组织结构说。这种观点认为营销渠道是由不同组织构成的网络系统。美国市场营销学会将渠道定义为：“公司内部单位以及公司外部代理商和经销商的组织结构，通过这些组织，产品和劳务才得以上市营销。”伯特·罗森布洛姆也认为营销渠道是“为实现分销目标而受管理调控的外部关联组织。”路易斯·W. 斯特恩等营销学者也认为：“营销渠道是一系列相互依赖的组织，它们致力于促使一项产品或服务能够被使用或消费这一过程。”他们认为渠道是由不同组织共同合作而形成的网络，并明确地指出了渠道的目的是促使产品或服务顺利地被使用或消费。在营销学界，很多学者都认可这种观点，该定义在渠道理论中也使用得比较广泛。本书也认同第二种观点，这种观点更好地揭示出营销渠道形成的本质，指出为转移产品所有权，生产者需要与外部关联组织共同合作执行一系列的渠道功能，各渠道成员在执行不同的渠道功能中就形成了网络系统。

结合以上学者的描述，本书认为，营销渠道是为促使产品或服务顺利地被使用或消费而由一系列相互依赖的组织构成的网络系统。它是由制造商、商人中间商、代理中间商、辅助商以及最终消费者或用户等相互独立的渠道成员所构成的一个网络系统。营销渠道主要是在适当的时间、地点，以适当的价格、数量和质量把产品或服务提供给目标市场，以满足消费者的需求，并随着营销环境的变化而发展变化。

菲利普・科特勒对营销渠道与分销渠道进行了严格的区分。他认为营销渠道比分销渠道的范围要广，分销渠道只是营销渠道的一部分。营销渠道包括某种产品或服务的供、产、销过程中的所有组织或个人。比如原材料或零配件供应商、制造商、商人中间商、代理中间商、辅助商、消费者或用户等。而分销渠道则只包括制造商、商人中间商或代理中间商、消费者或用户等成员。尽管营销渠道与分销渠道存在着区别，但在国外的许多著作中，都使用营销渠道而非分销渠道，在实际应用中，二者也常常等同使用。本书对营销渠道和分销渠道不进行区分，在全书中统一使用营销渠道。

2.1.2　营销渠道的功能

营销渠道的基本功能是使产品顺畅、高效地由制造商转移给消费者。为了能够将产品顺利地转移给消费者，渠道成员需要共同合作，通过执行一系列渠道功能，弥补生产者和消费者之间的缺口，创造时间、地点、形式和所有权效用。具体而言，营销渠道的功能主要有：

(1) 调研。收集顾客、竞争者和其他信息，用于制订计划和帮助交换。

(2) 促销。开发和传播有说服力的产品信息。

(3) 订货。中间商向制造商进行有购买意向的反向沟通行为。

(4) 匹配。使所供应的产品符合购买者需要，包括分类、分等、组装和包装等活动。

(5) 物流。主要是组织产品的运输、储存。

(6) 谈判。达成有关产品价格及其他条款的协议，以实现所有权或持有权的转移。

(7) 融资。获取和使用资金，用于渠道成员之间的货款支付和组织运转的开支。

(8) 风险承担。在执行渠道任务过程中承担相关的风险。

(9) 付款。买方通过银行和其他金融机构向卖方支付账款。

关于营销渠道功能的一个基本原理是：各种渠道功能可以由不同的渠道成员来执行，但任何一种渠道功能都是不可或缺的。因此，渠道管理者可以增减或替代一些渠道成员来调整渠道结构，但是这些渠道成员所承担的渠道功能不能被取消，这些功能将随之向上或向下转移，由其他成员来承担。

营销渠道的功能具有三个特点：它们使用稀有资源；它们通常可以通过专业化而更好地发挥作用；它们在渠道成员之间可以转换。渠道功能可以由制造商来执行，也可以由中间商来执行。由谁来执行各种渠道任务的问题是一个有关效率和效益的问题。营销渠道结构的演变在很大程度上是由于发现了更为集中或分散经济功能的途径。在向消费者提供渠道服务的过程中，这些功能是不可缺少的。当然，执行这些功能会导致成本的发生，而渠道提供的服务产出和产生的成本实际上是衡量渠道效益的两个方面，因此，渠道服务产出水平和渠道成员执行渠道功能的成本，是渠道结构形成和促使渠道结构演变的内在动力。

应用案例

美邦渠道之殇

本是中国服装界的“快时尚”领导品牌“美特斯邦威”，最近一年的步伐却“慢”了下来，被其高库存所累。根据财报显示，美邦的库存金额从2009年末的9亿元，持续高涨至2011年初的超过31.6亿元，占总资产比重35.3%。经过将近一年的持续“减存”战役，2012年三季报显示库存为22亿元，在公司净资产中占比也以25.6%高位运行。

库存控制机制缺失

美邦的渠道是复合型渠道模式，以“直营店+加盟店”为主，此外还有代理模式，以及专门针对库存产品的特殊渠道。相比国际上成熟的、知名的快时尚品牌如ZARA、UNIQLO全部是直营门店的单一模式，美邦的渠道管理无论是复杂程度还是反应周期都难度更大，而“复合型渠道模式”也就是造成高库存的重要原因。

加盟商或代理商的渠道模式相比直营店模式，增加了渠道信息沟通和反馈的环节。而这种模式下所采用的订货会形式的需求计划也因为环节的繁冗和延长被逐级放大，形成订单需求的“牛鞭效应”显著。这种“夸大”之所以被企业容忍和接受，一方面是行业惯例如此，多数的“直营店+加盟店”模式的公司都是这样的需求计划机制；另一方面是美邦过去的高速扩张带来的高速增长掩盖了反馈机制不够精确的不足，新开门店持续提供了新的业务增长来源，所以库存的问题并不显著。

复合型渠道模式所反映出来的是加盟店、代理商与企业之间没有形成有利于库存控制的机制，不算严苛的15%~20%的退货率和换货率使得加盟店和代理商并没有太强烈的库存控制的动力。中国快时尚服饰行业的普遍数据中，产销比维持在60%~70%就算是不错的水平。而ZARA的这个数字则可以持续维持在85%以上，库存控制能力超过中国本土快时尚企业的20%以上。从库存占比来看，大多数中国快时尚企业的库存都在25%以上，如果算上代理商、加盟商处的库存金额，这个数字会更大。巧合的是，美邦在2010年第四季度库存金额首次超过25亿元（25.5亿元）以上的时间点，也正是其产销比超过25%（25.4%）的时间点。如何在复合型渠道模式下、尤其是加盟店渠道的需求计划方面做到精准，对美邦来说既是库存控制的难点，也是关键点。

渠道失控埋下隐患

在复合型渠道的管理上，美邦的经营管理方式也给高库存埋下了一定的隐患。

首先，在加盟店渠道，美邦与大多数加盟店都签订了为期三年的加盟合同，在这三年中要求年度订货金额要达到同比不低于25%的增长率，以此实现一个合同期内生意额翻番的目标。如果年度订货金额没有达到同比25%的增长，那么美邦在对于加盟店的进货折扣、广告宣传、促销支持、助销物料等方面的扶持就会酌情控制。由此，尽管在宏观经济形势放缓以及国内消费需求减少的情况下，大量加盟店仍然冒进地持续瞄准25%的年增长率下单订货，“一根稻草压倒一只骆驼”——当库存问题真正爆发的那一天，无论是终端还是渠道里，库存都已经提前塞满了，从而缺乏有效疏通库存的通道。以美邦的超过3800家加盟门店的规模来看，即便每家店少量的存货就足以把渠道堵死。

其次，美邦在直营渠道的经营和管理方面也埋下了“高库存”的种子。公司为了进一步提升美邦品牌形象和提升产品价值，关闭了直营大店的顶层特卖楼层，却迟迟未能开发出新的有效的折扣产品销售渠道，在一定程度上造成了库存产品的进一步滞销。同时，美邦也在持续地加大直营门店的开拓和管理，直营门店的供应链反应速度和需求计划的准确性要比加盟店渠道高很多，而且真正的特许经营的核心能力都是首先在直营门店培育然后再复制到连锁体系的。可是过分重视直营店渠道也造成了美邦冒进的做法，由于其直营单店销量在2010年秋冬季增长超过90%，使得其在2011年秋冬的需求计划预测时过分自信，在直营门店形成了明显的库存积压，导致产销比出现较大误差。

核心问题是供应链

美邦的库存问题显然是综合性、复杂的现象，但从管理角度看，主要是供应链的管理问题。

库存的产生要么是生产得多了，要么是销售得少了。不管是渠道布局还是特定的渠道内部管理上，库存问题直接映射的就是供应链管理的问题。更深层地，库存反映的则是企业经营效率的问题，一方面体现在资金周转效率，一方面体现在资产回报率；尤其是对美邦这种轻资产的公司，“虚拟工厂”的核心就是资金周转效率，也正因为此，美邦在为其伙伴工厂免费提供ERP软硬件服务，从而提高生产计划过程量的透明。

资料来源：徐振群．美邦渠道之殇．http://www.iceo.com.cn/shangye/36/2012/1219/261736.shtml.

2.1.3 营销渠道的流程

渠道功能是通过渠道流程来完成的，渠道功能的效率取决于渠道流程的效率。产品从生产者向消费者转移的过程中，渠道成员之间会发生各种各样的活动联系，如产品实体转移、所有权、促销、谈判、资金、风险、订货和付款等，这些活动联系构成了“渠道流程”。正是这些渠道流程，将不同的渠道成员有机地联系在一起，如图 2-1 所示。渠道流程主要包括物流、所有权流、促销流、谈判流、融资流、风险流、订货流、付款流及市场信息流等。

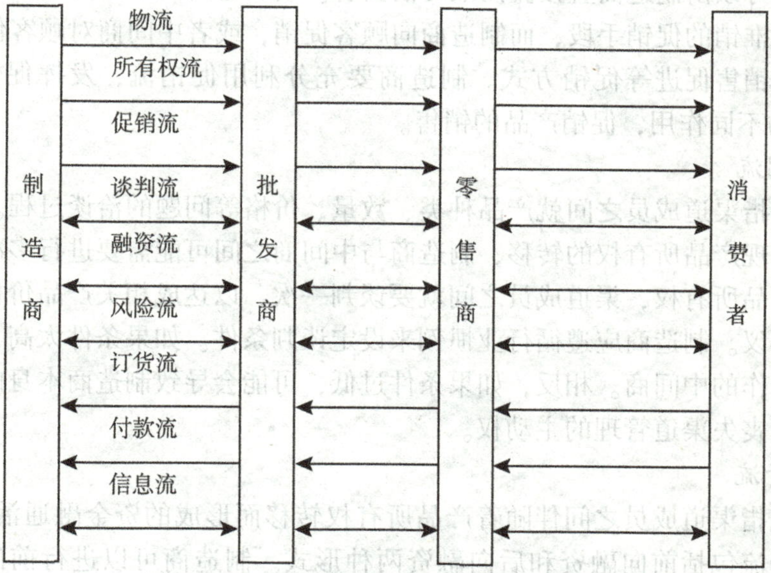

图 2-1　营销渠道的流程与流向

1. 物流

物流，又称实物流，是指产品的实体从制造商转移到最终消费者或用户的实际移动过程。为了完成产品实体的转移，需要进行装配、包装、运输、储存、配送等一系列活动，其中，最主要的活动是产品的运输和储存。物流是一种前向流程，其流向是产品实体由制造商流经中间商，再到最终消费者或用户。通常，产品是由制造商根据中间商的订单交付给中间商，再由中间商交付给顾客或用户。当然，也可以根据中间商的要求，将产品从厂家直接交付给顾客或用户。例如，汽车厂生产出汽车后，将汽车运送给经销商，经销商可能需要储存一段时间，在与顾客达成交易后，经销商再将汽车运交顾客。如果购买方是大客户，购买汽车的数量较多，也可以按照中间商的要求，由汽车厂通过公路运输、水路运输、铁路运输等运输方式直接向大客户供货。

2. 所有权流

所有权流是指产品所有权或持有权从一个渠道成员手中转移到另一个渠道成员手中的过程。伴随着购销环节，所有权往往在营销渠道中向前流动。这一流程的流向是从制造商流向中间商，再流向最终消费者或用户。例如，汽车所有权由制造商转移给中间商，再由中间商转移给顾客。只有达成交易，将产品所有权最终交付给消费者或用户，产品价值才能实现，制造商才能持续地发展下去。

3. 促销流

促销流指一个渠道成员通过广告、人员推销、销售促进、公共关系等活动对另一个渠道成员施加影响的过程。促销流是一种前向流程。促销流可以由制造商流向中间商，也可以由制造商直接流向最终消费者。当制造商向中间商进行促销时，往往使用人员推销的促销手段，而制造商向顾客促销，或者中间商对顾客促销，通常采用广告、销售促进等促销方式。制造商要充分利用促销流，发挥促销的“推”与“拉”的不同作用，促销产品的销售。

4. 谈判流

谈判流指渠道成员之间就产品种类、数量、价格等问题的洽谈过程。在营销渠道中，为实现产品所有权的转移，制造商与中间商之间可能需要进行多次洽谈。每转移一次产品所有权，渠道成员之间就要谈判一次，以达成相关产品价格和其他条件的最终协议。制造商应遵循行业惯例来设定谈判条件。如果条件太高，则很难寻找到愿意合作的中间商。相反，如果条件过低，可能会导致制造商本身的利益受到损害，甚至丧失渠道管理的主动权。

5. 融资流

融资流指渠道成员之间伴随着产品所有权转移而形成的资金融通活动与流程。渠道的融资流包括前向融资和后向融资两种形式。制造商可以进行前向融资，例如，汽车厂让经销商销售完汽车后再结账，这相当于制造商为中间商提供资金以从事经营活动。制造商也可以进行后向融资，例如，汽车厂要求经销商预付一定金额的货款购买汽车，这相当于中间商为制造商提供资金来从事生产活动。

6. 风险流

风险流指各种风险在渠道成员之间转移或由不同渠道成员承担的过程。渠道风险包含了伴随着产品所有权转移而发生的各种有形或无形的损失，如产品破损、丢失、报废、过时、维修和售后服务成本过高等。在产品由厂家转移到消费者手中的过程中，经济不景气、竞争加剧、需求萎缩、自然灾害等因素也会引发风险。

7. 订货流

订货流指渠道成员订货的活动过程。渠道成员可能定期或者不定期地向其上游成员订货，这种订货可以由顾客直接向生产企业订购，也可以由批发商或零售商向生产企业购买。订货流是一种后向流程，是由顾客流向零售商，再由零售商流向批发商，最后由批发商流向制造商。

8. 付款流

付款流是指货款在不同渠道成员之间的流动过程。这种流程是一种后向流程，货款在营销渠道中由顾客向制造商流动。例如，顾客通过银行或其他金融机构向零售商付款，零售商再将款项付给批发商，批发商又付给制造商。

9. 信息流

信息流指渠道成员之间的信息沟通的过程。这一流程贯穿于整个营销渠道之中，制造商与中间商、制造商与顾客、不同的中间商之间、中间商与顾客之间都存在信息交流。一般来说，渠道中相邻的组织之间会进行双向的信息传递，而不相邻的组织之间也会交流各自的信息。

在这些渠道流程中，最为重要的是实物流、所有权流、付款流程、市场信息流和促销流。不同渠道流程的流向有很大差别，实物流、所有权流、促销流是前向流程，由从制造商流向最终消费者或用户，而付款流和订货流则是后向流程，是从消费者或用户流向制造商，融资流、谈判流、风险流和市场信息流则是双向的，在进行交易的不同渠道成员之间流动。

2.2 营销渠道结构及其演变

渠道结构是指渠道系统中的成员的构成、地位及各成员间的相互关系。对这一概念的理解重要的是要掌握渠道成员之间的相互依赖关系。一般来说，营销渠道由制造商、批发商、零售商、消费者或用户等不同的渠道成员构成，尽管这些成员是相互独立的，但在渠道系统中，各个成员是相互影响、相互制约的，某个成员目标的实现要依赖于其他成员的协作和支持，渠道成员正是在这种相互依赖中共同为消费者服务的。对于不同的企业来说，各个渠道成员通过对营销功能和流程的不同分工与合作，形成了不同的渠道结构，来满足消费者需求，从而实现渠道的共同目标和自身目标。通常，渠道结构主要包括渠道的长度结构、宽度结构和广度结构。

2.2.1 渠道的长度结构

渠道长度通常按渠道层次或渠道环节的多少来划分。在产品从制造商向消费者转移过程中，任何一个拥有产品所有权或帮助产品所有权转移的机构都是一个渠道层次。在现实中，由于每一个渠道中都包括制造商和消费者，为方便起见，通常就使用中间机构层次的数目来表示渠道的长度。从渠道的长度结构来看，按照中间商层级的多少，营销渠道可以分为不同的层级渠道，据此也可以分为直接渠道和间接渠道、短渠道和长渠道等类型。

1. 层级渠道

营销渠道按照其所包含的中间商层级的多少，可以分为零级渠道，一级、二级和三级渠道等层级渠道，如图 2-2 所示。其中，零级渠道中没有中间商介入，制造商直接将产品或服务销售给顾客，如生产企业自建渠道销售产品、上门推销、邮购等。在组织市场中，很多工业品都采取零级渠道。一层渠道包括一个层级的中间商，在组织市场上，这个中间商可以是代理商或经销商；在消费者市场上，它通常是零售商。二层渠道包括两个层级的中间商，在组织市场上，这两个层次的中间商通常是代理商和批发商。三层渠道包括三个层级的中间商，这种渠道类型主要用于分销消费面较宽的日用品。在实践中，层级更多的营销渠道相对较少，因为渠道层次越多，渠道管理者越难控制，渠道成员之间也越容易出现矛盾冲突。

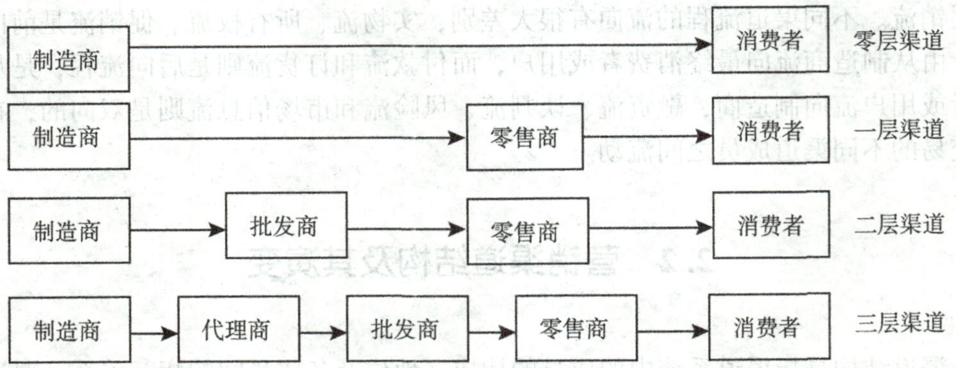

图 2-2　消费品的营销渠道

2. 直接渠道与间接渠道

根据制造商是否使用中间商，可将营销渠道划分为直接渠道与间接渠道两种类型。直接渠道是指制造商直接向消费者销售产品的渠道模式，即零层渠道。在这种渠道类型中，制造商不使用任何中间商，完全依靠本企业力量向消费者提供产品。制造商采用直接渠道具有许多优势。与使用中间商相比，由于制造商直接与消费者接触，对市场需求把握更为及时准确，响应市场的速度较快，能及时灵活地提供个性化的产品满足消费者的需求；便于密切双方关系；渠道控制力较强；可以有针对性地开展促销活动。由于具备上述优势，很多制造商一般采用直接渠道模式，并通过广告、人员推销等方式拓展市场。随着互联网的迅速发展，许多制造商纷纷利用互联网这一媒介进行大量促销活动，推广其产品。间接渠道是指制造商通过中间商向消费者提供产品的渠道模式。制造商采用间接渠道时通常使用一个层次或多个层次的中间商。制造商通过利用中间商广泛的关系网和专业化水平，组织货源，扩大市场覆盖面。与直接渠道相比，采用间接渠道投资少，风险小。

3. 短渠道与长渠道

一般来说，中间环节越少，渠道就越短，相反，中间环节越多，则渠道越长。通常，把一层渠道定义为短渠道（见图 2-3），而把两层或两层以上的渠道称为长渠道（见图 2-4）。从制造商角度来看，渠道越长，制造商对渠道成员的控制力越弱，产品的流动也越缓慢，毛利也被逐层分割。

图 2-3　短渠道

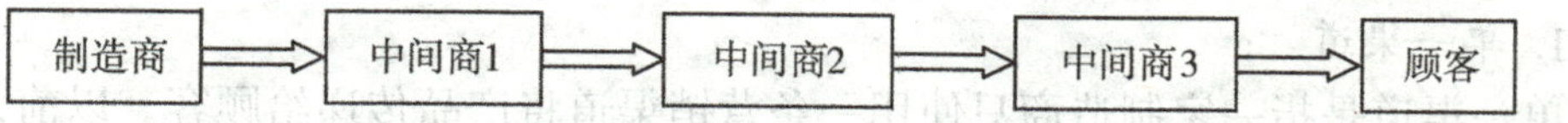

图 2-4　长渠道

2.2.2　渠道的宽度结构

按照渠道中每个层次使用中间商数量的多少，可分为宽渠道和窄渠道两种类型。如果选择较多的中间商来提供产品，那么这种营销渠道称为宽渠道，反之则称为窄渠道。通常，生产设备、专用工具、高价值的产品采用窄渠道模式。营销渠道的宽度选择与制造商的分销策略密切相关，制造商的分销策略主要有以下三种类型：

1. 密集性分销策略

密集性分销策略是指制造商使用尽可能多的中间商来完成分销活动。它是一种宽渠道分销策略，可以扩大市场覆盖面，方便消费者随时随地购买产品，但是，由于制造商要与众多的中间商接触，会增加渠道成本，同时制造商与中间商的关系相对松散。如果消费者非常重视便利性，制造商宜使用密集性分销策略。

2. 选择性分销策略

选择性分销策略是指制造商精心挑选一些中间商从事分销活动。在使用这种分销策略时，制造商在许多愿意从事分销业务的中间商中，按照一定标准选择一部分中间商与之合作。选择性分销使制造商避免与无利可图的中间商打交道，可以与少数中间商建立良好的合作关系。与密集分销相比，选择性分销有较强的渠道控制力和更低的渠道成本，与独家分销相比，选择性分销可以使制造商获得足够的市场覆盖面。

3. 独家分销策略

独家分销策略是指制造商在某一地区只选择一家最合适的中间商分销本企业的产品。它是一种窄渠道分销策略。通常双方会签订独家分销合同，规定制造商在该地区内只能使用该中间商独家分销，同时中间商也不得为竞争者提供服务。独家分销需要制造商与中间商之间的紧密合作。独家分销有助于提高企业形象和品牌形象，调动中间商的积极性，并为形成合作伙伴关系奠定基础。但是，独家分销也存在一定的风险，由于制造商对中间商的依赖性较大，一旦选择中间商时出现失误，可能会影响到企业产品在该地区的销售。

2.2.3 渠道的广度结构

渠道的广度是指一家制造商使用营销渠道条数的多少。在分销产品时，企业使用的渠道条数越多，说明营销渠道越广；使用的渠道条数越少，说明营销渠道越窄。从营销渠道广度来看，可将营销渠道划分为单一渠道和多渠道两种类型。

1. 单一渠道

单一渠道是指一家制造商只使用一条营销渠道将产品传递给顾客。以前，在卖方市场条件下，很多生产企业市场营销的基本方式是大量营销。在这种营销方式下，生产企业大规模生产品种单一的产品，并通过一条渠道来进行这种产品的分销。

2. 多渠道

多渠道是指一家制造商同时采用两条或两条以上的渠道，进入一个或多个目标市场的一种渠道系统。现在，随着市场细分和营销渠道的激增，越来越多的企业采用多渠道系统。这种渠道系统可以扩大市场覆盖面和更好地满足顾客需求。然而，使用多渠道容易出现渠道冲突问题，因此，企业应该考虑自身处理多条渠道矛盾冲突的能力，再决定是否采用多渠道分销产品。如果制造商采用多渠道，则应该加强对渠道的协调与控制，使各条渠道能有效地运转，充分发挥其作用。

2.2.4 营销渠道结构的演变

营销渠道是一个由众多相互依赖的组织构成的网络系统，随着经济环境、技术环境、社会文化环境和政治法律环境等营销环境的变化，营销渠道也在不断发生变化，图2-5显示了营销渠道的演变过程。

从图2-5来看，西方发达国家的营销渠道结构演变的过程大体分为以下三个阶段：

第一，单一渠道阶段。在20世纪50年代以前，许多生产企业强调规模，试图以低成本来获取丰厚的利润，因而采取大量营销的方式，即生产企业进行规模生产，大批量生产单一的产品，以相同的方式对所有的消费者展开促销，并通过相同的渠道出售产品。在这种市场环境下，大多数生产企业都通过单一的营销渠道将产品传递给最容易到达的顾客，即要么由生产企业直接销售给消费者，要么生产企业通过使用中间商将产品提供给顾客。在这一阶段，市场竞争主要集中在产品和价格方面，渠道的发展滞后于其他营销组合要素。

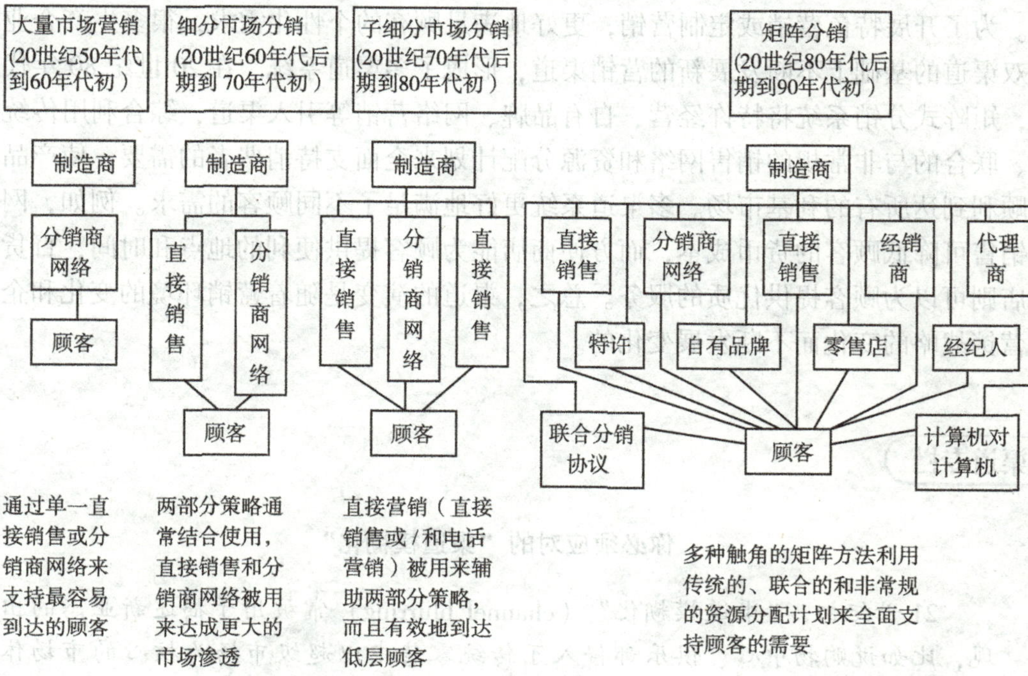

图 2-5 营销渠道的演变

资料来源：Louis W. Stwern，等．市场营销渠道（第5版）．赵平，等，译．北京：清华大学出版社，2001：10.

第二，双渠道阶段。20世纪60年代后期到70年代初期，整个市场已经处于供过于求的买方市场，很多生产企业转变了营销观念，采用目标市场营销战略，即生产企业在对营销环境分析的基础上，进行市场细分，结合企业的目标和优势，从中选择最有吸引力的细分市场作为企业的目标市场，进行市场定位，并按照目标市场的需求制定营销组合。在这种情况下，为了适应营销环境的变化，贯彻目标市场营销战略，很多企业纷纷采用双渠道，使用直接渠道和间接渠道通向不同的目标市场，来扩大市场覆盖面。也有些生产企业同时使用这两条渠道将产品送入相同的目标市场，力求获得更高的市场渗透率。在这一阶段，渠道在生产企业的营销活动中发挥了一定的作用。

第三，多渠道阶段。20世纪70年代以后，随着市场竞争的加剧和技术的进步，消费者需求不断趋于多样化和个性化，特色营销和定制营销受到了许多企业的欢迎。特色营销是企业将注意力集中在细分市场内的亚群体上，为这些子细分市场提供有针对性的服务。在开展特色营销时，企业需要对一个细分市场再进一步划分，分成不同的子细分市场后，再选择目标市场并提供相应的营销组合。定制营销也称为一对一营销，是为个体顾客的需求定制产品和营销计划。定制营销要求生产企业与顾客一对一互动，产品、价格、促销和渠道等都要能满足消费者个体的要求。为了开展特色营销或定制营销，更好地满足顾客的个性化需求，很多生产企业在双渠道的基础上不断发展新的营销渠道，形成了多渠道系统。在20世纪80年代末，矩阵式分销系统将特许经营、自有品牌、网络营销等引入渠道，综合利用传统的、联合的与非常规的销售网络和资源分配计划来全面支持消费者的需要，使产品能顺利到达所有的利基市场。多渠道系统更好地满足了不同顾客的需求。例如，网上销售可降低顾客的货币成本，而方便商店能为顾客提供便利的地点和时间，百货商店则可以为顾客提供优质的服务。总之，渠道的演变是随着营销环境的变化和企业营销战略的变化而不断发展变化的。

渠道专栏

你必须应对的“渠道模糊化”

21世纪初，“渠道模糊化”（channel blurring）常被用于描述新业态的出现，比如说购物中心、俱乐部侵入了传统零售中以超级市场为核心的市场体系。

今天，“模糊”（blurring）一词有了更多的含义，已经不再仅仅是在不同的业态中“分配”销售额了，今天的含义是，鼓励顾客参与到不同渠道中来，并最终达成购买。这才是未来的趋势所在。

以通用汽车（GM）为例，它现在提供一种新的服务模式来吸引那些在买车前进行网上信息查阅、交流的潜在用户。通过GM提供的服务，消费者可以完全在网上进行汽车比较、分析、选择，并最终购买，而GM旗下的销售商会最后把汽车送到消费者的家门口。

现在的消费者已经不再在乎各个渠道的不同，零售商也得这样才可以。

尽管这个数据很吓人，但是却只是零售业的一个侧面而已。

目前，美国线上的销售占总销售的8%左右，然而依然有三个行业直至目前，在走入“线上”方面都还不怎么成功——那就是汽车、加油站、生鲜。这三项几乎占领了零售额的半壁江山，目前其线上渗透率大约只有16%，不过GM的案例也显示出了，其实传统领域都有快速发展的迹象。

我们并不是要给传统零售实体店铺敲响丧钟，事实上，线上的高速发展正在给线下实体带来一抹春意：企业愈发发现，随着电商的快速发展，目前企业越来越难以将销售额简单地分为“线下”或“线上”。

这些场景正在发生：

场景1：某位消费者想购买一台电视，于是来到亚马逊上，希望根据下面的用户评论来做出选择。然后，当他进行比价后发现，在离家不远的一个卖场中，这个型号的电视正好在打折，而且比哪里都便宜。于是他就在店里买了这台电视。

场景2：一位繁忙的主妇在给家人、朋友准备节日礼物。她在玩具反斗城的网站上选好了礼物，并选择了在离家最近的实体店中保留这些礼物（lay away）。她当然可以直接付全款，但是店铺能帮她先把礼物存在店铺明显是更好的选择——等到节日前再去取来，送给家人、朋友。

场景3：一位父亲来到一家家乐福买蔬菜、家庭用品和给孩子的礼物，却发现礼物已经缺货了。于是他就在店里买了别的，并通过APP定了这个礼物，选择在周末的时候去店里取货。

如何搞定无所不在的消费者？

1. 为电子化、科技化进行投资，但是同时要清楚这些会如何影响消费者的店内体验

超市目前正在和线上做着搏斗，比如说亚马逊的妈妈优惠、塔吉特（Target）的线上订购等，这些线上端的服务随时可以让消费者再次购买，而且企业还能将这些消费者变成忠诚顾客。

事实上，线下实体店也可以做到这一切，零售商可以鼓励消费者通过一些“稍微高端的商品”去满足自己的生活需要。这里，店铺就可以和一些大品牌合作，比如与之分享消费者行为信息，进而向他们提供他们最需要的东西——只要消费者拿着手机进入店里，就可以收到相关推送信息、兑换券等。

2. 为消费者提供一站式方便购物体验

一站式的方便购物早就不再是到一个购物中心或者网站去买东西了，现在需要的是为顾客提供正确的全渠道体验，因为他们不仅需要省钱，更想省时间——因此只有这样，店铺的全渠道策略才可以真正地盈利。这也解释了诸如梅西百货、诺德斯德隆百货（Nordstrom，也称为“诺斯通”）、乐购在提供体验的时候，是将店内体验和线上便捷放在一起的。

同时，很多店铺也开始将实体店转型为物流中心、提货点、退换货中心等；而像亚马逊一样的纯电商企业，也开始走入线下实体店，目前在纽约市中心附近开了第一家实体店。

3. 仔细分析资源配置状况

线上销售激增，很多零售商可能不得不在线上投入重金，无论是设计网站、用户界面等各方面的功能，不过却忘记更重要的东西，就是对于后台供应链、物流、库存管理方面的投入——这些才是会在未来带来最本质变化的部分。

因此，对于零售商来说，一定要反复细分自己在线上、线下的优势、劣

势和机会之所在，分析不同渠道中消费者的特征和习惯，针对这些东西做出差异化。

资料来源：Marco Kesteloo，Nick Hodson，王子威．你必须应对的“渠道模糊化”，销售与市场（渠道版），2015（3）．

2.3　营销渠道的成员

一般来说，营销渠道的主要成员包括制造商、中间商、消费者。制造商往往是渠道组建与日常管理的主导者，中间商主要有批发商和零售商，他们执行一系列的渠道功能，对渠道效率和效益有着重要的影响，而消费者是营销渠道的服务对象，对渠道结构及演变起着决定性的作用。制造商、中间商和消费者都与产品的所有权有关，他们通过谈判或交易联系在一起，是渠道的主要成员。尽管辅助商与产品所有权转移无关，但也要参加到营销渠道中，执行一些功能，如运输、储存等。

2.3.1　制造商

安妮·T. 科兰、路易斯·W. 斯特恩等学者认为制造商就是产品和服务的生产者。而伯特·罗森布洛姆则对制造商进行了明确的界定：“生产商和制造商包括那些从事提取、种植以及制造产品的公司，这些公司的种类包含了农业、林业、渔业、采矿业、建造业、制造业以及一些服务行业。”通常，制造商也称为生产者、生产商、生产企业、企业、公司，在本书中，这些不同的称谓一般都是指制造商。

制造商的范围非常广泛，不但包括了生产不同产品的企业，还包括了各种规模的企业。制造商所生产的产品各式各样，从飞机到纸巾，不一而足，种类各异。制造商的规模也有大有小，大到像可口可乐这样的国际企业，小到像我国乡村的私营企业。虽然这些制造商存在着很多差异，但都有一个共同点，即这些制造商都需要有效地满足市场的需求，需要通过某种方式把生产出来的产品提供给消费者。制造商可以直接向消费者销售产品，也可以通过中间商来分销产品。但是，大部分制造商都是使用中间商将产品传递给顾客。

也许有人会问，在不断缩减成本的现代社会，制造商应该尽量越过中间商将产品直接卖给顾客，以便把经转手所增加的不必要成本降到最低，就像戴尔一样。可是，为什么仍然有大量的中间商介入产品的分销呢？实际上，要将产品有效地分销给消费者，就需要渠道成员执行许多渠道功能，他们应具备执行这些渠道功能的专业技能并能获得规模效益，而制造商往往缺乏这样的专业技能，且难以实现规模经济。制造商在生产领域具有很高的专业水平，但这并不代表其在销售领域也同样具有专业水平，特别是对于规模小的制造商而言，资金和管理人才都比较短缺，更不具备分销的专业技能。此外，不同的产品需要不同的营销渠道，比如像软件、电脑之类的高科技产品，由于这些产品科技含量高、顾客重复购买次数少，以及顾客需要专业性的服务等，可以采用直销的模式，但大量的产品，如口香糖、饮料等便利品，往往需要利用密集的网点、方便的零售终端进行销售。因此，大部分制造商都需要依靠中间商的帮助来分销产品。许多制造商都需要设计渠道结构，并对营销渠道进行管理，使营销渠道有效地运转，从而使产品通过营销渠道尽可能多地占领市场、满足顾客需求，并使自身获得利润。

2.3.2 中间商

中间商是那些在渠道中执行谈判功能及其他功能，取得产品所有权和帮助产品所有权转移的独立的组织。中间商通常参与了渠道流程中的谈判流和所有权流。按照销售对象，中间商可以分为批发商和零售商。通常，批发商和零售商都是渠道系统中重要的成员。

1. 批发商

批发是指将产品销售给那些为了转售或为了商业用途而购买产品的组织的商业活动。这意味着除了对消费者个人或家庭之外的所有销售活动都属于批发活动。批发商也称为经销商，是指那些主要从事批发业务的中间商。批发商进行大批量的商品销售，其销售对象往往是组织，包括其他批发商、零售商、生产企业以及相关机构等。在营销渠道中，批发商可以执行几乎全部的渠道功能，但从批发商的特点来看，主要执行是购买、匹配、物流和融资等功能。批发商向不同厂家大批量采购商品，汇集了多种多样的产品，再将产品分类、分等、重新包装，把各厂家的商品编配成零售商所代表的顾客需要的货色，运送给各个零售商，更好地满足了零售商品种多、数量少、加速资金周转的需要。通常，批发商可分为商人批发商、代理商、制造商的销售机构以及零售商的采购办事处等类型。

(1) 商人批发商。

商人批发商是指自己进货，取得所经营商品的所有权后再出售给组织用户的独立批发企业。商人批发商是批发商的最主要的类型。商人批发商根据不同因素可以划分为不同的类型。按所提供的服务是否完全来分类，商人批发商可分为完全服务批发商和有限服务批发商。完全服务批发商向渠道成员提供全套服务，而有限服务批发商为了减少费用，降低批发价格，只提供很少的服务。按经营商品的范围来分类，商人批发商可分为三种类型：一是综合批发商。这类批发商经营商品的范围很广，其销售对象主要是百货商店和商场。二是大类商品批发商。这种批发商所经营的是以行为划分的某一类商品，如酒类、服装类、糖果类和保健品类商品，这一类商品的花色、品种、规格、品牌都很齐全，销售给地区批发商、大型零售商和机关团体等。三是专业批发商。即专门经营某一类商品中的某种商品的批发商。这类批发商的专业化程度较高，主要服务对象是专业商店和专业用户。

(2) 代理批发商。

代理批发商是参与了商品买卖的谈判，但不拥有所经营商品的所有权的批发商。这种批发商的主要职能是促使买卖双方达成交易。与商人批发商相比，代理批发商对所经营的商品没有所有权，所提供的服务较少，只是在买卖双方之间起媒介作用，通过促成交易来赚取佣金。代理批发商的专业性较强，往往专门经营某一方面的业务。代理批发商主要有以下类型：

①经纪人。也称为中介，主要职能是为买卖双方牵线搭桥，促进交易。经纪人联系面广，认识许多买主和卖主，他们替卖主寻找买主，或者替买主寻找卖主，将买卖双方结合在一起，促使双方达成交易，成交后，由卖主把货物直接运给买主，而经纪人从中获取一定的佣金。经纪人在房地产业、证券业以及保险业中比较常见。

②制造商的代理商。即代表两个或多个制造商销售产品的代理商。这种代理商通常和几个生产互补产品的制造商签订长期代理合同，在一定地区，按照这些制造商规定的销售价格及其他销售条件，替这些制造商代销全部或部分产品，制造商则按销售额的一定百分比支付佣金，以鼓励代理商积极销售产品。这种代理商相当于制造商的推销员。有些制造商使用这种代理商开辟新市场，或在一些市场规模较少的地区使用代理商销售产品。

③销售代理商。即按照合同为制造商销售所有商品的代理商。销售代理商实际上是制造商的独家全权销售代理商，在价格、销售地区及其他交易条件有很大的权力，类似制造商的销售部门。销售代理商与制造商的代理商是有区别的，主要体现在两个方面：首先，每一个制造商只能使用一个销售代理商，而且将其全部销售工作委托给该销售代理商后，不得再委托其他代理商代销产品，也不得再雇用推销员去推销产品。而每一个制造商可同时使用几个制造商的代理商，还可以设立自己的推销机构。其次，销售代理商通常替制造商代销全部产品，并不限定只能在一定地区内代销，同时，在销售价格和其他销售条件方面有较大的权力。而制造商的代理商要按照制造商规定的销售价格及其他销售条件执行，在一定地区内替制造商代销一部分或全部产品。小企业或只关注生产的企业通常会使用销售代理商。

④采购代理商。采购代理商往往与一家或几家企业保持长期关系，专门替这些企业采购货物，为其收货、验货、储运，以及将货物提交给买主。由于采购代理商熟悉市场情况，消息灵通，因而能向企业提供有价值的市场信息，还能以较低价格买到质量较好的货物。

⑤佣金商。也称为代办行，指对代销的商品实体具有控制权并参与商品销售谈判的代理商。大部分佣金商主要是从事农产品的代销业务。菜农、果农往往与大城市批发市场的佣金商签订协议，在产品上市时随时运送给佣金商，由佣金商全权代销。佣金商在收到蔬菜、水果后，可不经对方同意，根据市场状况，按能获得的最好价格以自己的名义销售，扣除相关费用和佣金后，再把余款交给这些农产品的生产者。

(3) 制造商的销售机构以及零售商的采购办事处。

制造商的分销机构以及零售商的采购办事处，都是卖方或买方自营批发业务的内部组织。

①制造商的销售机构与办事处。为了改进存货控制、销售和促销业务，有些制造商设立了自己的销售机构和办事处。制造商的销售机构执行产品储存、销售、送货以及销售服务等职能。有些销售办事处设有铺面，持有一定存货，多见于木材和自动设备等行业，也有些办事处没有门市，也没有存货。

②零售商的采购办事处。很多零售商在大城市设立采购办事处，这些办事处的作用与代理商类似，只不过办事处不是一个独立的外部组织，而是零售商的一个内部构成部分。

2. 零售商

零售是指直接向最终消费者销售商品和提供服务，供个人或家庭消费的商业活动。零售商是指以零售活动为主营业务的机构或个人。不论是制造商、批发商还是零售商都可以从事零售业务，但零售商仅指那些以零售作为主营业务，零售量在其销售量中占主要部分的中间商。因此，对于那些从事批零兼营业务的商业单位而言，如果其经营的主要业务是批发，零售只是作为一种次要业务，批发量占其销售量的主要部分，则该商业单位是批发商。

零售商是最古老的一类渠道成员，然而在竞争日益激烈的今天，零售商越来越显得重要，成为制造商不可缺少的合作伙伴。大多数商品都是由消费者向零售商购买的，制造商应该与零售商进行良好合作，使消费者在商店中能看得到、买得到、乐意买、愿意再买自己的商品。

(1) 零售商的作用。

零售商介于消费者和批发商或制造商之间，其作用是实现商品价值，满足消费者需求。具体来看，零售商的作用表现在以下两方面：

①针对消费者进行营销。在销售的过程中，零售商可以向消费者开展商品展示、广告宣传、技术咨询、维修服务、沟通信息等活动。对制造商而言，零售商通过向消费者开展促销活动和提供售后服务，可以促进其商品的销售，增进顾客满意度。

②方便顾客购买。零售商与消费者直接接触，对市场信息比较了解，通过分析消费者的需求，并根据分析结果来采购商品，使顾客随时都能够买到自己需要的商品。

(2) 零售商的类型。

①商店零售商。

商店零售商是通过设置实体店面来销售商品的零售商。随着社会经济进步，零售商店也在不断发展，新型零售商店日趋增多。按照零售商所经营的规模、商品种类、价格、服务的不同，可以将零售商店划分为以下几种类型：

专业商店。这种商店专门经营某一种类的商品或服务。其经营的商品类别虽少，但花色品种比较齐全。专业商店可以根据经营的商品种类划分，如花店、书店等，也可以根据服务的对象划分，如老人用品店、儿童商店等。

百货商店。通常指经营商品种类多且对各类商品实行专业化经营的零售店。很多百货商店都经营日用品、化妆品、食品、服装、家电等各类产品，但花色品种没有专业商店的多。这种商店对各类商品都进行专业化经营，可为顾客提供种类繁多的商品和周到的服务。

超级市场。即自助商场。超级市场主要经营食品、家庭日用品等商品，所有商品实行开架销售，顾客自我服务，并集中到收银台付款。超市通常以低价、低毛利、销售量大见长，很多家庭大量购买时往往会选择超市。

便利店。即设在居民区附近的小型商店。这种商店经营的商品大多为日用易耗品，价格较高，但营业时间长、商品周转率高，可能满足顾客方便购买的需要，顾客往往在这种商店进行"补充"式购买。

超级商店、联合商店和特级商场。超级商店综合了超市与百货商店的特色，比传统的超市大，经营的商品种类多，进行开架销售，并兼营干洗、低价快餐等服务，服务水平高但价格也较高。联合商店比超级商店更大，一般是由许多独立的商户设档经营，业主统一对这商户进行管理。特级商场是规模最大的一种商场，是超市、折扣店和仓储商店的混合体，经营的产品种类多，包括家具、家用器具、服装以及其他类别，商品价格较低。这种商场利用场地大量陈列原装商品，向愿意自行搬运大型商品的顾客提供折扣。

折扣商店。这种商店销售的商品价格较低、销量大，由于经营的是全国性品牌，商品质量并不差。店址通常选在低租金的地段，并在自助式、设备最少的基础上经营，从而降低经营成本，以吸引那些对价格较敏感的顾客购买商品。

仓储商店。即采用会员制的一种折扣店。这种商店往往使用仓库式货架来陈列大包装的商品，提供的服务较少，价格很低，主要针对机关团体进行销售。

目录陈列室。这种商店将商品目标推销和折扣原则结合在一起，主要销售一些周转快、利润高、有品牌的商品，如珠宝、照相机、箱包、工具等，价格很便宜。店面陈列有商品目录、样品、模型等，顾客可通过电话订货并由店家送货上门，也可以亲自到商店购买。这种商店依靠多类别的商品、低价和良好的服务来获得较高的销量。

②无店铺零售商。

无店铺零售商是不设置实体店面进行经营的零售商。近年来，无店铺零售发展较快。无店铺零售商主要有以下四种形式：

直复零售。即利用通信工具、广告媒体传递商品信息，直接与顾客联系并获得一种可衡量的顾客反应的一种零售方式。直复零售通常有邮购、电话购物、电视购物、网络营销等形式。

直接销售。即制造商生产的产品，主要依靠人与人之间的联系，或这种联系所形成的网络来向顾客销售。雅芳公司、安利公司和玫琳凯化妆品公司采用的就是直接销售。直接销售的成功主要依赖于销售人员，其开支较大，主要用于支付招聘、培训、激励销售人员所产生的费用。直接销售主要有上门推销、家庭销售会和传销等形式。

自动售货。就是利用自动设备进行商品销售的方式。饮料公司可以利用自动售货机向顾客提供24小时的饮料销售服务，银行可以使用自动柜员机供顾客存取款和查询账户，电影院也可以使用自动服务机向顾客出售电影票。

购物服务公司。这是一种为特定客户提供服务的无店铺零售方式。这些客户通常是组织，如学校、医院、协会和政府机构等。这些客户成为购物服务公司的成员后，有权向一批指定的零售商购买，并可以得到一定的折扣。

③零售组织。

很多零售商店通过各种形式联合起来，形成了不同类型的零售组织。零售组织主要有连锁商店、特许专营机构和销售联合大企业等类型。其中，连锁商店、特许经营将在第9章详细介绍，这里着重介绍销售联合大企业。销售联合大企业是一种组合形式的类公司，它以多种所有制的形式将不同类型、不同形式的零售商组合在一起从事多样化零售，并通过综合性、整体性的管理，为所属零售商创造良好的经营环境与条件。例如，美国的F. V. 华尔兹公司，除了经营综合商店，还经营金尼鞋店，阿尔曼服饰珠宝和手提包专用商店等。

相关链接

哈佛商学院的零售学权威麦克内尔教授提出了零售业态发展的车轮理论。该理论认为：零售业态以循环形式向前发展。其主要观点有三：

(1) 一种新的业态及模式的存在都会遵循这样的规律：创新优势地位，进入加速发展，经过一段时间逐渐变为传统型，然后进入衰退地位，便需要再度创新。这个过程并不是简单的重复，而是螺旋式上升，从而推动行业的不断发展。

(2) 零售业态惊人相似，具有生命周期。即存在一个从产生到消亡的过程，而生命周期的每一个不同阶段，零售业态表现出不同的特征。生命周期理论将零售业态的发展分为：创新阶段、加速发展阶段、成熟阶段及衰退阶段。

(3) 在零售业态的发展过程中，存在着商品种类由综合到专业化再到综合化的循环往复的过程。按照这一理论，可以将零售业发展分为五个阶段：杂货店时期——综合化，专业店时期——专业店，百货店时期——综合化，方便店时期——专业化，商业街、购物中心时期——综合化。

资料来源：赵晶．零售市场营销学．北京：清华大学出版社，2006：25-27.

2.3.3 消费者

消费者是营销渠道成员之一。消费者虽然不参与生产经营活动，但是，消费者是商品和服务的最终购买者，制造商和中间商执行各种渠道功能都是为了满足消费者的需要，实现产品的销售，因此，消费者是他们关注的焦点，成为最具影响力的渠道成员。在买方市场上，消费者占据主导地位，消费者对产品和服务有更多的选择，由于市场竞争的压力，实施顾客满意策略越来越成为企业竞争获胜的法宝，谁能最大限度地接近消费者，谁就能最先获得令人羡慕的丰厚回报。消费者是渠道服务的最终受益者，也是营销渠道建设的推动者和渠道管理效果的权威评判者，因此，制造商要以消费者为中心，以满足消费者需求为目标，来构建营销渠道和进行渠道管理。

2.3.4 辅助商

在营销渠道中，还有很多组织为产品的分销提供支持性服务，这些组织称为辅助商。辅助商是指帮助执行运输、储存、购买、出售等渠道功能的组织。常见的辅助商有以下几类：

1. 运输公司

运输公司包括所有能提供运输服务的公司。一些知名的物流公司，由于能够实现规模经济，这些运输机构能以更低的成本为制造商、批发商、零售商以及其他组织提供更有效的运输服务。制造商应在权衡成本和效益的基础上，选择成本效益最佳的运输公司。

2. 仓储公司

仓储公司主要包括那些专门从事出租场地以提供货物储存服务的公司。目前，不少仓储公司都能提供更具专业性的服务和弹性更大的服务，利用这些仓储公司可以降低储存费用，因此，许多制造商、批发商、零售商不是将产品储存在自己的仓库之中，而是储存在仓储公司的仓库里。

3. 订单处理代理商

订单处理代理商是指那些专门从事订单处理的组织。这些代理商向制造商、批发商、零售商提供部分或全部的订单处理服务，包括传递订单、记录订单、审查顾客信用、制订存货和生产计划、发出订单产品，以及收到货款等。通过使用订单处理代理商，不但可以使制造商或中间商从繁杂的订单处理业务中解放出来，还可以使这些企业从拿到订单到收款的时间缩短，使“订单—收款”循环加快，这个循环的时间越短，顾客的满意度和企业的利润就会越高。

4. 广告代理商

广告代理商专门向各个渠道成员提供有关销售策略方面的服务，主要包括广告公司、公关公司、各种广告媒体和营销咨询公司等。这些代理商向渠道成员提供广告服务，或进行公关策划活动，帮助企业提高产品的销量、开拓市场。企业在选择广告代理商时，需对其所提供的服务、质量、价格、创新性等方面进行评估，然后再做选择。

5. 保险公司

保险公司帮助渠道成员转移在渠道运作中遇到的风险。在产品由制造商向消费者流转的过程中，产品可能会被损坏、盗窃或变得过时，因而产品可能卖不出去，或被迫削价出售，给渠道成员带来损失。有时，渠道成员甚至可能会因火灾、水灾、恶劣的天气等自然灾害而遭受经济损失。渠道成员可以利用保险公司来分担风险，通过保险获得相关保障。

6. 市场研究机构

市场研究机构主要向渠道成员提供与分销相关的市场信息。制造商或中间商可以自己收集市场信息，也可以通过市场研究机构来获取必要的信息。目前，市场研究机构不断增多，不少机构都可以为制造商或中间商提供专业性较强而又广泛的市场研究服务，越来越多渠道成员都通过这些机构来获得相关的市场信息。

本章小结

营销渠道是为促使产品或服务顺利地被使用或消费而由一系列相互依赖的组织构成的网络系统。营销渠道具有调研、促销、订货、匹配、物流、谈判、融资、风险承担、付款等功能，营销的功能需要通过渠道流程来完成。渠道流程主要包括物流、所有权流、促销流、谈判流、融资流、风险流、订货流、付款流及市场信息流等。

渠道结构是指渠道系统中的成员的构成、地位及各成员间的相互关系。渠道结构主要包括渠道的长度结构、宽度结构和广度结构。随着时间的推移和环境的变化，渠道结构也在不断地演变。

一般来说，营销渠道的成员包括制造商、中间商、消费者以及辅助商。制造商往往是渠道组建与日常管理的主导者，中间商主要有批发商和零售商，他们执行一系列的渠道功能，对渠道效率和效益有着重要的影响，而消费者是营销渠道的服务对象，对渠道结构及演变起着决定性的作用。制造商、中间商和消费者都与产品的所有权有关，他们通过谈判或交易联系在一起，是渠道的主要成员。尽管辅助商与产品所有权转移无关，但也要参加到营销渠道中，执行运输、储存等功能。

习　题

一、单选题

1. 营销渠道的终点是(　　)。

A. 营销中介　　B. 运输企业　　C. 市场　　D. 最终消费者

2. (　　)是指渠道系统中的成员的构成、地位及各成员间的相互关系。

A. 渠道结构　B. 渠道长度　C. 渠道相关度　D. 渠道宽度

3. 制造商在某一地区只选择一家最合适的中间商分销本企业的产品，这种分销策略称为(　　)。

A. 密集分销策略　　B. 选择型分销策略

C. 独家分销策略　　D. 长宽渠道

4. (　　)是营销渠道的服务对象，对渠道结构及演变起着决定性的作用。

A. 制造商　B. 零售商　C. 批发商　D. 消费者

5. 批发商的最主要的类型是(　　)。

A. 商人批发商　B. 商品代理商　C. 直运批发商　D. 销售代理商

二、多选题

1. 营销渠道的功能包括(　　)。

A. 调研　B. 促销　C. 物流　D. 谈判　E. 匹配

2. 营销渠道的流程包括(　　)。

A. 物流　B. 所有权流　C. 促销流　D. 谈判流　E. 付款流

3. 渠道结构主要包括渠道的(　　)等结构。

A. 长度　B. 宽度　C. 系统　D. 高度　E. 广度

4. 营销渠道包括(　　)等渠道成员。

A. 批发商　B. 制造商　C. 零售商　D. 辅助商　E. 消费者

5. 按照销售对象，中间商可以分为(　　)。

A. 批发商　B. 零售商　C. 制造商　D. 辅助商　E. 代理商

三、判断题

1. 渠道层次越多，制造商越容易控制营销渠道。　(　　)

2. 实物流、所有权流、促销流是前向流程，而信息流则是后向流程。　(　　)

3. 制造商的分销机构以及零售商的采购办事处都属于卖方或买方自营批发业务的内部组织。　(　　)

4. 中间环节越少，营销渠道就越短。　(　　)

5. 经纪人和代理商是从事购买、销售或二者兼有的洽谈工作，是取得商品所有权的商业单位。　(　　)

四、简答题

1. 营销渠道的功能有哪些？
2. 简述直接渠道与间接渠道。
3. 批发商主要有哪些类型？
4. 营销渠道中常见的辅助商有哪些？

五、案例分析题

百年雅芳大势已去

2015年，化妆品王者雅芳（AVON）迎来了127岁的生日。这家百年企业有着无限风光的过去，曾经一度成为世界最大的化妆品厂商。然而，这一年过的却相当不顺利，雅芳尴尬地宣告了比往年更大一笔巨额亏损。截至2015年9月，雅芳负债超过20亿美元（约合人民币127.89亿元），三季度财报显示，公司出现6.97亿美元（约合人民币44.27亿元）的巨额亏损，营收也同比下降22%至16.669亿美元（约合人民币105.85亿元）。如今的雅芳更像一个形影相吊的老者，市场萎靡，弥漫着萧条和冷寂，以风烛残年之躯遭受多方竞争对手打压，仿佛倒下只在一瞬之间。雅芳在短短十年时间从业界翘楚到如此颓势，期间实施的一系列不切实际的战略转型、商业模式几度变革，非但没有使公司扭转困局，反而愈发恶化，如今已到扁鹊难医的地步。

1. 埋下隐患

创始人大卫·麦克尼为创立一个百年品牌费尽心血，甚至以莎士比亚故乡的河流“雅芳”给公司赋名。从雅芳创立伊始，大卫·麦克尼便独辟蹊径采用另一种商业模式——直销来出售化妆品。这一新颖独到的商业模式基于当时美国的社会背景所设计，由于贫富差距太大，许多穷人没有改变现状的机会，因此采用以收入微薄者作为销售代表向富人提供消费商品，这种分销方式很快便流行起来。

20世纪90年代，雅芳以世界高档化妆品牌的姿态进入中国。当时由于市场仍处于卖方市场，化妆品是紧俏的稀罕物，令广大女性争相购买，趋之若鹜。到1997年年底，雅芳在全国开设了70多家分公司，拥有数万名雅芳小姐。

直销模式大红大紫到1998年，直销公司已经泛滥成灾，国家一声令下叫停。在这段泛滥无序的时期，一些直销方式开始变味，许多直销手段与传销方式类似，浮现出可怕的社会性问题。直销的负面新闻通过媒体宣传不断曝光，直销模式在社会上形成了恶劣的形象，时至今日都无法洗清其本来面目。这为后来雅芳再次转入直销模式埋下了隐患。

2. 失控零售

在直销模式被国内叫停之后，雅芳转由高寿康执掌中国区业务，开始全面转向零售方式。1998年5月，雅芳第一个专柜的推出预示着雅芳采用批发、零售方式初试零售市场。为了维持直销时代的营业额，雅芳高举高打，强调店面的全国扩张，片面追求店面数量的叠加，到2006年最高峰时，全国零售专卖店达到了6000多家，虽然带来了23亿元的高业绩，但在企业一片歌舞升平的上升期背后是雅芳品牌形象开始崩塌。零售模式的前期积累重要而漫长，要经过多年探索才能对商品结构、品类、零售技术、运营团队、顾客管理和标准化体系建设一个初步的了解。以屈臣氏为例，现在有1300多家店，但从1989年到2004年，全国只有50家店。而以直销起家的雅芳如此的扩张速度盲目复制与扩张，开始出现了失控的局面。

雅芳采用阶梯销售模式，根据销售量对经销商返利，由于过分强调销量，雅芳内部出现经销商之间的恶性竞争，不少经销商为了完成业绩奖励开始进行囤货，之后经常会采用批发形式扰乱市场，最终形成了价格混乱。同时不断快速的吸纳使新的加盟经销商素质良莠不齐，拓展的新店并没有得到标准化的管理，许多经营人员素质低下，地段偏僻，服务态度恶劣，货柜胡乱摆放。当时，国内其他化妆品才建立雏形，国外的化妆品与国民收入也保持很大的差距，没有进入大众视野，被誉为化妆品市场发展最甜蜜的时候，雅芳却违背了百年追求的高端品牌形象，以糟糕的客户体验损害了广大忠实用户的购买欲望，曾经高端时髦的品牌形象开始滑坡转为廉价定位，更让消费者对雅芳失去了信心。

3. 回归直销

在全面转入零售模式后，阵地战的运作使雅芳倍感艰辛。在内部管理上，中国的零售模式仿佛成为雅芳全球的一粒孤子，美国总部在对中国市场不了解的情况下，仍然沿用许多直销的观念进行管理。为了使产品存在利润空间，雅芳不断压缩成本，对成本的控制十分严格，往往倒行逆施，甚至阻碍了工作进度。同时，产品的设计研发跟不上零售脚步，并没有相应的产品经理设置，往往推出一些组合怪异的化妆品，使市场完全不买账。但究其根本，是雅芳总部仍念念不忘雅芳得以立足百年的运营模式，希望在中国重新树立往日荣光。2006年2月，雅芳主动亮出全国唯一一张直销试点牌照，雅芳开始进入直销与零售并行运营的时代。

转入并运行之后，虽然雅芳承诺专卖店所售产品与直销产品不重复，双方不存在竞争关系，直销将走高端路线，专卖店施行“收费美容”的模式。但是此时的雅芳，已沦为了廉价品牌，高端化妆品俱乐部早就将其弃之，直销员无法以高价位将产品销售，纷纷折价，导致雅芳公司的直销员和专卖店业务冲突，抢食同一市场份额，相互砸价，造成货物积压，这势必导致经销商利益摩擦，各地专卖店纷纷要求退货，雅芳与经销商渐行渐远。

而2006年的雅芳早已不是曾经的那个直销高手，商业模式转变为零售后尝试了整整六年，再次调整到直销模式将是一次颠覆性的调整。但高层高估了雅芳曾经在直销上取得的成就，同时也低估了六年来扩张式发展积累的成果，造成了后来直销模式的青黄不接，滞涨无力。

首先，人员储备上毫无准备便开始以经销商为据点进行直销转化。雅芳从1998年转型到2005年已经长达八年，多数富有经验、激情以及人脉的销售代表早已离开公司，雅芳小姐已成为历史美谈。面对此大范围的直销转型，人才出现了断档和空缺，为了弥补人才不足，雅芳颁发政策鼓励发展直销专员，这导致经销商为了得到奖金采用各种方式招纳人员，造成人数急剧臃肿、人均盈利低、流失率高的局面。2006年，雅芳在中国登记的直销员将近100万，业绩仅是同时期安利的二十分之一，而安利的直销人员仅有雅芳的三分之一。

其次，直销的黄金时代已经结束，提成不再像20世纪90年代一样极富有诱惑力。在20世纪90年代月均工资还是两百元的时候，直销员随便能挣到几千元的收入。但是现在的市场和消费者早已发生彻底的变化。经销商已经习惯于零售业务的发展，在激励不高的情况下不愿意参与直销。直销员面对雅芳这一早已失去公众吸引力的品牌，加之经销商相互的恶性压价，往往商品只能打折出售，达到获得提成奖励的产品数量更是难上加难，所以直销处境十分尴尬，不被业界讨好，发展缓慢。

可悲的是，美国总部认为直销是制胜的不二法宝，强压中国市场做出业绩，这只能逼迫中国管理层铤而走险，为获取直销牌照支付可疑资金，选择编织关系网对企业进行保护，最终引火烧身，自2008年开始陷入贿赂门事件。

4. ADCP计划不适

贿赂门事件爆发之后，中国销售收入断崖式下跌31%。2010年4月，雅芳总部派出南拉丁美洲地区总经理奥多内兹赶来“救火”。而这位在拉美地区不断为雅芳创造良好业绩却不懂中国市场的空降将军，将拉美地区的模式直接复制到中国。但中国的市场早已对直销模式过敏，早年的传销伤害以及如今保险推销式的直销方法并没有给市场打下好的根基，反而市场的厌恶程度与日俱增。在不解决这些问题的前提下，直销模式的推行让雅芳全面向直销政策倾斜，启动面对直销ADCP计划，即雅芳-直销-发展-计划，将服务网点分为4个层次，资深服务网点、专业服务网点、模范服务网点、标准服务网点，网点发展下线，以下线的人数和业绩取得服务网点的升级和获得相关利益。但长期以来的痼疾依然存在，出现了网点人员增长但是业绩却不断下滑的糟糕效果。

同时，ADCP计划便是与零售经销商翻脸，一路跟随雅芳发展近十年的广大经销商成为雅芳下一步战略被消灭的头号目标，他们不仅对政策寒心不断声讨，而且开始与总部反目，长期建立起来的零售市场进一步萎缩，曾经布满全国的雅芳店面顷刻之间在许多城市消失。2011年年底，雅芳在华销售收入为

20亿元（相当于2005年的水平），奥多内兹在一片批评声中离开中国回到南美区。

事实上，雅芳的产品品质并不差，但由于长期对品牌的损害已造成无法修复的地步，缺乏像样的市场营销和策划，只靠直销员去进行产品的销售和维护。而国内大部分直销员缺乏相应的技能培训良莠不齐，由于人的问题导致对产品的怀疑时有发生。直销员的扩招使人员的进出变得松散，任何一个直销员都可以通过注册就可采购到雅芳的产品，更别提山寨产品对雅芳造成的伤害了。

5. 死亡螺旋

在不断进行零售和直销试错之后，雅芳的管理闹剧并没有收场，2012年新任雅芳中国CEO林展宏从加拿大调到中国后便开始了“再造雅芳”一系列的救火行动。他第一个动作便是推倒直销ADCP计划，又一次转型回到零售业务。增设全新的零售渠道，加快专卖店的扩张，弱化直销渠道，将毛利和销售量不高的产品划给直销。之后又进行了大规模的人事调整，在不到一年的时间里，原有的八位大区总监全部被裁撤。然而就在将自家后院烧了个遍之后，林展宏与员工的关系降至冰点，匆匆离去。至此，雅芳陷入了战略的迷茫之中，过去每一次转型太过于干脆，并没有处理好与商业伙伴之间的利益关系，导致经销商不断反弹，而这种摇摆也使得其商业信誉受到损害。决策的连连失误导致经销商和直销人员都对雅芳失去信心，2012年雅芳中国的销售额不到10亿元，感到大势已去，市场份额急剧萎缩。

2014年4月，来自我国台湾地区的叶靖慧出任雅芳大中华区总裁。她提出在中国市场开辟商场渠道，但很显然连续的亏损，使高层不会批准大规模的市场开发计划，至今各商场未见雅芳专柜。雪上加霜的是，2014年年底，行贿门落幕，雅芳集团最终确认在华行贿上千万元，并同意支付约8.3亿元就相关民事和刑事指控达成和解。进入2015年，雅芳以断腕自救、裁员措施、削减开支等零星的新闻，活在人们的视野中。

随着电商平台、海外代购、保税区交易中心的迅速崛起，雅芳的直销模式也受到了冲击。业内人士认为，以前雅芳在中国圈得广泛的用户，主要是靠直销的价格福利聚集年轻人群。如今化妆品的种类越来越多样化，消费者选购的渠道越来越多，雅芳的优势逐渐丢失。雅芳固守着自己一亩三分地，在维护和更新上几乎没有采取任何措施，已经彻底被边缘化。雅芳退出本土化化妆品发展迅速的韩国便是最好的例证，宣告退出中国市场或许也只是时间问题。

资料来源：冯毓卿，郝继涛．百年雅芳大势已去．http：//guanli. brandcn. com/pinpaiguanli/160307_398996. html.

问题：

1. 比较雅芳公司1998年前后的渠道结构，两者有何区别？

2. 2006年后，雅芳公司采用了什么渠道结构？这种渠道有何优劣势？

3. 你认为雅芳公司在渠道管理中存在哪些问题？

实践活动

一、实训目的

1. 加深对营销渠道结构的理解，掌握渠道结构的构成维度，培养学生分析、解决问题的能力。

2. 深入了解不同类型的零售商的营销运作，增进学生对企业实践活动的了解。

3. 通过贴图游戏来培养学生的团队协作能力与沟通能力，使学生更好地理解营销渠道的内涵，认识到渠道成员协作的重要性。

二、实训内容

1. 以某一企业为例，从各种途径收集该企业的营销渠道的相关资料，对该企业的渠道结构及其演变进行分析，说明该企业的营销渠道的演变历程，从渠道长度、宽度和广度等方面来描述其营销渠道结构现状，分析该企业营销渠道的优势与不足，并提出优化其渠道结构的建议。

2. 以某一零售商为例，从以下某一方面或几个方面来说明该零售商：经营特色、可借鉴的营销策略、成功的经验或者失败的教训、存在的问题及改进措施。

3. 贴图游戏。这是以营销渠道的含义、渠道功能和流程为理论背景的游戏活动。要求将全班同学分为几个小组，各组依次进行游戏。每组事先准备好一张某一动物的整体图和另外一张有该动物尾巴的图，在游戏开始时先将那张动物的整体图粘在房间的一面墙上，在通往黏图的通道上设置一些障碍物，然后每组再选出一名执行者，其他成员处于通道的不同位置并通过动物叫声来引导执行者将有动物尾巴的图粘贴到那张动物的整体图中尾巴的位置处，最快贴到准确位置的小组为赢者。

三、实训组织

1. 教师提前1周布置实训题，说明实训要求及注意事项。

2. 以班级中已组建的小组为单位进行讨论。

3. 每个小组确定要分析的企业或者零售商。

4. 教师组织部分小组在课堂上进行交流或表演。

四、实训步骤

1. 小组成员分别收集该企业的营销渠道结构或零售商的相关资料。

2. 由每个小组的组长负责组织成员进行资料收集与整理、小组讨论、报告撰写和演示文稿制作等事项。

3. 教师安排 1~2 个课时，由部分小组的代表向全班同学交流其成果。

4. 各小组代表在课堂上进行交流，教师和其他同学可以提问或发表意见。

5. 教师进行总结评价。

6. 各小组根据教师和同学意见修改报告和演示文稿并提交给教师，教师进行打分。

第3章 营销渠道的设计

学习目标

- 理解渠道设计的含义
- 能够辨认出需要进行渠道设计决策的各种情况
- 理解分销目标的定义
- 能够根据具体情况描述出分销任务
- 明确影响渠道结构的因素
- 熟悉选择渠道结构的主要方法

本章结构

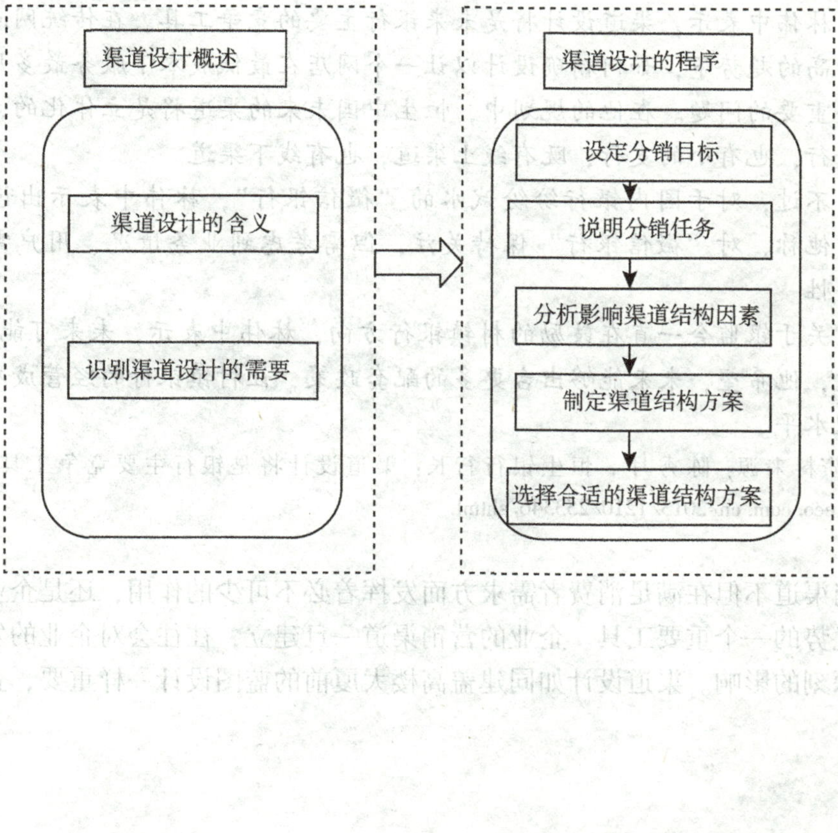

导入案例

恒生银行行长：渠道设计将是银行主要竞争工具

目前，恒生银行（中国）有限公司（以下称“恒生中国”）在内地设有12家分行和36家支行。增资20亿元人民币后，部分资金用于在发展比较快的省份继续新设网点。长三角、珠三角和环渤海区是恒生中国的业务发展重点。

恒生中国执行董事兼行长林伟中说：“零售银行是需要一定的规模才达到经营效益，恒生下一步会放在一些比较大的城市里面，去开展零售银行的业务，先在一些大的城市试验，然后成功的时候恒生也希望能够推广到其他一些城市里面，可能下一步恒生在四大城市的动作会多一些，但也会陆续在其他一些城市拓展业务。”

增资的用途不仅在于分支行的开设。渠道的立体化是恒生中国未来的发展方向之一。林伟中认为，除了传统的网点开拓，将加强网上银行和电话银行等渠道的开拓。他希望多元的渠道可更有力地接触客户，以提供完善的服务。

一些香港市场上的渠道新做法，恒生中国将于适当时候引入内地。最近，恒生中国母行恒生银行在香港中环地铁站设立了自助性的银行。恒生中国计划在明年3月在广州CBD珠江新城开设分行，占地面积达650平方米。“这也将是恒生中国最大的分行。”林伟中称，在该分行中可能引入新的渠道设计。

林伟中表示，渠道设计将是未来银行主要的竞争工具。在传统网点租金不断升高的趋势下，如何精确设计以让一个网店在最低成本下服务最多用户成为至关重要的问题。在他的规划中，恒生中国未来的渠道将是立体化的，既有大的分行，也有小的支行；既有线上渠道，也有线下渠道。

不过，对于国内银行纷纷试水的“微信银行”，林伟中表示出谨慎的态度。他称，对“微信银行”保持关注，但需考虑到业务情况、用户需求以及安全性。

关于银监会一直在鼓励的村镇银行方向，林伟中表示，未来可能会考虑。不过，他希望，未来能够出台更多的配套政策，让村镇银行的经营成本可达到合理水平。

资料来源：陈秀月．恒生银行行长：渠道设计将是银行主要竞争工具．http://www.eeo.com.cn/2013/1210/253346.shtml.

营销渠道不但在满足消费者需求方面发挥着必不可少的作用，还是企业赢得持久竞争优势的一个重要工具。企业的营销渠道一旦建立，往往会对企业的发展产生长远而深刻的影响。渠道设计如同建盖高楼大厦前的蓝图设计一样重要，企业应该从战略的高度来看待渠道设计，力求通过良好的渠道设计来获得差异化的竞争优势。

3.1　营销渠道设计概述

3.1.1　渠道设计的含义

渠道设计是指为了实现分销目标，对各种备选的渠道结构方案进行评价和选择，从而创建全新的营销渠道或改进原有营销渠道的过程。渠道设计含义具体包括以下要点：

第一，渠道设计具有战略性的含义。由于利用渠道设计可以使企业获得差异化竞争优势，因此，渠道设计具有战略性含义。渠道决策是营销管理决策中的一个非常重要的部分，因为它是帮助企业赢得持续的竞争优势的关键因素，所以，渠道设计作为营销渠道管理中的必不可少的一部分，努力取得市场上的差异化优势应该是渠道设计的根本所在。在渠道设计时，如何运用渠道设计这一战略性工具获得差异化优势至关重要，它应该成为渠道管理者设计渠道的指导思想。

第二，渠道设计是渠道管理者所面临的一项决策。从营销管理的角度来看，渠道管理者必须对营销组合中的任何一个方面进行决策，作为营销组合的要素之一，渠道与产品、价格和促销一样重要，同样需要进行认真的决策。

第三，渠道设计是一个广义的概念。它不但包括构建全新渠道，还包括对原来渠道的调整。在尚未组建渠道体系时，渠道设计指的是从头开始建立全新的渠道，当已经有渠道系统在运行时，渠道设计所指的是调整或改进原来的渠道。在实践中，许多企业早已组建了自己的营销渠道系统，渠道调整成为一种更为常见的做法。

第四，渠道设计的重点是渠道结构的建立。渠道设计包含了许多内容，从对分销目标的设立、为完成分销目标而对分销任务的分解、到渠道结构方案的制订、评价和选择，都涉及如何确定一个合理的渠道结构问题。渠道设计的过程也是渠道结构建立的过程，其最终结果是构建了一个全新的渠道结构或改进了原来的渠道结构。

应用案例

谷歌为其智能手机设计的直接渠道并不智能

谷歌是历史上最“聪明”、最成功的企业之一。在不到10年的时间里谷歌成为全球无可争议的搜索引擎领导者，它基于广告的盈利模式产生了数十亿美元的收入和非同一般的利润。

然而最好的、最“聪明”的企业也会犯错，谷歌也不例外。事实上，谷歌在设计其Nexus one智能手机的营销渠道时犯了很大的错误。谷歌认为不论是以网络还是传统的渠道将这款手机卖给消费者便可以改变整个手机产业的格局。然而5月过去了，谷歌宣布关闭其网上商店。究竟是什么原因导致谷歌放弃了直接面向消费者的渠道结构呢?

其实谷歌犯了和所有倒闭的公司一样的错误：不能提供消费者所追求的顾客体验。大多数顾客希望在购买之前能触摸到真机，并且得到由真人讲解的多种服务。网上商店渠道没有提供这些服务，因此销量才会如此惨不忍睹以致谷歌只好放弃网上直接渠道，取而代之的是谷歌在一篇博客中宣布将为Nexus one设计与之前不同的渠道结构，通过手机运营商将手机销售给消费者——这与所有与之竞争的智能手机生产商的渠道结构非常相似。

如果你用谷歌搜索引擎搜索“失败的智能手机渠道设计”，当第一个呈现出来的搜索结果是谷歌公司时，千万别惊讶!

资料来源：Based on Scott Morrison. Google to Stop Online Sales of Nexus One Smartphones. The Wall Street Journal，2010-05-17（B9）.

3.1.2　识别渠道设计决策的需要

在创建全新的营销渠道时，很容易意识到需要进行渠道设计，但在需要改进渠道时，有时企业对渠道设计决策的需求并不是很明显，往往会忽视对渠道设计的需要。在很多时候，渠道管理者往往会采用其他手段来解决原本应该用渠道设计来解决的问题，结果是费力不讨好。对在哪些情况下需要进行渠道设计的分析，可以为渠道管理者进行渠道设计提供一个框架。一般来说，在下列情况下，进行渠道设计决策很有必要：

（1）建立新企业。它可能是从头开始建立一个全新的企业，也可能是兼并或收购后重新建立的新企业。当新企业成立时，为了将产品送达目标市场，必须要建立全新的渠道。而并购其他企业后，为了使渠道能够满足企业目标和战略的需要，也要调整渠道或者创建全新的渠道。

（2）开发新产品或新产品线。企业已经建立了营销渠道，随着企业的发展，开发一种新产品或一条新的产品线，不适合使用原有渠道来分销这些产品，企业就必须为这些新产品组建一条新的渠道，或者对原有渠道进行调整。

（3）进行市场开发。市场开发既包括企业将现有产品打入所在销售区域内新的目标市场，也包括将现有产品投放到一个全新的区域市场。前者如把汽车从组织市场转向消费者市场。当企业把已经在组织市场上出售的产品投放到消费者市场上时，由于该产品的目标市场发生了变化，利用原有渠道不能将该产品送入新的目标市场，就需要进行渠道设计。后者如将彩电从国内市场销售到国外市场上，这通常也要面临着渠道设计决策。

(4) 营销组合的其他要素发生了巨大变化。产品、价格、渠道和促销四大要素是相互配合的，这些要素共同形成一个有机的整体。当营销组合中的某些要素发生了重大变化，渠道往往也需要随之变化，以更好地对这些要素进行支持。例如，产品质量提高和强调高价的定价策略可能会要求企业转向更高价格的中间商。

(5) 检查和评估渠道。企业会定期对渠道进行检查和评估，在评估后发现渠道中存在着问题，为解决这些问题，企业可能会产生改进现有渠道或者建立全新渠道的需要。例如，某企业进行渠道评估后，发现某些渠道成员不能完成所分配的分销任务，就会淘汰掉这些渠道成员，重新选择合适的渠道成员补充到营销渠道中。

(6) 中间商的策略发生变化并阻碍了企业分销目标的实现。例如，药品连锁店原来主要经营某品牌的药品，现在大力发展自己的私有品牌，使该品牌药品的销量大幅度下降，该品牌的药品制造商就需要寻找新的零售商，使他们积极地销售该品牌的药品。

(7) 中间商的类型发生变化。当某些类型的中间商的地位和作用发生变化，或者出现了新型的中间商时，企业可能会产生渠道设计的需要。例如，近年来，我国家电渠道终端发生了很大变化，以百货商场为代表的传统渠道成员的家电销售量逐渐下滑，市场影响力降低。而以国美、苏宁为代表的家电专业连锁和以京东为主的电商已经成为家电销售的主要渠道，具有较大的成长潜力。不少家电厂家顺应这一变化，积极地调整原有渠道，通过家电专业连锁和网络渠道来销售产品。

(8) 面临着渠道冲突问题。有些渠道冲突非常激烈，已经使渠道成员之间的关系恶化，使渠道效率降低，为了解决渠道冲突的问题，企业不得不调整渠道。此外，渠道成员之间的信息传播障碍或角色的变换也会使渠道管理者考虑渠道设计。

(9) 主要的营销环境发生变化。营销环境会对营销渠道产生影响。随着经济环境、社会文化环境、政治法律环境、科学技术环境的变化，营销渠道也在不断地变化。为了适应营销环境的变化，企业需要对原有营销渠道进行调整，以优化渠道结构，提高竞争能力。

应用案例

宏光公司面临的难题

赵一是宏光公司的市场营销部经理，这些天正为公司即将出台的一个新发展战略冥思苦想。宏光公司是三个志同道合的年轻人借着改革开放的春风，通过承包一家老的机械厂组建而成的。经过十几年的艰苦奋斗和锐意创新，宏光公司的拳头产品“酷酷仔”童车已闻名遐迩。尤其是近两年来，“酷酷仔”童车在市场上人气正旺，卖得非常红火，销售额逐年攀升。童车性能安全。制作精良、造型富于变化、色彩鲜亮，深受幼童和家长们的喜爱。尽管公司“酷酷仔”童车的定价比其他童车高出 20%~30%，但市场上仍然呈现出需求旺盛的势头，2004 年“酷酷仔”童车的销售额占到中国童车市场约 35%以上。

经过多年的市场积累，“酷酷仔”的品牌形象已经获得了消费者较高的认同率，拥有了相当数量的忠诚顾客群。因此，公司决策层提出，利用“酷酷仔”品牌的优势，进军其他相关的儿童产品领域——儿童服装。公司确定了“酷酷仔”童装的目标市场，主要是年收入在 5 万~8 万元之间的家庭。服装的内衣系列讲究材质和舒适度，外衣系列追求工艺精美和款式新颖。内衣定价比普通童装高出 80%~100%，而外衣定价则比普通童装高出 100%~120%，属于中高档童装品牌。配合这样的产品定位，建立“酷酷仔”儿童服装营销渠道网络的重任责无旁贷地落在了赵一身上。显然，对赵一来讲，首当其冲的问题是“酷酷仔”服装的销售是沿用“酷酷仔”童车现有的成熟的营销渠道，还是重新设计一套全新的营销渠道来完成“酷酷仔”服装的销售。

资料来源：常永胜．营销渠道：理论与实务．北京：电子工业出版社，2009：80-81.

问题：

1. 如果你是赵一，该如何决策？
2. 解决这个难题应该先做什么？然后做什么？

3.1.3 渠道设计的程序

渠道设计的程序主要包括设定分销目标、说明分销任务、分析影响渠道结构的因素、制订渠道结构方案、选择合适的渠道结构方案等五个步骤，具体流程如图 3-1 所示。

1. 设定分销目标

营销渠道是为满足消费者需求服务的，渠道管理者应该在分析消费者需求的前提下，设立或调整现有的分销目标，并对分销将在实现企业的营销目标中所起的作用进行明确的描述。无论是设立全新的分销目标，还是调整现有的分销目标，为确保企业不同层次的目标的一致性和连贯性，渠道管理者还需要认真分析与分销目标相关的企业目标和营销目标，并检查分销目标是否与企业目标和营销组合各要素的目标存在矛盾。

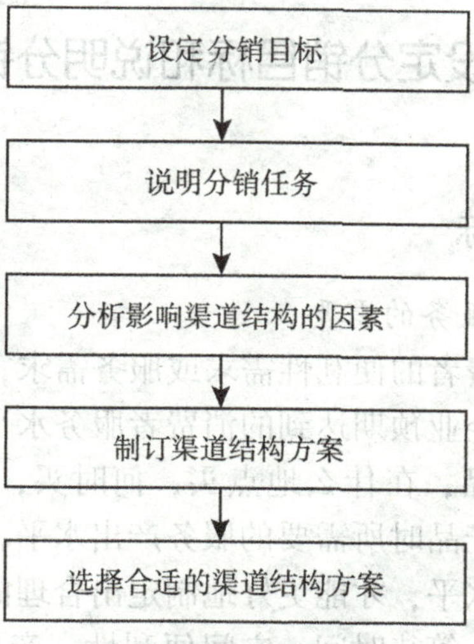

图 3-1 渠道设计的程序

2. 说明分销任务

在设立分销目标之后，渠道管理者需要将分销目标分解为具体的分销任务。渠道管理者应该详细地列出各种分销任务，并阐明每一种相关的分销任务。这些任务应尽量具体化、定量化，不但要便于各个渠道成员理解，实践中还要便于渠道成员操作，这样才有助于各个渠道成员通过有效地执行分销任务来共同实现分销目标。

3. 分析影响渠道结构的因素

该步骤主要是对影响渠道结构的因素进行分析。市场因素、产品因素、企业因素、中间商因素、竞争者因素、环境因素这六类主要的因素都可能会对渠道的长度和宽度产生影响，对渠道结构形成一定的限制，渠道管理者在进行渠道结构设计前要充分考虑到相关的影响因素，从而使设计出来的渠道结构具有可行性。

4. 制订渠道结构方案

在这一步骤中，渠道管理者提出了不同的渠道结构方案以供选择。实际上，这一步骤的重点是建立各种可行的渠道结构，渠道结构必须按层次数、各层次中间商的数量、渠道成员的权利与责任等方面来加以具体化，因此，渠道管理者在建立渠道结构时要从这三个方面来考虑，得出几种可供选择的可行的渠道结构。

5. 选择合适的渠道结构方案

这一步骤主要是对备选的渠道结构方案进行决策。渠道管理者希望从几个渠道方案中挑选出最佳的方案，但在现实中，由于人们还无法掌握全部的信息和精确的预测方法，所以只能从中选择出合适而非最佳的渠道结构方案。产品特性与平行系统法、财务方法、经验法都是一些很好的渠道选择的方法，这些方法可以帮助渠道管理者选择出相对较好的渠道结构。

3.2　设定分销目标和说明分销任务

3.2.1　设定分销目标

1. 分析消费者对渠道服务的需要

营销渠道主要满足消费者的便利性需求或服务需求，分销目标与消费者需求密切相关。分销目标反映了企业预期达到的消费者服务水平。要设立分销目标，就需要弄清消费者购买什么产品，在什么地点买，何时买，为何购买，如何购买等问题，只有了解消费者购买产品时所需要的服务产出水平，即顾客购买产品过程中想得到和期望的服务类型和水平，才能更好地制定出合理的分销目标。一般来说，营销渠道可以提供购买批量、等待时间、空间便利性、产品品种和售后服务等服务，如图 3-2 所示。

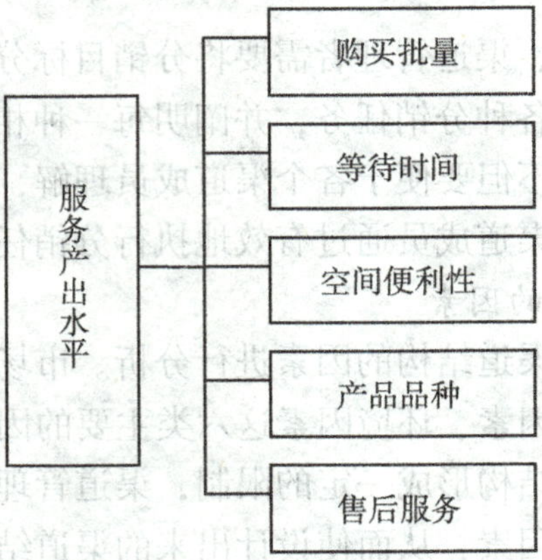

图 3-2　营销渠道的服务产出

(1) 购买批量。购买批量是指消费者一次采购产品的数量。一般来说，工商企业、政府部门等各类组织每次购买数量都比较大，而消费者单次购买的数量则很少。购买批量会对顾客的利益产生影响。当营销渠道要求顾客每次必须购买大批量的产品时，顾客买后需要很长时间才能消费完，这就会增加顾客的储存和保管费用。相反，如果营销渠道允许顾客每次购买少量的产品，顾客能够随用随买，则由企业来承担仓储费用。总之，营销渠道一次允许购买的产品数量越少，表明营销渠道所提供的服务产出水平越高。

(2) 等待时间。等待时间是指顾客从订购产品到收到产品的时间。例如，顾客到书店，看中哪一本书就可以购买，付款后无需等待就能带走，而在网上购买书籍后，往往要等待好几天才能收到。营销渠道要求的等待时间很长，顾客就需要提前很长时间订货，这会给顾客带来许多不便。顾客通常喜欢快速交货、等待时间少的渠道。但是，等待时间越短，需要营销渠道提供的服务水平越高，要求顾客所支付的价格也会越高。

（3）空间便利性。空间便利性是指营销渠道为消费者购买产品所提供的空间上的方便程度。批发商和零售商的分散化程度越高，就越能提供空间上的便利性，使顾客的搜寻成本和运输成本降低，从而提高顾客的满意度。营销渠道为消费者提供的空间便利性程度越高，渠道的服务产出水平也就越高。顾客对各种产品的空间便利性的要求不同。在购买高价值的产品时对便利性的要求较低，而在购买日常生活用品时往往要求有较高的便利性。企业应根据顾客的要求来确定营销渠道所提供的空间便利性的程度。

（4）产品品种。这是指营销渠道向顾客提供的产品的花色品种。顾客通常喜欢产品齐全，以便购买产品时有较大的挑选余地，买到称心如意的产品。向顾客提供的产品品种越多，表明营销渠道的服务水平越高。随着服务水平的提高，渠道成本也会上升，顾客所支付的产品价格也会随之提高。因为顾客需要的产品品种越多，要求中间商持有的存货就会越多，中间商的存货成本就会上升。例如，仓储式商店只销售几千种产品，而超市要出售上万种产品，超市的产品价格往往比仓储式商店要高。

（5）售后服务。这是指营销渠道为顾客提供的信贷、送货、安装、维修等各种附加服务。不同的营销渠道所提供的服务水平不同，顾客对不同产品也会有不同的售后服务要求。渠道管理者要了解顾客对售后服务的要求，根据顾客需求来提供相应的服务。

下面，我们来了解一下我国当当网向顾客所提供的服务产出。表 3-1 列出了当当网网页中的宣传内容和相对应的网络渠道服务产出。当当网的宣传力图使“dangdang. com”所提供的服务产出与竞争者区分开，为顾客提供了到当当网购物的充分理由，使顾客信赖当当网，愿意到当当网去购物。

表 3-1　当当网宣传内容与所提供的服务产出

宣传内容	所提供的服务产出
“鼠标轻轻一点，精品尽在眼前”。顾客购物或查询，都不受时间和地域的任何限制	空间便利性
“商品种类最多”，“更多选择、更多低价”。在线销售的商品包括了图书、音像、家居、化妆品、数码、箱包、服装等几十个大类、近百万商品，价格较低	产品品种

续表

宣 传 内 容	所提供的服务产出
顾客按需购买即可，每次可以购买一件或多件商品	购买批量
需要等待一段时间才能得到商品	等待时间
“送货上门，货到付款”，“购物满 29 元免运费”，“免费无条件上门收取退、换货”，承诺“全部产品假一罚一”	售后服务

总之，确定分销目标时必须了解顾客所需要的渠道服务，但是，这并不意味着要使营销渠道的服务产出水平达到最高。这是因为，提高服务水平往往会增加渠道成本，从而会提高产品的价格，最终可能会导致顾客放弃购买。例如，农贸市场、仓储超市的服务产出水平并非很高，但产品的低价对顾客有很大吸引力，很多顾客仍愿意到这些零售终端去购买产品。通常而言，渠道向顾客提供的服务越少，产品价格也会越低。相反，渠道向顾客提供的服务越多，则顾客所需支付的价格越高。因此，在决定是提高还是降低渠道的服务产出水平时，还要考虑与之相对应的渠道成本，以及顾客愿意接受的产品价格。

2. 建立分销目标

在对顾客所需要的渠道服务产出水平进行了解之后，渠道管理者需要建立新的分销目标或对原有分销目标进行修正，阐明渠道在满足目标市场需求、实现企业市场营销目标中所发挥的作用。很多企业在没有明确其分销目标之前就开始组建营销渠道，使营销渠道不能满足目标市场的需求，不能很好地为企业的目标和战略服务。因此，渠道管理者对分销目标的建立、评价要慎重，要确保分销目标与企业的有关目标相一致。为了使分销目标与营销组合各要素的目标，以及企业的目标和战略很好地保持一致，渠道管理者需要完成以下任务：

（1）熟悉营销组合各要素的目标与企业的目标。分销目标是根据企业的总体目标和营销目标制定出来，并为这些目标的实现而服务的，因此，在设立分销目标时，渠道管理者要熟悉企业的整体目标和营销组合各要素的目标，并弄清哪些目标会对分销目标的设立产生重要影响。例如，一家生产瓷器的企业，力求成为一家知名的高档瓷器制造商。该企业主要向上流社会提供质量非常好的瓷器，以高价和高促销向市场推出其产品。在这种情况下，该产品的分销目标要求企业所采用的渠道能够进入目标市场，渠道能够体现瓷器的高品质，支撑瓷器的高价格，展现高档瓷器制造商的企业形象。这就要求该企业精心挑选渠道成员，通过高档百货店、专卖店来销售产品，树立高档的品牌形象和企业形象。相反，如果该企业不考虑企业的目标以及产品、价格和促销等要素，设立分销目标时只强调市场占有率，要让顾客随处可以买到瓷器，该企业可能会通过低档次的百货店、大卖场、便利店来销售，这必然会对产品、价格和企业的目标产生极大的影响，严重削弱品牌形象和企业形象。总之，分销目标的设立非常重要，它会对企业产生长期而深远的影响。

（2）制定明确的分销目标。分销目标是指为实现企业整体营销目标而对渠道要达到的目标所进行的说明。分销目标从根本上反映了渠道在实现企业整体营销目标过程中所起的作用。渠道设计中一些常见的分销目标如表3-2所示。

表3-2　　渠道设计中的分销目标

分销目标	操作说明
顺畅	最基本的功能，宜采用短渠道
增大流量	追求铺货率，广泛布局，多路并进
便利	应最大限度地贴近消费者，广泛布点，灵活经营
开拓市场	一般较多地倚重中间商，待站稳脚跟后，再组建自己的网络
提高市场占有率	渠道保养至关重要
扩大品牌知名度	实际上就是争取和维系客户对品牌的信任度和忠诚度
经济性	要考虑渠道的建设成本、维系成本、替代成本及收益
市场覆盖面积及密度	多家分销和密集分销
控制渠道	厂家增强自身实力，以管理、资金、经验、品牌或所有权掌握渠道主动权

资料来源：吕一林．营销渠道决策与管理（第二版）．北京：中国人民大学出版社，2008：39.

渠道管理者在设计渠道时，应该明确地把分销目标描述出来。下面是描述分销目标的一些例子：

◆ 某桶装水制造商将分销目标表述为："本企业将确保充足的供货，使市区的单位用户和家庭订购我们的桶装水后，一小时内就能得到产品。"
◆ 某航空公司的分销目标是："至少85%的航班保证在规定时间前后15分钟内起飞或到达。"
◆ 某快递公司的分销目标是："当夜把包裹送到美国任何地方。"
◆ 某品牌保健品的制造商设立的分销目标是："本企业的分销目标就是确保所有老年人只要来到任何药店、超市、大卖场，就可以买到这些产品。"
◆ 某女装品牌的厂家的分销目标是："我们的分销目标是确保18~25岁追求时尚的女性，在逛街时至少能在一个服装专场店内购买到本品牌的服装。"

（3）检查分销目标与其他目标的一致性。检查各个目标的一致性主要包括两个方面，一是检查分销目标与营销组合各要素的目标是否冲突。从横向上来看，营销组合的四个变量是相互联系、相互影响的，分销目标必须与营销组合的其他三个变量的目标相协调，这就要求对分销目标与产品、价格、促销等要素的目标是否一致进行检查。如果不一致，就需要重新建立分销目标，从而确保它与其他营销组合要素的目标相协调。二是检查分销目标与营销目标、企业总体目标是否冲突。从图

3-3 来看，操作层的营销组合各变量的目标取决于职能层的营销目标，而职能层的营销目标是由公司层的企业总体目标所决定的，可以看出，分销目标必须与营销目标和企业总体目标保持一致。因此，要从纵向上检查分销目标与企业目标和营销目标之间是否存在矛盾。

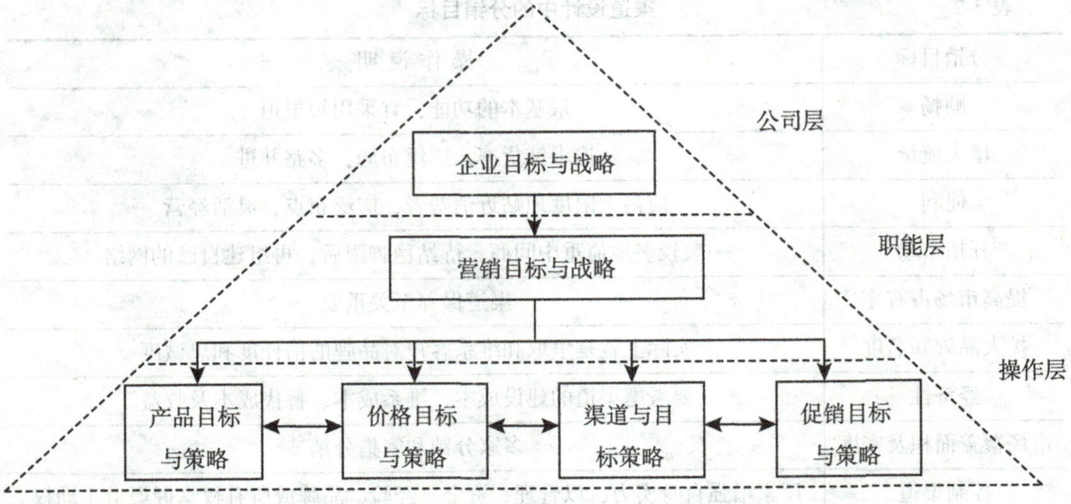

图 3-3　企业的目标与战略之间的关系

3.2.2　说明分销任务

分销目标的设立为渠道组建指明了方向，为了实现分销目标，需要将这些目标分解为具体的分销任务。例如，某快递公司所设立的分销目标为"当夜把包裹送到美国任何地方"，该目标中的"当夜"就是该快递公司向它的客户所提供的服务水准，它要求营销渠道必须要快捷顺畅，以保证包裹能在最短的时间送达客户，满足客户对较短等候时间的要求。为了达成这一分销目标，就需要完成订单处理、仓储、存货和运输等任务。这一步骤是将那些为实现分销目标而需要完成的分销任务具体化。分销任务不能是抽象的和笼统的，而应该是具体的任务，渠道管理者必须详细、明确地阐述各种分销任务。例如，对于桶装水制造商来说，可以按照其分销目标把分销任务分解为：

- 及时处理每位客户或顾客的订单；
- 快速将桶装水运送到客户或顾客指定的地点；
- 为特殊顾客提供加急服务；
- 保持一定存货，以确保快速供货；
- 提供产品品质保证服务；
- 提供退换桶装水的服务；

- 收集有关产品特征的信息；
- 收集本市的单位用户和家庭购买者购买方式的相关信息；
- 与其他品牌的桶装水竞争销售。

3.3 分析影响渠道结构的因素和制订渠道结构方案

3.3.1 分析影响渠道结构的因素

影响渠道结构的因素如图 3-4 所示。

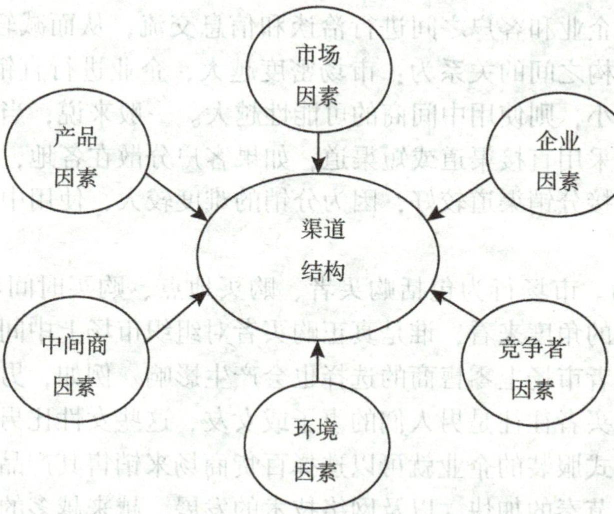

图 3-4 影响渠道结构的因素

1. *市场因素*

现代的营销管理是以消费者为中心展开的，渠道管理也同样如此，渠道结构应当能反映出目标市场的需求，因此，在设计渠道结构时，市场因素就成为了企业应该考虑的重要因素。市场因素中的市场地理位置、市场规模、市场密度和市场行为等对渠道结构有着重要的影响。

（1）市场地理位置。它是指市场的范围和位置，以及与制造商之间的距离。从渠道设计的角度来看，与市场地理位置相关的基本任务是，所构建的渠道结构应足以覆盖目标市场，并能向这些市场有效地供货。市场地理位置与渠道设计之间的关系是：企业与市场之间的距离越远，使用中间商分销产品更划算。在现实中也是如此。例如，我国的某家电企业要将 10 万台冰箱出售给欧洲的顾客，可以一台一台地由该企业自己销售直接卖给顾客，也可以通过家乐福分布在欧洲各地的众多门店将这些冰箱销售给顾客，相对而言，企业直销时运输成本总和会远远高于将这些产品装入集装箱运送到家乐福配送中心的成本。因此，在制造商离顾客很远时，应该使用间接渠道。

（2）市场规模。这是指某市场上购买者和潜在购买者的数量。一般来说，单个购买者的数量越多，则市场规模也就越大。衡量市场规模大小的方法主要是测量市场中的购买者和潜在购买者的数量。市场规模与渠道结构的关系是：如果市场很大，企业需要使用中间商的可能性就大；反之，如果市场很小，则会尽可能避免使用中间商。通常而言，一个非常大的市场需要更多的中间商，宜采用长而宽的渠道，而对于小市场可以通过企业自身的力量来满足，选择直接渠道或短渠道即可。

（3）市场密度。它指市场单位面积内购买者或潜在购买者的数量。市场密度的大小取决于单位面积上购买者的数量。顾客高度密集的市场使大量产品的运输成为可能，也有利于企业和客户之间进行洽谈和信息交流，从而减轻了分销的难度。市场密度与渠道结构之间的关系为：市场密度越大，企业进行直销的可能性越大；反之，市场密度越小，则使用中间商的可能性越大。一般来说，当客户集中在某些特定地区时，适宜采用直接渠道或短渠道；如果客户分散在各地，涉及的空间范围较广，那么使用间接分销渠道较好，因为分销的难度较大，使用中间商的成本比直销方式成本更低。

（4）市场行为。市场行为包括购买者、购买地点、购买时间和购买数量四个方面。从渠道设计的角度来看，谁是真正购买者对组织市场上中间商类型的选择会产生影响，对消费者市场上零售商的选择也会产生影响。例如，男式服装的使用者一般是男性，但购买者往往是男人们的妻子或女友，这些女性比男性逛百货商场的次数更多，生产男式服装的企业就可以选择百货商场来销售其产品。就购买地点而言，随着生活工作节奏的加快，以及网络技术的发展，越来越多的顾客倾向于在家中购买产品，为了适应这种趋势，有些企业也开始使用网络营销渠道，扩展了渠道广度。从购买时间来看，如果顾客对某些产品的购买受季节影响很大，呈现出明显的季节性购买行为，那么，企业就应该采用长宽渠道。之所以采用长宽渠道，主要是因为：一方面，引入中间商，使这些中间商履行存货的功能，从而缓和季节变化导致的产品生产的高峰与低谷；另一方面，在旺季时顾客对产品的需求量大，企业在短时间内很难达到一定的铺货率，就需要使用更多的中间商向顾客及时提供所需的产品。从购买数量来看，如果顾客每次购买产品的数量多而购买次数少，那么可以使用直接渠道或短渠道。相反，如果顾客每次购买产品的数量少且购买频繁，则宜采用长渠道。例如，对于日常生活用品，顾客几天可能就需要购买一次，每次买的数量很少，这些产品往往需要层层分销才能到达顾客手中。

2. 产品因素

产品因素是影响渠道结构的一个基本变量，产品因素包括产品的理化性质、单位价值、标准化程度和技术复杂性等，它们都会影响到渠道结构的选择。

（1）产品的理化性质。体积大和笨重产品，装卸和运输费用较高，应避免反复搬运、多次转手，这类产品的渠道越短越好，通常要尽量使用直接渠道，由企业直接向客户供货，以降低费用。但也存在例外情况，当客户小批量购买并要求快速供货时，则有必要通过中间商来销售。另外，水果蔬菜等易腐烂变质的产品，以及玻璃和瓷器等易碎品要求尽快转移，因此，当产品易腐易损时，所设计的渠道应该迅速将该产品送到客户手中，以降低易腐易损带来的风险。通常，易腐易损性产品往往使用短渠道。

（2）产品的单位价值。通常，产品的单位价值越高，渠道就越短。相反，产品的单位价值越低，则渠道就越长。这是因为高价值的产品能使企业承担较高的分销费用，而低价值的产品毛利少，不足以使企业独自承担分销费用。低价值产品的渠道结构中通常包含有中间商，以便分销费用能被中间商所经营的其他产品分担，最终形成一定的规模经济和范围经济。例如，某企业可能派推销员乘飞机去推销生产口香糖的机器设备，却不可能去向单个的顾客销售口香糖。对于口香糖这种低价值的产品来说，只有通过大量的批发商、零售商在销售其他产品的过程中共同分担分销费用，顾客才可能以较低的价格买到口香糖。

（3）产品的标准化程度。产品的标准化程度高，所需的中间商就越多，常使用较长的渠道，而定制化的产品可采用直接渠道。产品的标准化对渠道结构的影响如图 3-5 所示。横轴表示标准化程度，变化范围从定制产品到完全相同的产品。纵轴表示渠道长度，表示中间商的数量从零到很多个。从图 3-5 中可以看出，定制化产品适宜采用直接渠道，企业直接提供给顾客，不需要中间商介入。随着产品标准化程度的提高，参与的中间商也不断增多，渠道也随之增长。如在便利品的营销渠道中，常常包含几个层次的中间商。

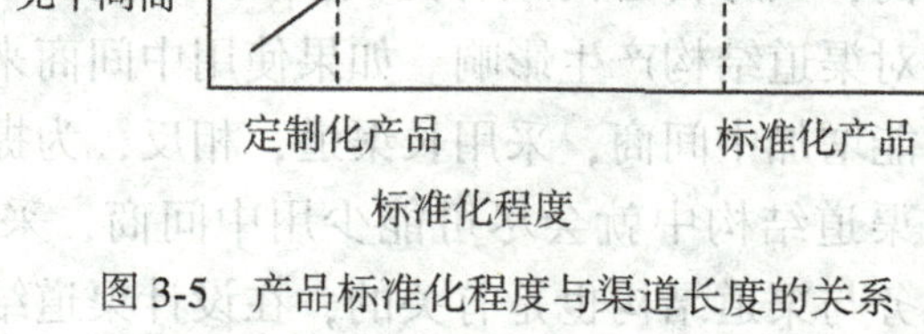

图 3-5　产品标准化程度与渠道长度的关系

（4）产品的技术复杂性。产品的技术很复杂，则宜采用直接渠道或短渠道。这主要是因为客户需要了解产品的技术情况，并在获得产品后，需要一系列售后服务，而企业很难找到能够提供这些服务的中间商。例如，在生产者市场上，高技术含量的机器设备一般使用直接渠道的方式，而铅笔等技术含量低的供应品则采用长渠道。

3. 企业因素

企业自身的一些因素也会对渠道结构产生影响，这些因素主要是企业的声誉、实力、管理能力和企业控制渠道的愿望等。

(1) 企业的声誉。声誉卓著的企业对渠道的选择余地很大，可以根据具体情况决定渠道结构。如知名度高的企业既可以利用良好的声誉直接吸引客户，采用直接渠道，也可以利用其声誉吸引到大量的中间商，企业能自由地从中选择合适的中间商，建立间接渠道。反之，知名度低的企业则需要采用间接渠道，利用经验丰富的中间商来为自己打开市场、拓展业务。

(2) 企业的实力。规模大、实力雄厚、资源多的企业对中间商的依赖性小，可以对渠道成员进行强有力的管理，对渠道的选择比小企业有更多的余地，它有能力组织自己的运输队伍、建立仓库和提供配送服务，可以使用直接渠道或短渠道，而实力弱的企业或小型企业需要依赖中间商提供服务，宜采用间接渠道。

(3) 企业的管理才能。有些企业缺乏执行分销任务所需要的管理才能，如促销管理、运输安排、存货管理、零售运作等，需要借助于具有专业知识和才能的中间商帮助企业拓展市场，完成分销任务，就需要采用间接渠道。相反，如果企业对渠道运作比较熟悉，具有分销经验丰富的人员，市场营销能力较强，可以依靠自身能力开拓市场，履行各种分销任务，则可采用直接渠道。

(4) 企业控制渠道的愿望。一般来说，渠道层次越多，企业就越难以控制渠道。如果企业希望完全控制营销渠道，可以组建销售队伍，采用直接渠道。相反，若企业不想控制渠道，则可以根据所需提供的渠道服务和付出的渠道成本等因素选择间接渠道。

4. 中间商因素

中间商的可获得性、使用中间商的成本和中间商所提供的服务都会对渠道结构产生影响。在很多情况下，能否获得一定数量的、合适的中间商会影响到渠道结构。例如，戴尔电脑公司的创始人迈克·戴尔之所以选择直接邮购渠道，就是因为当时找不到合适的中间商，只好自己向顾客提供强大的技术服务和个性化的电脑。使用中间商的成本也会对渠道结构产生影响。如果使用中间商来执行分销任务的成本较低，在渠道中就可能增加中间商，采用长渠道，相反，为提供一定服务而使用中间商的成本太高，在渠道结构中就会尽可能少用中间商，采用短渠道或直接渠道。中间商所提供的服务与渠道结构也是有关的，在设计渠道结构时还需要对中间商所提供的服务及服务水平进行评价。

5. 竞争者因素

竞争者使用的渠道会影响企业对渠道的选择。有些企业采用与竞争者相似的渠道，而有些企业尽量避免使用竞争对手的渠道。在市场竞争激烈的情况下，企业应从顾客需求出发，分析竞争者渠道的优劣势，采取与竞争对手不同的渠道，以增强对顾客的吸引力，获得差异化的优势。

6. 环境因素

营销环境会对企业的营销管理产生影响，同样也会影响到渠道结构的设计和渠道管理。经济、人口、社会文化、政治法律、科学技术环境会对渠道结构的确定产生限制，尤其是经济因素对渠道结构影响很大。例如，当经济繁荣时，为了到达更多的目标市场，企业可能会增加中间商的使用，而经济衰退时，为了降低成本使产品价格具有竞争力，企业会减少使用中间商，更有可能采用短渠道。企业要综合考虑各种经济形势、社会文化和政治法律等环境因素来确定其渠道结构。

3.3.2　制订渠道结构方案

在明确了影响渠道结构的主要因素之后，企业应该制订出一些可行的备选渠道结构方案。从管理的角度来看，渠道结构反映了渠道管理者在渠道成员之间分配分销任务的一种方式。例如，如果香皂这一产品的渠道结构的分配决策表现为制造商→批发商→零售商→消费者，它说明了渠道管理者决定将分销任务分别分派给制造商、批发商、零售商和消费者来执行。渠道管理者对渠道任务的分配有很多可行的方式，就形成了不同的渠道结构方案。制订渠道结构方案时需要考虑三个方面的要素：渠道的层次数、各层次的中间商数量、渠道成员的权利与责任。

1. 渠道的层次数

渠道的层次数反映了渠道的长度。因为营销渠道的长度一般是按渠道层次或渠道环节的多少来划分，通常用中间商的层次数目来表示渠道的长度。零层渠道中没有中间机构介入，由企业直接为客户提供服务。一级渠道中只包含了一个中间层，二级渠道中包含了两个中间层，也就是有两个中间环节。一般来说，中间环节越少，渠道就越短，相反，中间环节越多，则渠道越长。通常，把一层渠道定义为短渠道，而把两层或两层以上的渠道称为长渠道。

从理论上看，一个渠道的层次数目的变化范围可以从零层到很多层，可以设计出无限的渠道结构，但在现实中，可以供渠道管理者考虑的可行的渠道层次的数目是有限的，不过2层或3层。例如，一家企业考虑使用直接渠道（0层式）、使用短渠道（1层式）、使用两层中间商（2层式）、使用三层中间商（3层式）都是可行的。之所以如此，是因为市场、产品、企业、中间商、竞争者、环境等因素会影响和制约渠道的长度。在很多情况下，同行业中各个企业的渠道结构中的层次数大体上相同，如汽车业中很多企业者通过短渠道来销售汽车，一般是企业将生产出来的汽车提供给汽车经销商，再转售给顾客。而在其他一些行业内，不同企业的渠道结构的层次数各不相同。因此，渠道管理者应在考虑到影响渠道结构的主要因素的基础上，根据具体情况来确定可行的渠道层次的数目。

2. 各层次的中间商数量

中间商数量的多少与渠道宽度紧密相关。从渠道的宽度来看，主要有密集性分销策略、选择性分销策略和独家分销策略可供企业选用。密集分销策略是一种宽渠道分销策略，要求使用尽可能多的中间商来完成分销任务。选择性分销策略并非使用许多中间商，而是从许多愿意从事分销业务的中间商中，按照一定标准精心挑选一部分中间商与之合作。独家分销策略是一种窄渠道分销策略，它在某个特定的市场只使用一个中间商。从零售层次上来看，图 3-6 说明了渠道宽度与中间商数量之间的关系。图 3-6 显示，在特定的地区，如果采用宽渠道，那么会使用很多的中间商，即密集分销与大量的中间商相对应；若采用窄渠道，则在该地区只使用一个中间商，即独家分销与一个中间商相对应；如果选定的渠道在宽、窄渠道之间，则会使用一部分中间商，即选择分销与少量的中间商相对应。

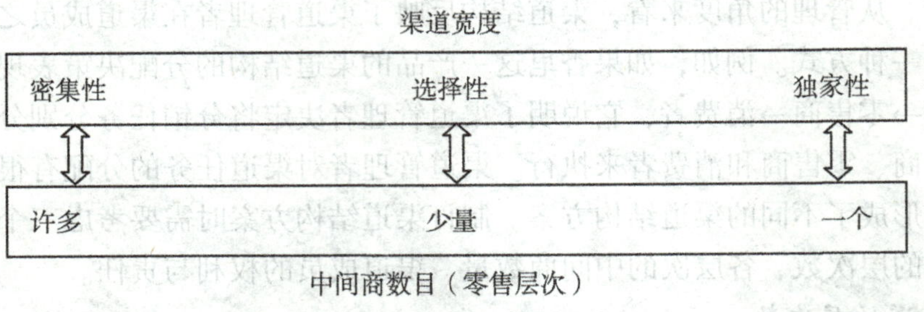

图 3-6　渠道宽度与特定市场的零售商数量间的关系

企业对渠道宽度的选择一般会受到企业的营销战略的影响。如果营销战略强调精选目标市场，则可能会要求建立一个精挑细选中间商的渠道结构。反之，一个企业的营销战略要求大范围销售其产品，则很可能采用宽的渠道结构。例如，可口可乐公司要求其产品要能随处可得，就采用了密集分销，将产品提供给任何一个想获得其产品的零售网点，使顾客到处都能方便地买到其产品。

3. 渠道成员的权利与责任

渠道管理者要确定在各个层次中应该使用什么类型的中间商，并明确各类中间商应该完成的分销任务，还要规定各个渠道成员的权利与责任。企业和各个中间商之间需要在各方的权利与责任上取得一致意见。各方应该在价格政策、销售条件、区域权利和各方应提供的服务等方面达成协议。企业应该为中间商制定价格目录和折扣明细表，规定付款条件，划定每个中间商的地区范围和确定地区权利，企业要对中间商所需提供的具体服务有明确的要求。

3.4 选择合适的渠道结构方案

在提出几个备选的渠道结构方案后，还要对这些渠道结构方案进行决策。从理论上看，应该从备选方案中选择出一个最佳的渠道结构方案，该结构能以最低成本有效地执行分销任务。但是，在实践活动中，几乎不可能选出最佳的渠道结构，因为在大多数情况下，它所需要的充分的信息分析和精确地计算是人们无法做到的。尽管没有一种方法能够选择出最佳渠道结构，但是在现实中仍然存在一些方法，如产品特性与平行系统法、财务方法、经验法等等，利用这些方法，渠道管理者可以从几个渠道结构方案中选择出一个合适的方案。

3.4.1 产品特性与平行系统法

20世纪50年代末期，阿斯平沃尔首先提出了这一方法。产品特性与平行系统法强调了产品特性对渠道结构的决定作用，主要是根据产品特性来选择渠道结构方案。在使用该方法时，首先依据产品特性将所有产品划分为不同颜色的产品，然后将不同颜色的产品与渠道结构联系起来，就可以选择出相应的渠道结构方案。

1. 产品特性

阿斯平沃尔认为所有产品都拥有更新率、毛利、调整、消费时间和搜寻时间等特性，任何一种产品都可以用这些特性进行描述。产品所具备的特性有：

(1) 更新率——产品为能满足顾客需求而被购买和使用的频率。

(2) 毛利——投入成本与最终实现的销售收入之间的差额。毛利包括产品在渠道中流转时的所有毛利之和。

(3) 调整——为满足顾客的实际需求而为产品配备的服务。

(4) 消费时间——产品可供正常使用的预测期限。

(5) 搜寻时间——从零售商店到顾客的平均距离和所需要的时间。

2. 产品类别的划分

在提出所有产品都具有这些特性的基础上，阿斯平沃尔提供了一种划分产品类别的方法，将产品类别与颜色联系在一起，用不同颜色表示不同的产品类别。他巧妙地引入了色谱上的颜色，认为任何一种产品都可以用色谱上的颜色来表示，只不过他使用的不是7种颜色而是3种颜色。如表3-3所示，更新率低而其他四个特性分值都高的产品是黄色产品，五个特性都属于中等的产品是橙色产品，更新率高而其他四个特性分值都低的产品是红色产品。通过使用颜色来表示，产品类别就非常明显。

表 3-3　　　　　　　　　　**“产品特性”理论的颜色分类**

颜色分类 产品特性	黄色产品	橙色产品	红色产品
更新率	低	中等	高
毛利	高	中等	低
调整	高	中等	低
消费时间	高	中等	低
搜寻时间	高	中等	低

3. 产品类别与渠道结构的联系

阿斯平沃尔认为，产品分销过程中使用的渠道结构与其颜色紧密相关。黄色产品一般选择短渠道，橙色产品的渠道结构趋于中等，一般至少拥有一个层次的中间商，红色产品的渠道通常为长渠道。产品特性和渠道长度之间呈现出平行关系，如图 3-7 所示，渠道结构的长短与产品特性相平行。

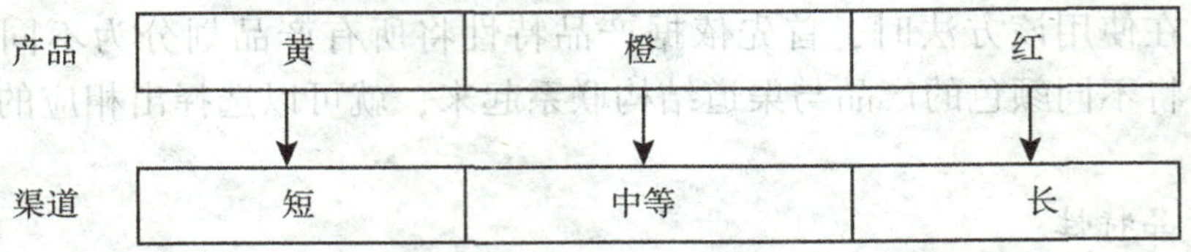

图 3-7　产品类别与渠道长度之间的关系

红色产品的更新率高，顾客需要经常购买它，购买比较频繁，它的高购买率使得在完成分销任务的过程中允许实施高度标准化和专业化策略，这也为更多专业化营销中介的参与提供了机会，从而形成了红色产品的长渠道。消费者市场中的便利品和组织市场中的供应品都属于红色产品。

橙色产品的五个特性都处于中等水平。家具和小汽车都是典型的橙色产品。尽管这类产品是按一定标准生产的，但是为了更好地满足顾客的需求，仍需要进行一定程度的调整。中等程度的更新率使橙色产品具有一定的标准化程度和专业性，通常橙色产品的渠道中至少需要一个层次的中间商。例如，在汽车的营渠道中，往往需要汽车经销商从汽车厂购买小汽车后再出售给顾客。橙色产品的渠道结构具有中等长度，至少包括一个渠道层次的中间商。

黄色产品的更新率低，而其他四个特性分值都很高，它需要进行大量的调整才能满足顾客需求，其标准化和专业化程度低，因此，它需要提供更多的渠道服务，它的各项分销任务执行的费用相对红色产品更高，黄色产品要求选择短渠道或由企业直接销售。定制产品属于黄色产品，例如，专门按照用户要求设计的软件属于黄色产品，软件公司可直接向工厂、学校、医院等用户销售。

4. 产品特性与平行系统法的特点

(1) 按五个特性对产品分类简单易行。渠道管理者根据阿斯平沃尔方法即可将产品依据5个特性进行分类，不必再为每一种产品列举出许多不同的变量。通过对产品的各个特性判断，就可将产品划分为红色、橙色和黄色三类，这种划分简便易行。

(2) 它提供了选择渠道结构的捷径。在根据产品特性划分为不同类别的产品后，该方法将产品类别与渠道结构相联系，为渠道管理选择渠道结构提供了一条捷径。

(3) 它过分强调产品特性对渠道结构的决定作用，忽视了其他因素。市场、产品、企业、中间商、竞争者和营销环境都会对渠道结构产生影响，该方法只考虑到产品这一因素对渠道结构的影响，对其他因素重视不足，而其他因素可能会对渠道结构产生决定性作用，单纯依据产品因素来选择渠道结构会有失偏颇。

3.4.2 财务方法

20世纪60年代，兰伯特提出了财务方法。财务方法的观点是：资金是影响渠道结构选择的一个最重要的因素。因此，渠道结构的选择过程就是做出一项资本预算的投资决策过程。在对渠道结构进行决策时，最根本的是要比较各种可行的渠道结构所需的资本成本和预期收益，从中选出最有效益的渠道作为企业的渠道。此外，还要考虑渠道投资的机会成本，将用于分销活动所需的资本和用于生产过程中这笔资金进行比较。除非企业能够获得的收益超过投入的资本成本和将该笔资金用于制造时的收益，否则应该考虑由中间商来执行分销活动。

渠道视野

审视贸易渠道的选择过程，我们会得出如下结论：渠道的选择主要取决于资金，而不是我们通常所认为的营销因素。不论公司是否有足够的资金开拓市场，事实证明，结论都是这样。另外，不论公司是打算缩短渠道（需要更多资金）还是延长渠道（使以前用于分销的资金为其他机构使用），情况也是如此。

资料来源：安妮·T. 科兰，路易斯·W. 斯特恩，等. 营销渠道（第7版）. 北京：中国人民大学出版社，2008：197.

兰伯特的财务方法强调了资金因素对于渠道结构的重要性，提出了根据资金因素来选择渠道结构的方法。这种方法为我们提供了一种有益启示，它的观点具有正确的一面，因为与营销组合中的其他要素的决策相比，渠道结构决策是长期的，渠道往往被看作一项长期投资项目，它必须能弥补所投入的资本成本，还应该比该笔资金用于其他方面有更高的回报。这使得选择渠道结构的标准变得更加严格和理性。

但是，兰伯特的财务方法的不足之处在于，使用这种方法进行渠道决策的可操作性不强。不管使用何种投资方法，要非常精确地计算各种渠道结构未来的利润及成本是十分困难的，因此，只有等到有更好的预测方法出现，财务方法才能广泛应用于实际的渠道结构选择中。

3.4.3　经验法

经验法是指选择渠道结构时主要依赖管理者的判断和经验的方法。在现实中，很多渠道结构是靠管理者依据其经验来选择的，管理者的经验会对渠道结构选择的好坏起到了决定性的作用。经验法包括直接定性判断方法、权重因素法和分销成本法等方法，这些方法都需要使用大量的判断和估计，但在精确程度上存在很大的差异。

1. 直接定性判断方法

在实践中，它是最常用的一种选择渠道结构的方法。在使用这种方法时，管理者按照他们认为比较重要的某些因素对各种可行的渠道结构逐个进行评价。这些因素可能包括长、短期成本和利润，渠道控制问题，长期成长潜力以及其他的因素。这些影响决策的因素可能没有被明确地提出来，它们各自的重要性也可能未被明确界定。因此，这种方法是最粗糙的一种定性方法，但也比较简单，在实践中很容易使用。管理者根据经验，可以很快选择出一种渠道结构方案。例如，某公司研发出一种新型的游泳池杀菌剂，该公司为这一新产品设计了五种可行的渠道，第一，通过现有的中间商来分销；第二，通过新的中间商来分销；第三，收购一家小公司，通过该公司的分销网来销售；第四，使用该市场中的大中间商的品牌；第五，直接向游泳池拥有者销售。该公司应该选择哪种渠道呢？假如该公司决定使用直接定性判断法对渠道方案进行选择，管理者会根据他们认为比较重要的某些因素来评价这五种方案，按照他们的主观判断，从中选择一个他们认为是最好的渠道方案。

2. 权重因素评分法

这种方法是由科特勒提出的，它是一种用来选择渠道的更精确的定性方法。这种方法是在直接定性判断方法的基础上进行了改进，明确地提出了影响渠道决策的重要因素，并按这些因素的重要程度赋予了不同的权重。这种方法要求管理者在选择渠道时做出的判断要结构化和定量化。该方法用于渠道选择时包括以下五个基本步骤：

(1) 明确地列出渠道选择时所依据的重要因素。

(2) 每个重要因素的权重必须以百分数形式表示，以反映这些因素的重要程度。

(3) 每种可行渠道都按 1~10 分对各个决策因素打分。

（4）将每种渠道的权重（A）与因素得分（B）相乘，计算出总的重要因素的得分。

（5）将各个渠道的总分排序，选择最高分的渠道方案。

对上文中所提到的例子，如果该公司使用权重因素评分法来选择渠道方案，该公司首先会明确提出影响渠道决策的5项重要因素（步骤1），然后根据这些因素的重要程度分配权重（步骤2），再对各种可行渠道分别对5个因素进行打分（步骤3），之后，用因素的权重乘以每一因素的分数后再加总，就可以得到各个渠道方案的总分（步骤4），最后，按总分高低对各个渠道方案进行排序，得分最高的渠道方案就是该公司所要选择的渠道方案（步骤5）。在本例中，方案5的总分为5.85，在5个渠道方案中是最高的，该公司应该选择直接销售这一渠道方案（见表3-4）。

表3-4　**权重因素评分法**

方案 / 决策因素	权重	方案1 现有的中间商	方案2 新的中间商	方案3 收购小公司	方案4 使用私人品牌	方案5 直接销售
送达游泳池业主的有效性	15%	1	3	8	8	8
投资数额（高分表示投资小）	30%	8	8	1	8	3
可获得的利润	25%	5	5	9	2	9
企业获得的渠道经验	10%	1	2	8	1	9
企业减少亏损的能力	20%	7	7	1	7	3
总分		5.3	5.7	4.75	5.6	5.85

3. 分销成本法

这种方法对各种可行渠道的成本及利润进行估计，利用得到的数据来判断各渠道的强弱。该方法的要点是强调管理者凭经验对各种渠道结构方案的成本和利润的判断和选择。

例如，一家制造机床的企业，准备将其产品打入一个大城市，现有两种渠道结构方案可供选择：一是直接销售，二是通过一层渠道进行分销。如果用分销成本法来选择相对较好的渠道方案，就需要计算这两种渠道的成本和收益。

该企业预测这个城市有6000家潜在客户，每家客户都需要一个推销员每两周拜访一次。该企业的推销员平均每天可以拜访6家客户，一周工作5天，则一个月内每名推销员可以拜访60家客户。根据上述数据，该企业在这个城市中需要100名推销员为这些客户服务。那么，每个月的直销成本预计如表3-5所示。

表 3-5　　直销成本预计

成本项目	每月成本预计
100 名推销员平均月工资为 2000 元/人	200000 元
划分为 5 个区域，每个区域 1 名销售主管，其月工资为 6000 元/人	30000 元
仓库、存货及利息、办公人员、其他管理费	100000 元
直销渠道的总成本	330000 元

假设平均销售毛利率为 25%，为弥补这些成本所需要达到的销售额为：

330000÷25%＝1320000（元）

如果采用一层渠道进行分销，其成本预计情况如下。假设该企业提供给中间商的平均销售毛利率分别为 20%、15%、10%，在完成同样的销售额目标下，采用一层渠道的成本预计为：

如果销售毛利率为 20%，则 1320000×20%＝264000（元）

如果销售毛利率为 15%，则 1320000×15%＝198000（元）

如果销售毛利率为 10%，则 1320000×10%＝132000（元）

直销与分销的成本比较如表 3-6 所示。

表 3-6　　直销与分销的成本比较

	20%销售毛利率	15%销售毛利率	10%销售毛利率
直销	330000	330000	330000
分销	264000	198000	132000
节省成本	66000	132000	198000

从表 3-6 可以看出，对于该企业来说，分销的成本小于直销的成本，当向中间商提供的销售毛利率为 10%时，企业节省的成本最大，公司收益最高。

本章小结

渠道设计是指为了实现分销目标，对各种备选的渠道结构方案进行评价和选择，从而创建全新的营销渠道或改进原有营销渠道的过程。渠道设计作为营销渠道管理中的必不可少的一部分，努力取得市场竞争优势应该是渠道设计的根本所在。在创建全新的营销渠道时，很容易意识到需要进行渠道设计，而在需要改进渠道时，有时企业对渠道设计决策的需求并不是很明显，往往会忽视对渠道设计的需要。因此，渠道管理者要注意企业内部和外部因素的变化，及时识别出需要进行渠道设计的情况，对是否有必要进行渠道设计做出决策。渠道设计的程序主要包括设定分销目标、说明分销任务、分析影响渠道结构的因素、制定渠道结构方案、选择合适的渠道结构方案等步骤。

渠道管理者应该在分析消费者需求的前提下，设立或调整现有的分销目标，并将分销目标明确地描述出来，为确保企业不同层次的目标的一致性和连贯性，渠道管理者还要认真分析与分销目标相关的企业目标和营销目标。在设立分销目标之后，渠道管理者需要将分销目标分解为具体的分销任务。渠道管理者对渠道任务的不同分配会形成了不同的渠道结构。

在进行渠道结构设计前，渠道管理者应该充分考虑到相关的影响因素，对市场因素、产品因素、企业因素、中间商因素、竞争者因素、环境因素等影响渠道结构的因素进行分析，从而使设计出来的渠道结构具有可行性。渠道管理者在建立渠道结构时要从层次数、各层次中间商的数量、渠道成员的权利与责任等方面来考虑，提出了几种可行的渠道结构方案以供选择。

在对备选的渠道结构方案进行决策时，渠道管理者可以采用一些很好的渠道选择的方法，如产品特性与平行系统法、财务方法、经验法等方法，从中选择出相对较好的渠道结构方案。

习　题

一、单选题

1. 渠道设计这一概念具有战略性的含义，获得(　　)是市场营销渠道设计的根本所在。

A. 竞争优势　B. 服务优势　C. 战略优势　D. 协作优势

2. 渠道设计的重点是(　　)的建立。

A. 渠道长度　B. 渠道宽度　C. 渠道组织　D. 渠道结构

3. (　　)是指顾客从订购产品到收到产品的时间。

A. 空间便利性　B. 等待时间　C. 订货时间　D. 收货时间

4. 产品特性与平行系统法主要是根据(　　)来选择渠道结构方案。

A. 产品特性　B. 市场特性　C. 企业特性　D. 竞争特性

5. 兰伯特的财务方法强调了(　　)对于渠道结构的重要性。

A. 产品因素　B. 竞争因素　C. 市场因素　D. 资金因素

二、多选题

1. 营销渠道可以提供（　　）等服务产出。

A. 产品品种　B. 售后服务　C. 空间便利性　D. 等候时间

E. 购买批量

2. 影响渠道结构的因素包括（　　）。

A. 企业因素　　B. 中间商因素　　C. 竞争者因素　　D. 市场因素
E. 产品因素

3. 市场因素中的（　　）等对渠道结构有着重要的影响。
A. 市场行为　　B. 市场规模　　C. 市场购买力　　D. 市场密度
E. 市场地理位置

4. 从渠道的宽度来看，主要有（　　）等策略可以供企业选用。
A. 长渠道　　B. 选择性分销　　C. 密集性分销　　D. 短渠道
E. 独家分销

5. 经验法包括（　　）等方法。
A. 分销成本法　　B. 财务方法　　C. 权重因素法　　D. 定性法
E. 直接定性判断方法

三、判断题

1. 广义的渠道设计包括从头开始创建渠道，或对现有渠道进行改进。（　　）
2. 在改进渠道时，企业没有必要花费时间和精力去识别渠道设计决策的需要。（　　）
3. 一般来说，组织的购买批量比消费者的大。（　　）
4. 对顾客而言，营销渠道的服务产出水平越高越好。（　　）
5. 产品的标准化程度高，所需的中间商就越少，通常使用较短的渠道。（　　）

四、简答题

1. 如何理解渠道设计的含义？
2. 渠道设计的程序包括哪些步骤？
3. 影响渠道结构的因素有哪些？
4. 简述产品特性与平行系统法。

五、案例分析题

卫家公司的渠道改进

深夜坐在北京飞往上海的班机上，林总经理还没有办法从这几天与多家零售商交往的紧张与疲惫中解脱出来。的确，他没有办法相信摆在眼前的事实：作为自己大半财产，亲手创办培养起来的公司，在自己满怀希望进行渠道改革后不到一年的时间里，竟然失去了大块市场，与各重要的零售商的关系岌岌可危；而此刻上海总部，新投产的大规模生产设备、人员由于渠道危机已经闲置下来，滞留在仓库里的产品数量激增。为了防止刚刚还完生产扩建项目贷款的公司不陷入资金流转的困境中，只有尽快解决产品分销渠道不畅的问题，保证产品再次源源不断地摆上零售货架。林总经理思索着，他一定要在返回上海总部后，尽快调整渠道，扭转目前不利的局面，使企业生存下去，发展得更好。

一、背景介绍

（一）公司情况

上海卫家家用清洁用品有限公司是一家专门生产家庭防霉、防蛀卫生用品的小型私营企业，系中国台湾人林先生投资400万元人民币于1994年创建。1995年正式运营，年生产能力5000吨，员工有105人，共有家用衣物防霉蛀、家用地板家具防霉蛀两大类，片剂、液态、盒状固态三大系列12种产品，拥有两个品牌。卫家家用清洁用品有限公司定位于“中高档价位、高效健康的城市家庭防霉防蛀产品提供商”。卫家公司主要生产新型纯植物防霉烂制剂的产品，其产品的定位为技术水平较高，价位在导入期为高档为主、中档为辅，在行业淘汰“对二氯苯”芳香产品后，希望达到中档占主导，高档产品再提升的状态。

（二）行业发展状况

在20世纪80年代初之前，萘球一直占据着城乡居民防蛀消费品市场的主导地位，但其毒性非常大。随后，“对二氯苯”的芳香剂取代了卫生球，在20世纪90年代至今占据着城市家庭防霉防蛀用品市场的主导地位。其良好的防护效果、怡人的香气、不留痕迹、包装贴近家庭使用且规格多样化等优势，加之价格适中，使之保持了该类产品在市场上的“垄断地位”。同类型产品的竞争异常激烈，但相关机构证实：“对二氯苯”对生命体具有强烈的致癌作用。近年来，新型纯植物防霉烂制剂已在“对二氯苯”垄断的市场中初显端倪。这些全天然原料（以中草药为主）的产品更好地满足了人们对健康、安全生活的需要，特别是在产品包装、规格方面更进一步贴近家庭使用量小、用途逐步多样化的要求，渐为消费者接受。

（三）营销渠道

从终端类型来看，遍布在各居民区的各种连锁超市及人们习惯集中来购买生活用品的大卖场、一些便民的生活用品社区便利店均为家庭防霉烂产品的销售终端，而大卖场由于价格优惠、品种齐全更受消费者青睐；同时，医药商店购买的概率相对较低，是受人们广泛存在的防霉蛀产品属于生活品的观念影响所致。

除了像正章这种专业生产、并拥有销售终端（正章洗衣店）的少数企业或连锁企业定牌生产外，绝大多数企业都不可能拥有自己的销售终端，而是通过渠道，将产品推向终端，面对消费者。其中的渠道模式有主要的三种：

- 生产企业 $\xrightarrow{\text{划分区域人员联系}}$ 代理商（可能是多级代理 $\xrightarrow{\text{物流配送}}$ 销售终端）
- 生产企业 $\xrightarrow{\text{划分区域人员推销，物流供应}}$ 销售终端
- 上述两种模式的混合

二、企业的渠道发展与变革

（一）自建渠道进入市场

卫家公司在进入市场时采取了自建销售网络的方式，以北京、上海、广州及武汉四个城市为辐射点，覆盖华北、华东、华南、华中四个区域；在每个区域中再选取4~5个省会城市及居民生活水平较高的城市，如山东青岛、广东深圳、江苏苏州等。公司在市场进入阶段的渠道结构如图1所示。

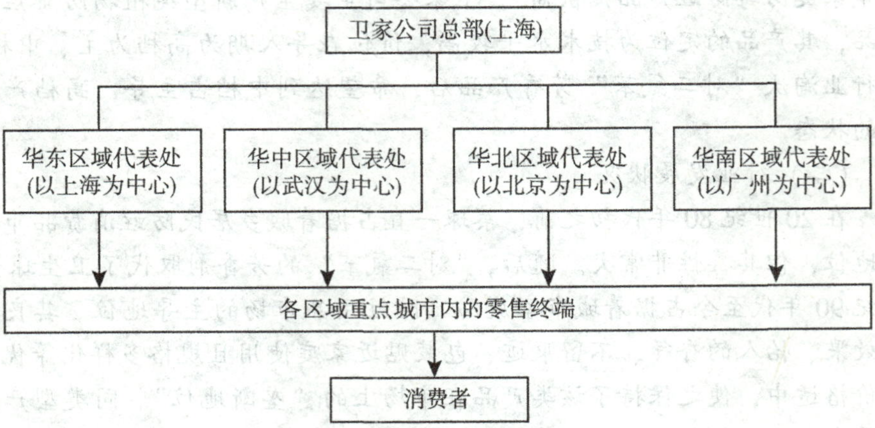

图1　卫家公司进入市场的渠道结构

公司在四个区域辐射点城市成立了小型的仓储销售机构，便于各区域内供货协调。还将公司内用售人员派驻到各区域，向选取城市中的终端推销其产品，根据需要雇用当地物流服务进行送货。由于人员少、物流服务成本高，所以选取的终端数目并不是很多。而在进入这些终端的过程中，卫家公司也遇到了很大的挑战：由于卫家产品是初次上市，其企业规模小，且在业内尚未有一定声誉，大型终端如联华超市、家乐福等对其产品的市场需求、企业的合作能力都持怀疑态度，毕竟生产中高档家用防霉烂产品的小企业数不胜数，而进入联华、家乐福这样的大型终端就等于在很大程度上保证了产品销售的成功，竞争在挤入终端阶段是异常激烈的，而销售人员的推销手段更是层出不穷。

为了产品能够摆上这些大型终端的货架，公司尽可能为产品推广提供更多的资源与条件。在四个辐射点城市中，卫家公司配合终端销售，各雇用了2名人员，轮番在各终场门市中进行现场人员促销，介绍产品，还印制了一些以“健康、绿色、适用家庭”等为诉求点的POP海报，对购买者进行教育。这些活动令卫家公司的销售费用大幅上升，加之没有渠道合作经验，在物流配送方面没有系统组织，也没有建立稳定的合作伙伴关系，货物储运方面在第一年进入市场时也是费用高昂，这些费用均远远超出公司本来的预算。

虽然在市场进入的一年过程中，卫家公司付出了很多，但年终的财务报表上并没有显现骄人的成绩。四个辐射点城市的平均销售回款只有50万元左右，而其余销售点城市由于投入力量更小，一般都处于亏损状态，这对于原来产品市场相当乐观的林总经理来说，实在是个很大的打击。林总经理此时也清醒地认识到：由自己带领销售人员，依照一年来的方式做下去是不可能为公司带来巨大转机的。他太缺少有关中国大陆市场运作方面的知识与经验，而大陆市场毕竟不会和我国台湾地区一样，行业情况也相差较多。企业需要一个熟悉本土行业运营规律的职业经理人来完成关系企业生存发展的销售环节。

（二）渠道变革

1. 改换渠道合作模式取得成功

1996年2月，林总经理通过人才市场招聘，觅到一匹千里马——姚先生担任卫家公司的销售经理。姚先生原在一家中型的、生产各类清洁用品的民营企业担任销售副经理，他原所在企业的产品在市场中具有一定知名度，虽然发展时间只有5年，但已有3种产品在各自市场中占据了较大的市场份额，实在是成绩骄人。林总经理带领姚经理参观了企业，并很详细、坦诚地讲明了企业的状况，同时明确了要求：在1~1.5年时间内使卫家扭亏为盈，而投入的销售费用必须在原有基础上降低30%~40%。这一切对新上任的姚经理来说将会是严峻的考验。

姚经理上任一个月期间，对卫家公司各地的销售情况作了详细的了解，对销售队伍的人员状况也作了一定的分析。一个月后，姚经理向林总经理彻底分析了卫家产品及企业的情况，并很快说服了林总经理，使其相信只凭自身的力量是不能完成整个渠道的各种事宜的，只有寻求一定的合作伙伴，整合优化资源配置，才可能打开市场。

在接下来的3个月里，姚经理请林总经理一道拜访了四大区域内较为理想的代理商，由于姚经理过去与他们均有过较好的合作经历，代理商都应允试用卫家的产品，大家也对各自所覆盖的代理区域作了一定协调，防止不必要的冲突。而林总经理也认真考虑了姚经理的建议，提出相当优惠的条件，鼓励代理商一次买断更多的产品，加速资金周转速度。如：一次性购买50万吨以上并签约即付款的代理商给予5个扣点（5%）的供应价折扣优惠，100万吨以上签约即付款的可得到8~9个扣点的供应价格折扣优惠；代理商安排终端人员现场促销活动，卫家公司将负担一定的人员聘用费用，或按照销售量给予一定比例的费用返还；卫家公司将派专人配合区域促销活动安排，积极联系总部，以提供赠品制作、POP内容设计等多种方式配合代理商促用，以期共同打开市场；卫家公司此次将销售人员缩减为18人，各区域分别派驻3~4人，同时总部保留一定人员联系各区域人员。

经过两位经理3个月的精心部署，卫家公司的通路设置日趋清晰完善：四个区域的重点城市共设代理商8个，各区域派往的销售人员也开始与代理商正式合作，准备在1996年7月至1997年1月的半年间放手一搏。改革后的渠道结构如图2所示。

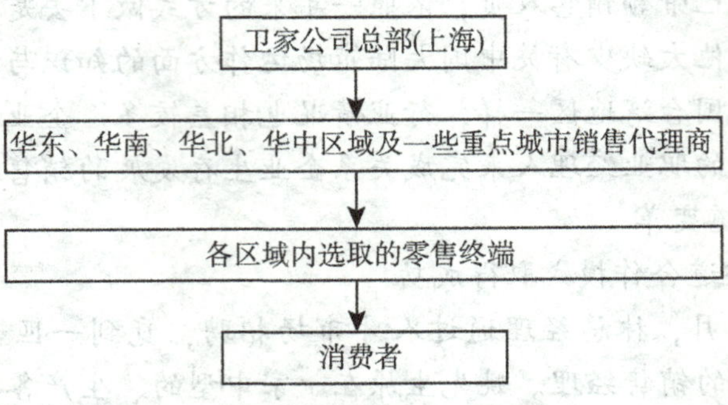

图2　企业改革后的渠道结构

对于这些在所辖区域内与大型终端有良好稳定合作关系的经销商而言，在原有供货基础上增加一类产品进入终端，不是一件很困难的事情。加之公司此番决心以多种优惠手段集中力量促销推广，代理商在买断货物后的销售积极性被充分调动起来，双方都希望卫家产品可以打开市场局面，成为获利之源。

结果比姚经理预期的还要理想：其中三个重点城市的代理商还将卫家产品送入了次级城市的中高档零售终端，消费者开始在有规律的终端内促销人员的宣传、海报宣传下对卫家这种价廉优质产品发生了兴趣，购买潮随着产品概念在消费者间的扩散而逐步形成。

截至1997年1月，卫家公司虽然在促销方面投入了比以往多2~3倍的资金，但原有的物流、销售队伍支出、进入终端的公关费用大幅降低，各城市市场销售回款总额突破800万元，令卫家公司在半年间一举扭亏。成功合作的开始使卫家公司与各代理商彼此接纳了对方，快速增长的市场需求也促使两者的联系更紧密。

2. 渠道合作矛盾显现

有了前期的成功合作，卫家产品的市场需求大幅提高，很快将初期滞压的产品也送进了市场。卫家公司的生产设备、人员全部投入了生产中。林总经理与生产部经理给姚经理商议后决定：为了适应市场快速增长的需要，卫家将利用向当地工商银行申请的项目贷款400万元，购建厂房设备、配置生产人员，建设期为6个月，还款期限为3年。卫家公司同时也与各代理商达成协议，在未来4~6年内由各代理商在所辖区域内独家代理卫家的产品。

在接下来的3年中，卫家公司产品销量仍呈增长态势，但增长速度明显减缓，最终几乎停留在950万元人民币/年的水平上，林总经理十分焦急。

- 在这3年的合作中，代理商一直不断要求更优惠的进货价格，毕竟进价下调后，代理商的利润空间可能会大幅增加，也会增加提高促销支出的可能，但这一举动恰恰会将卫家公司的毛利润大幅降低，而利润率可能也会受到一定影响。

• 市场对卫家产品的需求似乎已进入“稳定期”，消费者对产品概念随着终端供销、宣传及其他企业相似产品的介入而熟悉，但在购买时由于选择可能非常多而更理性，原有消费群购买量稳定，而新进入的消费者没有达到预期数量。

• 卫家公司全力投入促销活动的费用（包括给代理商的优惠措施）的增长比例远大于产品销量的增长，这部分支出占据了卫家成本的较大部分，而收效却不理想。

• 卫家公司新增的生产能力并未达到理想的产出效率，至少有50%左右的闲置，如果全力生产，将会带来相当大的仓储压力与费用。

• 偿还贷款本息后，卫家公司对大量资金支出的承受力被削弱很多，面对利润下降、生产能力闲置、市场趋于饱和的态势，其资金流转可能出现短期的危机。

林总经理此时开始对代理商的模式产生怀疑，增加中间环节会降低利润空间的道理是不言而喻的。虽然姚经理与这些经销商有一定的人际关系基础，但不断扩大利润空间是经销商的理念，也是维系双方合作的决定因素，代理商不会因为卫家产品销量增长放缓、生产发生闲置或是资金流转不畅而给予特殊优惠。即使不要求不断降低进价，代理商也会要求更多的促销支持以提高销量，这对卫家来说同样是一种成本支出。

同样，对于代理商而言，卫家产品在旗下众多的代理产品中，渐渐成为一块鸡肋——食之无味，弃之可惜。家用防霉烂产品流量不大、周转速度不及很多生活消费品。即使定位于中高档价位，商品的毛利润空间仍不是很大。毕竟这一产品概念尚未广泛接受，加上品牌、价格等多种因素影响，天然防霉蛀产品占主流地位的时机还未成熟，而卫家此时要遍地开花显然是难上加难。因而一部分代理商没有再以合作初期的力度为辖区内的卫家产品销售给予支持，期望其销售保持一种平稳上升的态势。如果卫家公司不能再做出有力的进价优惠和促销支持，则很有可能放弃卫家产品，选择其他产品生产者，或是将资源集中到旗下其他代理产品上，寻求更大的利润来源。

卫家与代理商的合作从3年前的一拍即合由浓转淡。林总经理对这种合作模式渐渐失去信心，他相信：市场对天然防霉烂产品已有一定的认知度；终端、消费者对卫家产品也有了一定了解，如果收回中间环节代理商取得的那部分利润，卫家完全可以自主销售，进一步加大促销力度。这对于卫家比较成熟的产品和有准备的生产能力都将带来新一轮的、更大的市场需求。

（三）渠道重组引发危机

1. 渠道重组

在2001年初，林总经理不顾姚经理的竭力反对，坚持恢复卫家最初的自建渠道模式，中断并放弃与代理商的合作关系，公司支付了一定违约金，收回货品和促销材料。这虽然对大多数代理商来说损失不大，但影响并不好，特别是姚经理认为他很难面对业内朋友，卫家的成功离不开业内朋友们当初的大力支持。而他更清楚的是：对于卫家这样主攻生产、其他环节力量薄弱的企业也只有选择代理合作的模式才是真正有效的。姚经理对林总经理的决定很失望，认为没有必要继续留下来坚持违背初衷、预期不利的事业，辞职离开了为之奋斗了几年的卫家公司。

卫家公司在林总的带领下重组、招聘了销售队伍，很快恢复了原有区域派驻的销售模式，但终端范围做出了一定调整，放弃了一些农村市场由代理商铺货的终端，主攻重点城市各种大型终端，开始了新的挑战。

一些同类产品以更优惠的条件得到了原卫家代理商的支持，借助卫家产品概念的宣传顺利进入了市场；而卫家产品为了留在原来的大型终端，必须向其他进入者一样，根据大型终端的要求重新调整自己。卫家开始感受终端的"冷淡待遇"——这种产品对终端而言是必需但不重要的，给予关注的可能性是极低的，仅凭单一而非重要产品的供应者在与终端的合作中地位差距是可想而知的。

2. 危机爆发

2001年9月，在北京市场上，卫家终于爆发了一场危机，这也是隐患积聚的必然。家乐福作为卫家在北京销售的重点终端，其对供应商有着严格的断供货要求，以适应其"零库存"的营运需要。卫家作为长期合作者，自然也十分清楚，自主销售后不敢怠慢。但家乐福北京各分店相距很远，与其他卫家选择的终端没有任何比邻；每次要求的进货量不是很大，一般为2~3箱，自主销售后，卫家还没有自己的物流配送合作伙伴，配送活动管理较为混乱，有些销售员甚至叫出租车送货，而北京交通情况是不允许夏利出租车运送箱式货物的，一经交警发现会处以50~200元不等的罚款。于是卫家销售员由原来的"不辞辛苦"、"不计成本"为家乐福"有求必送"，渐渐转为拖延，等家乐福门店及北京其他终端有较多供货需求时才雇用专用运货车辆一并发货，这着实令家乐福无法接受。经过门市再三反映卫家产品架上数量低于应采购标准，不能按照规定及时补货，造成货架空间利用率降低后，家乐福于2001年10月正式提出与卫家公司解除合作关系，这个卫家公司销售遭受重创。

更严重的是，北京几家大型终端，如京客隆、亿客隆等，也对卫家的供货情况提出警告。一些终端在不十分清楚家乐福驱逐卫家具体原因的情况下，甚至怀疑卫家产品或企业存在问题而暂停补货，计划待产品出空后更换品牌。这一连锁反应令卫家公司在北京市场一蹶不振。林总经理亲自到京协调，希望缓和态势。终端的拒绝合作令卫家在北京市场上的销售举步维艰。而其他重点城市也不同程度地存在这种隐患，销售业绩难以令人欢欣鼓舞，林总经理的卫家在不到一年的时间内陷入了困境，前方销售受阻，后方的生产、仓储亦成难解之题。

三、尾声

让卫家产品迅速重新登上终端零售的货架，可以将卫家从目前面临的资金流转危机中解救出来。但是，林总经理希望找到一种更好的方法，可以在未来的发展中为卫家打下一个良好的渠道基础，毕竟卫家现在和今后很长的一段时期内都还只是一个专门生产家庭用防霉烂小商品的民营小企业，寻求一种有决的渠道合作模式，找准一种合适的渠道位置，做好自己应该扮演的角色，对未来发展是相当重要的，不能仅仅为了眼前而慌不择路。

林总经理的心绪很难平静，但他默默地告诫自己：静下心来，一定可以为卫家找到一条很好的出路，一定可以渡过这次难关。

资料来源：郭毅．市场营销案例．北京：清华大学出版社，2006：310-323.

问题：

1. 结合渠道设计的相关理论分析该企业自建渠道失败与渠道变革成功的原因。
2. 该公司有必要进行渠道重组吗？渠道重组失败给我们什么启示？
3. 假如你是林总经理，应该如何解决所面临的困境？

实践活动

一、实训目的

理解渠道设计的含义，知晓需要进行渠道设计决策的各种情况，掌握渠道设计的程序。

二、实训内容

以一家制造企业为例，说明该企业是如何对其营销渠道进行设计的，并对其渠道设计进行评价。

三、实训组织

1. 教师提前1~2周布置任务，说明实训要求及注意事项。
2. 将教学班同学进行分组。
3. 采用组长负责制，由组长对成员进行分工协作，共同完成实训任务。
4. 教师组织部分小组在课堂上进行交流。

四、实训步骤

1. 各小组根据实训目的与内容收集并整理相关资料。

2. 由组长负责组织小组讨论，撰写报告和制作演示文稿。

3. 教师安排 1~2 个课时，由部分小组的代表向全班同学交流其成果。

4. 各小组代表在课堂上进行交流，教师和其他同学可以提问或发表意见。

5. 教师进行总结评价。

6. 各小组根据教师和同学意见修改报告和演示文稿并提交给教师，教师记录实训成绩。

第4章 营销渠道的组织模式

学习目标

- 掌握营销渠道组织模式的分类
- 了解传统渠道系统的含义、特点、弊端和存在基础
- 掌握公司式垂直渠道系统的含义与产生原因
- 掌握管理式垂直渠道系统的含义、特点与优劣势
- 掌握合同式垂直渠道系统的含义和类型，了解水平渠道系统的含义
- 掌握多渠道系统的含义及类型

本章结构

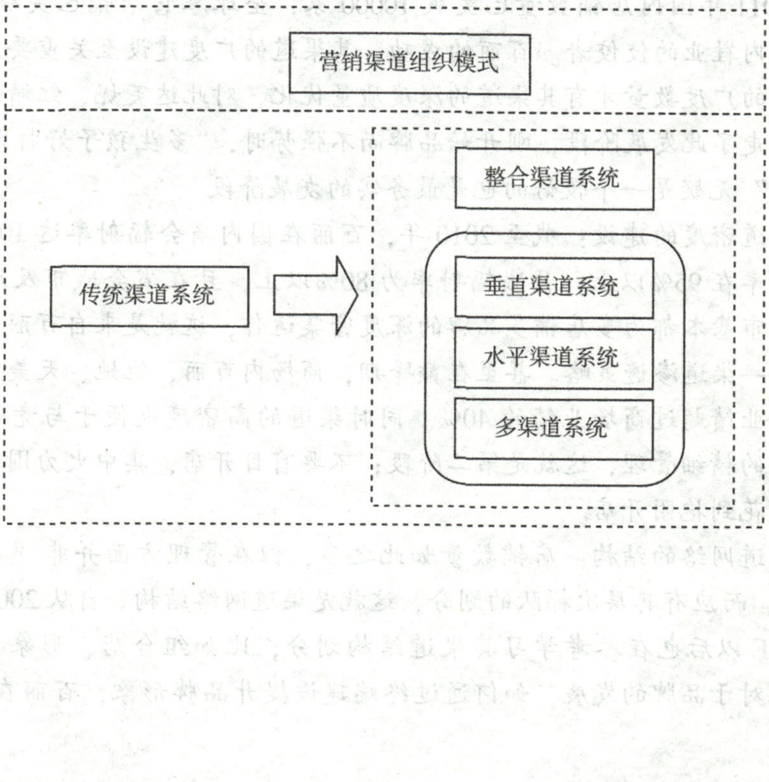

导入案例

百丽的地区“渠道先行”

百丽（BELLE）集团，20世纪70年代创于我国香港地区，20世纪90年代由香港著名鞋款设计师、资深实业家邓耀先生引入内地，并针对内地市场重新包装定位，获得极大成功。BELLE取义于法语“美丽的女人”，主打时尚真皮女鞋，兼产男鞋，主要顾客群为“年龄20~40岁，中等收入”的都市白领阶层。BELLE风格多样，以“舒适、简约、职业、成熟”为主流，亦不乏新潮、时尚、前卫。并以大众化的价格、优质的产品及诚信的服务确立了自己鲜明的品牌形象，短短几年内迅速受到广大消费者的喜爱与拥戴。

百丽进入内地初始还是个名不见经传的小鞋厂，但在不到二十年的时间里便一跃成为中国鞋业巨头。百丽2007年在香港上市，2011年销售业绩突破230亿元，市值更是高达967亿元，超过国美市值，成为国内市值第一的千亿零售股；而2004年至2009年更是百丽高速发展阶段，公司鞋类业务收入增长超过12倍，净利润增长超过32倍。百丽快速成长的秘密是什么？

奥秘之一：得渠道者得天下

渠道广度的建设：百丽创业之初，在全国鞋业中并没有什么特别显赫的地方，但是在1997年后实现飞速发展，从散货批发阶段向品牌运作阶段发展，截至2011年国内店铺数量已突破10000家，全球零售店铺已突破13000家，成为国内鞋业的佼佼者。百丽的成功，其渠道的广度建设至关重要，即先有终端渠道的广度数量才有其渠道的深度质量优化，对此达芙妮、红蜻蜓及星期六无疑都走了此发展阶段，刚开始品牌尚不强势时，“多生孩子好打架”、“有奶就是娘”无疑是一个较好的也是最务实的发展阶段。

渠道密度的建设：截至2010年，百丽在国内省会辐射率达100%，地级市辐射率在95%以上，县城辐射率为80%以上，且在省会城市及地级市的一二级城市基本都为多店铺多品牌的深度密集运作，这就是来自百丽的渠道经营理念——渠道渗透策略。甚至在巅峰期，商场内百丽、他她、天美意、思加图等品牌业绩超过商场业绩的40%。同时渠道的高密度也便于与竞争对手博弈及内部的精细管理，这就是第二阶段；不要盲目开店，集中火力围城打援，从天女散花到抱团开店。

渠道网络的结构：店铺数量如此之多，但在管理方面并非“眉毛胡子一把抓”，而应有其层次梯队的划分，这就是渠道网络结构。自从2003年百丽经营NIKE以后也在参考学习其渠道结构划分，比如组合店、形象店、A级店等。但对于品牌的发展，如何通过终端建设提升品牌形象，百丽在1997年实现各地独家代理商后侧重终端质量和结构建设，贯彻“小地方开大店，大地方开多店”策略，通过终端形象提升品牌形象取得良好效果，尤其是在1997年，终端从原来店均面积不足20平方提升至近40平方，单店业绩逐步突破200万元/年，百丽成为与哈森、森达、富贵鸟等当时国内鞋王相抗衡的品牌，这一点就是渠道结构的不断优化升级。

渠道掌控的能力：10000余家店铺分散到全国各地，如何加强渠道的掌控能力保证终端的质量是考验一个品牌公司的关键。而当前可以看到部分品牌，比如YEARCON在业绩高速发展的同时，品牌公司已被代理商“绑架”，失去了对品牌和渠道掌控力，发展初期的品牌对这点要做到“未雨绸缪”，否则将会“尾大不留”。那么百丽是如何做到的？首先是“抓大放小”，省会及地级市等一二线城市公司以自营为主，将核心地区市场牢牢掌握在自己手中；其次是“财散人聚”，将个别地级市及县城市场容量较小地区交给当地经销商运作，实行“联营”或是“代理”机制，从而团结了当地最优秀的鞋业零售商。

渠道的因势利导：当然，随着时代的发展，渠道格局也在发生变化，百丽的渠道并未故步自封，也是在随着时代的发展不断推陈出新——以前的散货店、专卖店、专柜到后来的组合店、形象店，尤其是2007年公司上市以后，利用资本的力量进行了大量收购运作，拓展了发展迅速的童鞋业务、奢侈品业务，并推出购物网站及网络营销等策略，为未来业绩发展提供增长点。如果用百丽CEO盛百椒的话讲就是：凭100%的努力抓住1%的成功率。

其实当分析百丽发展和成功的秘诀时，我们发现百丽所采取的策略多为大家都知晓或是熟悉的，但为何百丽成功了，而其他公司却没有，原因何在？那就是许多公司囫囵吞枣、东施效颦，没有做到因势利导、循序渐进。对于市场的发展和品牌建设，任何公司都不可能拔苗助长。自1992年百丽作为香港地区到内地的一个小工厂，到2007年成为国内鞋王，在短短十几年的发展中经历了五大发展阶段，其成功的关键就是——在正确的时间做正确的事。

纵观百丽的发展历程，似乎也没有多少奥秘可言，但恰恰在平凡中蕴含着真正的奥秘，那就是：渠道先行，把握关键；因势利导、循序渐进；世事如棋，局局有新。

资料来源：于有为，蔡烺．从百丽的营销策略看“渠道先行”的重要性．西部皮革，2012(9)：24-26.

4.1　传统渠道系统

4.1.1　营销渠道组织模式

营销渠道组织模式是指渠道成员为实现一定的分销目标而组织在一起的方式。不同行业的企业、同一行业的不同企业都具有不同的营销渠道组织模式。例如，便利品和选购品的营销渠道组织模式不同，同属家电行业的格力和海尔营销渠道组织模式也不相同。根据渠道成员之间结合的紧密程度，可将营销渠道组织模式分为传统渠道系统和整合渠道系统两大类（见图4-1）。

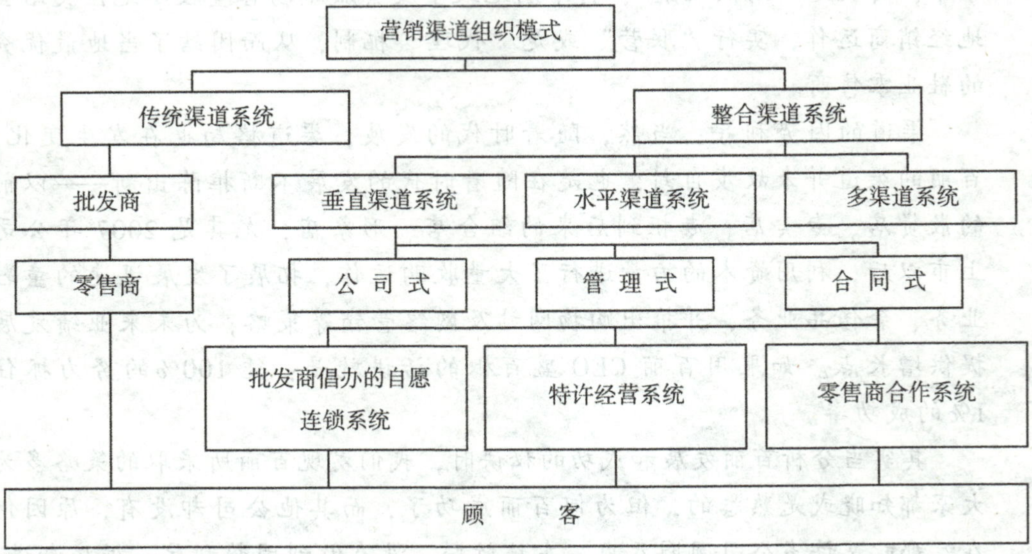

图4-1　营销渠道的组织模式①

4.1.2　传统渠道系统

1. 传统渠道系统的含义与特点

传统渠道系统是指由各个独立的生产企业、批发商、零售商和顾客组成的营销渠道②。渠道各成员之间是一种比较松散、不稳定的合作关系。由于彼此独立，各成员均追求自身的利益最大化，即使这种利益最大化是以损害系统整体利益为代价

① 郭国庆．市场营销学．武汉：武汉大学出版社，2007：226.

② 郭国庆．市场营销学．武汉：武汉大学出版社，2007：225.

也在所不惜，相互之间缺乏配合，因此很容易导致整个渠道效率低下。美国学者麦克康门把传统渠道系统描述为“高度松散的网络，其中，生产企业、批发商和零售商松散地联结在一起，相互之间进行不亲密的讨价还价，对于销售条件各执己见，互不相让，所以各自为政，各行其是”①。

传统渠道系统最大的特点就是渠道成员之间的独立性和松散性。渠道成员之间彼此独立、各自为政，相互之间的交易建立在自身利益最大化、讨价还价、相互竞争的基础上，因此渠道成员之间联系非常松散，交易关系很不稳定，合作缺乏长远发展的基础。在传统渠道系统中，没有一个渠道成员会对其他成员拥有全部的或者足够的控制权。这样虽然能保持各企业的独立性，但也因为没有形成明确的分工协作关系，缺乏协调配合和共同目标，所以会影响到渠道整体运作效率和共同利益。

2. 传统渠道系统的弊端

传统营销渠道具有容易导致渠道冲突、整体利益受损、渠道效率低下的弊端。传统营销渠道无论是代理制还是经销制，都存在对个体收益最大化的追求，很可能会损害到其他渠道成员的利益，这必然会引起渠道冲突，结果由于冲突而导致交易费用增加，各方利益受损。具体表现在生产企业难以有效地控制营销渠道；销售回款困难；分散的多个环节妨碍信息的快速传递；渠道各环节层层盘剥导致最终产品缺乏价格竞争优势；终端管理缺乏力度；促销活动得不到积极的配合和执行；售后服务质量得不到保证；窜货、相互杀价倾销现象屡禁不绝；还有店大欺客、货架争夺、灰色交易、与业务员联手欺诈等，导致厂家维护市场的有序性和调动中间商积极性的成本越来越大。

20世纪70年代以前，在流通领域中占统治地位的是传统渠道系统。70年代以后，随着市场经济的不断发展及市场竞争的日趋激烈，传统渠道系统整体效率低下的弊病日益显露出来，从而导致了营销渠道组织模式的变革，由此产生了整合渠道系统。例如，一些大企业为了控制和占领市场，实现集中和垄断，在商品流通方面采取了工商一体化的联合经营方式。

3. 传统渠道系统的存在基础

20世纪70年代之后，虽然传统渠道系统已日渐式微，整合渠道系统大行其事，但传统渠道系统在日常生活中仍大量存在，因为该组织模式仍具有一定的存在基础。这主要有三种情况：一是小型生产企业被迫选择。小型生产企业因为资金实力有限，产品类型与标准处于不稳定状态，很难以自己为核心建立起联系紧密的渠道组织模式，只能采用传统渠道模式，和中间商讨价还价，维持一定的交易关系。二是大型生产企业被动选择。大型生产企业也会有一些小规模生产的产品，因产品数量太少，无法完全满足中间商的利益要求，不能形成一个稳定的营销系统，所以只能采用传统渠道模式，以交易的形式进行营销。三是中间商或生产企业的主动选

① 王方华，奚俊芳．营销渠道．上海：上海交通大学出版社，2005：10.

择。有些中间商为避免受制于一家生产企业，或生产企业为避免受制于强大的渠道，从而有意采用传统渠道模式。因此，在未来很长一段时间内，传统渠道系统仍会与整合渠道系统并存。

4.2　整合渠道系统

4.2.1　整合渠道系统

整合渠道系统是渠道成员采取不同程度的联合或一体化经营而形成的渠道网络系统。根据整合方向的不同，可以分为垂直渠道系统、水平渠道系统和多渠道系统三种类型。

渠道整合的目的是为了对客户需求做出更及时的反应，同时要通过整合渠道资源，为各渠道成员提供更高的价值，获取更高的渠道效率。对生产企业而言，渠道整合体现在：一是对企业内部资源的整合，二是对企业外部中间商资源的整合。因此生产企业必须把从原料供应商到终端零售商等所有的环节视为一条完整的渠道价值链，价值链上的每一个成员，都是整体中不可或缺的个体。渠道整合就是对渠道价值链进行重新规划设计，加强相互协调配合，从而创造更高的渠道效率。

渠道整合必须为渠道成员创造更多的价值。渠道成员除了生产企业外，还包括批发商、零售商和顾客。整合过程中必须考虑各方的利益和价值增值，否则必然会造成与其他渠道成员间的激烈冲突，最终导致渠道整合的失败。

要为所有渠道成员创造更多价值，生产企业必须充分考虑各个渠道成员的价值期望。不同性质的渠道成员的价值期望各不相同。例如，批发商相对比较注重增加利润额和销售量，零售商则比较注重服务价值和品牌形象，而最终顾客更加注重物美价廉、购买使用的便捷安全和售后服务。因此，在进行渠道整合时，生产企业需要在自身价值和其他渠道成员的价值期望之间进行平衡，最大限度地实现整体渠道价值最大化，从而使渠道价值链获得长久的稳定性。

4.2.2　垂直渠道系统

所谓垂直渠道系统，是指由生产企业、批发商和零售商纵向整合组成的统一的联合体。在联合体内，成员同属一家公司，或通过合同，或通过管理整合在一起，通常是以某个有实力的成员为主，其他成员与之合作。垂直渠道系统的营销系统可以由生产企业支配，也可以由批发商或零售商支配。这种组织模式的主要特征是形成了专业化管理和集中执行的网络，渠道有共同的目标，所以可以使渠道成员的行为协调一致，取得很高的渠道效率。它有利于控制渠道成员的行动，消除渠道成员为追求各自利益而造成的冲突，能够依靠其规模、谈判实力和减少重复服务获得较高的效益。同时，垂直渠道系统有利于合理管理库存，削减营销成本，便于把握需求动向，易于安排生产与销售，有利于阻止竞争者加入，商品质量有保障，服务水平高。如今在消费品的销售中，垂直渠道系统已经成为国际上一种占主导地位的渠道组织模式。例如，在美国，垂直渠道系统已成为消费品营销渠道的主要模式，覆盖了全美市场的70%~80%①。当然，垂直渠道系统也有自己的缺陷，主要是维持渠道的成本较高，中间商缺乏独立创造性，但相对来讲其优势要远大于缺陷。

垂直渠道系统根据其整合方式的不同，可以划分为公司式、管理式和合同式垂直渠道系统三种类型。

1. 公司式垂直渠道系统

公司式垂直渠道系统是指一家公司通过投资设立分销机构或并购与控股其他渠道成员的方式而形成的纵向渠道系统。公司可以投资新建商业机构，也可以通过购买、兼并等方式将中间商并入公司，形成工商一体化的组织形态。实际上，当一条营销渠道中两个或两个以上环节存在着共同所有权，或者一个层次的职能被另一个层次的成员所取代时，也就形成了公司式垂直渠道系统，如图4-2所示。公司式垂直渠道系统是通过产权纽带而形成制造商的渠道网络，公司对渠道的控制力很强。例如，中邮物流公司采用了公司式垂直渠道系统，它在全国各地设立了许多分支机构，可以直接利用其邮政系统遍布城乡的网络优势，来为消费者提供服务。尤其是在针对农村市场时，这种渠道系统的优势更为明显，它利用下属的遍布全国5万多处的农村邮政支局所，直接把农资产品配送到农户。在该种渠道系统模式中，中邮物流公司对下属各级邮政部门的控制性很强，能使中邮物流公司的市场战略得到有效的执行，能将中邮物流公司的渠道政策贯彻到最末端，有利于在社会上树立起统一的企业形象。

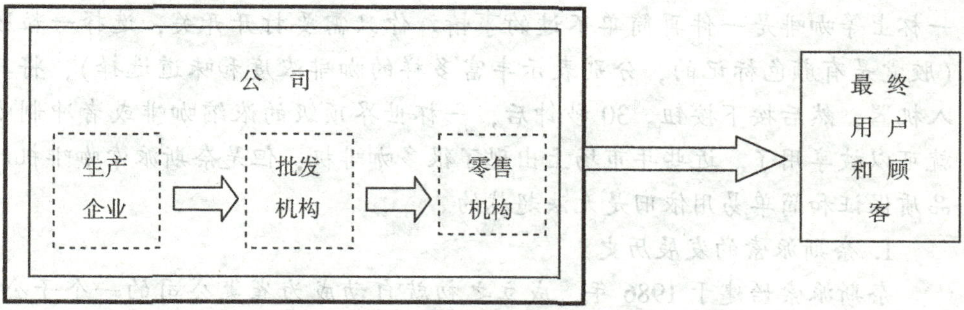

图4-2 公司式垂直渠道系统

资料来源：卜妙金．营销渠道管理．北京：高等教育出版社，2001：106.

① 郭国庆．市场营销学．武汉：武汉大学出版社，2007：226.

（1）类型。

公司式垂直渠道系统根据主导者不同，又可分为两类：一类是生产企业主导的公司式垂直渠道系统。该渠道系统中，生产企业拥有和统一管理若干生产单位、商业机构，采取工商一体化方式进行经营。例如，东风本田刚进中国时，最初是利用广州本田的营销渠道进行销售的，随着东风本田产能的扩大和畅销车型对广州本田的影响，在没有自己的渠道就等于放弃了对自己命运的掌控权的观念引导下，东风本田从2004年10月11日在上海开出第一家4S店起，就开始悄然启动自建营销渠道，到2009年已在全国拥有256家销售服务店，这是典型的生产企业主导的公司式垂直渠道系统。再如，我国家电制造企业格力空调在与国美关系破裂之后，采用公司式垂直渠道系统，同样获得了巨大的成功。

应用案例

奈斯派索的营销渠道

奈斯派索（Nespresso）是雀巢公司的一个子品牌，它早在1986年就开发了家庭用咖啡机。截至2009年，奈斯派索实现26亿美元的销售额，并连续几年都实现了两位数的增长。这种被20多位竞争对手竞相模仿的咖啡机，是将高压水蒸气注入咖啡胶囊或称咖啡粉囊包中制作一杯咖啡。奈斯派索生产特浓咖啡机和胶囊式咖啡机，二者分别能提供浓缩咖啡和大杯普通咖啡。在快速发展的咖啡市场，奈斯派素通过专注于咖啡服务使其服务达到了行业领先水平。奈斯派索咖啡机及其咖啡胶囊能调制出一杯完美的咖啡，它会出现“crema”（优良浓缩咖啡的标志），令人着迷的香气和上等的口味，这一切使它能够和欧洲一家最好的咖啡店提供的咖啡相媲美。实际上，用奈斯派索咖啡机调制出一杯上等咖啡是一件再简单不过的事情。你只需要打开开关，选择一粒胶囊（胶囊是有颜色标记的，分别表示丰富多样的咖啡浓度和味道选择），将其放入机器，然后按下按钮。30秒钟后，一杯世界顶级的浓缩咖啡或者冲制咖啡就可以被享用了。近些年市场上出现了很多咖啡机，但是奈斯派索咖啡机的高品质保证和简单易用依旧是无法超越的。

1. 奈斯派索的发展历史

奈斯派索始建于1986年，成立之初就自动成为雀巢公司的一个子公司。雀巢公司总部设在瑞士，是世界上最大的食品公司。早在1976年，装有精细研磨咖啡的咖啡胶囊就申请了专利，但是直到1988年，这一方法才在消费者市场立住脚跟，从欧洲扩散到世界各地。

在20世纪90年代到21世纪初的10年间，奈斯派索取得了长足发展。据估计，自2000年该公司取得了高达30%的年增长率。数以百万计的咖啡机和超过200亿的咖啡胶囊销往全球50多个国家。到2010年，奈斯派索的年销售额估计超过28亿美元，成为雀巢公司迄今为止发展最快的子公司。

凭借上等的咖啡品质和质量过硬、设计完美的咖啡机产品，奈斯派索成为公认的世界级品牌。奈斯派索清楚自己在高端咖啡机市场的领头地位。为保证和提高品牌质量，它也创建了自己独特的政策和发展战略。

2. 产品分销战略

从一开始作为咖啡行业的一个革新者出现，奈斯派索为了保证在质量方面的领先优势，对其产品和品牌采取了严格的保护措施。奈斯派索拥有超过1700个专利以保证其自有的咖啡机制造、咖啡胶囊生产的方法仅在公司内部使用。公司拥有的品牌资产使得它能够收益丰厚，它的价格是其他31家咖啡机制造商价格的3倍以上。在美国，一个奈斯派索咖啡胶囊的价格约为55美分。

奈斯派索咖啡胶囊的分销业务被奈斯派索公司严格控制，只有通过被奈斯派索公司拥有和掌管的以下三个渠道才可以获得：

第一，网购渠道。消费者可以在网上下单，并且在下单后48小时内送货上门。

第二，电话订购。公司拥有熟知产品信息、训练有素的客服代表接听电话接受订单。消费者也能在电话下单后48小时内收到货物。

第三，是由世界各地200多家奈斯派索精品店组成，这些精品店分布在世界最繁华的城市，比如巴黎、日内瓦、迈阿密等。这些奈斯派索精品店在设计上绝对高档和前卫，创造出一种无比精致的店面风格。这些实体店不仅销售所有品种的奈斯派索咖啡产品，而且还展销各类咖啡机。购买咖啡机的消费者自动成为奈斯派索"咖啡俱乐部"的会员。在世界各地任何一家奈斯派索咖啡店，咖啡俱乐部会员可以免费享用一杯咖啡，可以自选口味或者是咖啡店推出的新品。咖啡俱乐部会员已经超过800万人，而且数字仍在递增。

在奈斯派索产品销售的三个传统直接渠道以外的唯一例外是咖啡机的销售。咖啡机是通过高档厨具店和美食炊具经销商在世界各地单独销售的。

专业分析家将奈斯派索的经营模式比作经典的"剃刀/刀片"或者是"打印机/打印机墨盒"模式，它们真正赚钱的地方不在剃刀和打印机本身，而是它的相关产品刀片和打印机墨盒上。分析家还观察到，奈斯派索将这一模式提升到另一个高度。奈斯派索是提供与雀巢胶囊咖啡机配套使用的咖啡胶囊的唯一生产商，也是提供咖啡胶囊营销渠道的唯一供应商。因此，奈斯派索的直接渠道战略便使其能够控制咖啡胶囊销售的时间、地点、方式和定价权。

直到2009年年底，市场上还没有任何能与之匹敌的咖啡胶囊生产商或者营销渠道。奈斯派索严格地控制开展业务的直接多渠道战略，这对保护其品牌资产起到至关重要的作用，也保证了它的定价优势。

3. 面临的挑战

最近，奈斯派索的竞争对手艾斯克咖啡公司推出自己生产的用于奈斯派索咖啡机的咖啡胶囊。这种胶囊定价稍低，而且相对于原来的铝制包装，这一新品种采用了一种生物可降解的有机合成材料。美国、法国和瑞士的几家超市已经同意以低于原奈斯派索咖啡胶囊20%的价格出售新的咖啡品种。

美国食品业巨头莎莉公司也推出一种新的咖啡品种，同样适用于奈斯派索咖啡机。莎莉公司推出的咖啡产品在法国著名咖啡品牌——黄金咖啡之家旗下出售。几周之内，2000多家超市里就开始以低于奈斯派索咖啡胶囊10%的价格出售这种新的品种。

新的竞争产品出现不久，奈斯派索宣称艾斯克咖啡公司和莎莉公司侵犯其多项专利权。为阻止这两家公司生产和销售更多的咖啡产品，奈斯派索已经对其采取了相关法律措施。

资料来源：伯特·罗森布洛姆．营销渠道（第8版）．宋华，等，译．北京：中国人民大学出版社，2014：463-465.

另一类是以中间商为主导的公司式垂直渠道系统。这种中间商一般是大型零售公司。该渠道系统由若干生产企业、商业机构形成，同样进行工商一体化经营。例如，美国零售业巨头西尔斯、罗巴克、大西洋和太平洋茶叶、彭尼公司等，拥有和统一管理若干批发机构、工厂等，采取工商一体化经营方式，综合经营零售、批发、加工生产等业务。再如，法国迪卡侬集团是一家在全球生产和销售体育用品的企业，开创了运动用品超市的新概念。如今，迪卡侬集团既是运动用品的设计师和国际品牌的创建者、运动用品的生产企业，更是极具规模的全系列运动用品专业连锁商店，商店中销售的产品全部为迪卡侬品牌。还有中国的上海联华超市有限公司，通过工商联营、定牌监制、投资设厂的方式发展了600多种“联华”品牌的产品，开发、加工了生鲜食品、大副食17个大类近700个品种，还率先把修配、洗染、彩扩等服务项目引进超市，拓展了超市的服务功能。此外还有很多进出口公司、网络商店等在规模发展到一定程度后，为了保证供货、开发特色产品、保证质量等原因也会自行组织生产，实现工商一体化。

（2）企业采取公司式垂直渠道系统的原因。

从历史演变的角度看，生产和交换本来就是难以分离的，最早的人们都是采用的“前店后厂”的生产和销售方式，以便快速地向顾客销售商品，这也是公司式垂直渠道系统的雏形。后期因为社会生产的发展，生产和交换才出现了专业分工，以提高生产效率。但分工之后，更需要生产和营销渠道的密切配合以实现高效交换。另外，生产本身是为了消费，为了满足顾客的需要，所以生产企业必须了解顾客的需要。为了实现生产的目的，生产企业在某些情况下就需要亲自参与和完成商品的销售过程，把商品销售给顾客。因此，一体化的公司式垂直渠道系统就产生了。企业采取公司式垂直渠道系统，通常有以下几个原因：

①获得规模效应。规模效应是指因规模增大而带来的经济效益的提高。一个公司的成本一般包括固定成本和可变成本，如果通过收购兼并使公司规模扩大，带来的主要是可变成本的增加，而固定成本不变或者只是小幅增加，则可带来整体效益的提高。核心企业（生产企业或零售企业）通过纵向一体化形成公司式垂直渠道系统，可形成较大规模，共享和共同分担人事、财务、管理等多项固定成本，且销售规模的扩大还会带来生产规模的扩大，进一步降低单位生产成本，从而使企业获得规模效应。

②提高控制力和运营效率。通过推行公司式垂直渠道系统，将独立的各类企业的松散合作变为同一所有权企业的内部分工，核心企业能加强对产品生产、营销的全过程控制，使渠道内部各种职能的协调和管理得到改善，减少工商之间、批零之间的利益冲突，提高企业生产和营销效率，使企业在全球化的市场竞争中掌握主动，提高竞争力。

③降低交易费用。推行公司式垂直渠道系统，将原本是生产企业和流通企业之间的外部交易变为一个公司的内部交易，可大大降低交易费用（根据经济学解释，交易费用包括度量、界定和保障产权的费用；发现交易对象和交易价格的费用；讨价还价、订立合同的费用；督促契约条款严格履行的费用）。交易费用的降低本身也是企业不断扩大规模的动力，只要还能降低交易费用，企业就有不断进行一体化经营的冲动。

④提高进入壁垒。资本具有逐利性。一旦某个行业行情较好，就会有大量的投资者进入，从而导致行业产能过剩，引发无序的价格竞争，形成两败俱伤的局面。而生产企业通过推行公司式垂直渠道系统，对下游的批发商、零售商进行整合，延长自身产业链条，将整体利润在渠道各环节间合理分配，就可以为潜在竞争者提高进入壁垒，有效减少竞争。例如，国内外的饲料行业，很多饲料生产企业就是通过推行公司式垂直渠道系统进入销售、养殖和屠宰环节，并进行环节间利润的重新分配，使单个企业竞争变为产业链竞争，提高了进入壁垒。

⑤方便获取顾客信息。通过推行公司式垂直渠道系统，向流通领域延伸，生产企业能实现与顾客的直接接触，掌握顾客的需求、购买、使用等大量信息，并根据这些信息进行产品设计，组织生产，策划营销组合，以最快的速度完成商品交换，从而更好地满足顾客需要，得到顾客“奖赏”，实现企业利润。

⑥获得更多产业链利润。生产企业如果只关注生产环节，随着竞争者的不断加入，竞争会越来越激烈，利润也会越摊越薄。如果能根据企业自身实力和实际情况，向批发、零售领域延伸，实行公司式垂直渠道系统，就能获得这些环节的高额利润。实际上，在渠道为王的时代，很多生产企业已沦落到为中间商打工的境地。适时向渠道环节延伸，的确是使生产企业获得更多产业利润的明智之举。例如，为房地产公司和政府部门设计绿化、景观的景观设计公司，一般获取的是按面积收费

的固定设计费，其实更有利润的环节是下游的绿化施工公司。一个景观设计企业如果只是做设计，则只能拿到微薄的设计费，但如果利用和甲方已建立的良好关系向下游延伸，同时开设施工公司，就可以有效利用人脉资源，同时获取更高的产业利润。

⑦难以找到符合销售条件的中间商。有时很多生产企业向流通领域延伸，是因为难以找到符合特殊销售要求的中间商。例如，一些产品技术性服务要求高的专用设备制造企业（如数控机床、特种汽车、专业电脑软件等）、个性化专用商品制造企业（如定制轿车、房屋装修、定制西服、定制家具等），要求中间商能向顾客提供技术较强的销售服务，但大多数中间商缺乏相关商品制造经验和专业技术人才，无法提供相应的技术服务。另外，产品价值高的制造企业（如机床制造企业、造船厂、钻石加工企业、飞机制造企业等）需要较快回收货款。如果采用中间商营销方式，就需要中间商垫付货款。因为单件货款价值都很高，要保持一定的产品组合并垫付货款，这对很多中间商来说都可能有些力不从心，是非常苛刻的条件，所以通常只能由生产企业自行组织销售。在产业市场上，生产企业大多采用公司式垂直渠道系统，主要就是因为技术服务性要求高和产品价值高。在消费品市场上，酒店、旅游、医疗、美容、餐饮等产销一体化的服务性行业也大多采用公司式垂直渠道系统。

3. 管理式垂直渠道系统

(1) 管理式垂直渠道系统的含义

建立公司式垂直渠道系统往往需要较大的投资。大多数企业或者缺乏财力，或者在很多情况下没有必要这样做，所以在西方国家采用公司式垂直渠道系统的企业只是少数。为了既获得公司式垂直渠道系统的好处，同时又不进行大的投资，一些享有盛誉的大生产企业往往建立管理式垂直渠道系统。

管理式垂直渠道系统是指以一家龙头企业为核心，由处于渠道价值链不同环节的众多中小企业自愿参与而构成的、在核心企业的控制下运作的营销渠道系统①。这是以某个龙头企业的规模和实力来协调分销过程的各个环节而形成的渠道系统。这种渠道系统是由一个规模大、实力强的龙头企业出面组织分销，并对渠道成员进行统一的管理。

在管理式垂直渠道系统的运行中，通常都有一个由生产企业与批发商、零售商共同制订的全面的商品交易计划；生产企业需要建立一个统一的管理中心，通过这个中心与营销渠道上的有关成员在促销策略、库存管理、定价与成本控制、商品展示、购销活动等方面协调关系或给予帮助和指导；为了加强营销渠道内各成员之间的联系，建立长期稳定的合作关系，在资金融通、技术咨询、管理协助等方面，生产企业通常给渠道上的成员提供一定的优惠条件。由于管理型系统不是通过所有权

① 卜妙金．营销渠道管理．北京：高等教育出版社，2001：119.

和合同，而是在有关成员自愿加入、互利合作的基础上，通过相互尊重、相互支持来协调与维持系统的存在与运行，因而担任“管理者”的核心企业常常是名牌商品的生产企业。它们凭借其强大的实力、信誉和品牌知名度，赢得中间商的全面合作与支持，中间商愿意接受核心企业的指导、建议和管理，形成了一个统一的营销渠道网络。

(2) 管理式垂直渠道系统的特点。

管理式垂直渠道系统有三个主要特点①：

① 有一个龙头企业。

由于不像公司式垂直渠道系统那样渠道成员之间有所有权关系，所以在管理式垂直渠道系统中必须有一个起管理和领导作用的龙头企业，龙头企业的影响力至关重要。一般来说，龙头企业应当是规模大、实力强、品牌知名度高、经营效益好、管理效率高的企业，在整个渠道价值链中占有最重要的地位。例如我国冰箱行业“四大家族”之一的河南新飞电器作为核心企业，对其传统渠道中间商就采用管理式垂直渠道系统。中间商的专柜布置、样机摆放、促销活动等都要接受新飞总部的指导和管理。其他很多非耐用品生产企业也大多实行这种管理式垂直渠道系统。这些作为龙头企业的生产企业都拥有创新性的产品或服务，拥有知名度高的全国品牌，而且具有非常大的商品供应能力和质量保证，能够吸引众多中小流通企业共同参与营销活动。

当然，龙头企业也可以是商业企业。例如家乐福、大润发等大型连锁超市，国美、苏宁等大型家电连锁超市等，都与大量生产企业保持着紧密的合作关系，它们用自己高效的管理网络管理众多营运机构。一些大型商业企业、进出口贸易公司通常也都有一批合作关系固定的生产企业，保证及时供应货物，有的还有长期合作的运输商、仓储商等。

② 有一个组织体系。

一般说来，能组成管理式垂直渠道系统，是因为位于渠道价值链各个环节的企业竞争力不同。龙头企业的竞争力一定是明显高于非龙头企业的，所以非龙头企业才愿意服从龙头企业的管理，因为它们对龙头企业或以龙头企业为核心的渠道价值链有多种依赖。

因为参与管理式垂直渠道系统的非龙头企业数量众多，难免会发生渠道冲突，所以需要有一个公平的、有权威的和高效的管理、协调中心，以避免渠道内部定价、数量分配、优惠条件等不合理的情况，出现窜货、恶性竞争等问题。这个重任只有龙头企业能够承担。龙头企业一般会在销售部门或营销部门设立专门的渠道经理负责对中间商的协调管理，并按地区进行划分，这在不同的企业会有不同的结构，例如有些企业是地区销售公司行使这种职能，而另外的企业可能是大区经理或

① 卜妙金．营销渠道管理．北京：高等教育出版社，2001：119.

产品营销中心。

③ 有统一的营销策略。

在以生产企业为龙头企业的管理式垂直渠道系统中，通常是龙头企业供应商品，统一品牌和包装，统一规定产品价格，并要求各中间商统一执行总部规定的促销活动。龙头企业会对中间商的经营进行严密的监控，防止出现恶性竞争和窜货等扰乱渠道秩序的事件。而对忠实执行总部营销策略、效果显著的中间商，生产企业会给予一定的激励。

（3）管理式垂直渠道系统的优势和劣势

管理式垂直渠道系统具有一定的优势。第一，不用进行大的投资就可实现较强的渠道控制，实现高效运作的目标。第二，组织化程度较高。在龙头企业的管理下，各个渠道成员被安排在一定的层次和结构内，整体渠道能在一个统一的营销计划和策略下运营，执行力较强。第三，具有一定程度的稳定性和整体性。在龙头企业的管理和协调下，渠道成员之间能建立起长期稳定的合作关系，能够形成一致的市场开拓目标和实现信息共享，从而能尽量避免渠道内部冲突，具有较高的渠道整体性。第四，能避免渠道成员之间的恶性竞争。通过龙头企业的协调，能使渠道成员间相互协作，共同对外，开拓市场，共同发展，在整体发展中获取自身利益，而不是牺牲其他成员的利益来获得自身的发展。

因为管理式垂直渠道系统主要是依靠龙头企业的管理和协调来实现高效运作和共同发展的，因此也就具有了先天的劣势，就是要求龙头企业必须具有非常强大的资源、影响力和协调管理能力。一旦龙头企业在发展的某一阶段出现问题，一时达不到这种要求时，渠道成员就会因为出现"权力真空"而产生矛盾和冲突，互相不服气，都想做龙头，结果因内讧而瓦解。另外，龙头企业如果决策错误，也会因该模式的高效运作而让错误放大若干倍，出现多方利益受损的情况，最后导致系统的崩溃。

4. 合同式垂直渠道系统

（1）合同式垂直渠道系统的含义。

合同式垂直渠道系统是指不同层次的独立的生产企业和中间商，以合同为基础建立的联合渠道系统①。也就是说，生产企业或中间商与各渠道成员之间通过契约来确定它们之间的分销权利与义务关系，形成一个独立的营销系统，因此也被称为契约式垂直渠道系统。

合同式垂直渠道系统与公司式垂直渠道系统的最大区别是成员之间不形成产权关系（没有上下级的隶属关系），与管理式垂直渠道系统的最大区别是用契约来规范各方的行为，而不是用权力和实力。

合同式垂直渠道系统的关键是合作契约。对中间商来说，契约就是商品供应或

---

① 郭国庆．市场营销学．武汉：武汉大学出版社，2007：227.

采购合同，而对生产企业来说，契约就是商品营销合同或代理销售合同。合同规定了渠道各成员的权利义务关系，各成员都必须按照合同的规定严格执行，任何一方都不能强制对方接受合同之外的要求。

（2）合同式垂直渠道系统的优势和劣势。

合同式垂直渠道系统的优势主要体现在：①渠道建设成本低。由于合同式垂直渠道系统是以渠道成员现有资源开展合作的，不需要另行投入资金、物资等，所以和其他形式相比建设成本很低，只要双方谈判好就可以开展合作。②分工与合作关系明确。由于是通过合同的形式开展合作的，合同中对彼此的权利义务、分工与合作关系规定得非常明确，尽管渠道成员利益目标并不一致，但因为合同的约束，大家还是会根据合同分工合作，明确自己的角色和位置，进行有效协作。③运作效率高。合作契约是渠道成员自愿签署的，在一定期限内具有强制性，所以会促使渠道成员共同努力实现目标。同时，为了避免下次签订合同时出现新的竞争对手挤占自己的渠道位置，渠道成员也会努力提高工作效率，保持竞争优势。④灵活性强。因为合同是有期限的，合同内容也是可以改变的，特别是市场环境发生变化，需要重签合同时，就可以根据需要修改合同内容，甚至更换渠道成员，以适应环境的变化。

合同式垂直渠道系统也有一定的劣势：①控制程度低。因为渠道成员的合作不涉及产权关系，只是靠一纸合同约束，其控制力要明显低于公司式，当渠道成员目标不一致时，可能会出现渠道成员不遵守合同条款的现象。②机会主义问题。因为合同的约束力有限，当出现更大的机会时，渠道成员有可能会改弦易辙，使渠道合作瓦解。

（3）合同式垂直渠道系统的类型。

江苏好孩子集团与美国卡斯科公司的合作属于个别契约结构，即两个企业之间的渠道合作。而在当今社会，合同式垂直渠道系统已从个别契约结构转向群体契约结构。按照签订合同的渠道成员的不同和合同内容，合同式垂直渠道系统可分为批发商倡办的自愿连锁系统、零售商合作系统和特许经营系统。

①批发商倡办的自愿连锁系统。

是指以批发商为核心的自愿连锁销售网络。在实践中，许多批发商将独立的零售商组织起来。批发商不仅为零售商提供各种货物，还在许多方面提供服务，如销售活动的标准化、共同店标、订货、共同采购、库存管理、配送货、融资、培训等。在自愿连锁的形式下，联营各方仍然是相互独立的经济实体，但都承担着合同规定的权利和义务，在共同的批发采购中心的统一管理下实行“联购分销”制。这种自愿连锁系统往往集中在日杂用品、五金配件等领域。

自愿连锁与零售商业的一般连锁商店不同，首先，自愿连锁是在批发商倡办下，由若干独立中小零售商为了和连锁商店这种大零售商竞争而自愿组成的联营组织，参加联营的各个中小零售商仍保持自己的独立性和经营特点。而连锁商店是属于一家大零售公司所有的某种类型的零售商店（如百货商店、超级市场等）集团，这些零售商店是这家大零售公司的分店。其次，自愿连锁实际上是参加联营的各个独立中小零售商的进货由采购中心统一管理，统一进货，但分别销售，实行“联购分销”。而连锁商店的总公司虽设有批发机构，但连锁商店本身是零售组织。最后，西方国家的自愿连锁通常是由一个或一个以上独立批发商倡办的。而连锁商店则是由一家零售公司经营管理的。例如，德国的自愿连锁是由一个独立批发商和一群独立中小零售商组织的；英国、比利时的自愿连锁是由一个或一个以上独立批发商和一群独立中小零售商组织的。这些独立批发商为了和大生产企业、大零售商竞争，维护自己的利益，往往帮助与其有业务往来的一群独立中小零售商组成自愿连锁，统一进货，分别销售批发商经营的商品。

②零售商合作系统。

是指由众多中小零售商为了和大零售商竞争，自愿合作而形成的联合经营的批发机构（各个参加联营的独立中小零售商要缴纳一定的股金）。在这一系统中，各个成员通过零售商合作社这一商业实体进行集中采购、统一进行宣传广告活动以及共同培训职工等，有时还进行某些生产活动。成员间最重要的合作是集中采购，可获得较大的价格折扣，所得利润按采购比例分配。例如，荷兰中小零售商组成“采购联营组织”，直接向国外订购货物，并有自己的仓库，这种组织实际上是中小零售商联合经营的进口批发机构；瑞典的 ICA 是由 5000 多家零售商联合经营的批发机构；美国联合食品杂货商公司实际上也是一个零售商合作社。相对以批发商为核心组织起来的销售网络，这种关系网络成员间的联系程度要松散一些，合作事项也少。

③特许经营系统。

在西方，特许经营是发展最快、地位最重要的一种模式。它是指拥有某种独特产品或服务，或某种经营方式，或某个商标专用权的特许人和受许人根据契约而联合组成的渠道网络①。特许人根据协议授予受许人使用特许人已经开发出的品牌、商品、经营技术、经营规模的权利，而受许人必须向特许人支付“特许使用费”，包括最初的收费、按销售额收取的特许权使用费、特许人供应的设备装置的租赁费，有时还会包括许可证费和咨询费、利润分成等。例如麦当劳就向受许人收取 15 万美元的开张费，并从销售额中提取 3%的特许权费、3.5%的租赁费。

特许经营系统中，系统成员之间的联系主要是特许经营合同，这种合同体现的既是一种知识产权的转让，也是特定品牌市场份额的转让。特许人不仅要向受许人转让商品生产技术、专利、商标、经营管理制度等知识产权，同时还要对其进行管理、指导和支持，帮助其达到相应的经营水平，获得一定市场份额。所以，就其本质来讲，特许经营是一种将无形资产转让通过有形资产整体转让的形式表现出来的

① 卜妙金．营销渠道管理．北京：高等教育出版社，2001：126.

方式。

应用案例

麦当劳的特许经营方式

麦当劳原本是麦当劳兄弟于1937年在洛杉矶东部的巴沙地那小镇开办的汽车餐厅。本着快速满足顾客需要的服务原则，兄弟俩花费大量资金改进了厨房设备和加工制作程序，并采用自助服务的方式，使汉堡包加工制作和服务速度大大提高，因此吸引了大量顾客，在快餐业逐渐形成了一定的知名度。1955年3月，52岁的雷蒙德·克罗克以270万美元的价格买下了麦当劳兄弟经营的7家麦当劳快餐连锁店以及店名的长期使用权，开始了他的麦当劳经营生涯。经过多年的努力，麦当劳快餐店取得了让世人惊叹的成就，时至今日，麦当劳已发展成为一个无可争议的国际品牌，是企业国际化经营的成功范例。

麦当劳作为世界上最成功的受许人之一，以其引以为傲的特许经营方式，成功地实现了异域市场拓展、国际化经营。在其特许经营的发展历程中，积累了许多非常宝贵的经验：

明确的经营理念与规范化管理

麦当劳的黄金准则是顾客至上，顾客永远第一，并且麦当劳的所有原则都有详细严格的量化标准，是所有从业人员必须遵守的行为规范。这是麦当劳规范化管理的特色之处，也是麦当劳特许经营成功的根本基础。

严格的检查监督制度

为了使各加盟店都能够达到令顾客满意的产品与服务标准，麦当劳建立了严格的检查监督制度。麦当劳体系有三种检查制度：（1）常规性月度考评；（2）公司总部的检查；（3）抽查。公司总部统一检查的表格主要有食品制作检查表、柜台工作检查表、全面营运评价表和每月例行考核表等；公司总部的抽查资料有分店的账目、银行账户、月报表、现金库和重要档案等。对每个分店一年一次的检查一般由地区督导主持，主要检查现金、库存和人员情况等内容。地区督导常以普通顾客的身份考察食品的新鲜度、温度、味道，检查地板、天花板、墙壁、桌椅等是否整洁卫生，以及餐厅服务工作员为顾客服务的态度和速度等。

完备的培训体系

麦当劳在经营之初就建立了较完备的员工培训体系，为特许经营受许人成功经营麦当劳餐厅，塑造“麦当劳”统一品牌形象提供了强有力的保障。麦当劳的培训体系由在职培训和脱产培训两部分组成，脱产培训主要是对分店经理和重要职员进行培训，由位于芝加哥的汉堡包大学（Hamburger University）

负责进行。在职培训的课程，从基本操作到高级操作，从生产力研究到机械维修，应有尽有，涉及的内容非常广泛，培训的主要目的就是要提高工作人员的基本素质和操作技能。

联合广告基金制度

设立广告基金是麦当劳开展特许经营的重要营销策略，由加盟者联合起来，共同筹集资金承担广告费用，可以在更大范围内扩大麦当劳的统一品牌形象，弥补加盟者单独进行品牌宣传广告经费不足的问题。同时，在品牌宣传过程中，麦当劳坚持统一广告与区域广告相结合的原则，各个地区可以根据自己地域的独特价值观念和消费习俗进行广告设计，确定宣传促销重点，这在某种程度上也体现了麦当劳的特许经营特色。

以租赁为主的房地产经营策略

麦当劳开展特许经营主要是以购买或租赁地产的形式进行，麦当劳公司总部长期承租或购进土地和房屋，然后将店面出租给各加盟店，这种经营策略，实质上是把第一债权人的权利转让给了麦当劳总部，使它具备了从银行取得贷款的资格，从而解决了各加盟者开店的资金困难，为麦当劳特许经营的顺利开展奠定了坚实的基础。

在处理总部与加盟店的关系上，特许经营理念获得了极大的成功

(1) 麦当劳收取的首期特许费和年金都很低，减轻了各分店的负担；(2) 总部始终坚持“让利”原则，把统一采购得到的优惠直接转让给各特许加盟分店；(3) 麦当劳总部坚决不向受许人强卖产品牟取暴利，也就避免了总部与分店的冲突。麦当劳的诚意换来了所有加盟者和供应商的忠诚，各合作方同心协力、各显神通，共同为维护“麦当劳”品牌形象。提升麦当劳品牌价值，献计献策，从而保证了“麦当劳”品牌的市场竞争力，使麦当劳品牌永远风靡全世界。

资料来源：佚名．麦当劳的特许经营方式．http：//www. 28. com/fz/zt/n-75988. html.

4.2.3　水平渠道系统

水平渠道系统是指由两家或两家以上的公司横向联合，共同开发新的市场机会的营销渠道系统①。这些公司因资本、人力、经验、技术、营销渠道等资源不足，无力单独开拓市场，或为规避风险，或因与其他公司联合可实现最佳协同效应而组成联合渠道系统。其特点是两家或两家以上的公司横向联合，发挥各自优势，实现营销系统有效、快速的运行，实际上是一种横向的联合经营。企业间的联合可以是永久性的，也可以是暂时性的，或者可以单独组建一个企业。例如，可口可乐公司

① 郭国庆．市场营销学．武汉：武汉大学出版社，2007：227.

和雀巢咖啡公司合作，组建新的公司。雀巢咖啡公司以其专门的技术开发新的咖啡及茶饮料，然后交由熟悉饮料市场营销的可口可乐公司去销售。再如，日本共同网络股份有限公司（CN），是由27家大中型旅游公司、票务公司、体育娱乐服务公司等共同出资组建，其成员借助CN的共同信息网享用信息资源，共同开拓旅游市场。我国的手机领军企业波导与西门子移动的合作也属于这种水平渠道系统。波导希望利用的是西门子先进的手机生产技术和全球网络加快进入国际市场，而西门子希望利用的是波导遍布中国的零售店渠道实现销量的快速增长。

水平渠道系统具有的优势是：通过合作实现优势互补和规模效益，节省成本，快速拓展市场。当然水平渠道系统也具有一定的缺陷，就是合作过程会有一定冲突和困难。因此，水平渠道系统比较适合实力相当而营销优势互补的企业。

渠道专栏

我国体育用品企业联合营销模式探析

2008年北京奥运会期间，阿迪达斯、麦当劳和可口可乐三大商业巨头启动了名为“中国赢，我们赢”的大型奥运市场合作推广计划，商家与消费者一起为中国运动员加油助威，只要中国选手成功夺牌，消费者就有机会赢取由阿迪达斯、麦当劳和可口可乐精心准备的丰厚奥运奖品。在活动的同一条广告片中，消费者同时看到了3个品牌的LOGO并行于同一标版中，这种创新的营销形式顿时引起了市场的极大关注。

当前市场竞争的复杂化和激烈化，使许多企业意识到依靠单于已无法保持竞争的优势，想要赢得市场就必须改变营销战略，因而越来越多的企业走上了联合之路。体育用品企业的联合营销依据营销流程，可以在不同的环节建立不同深度的联合机制，进而划分为4个层次，由下向上依次是体育用品终端联合促销、企业资源整合基础上的形象传播、企业间组织管理整合以及战略联盟。

（1）体育用品终端联合促销。产品组合或价格调节：这一营销策略存在2种形式，一是与合作企业的产品捆绑式销售或给予价格让利。体育用品企业可以寻找与之相切合的产品、品牌或服务进行联合促销。二是合作组织愿意相互采购对方产品作为奖品或促销赠品，更或是发放优惠券等方式。产品间广告的植入：产品间广告的植入主要是企业将彼此约定的宣传信息分别植入各自的媒体广告、印刷品甚至终端产品中。

（2）资源整合基础上的形象传播。传媒资源的有效利用：双方出于互利互惠的基础进行合作，交换彼此资源，加深合作，使双方的联姻取得了显著的“双赢”效果。“以大带小”的资源借势：大型企业可以借助中小型体育用品企业进行服务外包、开拓对方所在的区域市场等，相反，中小体育用品企业借助大型企业的品牌效应等资源，可以有效提升其知名度，扩大自己的市场影响力，为自身企业的形象加分。

(3) 企业间组织管理整合。企业间组织管理整合相比资源整合要更进一步，它是通过在企业间建立公共组织机构，明确责权关系，基于相互配合、共同劳动的基础上，促使企业的联合更加协调统一，最终有效实现共同目标。体育用品企业与伙伴企业实施组织管理整合时，一种形式是共同出资成立办事机构，即成立或外包专业的联合营销公司，对企业营销联合的相关事宜作统筹的计划与安排，实现联合成员内统一、专业化的营销，并最终为联合的各成员公司服务；企业间也可共同搭建网上信息平台，整合多方的信息资源，开展联合互动，实现多赢，当前国内许多医药行业联盟就是很好的例证。另一种形式是多方企业创设合作基金，并辅以管理职责明确的团队领导，推进较为具体的某项产品营销活动或年度的营销合作，各企业间均有专项的资金给予推动，进而共同开展一个以上的整合性市场活动，这一过程包括活动的统一策划、组织、执行，一直延续到营销流程末端如体育用品的合作销售、促销员的培训、终端市场的管理等。

(4) 战略联盟。所有的成员企业通过联盟所带来的渠道共享、资源互补的优势形成了单一企业难以匹敌的庞大营销组织和价值资源。无论是第三方的体育用品联合营销公司还是具有管理性质的公共基金，首先要设定联盟企业间具有法律意义的契约或协定，这是促成联盟的最首要的前提；其次要统筹、维持联盟对于体育用品市场的预测、定位，产品的合作研发，市场推广、宣传及品牌建设以及终端促销等整个营销过程中的各项环节。战略联盟基于提炼合作企业的核心元素，并结合自身企业优势，可以为联盟的共同经营打造全新联盟品牌。

如何在这一严峻的市场环境下实现更大发展，联合营销模式将会带来一个全新的发展机遇，本土体育用品企业需认真评估，把握机会，在激烈的市场竞争中赢得一片天地。

资料来源：徐晋，朱泳．我国体育用品企业联合营销模式探析．运动，2012（15）：133-135.

4.2.4　多渠道系统

1. 多渠道系统的含义

多渠道系统又称混合渠道系统，是指对同一个或不同的细分市场，采用多条渠道进行营销的渠道体系①。简单来说就是一家公司建立两条以上的渠道进行营销活

① 郭国庆．市场营销学．武汉：武汉大学出版社，2007：227.

动，公司的每一种渠道都可以实现一定的销售额。

目前生产企业大多采用多条渠道营销产品。多渠道系统可以为生产企业带来三个方面的利益：第一，扩大产品的市场覆盖面。每个产品的市场都可以再进行细分，仅靠单一渠道不可能覆盖整个市场。通过多条渠道，就可以使产品信息到达不同的顾客群，从而扩大产品的市场覆盖面。例如销售学习机的企业通过在数码城、新华书店、网络等多种渠道宣传和展示产品，就会让有不同媒体偏好的顾客都能注意到产品信息，从而更多地选择该产品。第二，降低渠道成本。从表面上看，建设多渠道系统的投入比单一渠道系统绝对数额增加不少，但在实际运行过程，平均下来单位产品的渠道成本会下降。对于生产企业来说，以较小的成本增加额，较大幅度地提高市场份额是明智的选择。第三，更好地满足顾客需求。选择多渠道系统是因为不同细分市场的顾客有不同的需要，采用多渠道就可以更好地满足顾客需要，特别是当通过不同渠道销售的是差异性的产品时，会更令顾客满意。但多渠道系统由于渠道众多，也更容易造成渠道间的冲突，给渠道控制和管理带来更大的难度。例如，现在很多生产企业都采用传统渠道和网络渠道并存的方式进行营销，网络渠道的低价格常常让传统渠道中间商大为抱怨，以致出现联合抵制的局面。

2. 多渠道系统的类型

多渠道系统根据采用方式的不同，可以分为以下三种：

集中型组合方式。即在单一产品市场组合多条营销渠道，这些渠道互相重叠，彼此竞争。例如，招收高中生的教育培训机构会根据目标对象的特点，采用报纸广告、到学校宣传、发宣传单、参加高招咨询会、网络宣传、电话营销等多种渠道宣传招生，就是为了能将招生信息尽可能宣传到位，招收到更多的学生。

选择型组合方式。即对产品市场进行细分，对不同的细分市场选择不同的营销渠道，这些渠道不互相重叠，也不彼此竞争。例如，大多数家电企业会把整体市场分为一、二级和三、四级市场，省会城市和地级市为一、二级市场，县城和乡镇为三、四级市场。在一、二级市场，主要采用家电专业连锁途径，通过国美、苏宁销售。而在三、四级市场，主要采用批发商、零售商渠道销售。有的甚至采用自建渠道模式，如专卖店、加盟连锁店等。提供给家电专业连锁的家电和三、四级市场的家电在型号、功能上会稍有差别，以避免渠道冲突和竞争。这是较为典型的选择型组合方式。

混合型组合方式。即综合运用集中型和选择型两种组合方式。一般的情况是选择型单一渠道用于某种优先权市场，集中型渠道用于较大规模的市场。例如，英国航空公司业务拓展的多条渠道组合，对于大型业务活动的客户服务，由人员推销渠道去开拓；对于团体业务中的订票、度假规划经营，则采用了旅行社、互联网、电话营销、旅游商店等多条渠道；对于个体旅游者也采用的是互联网、电话营销、旅游商店等多条渠道的组合。

相关链接

开拓企业多渠道销售新时代

随着互联网和现代物流业的快速发展，以及传统渠道的发展速度放缓，传统企业纷纷“触网”开设网上商城。2010 年苏宁电器与国际 IT 业巨头 IBM 和思科联手开发电子商务网站“易购”，国美电器也加大了网上商城的建设推出了国美电子商城。与此同时，电子商务企业纷纷“着陆”开设线下实体店。电子商务 B2C 企业凡客诚品、麦考林等都开设了实体店，国内最大的线上零售服务提供商淘宝也于今年 1 月正式宣布进军线下零售，启动了其线下实体代购店的计划。种种现象表明，以传统渠道概念来定义企业类型越来越难，因为越来越多的企业开始采用多渠道销售。

资料来源：佚名．开拓企业多渠道销售新时代．http：//www. cmmo. cn/home. php？mod = space&uid = 84902&do = blog&id = 93258.

本章小结

营销渠道组织模式是指营销渠道成员为实现一定的销售目标组织在一起的方式。根据渠道成员之间结合的紧密程度，可将营销渠道组织模式分为传统渠道系统和整合渠道系统两大类。

传统渠道系统是指由各自独立的生产企业、批发商、零售商和顾客组成的营销渠道。其最大的特点就是渠道成员之间的独立性和松散性。20 世纪 70 年代以后，传统渠道系统的统治地位逐渐为整合渠道系统所取代。

整合渠道系统根据整合方向的不同，可以分为垂直渠道系统、水平渠道系统和多渠道系统三种类型。

垂直渠道系统是指由生产者、批发商和零售商纵向整合组成的统一的联合体。垂直渠道系统的营销系统可以由生产企业支配，也可以由批发商或者零售商支配。垂直渠道系统根据其整合方式的不同，可以划分为公司式、管理式和合同式垂直渠道系统三种类型。

水平渠道系统是指由两家或两家以上的公司横向联合，共同开拓新的营销机会的营销渠道系统。

多渠道系统又称混合渠道系统，是指对相同或不同的细分市场，采用多条渠道进行营销的渠道体系。多渠道系统根据采用方式的不同，可以分为集中型组合方式、选择型组合方式和混合型组合方式。

习　题

一、单选题

1. 合同式垂直渠道系统与管理式垂直渠道系统的最大区别是用(　　)来规范各方的行为。

A. 权力　　B. 实力　　C. 契约　　D. 报酬

2. 批发商倡办的自愿连锁系统实行的是(　　)模式。

A. 联购联销　　B. 联购分销　　C. 分购分销　　D. 分购联销

3. 在美国，(　　)已成为消费品营销渠道的主要模式。

A. 传统渠道系统　　B. 垂直渠道系统　　C. 水平渠道系统　　D. 多渠道系统

4. 零售商合作系统成员间最重要的合作是(　　)。

A. 集中采购　　B. 统一宣传　　C. 共同培训　　D. 共同促销

5. 迪卡侬集团的营销渠道模式属于(　　)垂直渠道系统。

A. 公司式　　B. 合同式　　C. 加盟式　　D. 管理式

二、多选题

1. 传统渠道系统最大的特点是(　　)。

A. 稳固性　　B. 独立性　　C. 长远性　　D. 松散性

E. 利益性

2. 垂直渠道系统可分为(　　)等类型。

A. 公司式　　B. 合同式　　C. 加盟式　　D. 管理式

E. 特许式

3. 水平渠道系统具有的优势是(　　)。

A. 优势互补　　B. 规模效益　　C. 节省成本

D. 控制力强　　E. 快速拓展市场

4. 多渠道系统根据采用方式的不同，可以分为(　　)等类型。

A. 分散型　　B. 集中型　　C. 组合型

D. 选择型　　E. 混合型

5. 根据整合方向的不同，整合渠道系统可以分为(　　)等类型。

A. 垂直渠道系统　　B. 水平渠道系统　　C. 特许经营系统

D. 多渠道系统　　E. 自愿连锁系统

三、判断题

1. 随着网络营销的发展，中间商正在消亡。　　(　　)

2. 传统渠道系统正在日渐消亡，因为它已失去了存在的基础。　　(　　)

3. 管理式垂直渠道系统的龙头企业可以是生产企业，也可以是商业机构。（　　）

4. 管理式垂直渠道系统不用进行大的投资就可实现较强的渠道控制，因此要优于公司式垂直渠道系统。（　　）

5. 就其本质来讲，特许经营是一种将无形资产转让通过有形资产整体转让的形式表现出来的方式。（　　）

四、简答题

1. 公司式垂直渠道系统产生的原因有哪些？

2. 管理式垂直渠道系统的优势有哪些？

3. 合同式垂直渠道系统的优势有哪些？

4. 批发商倡办的自愿连锁与零售商业的一般连锁商店有何不同？

5. 多渠道系统可以为生产企业带来哪些利益？

五、案例分析题

可口可乐公司营销渠道

1978 年，就在中美宣布建交的当天，可口可乐公司就宣布重返中国市场，成为首家重返中国市场的国际消费品公司，并于 1981 年在北京建立了第一家装瓶厂，成立第一个专门生产瓶装“可口可乐”饮料的车间。经过这么多年的发展，可口可乐公司已经在中国建立了几十家罐装饮料厂，形成了辐射全国的生产基地和销售网，年销售额达百亿元以上。2000 年，可口可乐将中国区总部从香港迁移到了上海，回到阔别 54 年的中国原籍。截至 2003 年，可口可乐在中国市场的累计投资已经超过 11 亿美元，年销量已经超过 6 亿标箱，并且可口可乐系统在中国市场雇佣员工共计 2 万余人，在中国已经建立了 23 个装瓶公司，28 个生产厂，其中的绝大部分由中资或华人企业控股。而此阶段，百事可乐公司已在中国出现，并且发展成为可口可乐公司的强劲对手。1981 年，百事可乐与中国政府签约，时至今日，百事公司已在中国成立了 40 余家合资、合作、独资企业和项目，总投资超过 10 亿美元，在华直接雇员近 1 万人。

可口可乐公司在中国市场的渠道运作策略：

现代渠道是对一组零售业形态的统称，是与传统渠道相对应的名称。依据可口可乐公司的渠道分类，目前中国市场的现代渠道包括超市、便利店、特大货场和现卖场等具体形式。

1. 中国市场的现代渠道的特点简述

现代渠道在中国市场是改革开放以后才出现的新的终端销售形式，并且在中国内地市场快速经历了三个发展阶段：

(1) 20世纪80年代至90年代初是现代渠道在中国市场发展的第一阶段。当时，在部分经济较为发达、群众购买能力相对较强的地区陆续出现了部分初步具备现代渠道特点的零售企业。

(2) 20世纪90年代则是现代渠道在中国市场发展的第二阶段，是其第一个快速发展的阶段。此时，国内连锁企业的基本特点就是以一般超市为主要销售模式，市场占有率分散，强势企业尚未形成。中国市场迅速涌现出成千上万家超市、卖场或者便利店，部分地区甚至在同一个城市里就发展有数十家连锁超市。

(3) 20世纪90年代末至今则是第三个阶段，也是又一个快速发展阶段。此阶段，现代渠道除了在数量及市场总占有率方面继续发展以外，更重要的是在企业质量方面取得了极大的发展。主要体现在包括沃尔玛、家乐福在内的国际一流零售企业纷纷抢滩中国市场，一方面积极与中方合作，大肆开店扩张；另一方面着手运用资本利器，加速市场开发。他们的进入既加剧了国内零售业市场的竞争强度，同时也提升了中国零售业市场整体的竞争水平。

2. 可口可乐在中国市场的现代渠道策略运作分析

可口可乐公司与现代渠道客户合作的总体策略是努力与客户实现“双赢”。可口可乐公司结合自身在中国市场现代渠道发展的不同阶段不断调整和完善其策略以适应中国市场现代渠道发展：

(1) 20世纪90年代初以前是可口可乐中国市场的初步开发阶段。可口可乐主要依靠各地经销商完成对各区域市场现代渠道客户的服务工作，同时已经在着手计划对部分相对成熟的市场实行直接销售服务的方式，即直销。

(2) 20世纪90年代中到21世纪以前是可口可乐公司初步完成其市场布局的阶段，并且可口可乐在中国市场的主要地区均以实现直销的运作方式。可口可乐主要采取由各装瓶厂在装瓶系统总部市场部指导下独立服务现代渠道客户的方式。

(3) 进入21世纪以来，可口可乐也已经通过23个装瓶厂的建成完成了在中国市场的全面布局，三个装瓶系统基本组建完成。可口可乐各装瓶系统通过整合本系统内的重点客户部门，有效提高了对系统区域内现代渠道客户的服务效率和质量，进一步改善了各装瓶系统之间的协调问题，提升了对现代渠道客户尤其是全国性重点客户的服务质量。

3. 可口可乐公司在中国市场现代渠道的效果简评

可口可乐公司现代渠道的营销策略与中国市场现代渠道的自身成长历程是基本一致的，并且可口可乐公司与其他跨国企业本身就是促使中国现代渠道迅速成长的催化剂及重要的推动力量。可口可乐为其品牌及销量在中国市场的快速发展提供了重要的渠道保证，其现代渠道策略总体而言是比较成功的。可口可乐和百事可乐的产品几乎是完全替代品，性质相像。与可口可乐同样靠着巨额广告成长起来的百事可乐，在一开始并没有找到自己正确的市场定位。而可口可乐随着中国社会的进步，市场消费形态的不同，推出新的产品和改变自己的现代渠道策略，不断地求新求变，不断吸引消费者的目光，成为饮料界中的佼佼者。

资料来源：汤向东．可口可乐公司在中国渠道策略分析．商场现代化，2012（2）：28-29.

问题：

1. 可口可乐公司的渠道属于哪种营销渠道组织模式？
2. 叙述该模式的含义和特点。

实践活动

一、实训目的

1. 了解传统渠道系统，明确传统渠道系统的优劣势。
2. 认识公司式垂直渠道系统类型及其优劣势。
3. 明确管理式垂直渠道系统的特点及其优劣势。
4. 认识合同式垂直渠道系统类型及其优劣势。
5. 了解多渠道系统的优劣势。

二、实训内容

选定一种营销渠道的组织模式（如传统渠道系统、公司式垂直渠道系统、管理式垂直渠道系统、合同式垂直渠道或多渠道系统、水平渠道系统或多渠道系统），以某一特定企业为例分析其渠道组织模式。完成下列任务：

1. 介绍该企业的渠道组织模式并说明属于哪种类型。
2. 运用渠道组织模式的相关理论对该企业的渠道系统进行分析。
3. 对该企业的渠道组织模式进行评论。

三、实训组织

1. 指导教师提前布置实训项目，指出实训的要点和注意事项。
2. 按实训项目将班级成员分为若干小组，采用组长负责制。
3. 小组充分讨论，认真分析，完成小组的实训报告。
4. 各小组在班级进行实训作业展示。

四、实训步骤

1. 各小组通过实地调查或采用二手资料收集相关资料。
2. 各组讨论形成讨论稿，完成实训报告并制作演示文稿。

3. 教师安排1~2个课时，由部分小组的代表向全班同学交流其成果。

4. 由各组互评成绩。实训报告评分如下：理论运用、资料翔实、文字表达70分，小组代表的语言表述和台风20分，团队协作和报告形式10分。

5. 指导教师进行综合评定和总结。

6. 各小组根据教师和同学意见修改报告和演示文稿并提交给教师，教师记录实训成绩。

第5章 渠道成员的选择与激励

学习目标

- 掌握选择渠道成员的原则
- 了解选择渠道成员的步骤
- 认识寻找渠道成员的途径
- 重点掌握选择渠道成员的标准和方法
- 了解激励渠道成员的原因
- 掌握激励原则
- 理解激励渠道成员的思路
- 重点掌握直接激励与间接激励的方法

本章结构

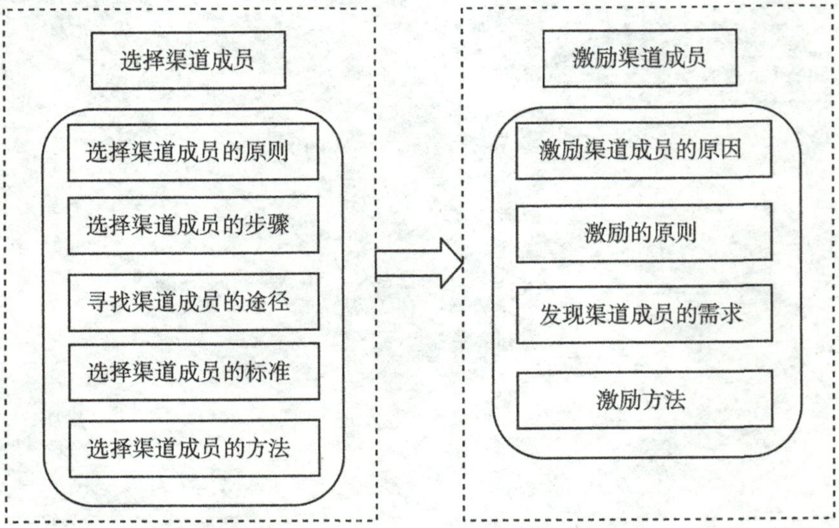

导入案例

选择经销商的难题

A公司专门生产汽车防盗产品，公司拥有两个品牌的十多款产品，大区经理李东接到福建市场老林的要货电话，说要定一大批货，如果平时，李东肯定是迫不及待地告诉他账号和订货方式，但现在李东却怎么也高兴不起来，因为这里面发生了这样一段故事……

出师不利，处处受制

对专做汽车防盗产品的A公司来说，如果能顺利拿下福建市场，它的战旗也就顺利地插遍了江南。这一棋子能否最终落定，公司上下都在关注，因为，这决定了在即将到来的新的一年中，公司举旗北进的战略步骤能否按计划推进。

A公司的大区经理李东来到福建市场，第一个拜访的就是永连公司。

永连公司老板老林和李东是老熟人了，老林在福建市场是元老级的经销商。近两年来，他的其他两个主要竞争对手抽出资金去炒房产，生意逐步滑落，老林却把大量的精力和资金花在渠道深耕和上游产品的优化上面，生意越做越红火，于是成就了今天老林在福建的老大地位。

听完李东对产品、市场策略和支持的介绍后，老林有强烈的合作意愿，并做东请客。李东本以为很快就能让老林乖乖地掏钱了，最后得到的话却是："我这里品牌多，对我支持也很大，我不想得罪其他几个厂家，与他们竞争和冲突的产品我不做，你手头上的U1和U2这两款产品很有特色，我就只做这两款吧。"

李东也知道，在这个市场中老林一支独大，如果他做我们的产品，能很快起量。但是，这两年老林被厂家宠得有点骄横，养成了客大欺主的习惯，好多厂家都抱怨老林是越来越不讲道理了，要费用和支持的胃口越来越大，克扣厂家广告费等市场小动作更是家常便饭。由于销量有保证，厂家多数是睁只眼闭只眼。

李东推测：老林是在试探我的底线！

既然这样，那就开门见山的谈吧："林总，我们也是多年朋友了，我也不想绕弯子了，你也看到了产品的特点，你还想让我们怎么来配合你？"

……

一番博弈之后，老林最终做出了让步：两款特色产品现金拿货，其余产品铺货月结。

这样的要求依然相当苛刻。李东不敢做主，于是马上电话请示销售总监。销售总监提出两点意见：一是认同李东的推测，老林是有合作意愿的，所以我们必须坚守“要做就必须全做”的底线；二是抽出点时间，再去联系一下福州和闽南地区的其他代理商，名为给老林一点考虑时间，实为施加压力。

退而求其次，稳扎稳打

经过一再筛选，福州没有合适的候选，于是李东将目光聚焦在了闽南，因为他认为，尽管闽北的福州一直是汽车用品市场的批发集散地，当地的商家可以辐射到整个福建省，但是，最近几年闽南（厦门、漳州、泉州为主）的经济发展迅速，车辆保有量明显加大，所以，闽南的零售市场呈现欣欣向荣的局面，有三四家公司在闽南市场已经有了相当大的影响力。而且，由于销售量的加大，闽南的商家早已经不满足于扮演零售商、受批发商制约的角色，渴望直接与厂家合作，赚取更多的利润。

李东找到厦、漳、泉最大的商家精诚公司。精诚公司在闽南开有六家大型汽车用品连锁店，还向十多家汽车4S店供应着多半产品。

李东与精诚公司的谈判非常顺利，精诚公司很有把握地承诺：接下A公司的全线产品。

李东分析：老林是大批发，主要靠产品力，有绝对优势的产品能很快流进渠道并出货，但是，没有优势的产品就会半死不活，所以，他只卖自己十多款产品中的两款优势产品，销售量肯定受限。而由精诚公司来代理全线产品，对终端精耕细作，前期销售量不会比老林差。

于是，李东根据精诚公司的短板和市场状况，帮助其制订了三大步跨越计划：第一步，精诚公司将产品迅速在自己终端中全面铺开；第二步，加大批发业务团队建设，利用两款绝对优势产品带动其余产品快速渗透到闽南市场；第三步，在福州建立办事处，推广A公司产品，进而辐射整个福建市场。

这一设想大受精诚老板的赞许。因为他以前就是福州的一个小批发商，由于受到当地大批发（包括老林）的排挤和竞争，所以才来到泉州“卧薪尝胆”，自建零售店。如今，刚好可以借A公司的产品了却心愿：“杀”回福州，重拾批发渠道，夺回自己的根据地。

经销商之间发生冲突

精诚公司集中了大部分人力、物力和财力，在短短三个月的时间内，将市场做得红红火火。

A公司的产品在闽南市场很畅销的信息很快传到了老林的耳朵里，老林主动且不止一次地拨通了李东的电话。

第一次接到老林电话，李东很开心。一方面，福建的龙头老大终于低下了高贵的头；另一方面是李东在拨打着这样一个算盘：如果老林现在又想重新合作，那么就让他从精诚公司拿货，而且只做闽北市场，这时只要将批发和零售价格控制好，整个福建市场就会加速启动起来了，这要比帮助精诚公司重新攻打福州市容易得多，而且到时候总代与二批之间也能相互推动和牵制。

于是，李东明确告诉老林，精诚公司已经签订了福建省的独家总经销，你要想经销，就只能从精诚公司拿货。

老林根本就不吃这一套。他认为：各有各的网络，互不干涉，也不会扰乱市场秩序，所以，坚决要从公司出货。同时他扬言，如果李东不给货，同样可以从其他渠道拿到货。

老林“说得到做得到”是当地出了名的。老林曾经为了与一个经销商抢产品代理，倚仗在同行内人脉关系广的优势，从不同地方窜货（反窜货的管理难度很大），以搭配捆绑的方式，不赚钱就出货，把市场做乱了，逼得厂家找上门来谈代理权。

老林一旦采取窜货方式来做市场，则肯定不会按规矩出牌，而如果市场被做乱、产品没利润，到时候不但精诚公司不再主推A产品了，而且就算让老林接手，已成夹生饭的市场也很难恢复原貌了。

可是，撕毁与精诚公司的合同，强行调整市场，结果可能是结束与精诚公司的合作。李东实在舍不得这么有潜力的客户，更重要的是，老林的销售量不一定能做得更好，而死在老林手里的产品也不在少数。

李东该怎么办？

资料来源：吕庭华，陆和平．渠道经理的大难题．市场营销系列，2008（9）：53-55.

5.1 选择渠道成员

5.1.1 渠道成员选择与渠道设计

在设计了营销渠道、确定了渠道组织模式后，接下来的工作就是选择渠道成员了。渠道设计决定了需要选择怎样的渠道成员。但需要注意的是，渠道设计与渠道成员选择并不完全是决定与被决定的关系，它们之间还存在一些特殊情况：

第一，渠道整体设计不变，增补渠道成员。一种常见的情况是，渠道设计不变，但需要在现有基础上增加网点。例如，一家耐用品公司本来在省级城市有销售网点100个，现为扩大市场覆盖面，需要再增加30个，那么在整体渠道设计及模式并未改变的情况下，还需要选择增加渠道成员。另外还有一种情况，生产企业在对中间商进行年度考核后，对考核不合格的中间商需要进行更换，或者有些中间商有更好的市场机会，自愿选择脱离渠道，这时仍需要重新选择和补充渠道成员。

第二，直销企业不需要选择中间商。因为企业向顾客直接销售，不涉及中间环节。例如，戴尔公司直销电脑就不需要选择中间商。但需要注意的是，直销企业如果改变渠道设计，就需要选择渠道成员。例如，在中国，为了适应中国国情，戴尔也在逐渐改变其直销模式，建设一定数量的专卖店。

第三，渠道成员选择和生产企业的渠道密度关系密切。总体说来，密度越大，选择就越不重要。

相关链接

美国学者 Pegram 在他的研究中对此有精辟的论断：这些公司（采用密集分销的公司）常需要将其产品分散到每一个销售网点以期占领市场，并且确保其产品随处可得。除了确保分销商能有良好的信誉之外，它们很少在选择的过程中运用很多其他的鉴别标准。通常消费品是通过广告大量“预售”的。因此，它们对选择决策关注甚少，对分销商的选择，实际上也是根本不存在的。

资料来源：伯特·罗森布洛姆．营销渠道（第 8 版）．宋华，等，译．北京：中国人民大学出版社，2014：183.

5.1.2　选择渠道成员的原则

在选择渠道成员之前，生产企业首先需要确定选择渠道成员的原则。一般来说，不同行业的生产企业，选择渠道成员的原则不同。处于产品生命周期的不同发展阶段，选择渠道成员的原则也不同。但总结起来，生产企业选择渠道成员，需要遵循如下一些基本原则：

（1）相互认同原则。这是最基本的原则。生产企业与其他渠道成员之间的合作前提在于彼此之间的相互认同。只有理念相同，愿意合作，才能使合作顺利和长久。

（2）进入目标市场原则。这是最重要的原则。该原则要求生产企业在选择渠道成员时，要注意渠道成员当前是否在目标市场拥有销售网点、市场占有率的大小等因素，以使产品能迅速进入目标市场，方便目标市场的顾客就近购买。

（3）产品销售原则。这是最核心的原则。生产企业选择渠道成员的最主要的目的是希望渠道成员能帮助本企业完成产品的销售目标，扩大市场份额。因此，生产企业在选择渠道成员作为合作伙伴的时候，通常都比较注重渠道成员的实力，包括其实际销售能力、市场开拓能力、管理能力等。只有有实力的中间商才能帮助生产企业实现扩大市场份额的目标。

（4）形象匹配原则。这是最普遍的原则，也就是我们通常所说的“门当户对”。对于顾客来说，中间商的形象就代表着生产企业的形象。对于知名生产企业来说，就更需要重视渠道成员的形象。通常情况下，知名企业总是喜欢与资金实力雄厚、商誉好的渠道成员结为合作伙伴。比如 IBM、惠普与英迈、佳杰的合作，海尔、美的与国美、苏宁的合作。

（5）合作共赢原则。在传统渠道关系中，生产企业和中间商是彼此竞争的关系，为了各自的利益最大化常常需要旷日持久的谈判和讨价还价。而现代的渠道关系中，渠道成员的追求目标已经变为合作共赢，实现渠道整体利益的最大化。生产企业之间的竞争也不再是单个企业之间的竞争，而成为以生产企业为核心的渠道价值链的竞争。所以，对生产企业来说，寻找合适的中间商，实现合作共赢，打造高效的渠道价值链已成为获得竞争优势的重要手段。

5.1.3 选择渠道成员的步骤

生产企业选择渠道成员时，一般会遵循发布招商信息、初选、复选、确定渠道成员、更新渠道成员等步骤，如图 5-1 所示。

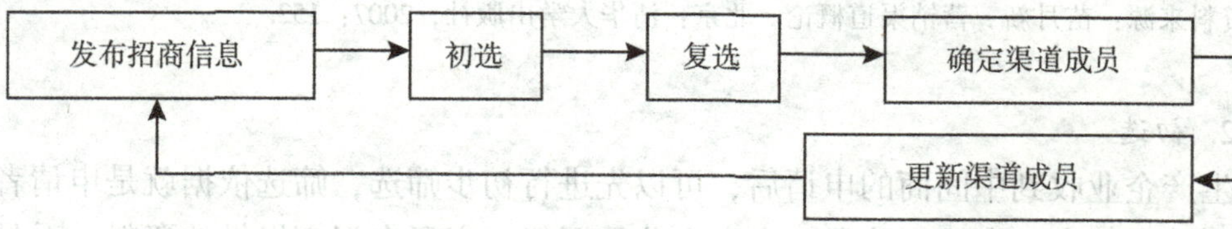

图 5-1　选择渠道成员的步骤

1. *发布招商信息*

要寻找合适的渠道成员，第一步就是发布招商信息，说明对中间商的各种要求，如注册资金、市场覆盖范围、销售能力、人员、信誉等，核心是要编制一份详细的招商方案。在招商方案中，关键内容是对中间商的条件要求和选择中间商的方法。一个具体的招商方案的例子如表 5-1 所示。

表 5-1　**招商程序表**

序号	步　骤	具 体 做 法
1	诉求点的确定	吸引中间商的卖点，如有效的促销计划
2	成立招商部门	依具体情况确定岗位与规模
3	确定信息发布渠道	内部人员举荐，顾客提供，交易中的伙伴，广告和招商会议，互联网
4	确定招商层次	省级、地区级或是县乡级
5	确定中间商政策	区域划分、价格折扣、付款规定、服务标准等

续表

序号	步　骤	具 体 做 法
6	确定招商的形式	(1) 拍卖经销权：中间商通过竞标方式买断区域经销权，竞标价格为买权费而非货款 (2) 经销招标：中间商通过竞标方式取得区域经销权，标的是首批进货额和一定时间内的销售额承诺，竞标价格不是买权费而是进货款 (3) 开放式招商：在报名的备选渠道成员中依据评价标准进行评选
7	确定招商流程	确定招商方案→配备招商人员→发布招商广告→处理应招信息→发出会议邀请→召开签约会议→督促履约→款到发货→将客户档案移交销售部→分销开始
8	费用预算	设定总费额，并在招商广告、促销品、办公场地、人员开支、办公费等方面进行分配

资料来源：苗月新．营销渠道概论．北京：清华大学出版社，2007：152.

2. 初选

生产企业收到中间商的申请后，可以先进行初步筛选，筛选依据就是申请者是否达到基本要求。在这一阶段，生产企业需要仔细审阅中间商提供的资料，看是否属实（考察诚信），是否符合基本要求（考察实力），尽量进行实地调研（多方考察实力、能力和信誉），坚决剔除不合格者。例如，一家外资垃圾处理机生产企业寻找中间商，提出的中间商条件是：具有合法的营业执照，有 1 万~5 万元的投资能力；有固定的营业办公场所，30~50 平方米的专卖店或在当地百货商场有专柜；有开发新产品的销售团队和组织能力。尤其欢迎橱柜、水槽、厨房家电中间商加盟。这些条件非常粗略，包括资金实力、办公场所、销售能力和相关经验，比较适合初选中间商。对众多符合基本要求的中间商，还需要下一步的精挑细选——复选。

3. 复选

经过初选后，需要进一步开展的就是对符合基本条件的潜在中间商，按照系统的方法进行复选，最终选出各项条件都比较适合的来担任中间商。复选的关键在于确定选择标准，运用合适的选择方法，对渠道成员的经营能力、合作潜力、商业信誉等各个方面进行严格全面的考核，最终确定哪些申请者能够成为渠道成员。

4. 确定渠道成员

经过层层严格选拔就可以确定最后的中间商。当然，因为彼此是合作关系，需要中间商能与生产企业在渠道目标方面达成一致，具有共同的发展理念，这样可确保彼此合作关系的长久。值得注意的是，最有实力的中间商未必就是适合生产企业的。非常大的中间商因为实力过强，会与生产企业争夺对渠道的控制权，所以可能并不适合希望控制渠道的生产企业。大中间商只适合对渠道没有控制欲望的中小企业。生产企业需要根据自己产品的特点、中间商代理的产品品牌、市场覆盖能力等做出恰当的选择。

5. 更新渠道成员

选择好渠道成员并成功实现分销，只是生产企业实现了一个阶段性目标。渠道成员的确定不是一劳永逸的，而是一项长期的、连续的工作，这是因为渠道成员需要不断更新。更新的原因很多：中间商一般每年都要考核一次，凡是没有完成任务，而且也不可能提高的，生产企业就会按照协议解除合作协议；中间商与生产企业合作一段时间，感觉和其他生产企业合作更有利益，也会转投他处；生产企业总是要不断开发新产品，就需要不断寻找新的中间商来营销新产品；另外在产品生命周期的不同阶段，随着渠道目标的改变，也需要对中间商进行调整。不管出于哪种原因，对中间商的选择都是一个不断持续、循环往复的过程，因此需要不断开展招商工作。

5.1.4 寻找渠道成员的途径

要选择渠道成员，首先必须找到渠道成员。那么，有哪些途径可用于寻找合适的中间商呢？当代营销学界国际营销渠道和分销系统管理方面最著名的专家伯特·罗森布洛姆博士为我们列举了地区销售组织、商业渠道、中间商咨询、顾客、广告、商业展览等途径①。以此为基础，本书认为寻找渠道成员主要有以下途径：

1. 地区销售组织

大的生产企业一般会在不同地区设立销售分公司或办事处。例如，大部分生产企业都会按照省份划分销售区域，在每个省，公司一般都会设置一个总经理，下面领导几个到十几个业务经理，每个业务经理管辖一到几个地区市场，负责与当地批发商和零售商联系。供货、服务、回款是业务经理的主要工作。在与中间商的日常交往中，他们会掌握关于中间商的大量信息，如中间商的管理模式、人员配备、营销能力、商业信誉等，同时也会了解还有哪些潜在的中间商可供开发。所以，如果生产企业准备替换、增补现有渠道成员，省公司总经理，包括下面的业务经理，心中会有一个大概的候选名单。因此，生产企业应该充分发挥本公司地区销售组织的作用，同时注意运用奖励措施，对销售人员寻找中间商付出的努力给予回报，而不能仅以销售业绩作为绩效考核的唯一标准。

2. 商业途径

商业途径包括商业组织、出版物、电话黄页、商业展览会和产品订货会等，都是选择中间商的有效途径。例如，每个城市的电话黄页，都会按照行业对各类企业和社会组织等进行分类，其中的商业组织大多是中间商。还有一些商业组织，如工

① 伯特·罗森布洛姆．营销渠道管理（第6版）．北京：机械工业出版社，2003：191.

商联合会，会提供大量有关中间商的信息。一些大型的商业展览会一般会有很多中间商参加，对于收集相关信息非常便利。

3. 中间商咨询

中间商也都希望能经营质量好、知名度高、容易推广的名牌产品，因为这能为他们带来较高的利润。所以，当企业实力强、品牌好、产品质量出众时，就会有大量的中间商找上门来主动寻求合作，希望成为该生产企业在某个地区的中间商。例如格力空调、海尔电器等知名企业，因其品牌及产品获得了顾客的普遍认可，所以获得了大量中间商的青睐。

4. 顾客

顾客是渠道的最终服务对象，选择渠道的标准就是怎样让顾客更方便地买到他们所需的产品。所以，向顾客了解他们喜欢的购物地点及对各类中间商的看法，是最为有效的方法，而且非常有助于产品未来的销售。具体了解的方法可以是找顾客座谈，或通过业务人员搜集顾客信息，或采用问卷调查取得第一手资料。

5. 广告

在电视、报纸、杂志、广播、互联网等商业媒体上刊登广告也是一种常见的方式，它具有可操作性强的特点，很多企业都是通过刊登招商广告获得中间商信息的。通过广告，生产企业往往可以收到大量潜在渠道成员的咨询，能提供大量的渠道成员可供挑选。

6. 互联网

互联网近年来发展迅速，已成为很多生产企业发布招商信息的主要途径。互联网具有信息量丰富、多媒体展示、更新速度快、受众面广等优势，且大多数中间商、行业协会均建有自己的网站，通过互联网搜索引擎的帮助，便能获得大量关于中间商的信息，生产企业发布的招商信息也可被众多的中间商知晓。随着互联网逐渐渗透到人们日常生活的方方面面，其在寻找中间商中的作用也将更加明显。

7. 其他途径

除上述途径外，生产企业还可通过同行和朋友介绍、广告公司咨询、去销售现场或开展市场调查等方式发现并选择中间商。

5.1.5 选择渠道成员的标准

为了选择合适的中间商，应遵循一定的渠道成员选择标准，即什么样的中间商才符合生产企业的需要。对不同行业来说选择标准差别很大，对同一行业的不同企业来说，选择标准也各不相同。所以，本书主要从一般意义上来介绍生产企业选择中间商时主要考虑的标准。

对于渠道成员选择标准，以往已有学者做过大量研究。Brendel 在 20 世纪 50 年代初就设计了 20 个问题，用于工业企业考察判断谁最适合做它的渠道成员，问题涉及合作意愿、实力、信誉、销售的产品、财务状况、业务人员状况等。

Maynard 则将上述标准划分为 5 个有代表性的标准加以说明：销售因素、产品因素、经验因素、管理因素和风险因素。Shipley 在对 70 家美国厂商、59 家英国厂商进行分析后也提出了三大类 12 个标准。这三大类标准包括：销售及市场因素、产品及服务因素、风险及其他不确定因素。最全面、最明确的选择标准由 Pegram 提出，主要包括中间商的信用及财务状况、销售实力、产品线、声誉、市场占有率、销售状况、管理权的延续、管理能力、态度、规模十个方面。根据对前人研究及生产企业选择渠道成员的实际经验的总结，本书认为，选择渠道成员需要重点考虑以下几标准。

1. *综合实力*

中间商的综合实力是生产企业选择渠道成员时需要考虑的基础因素，实力的强弱直接决定了中间商销售业绩的好坏。综合实力包括以下方面：

（1）开业时间。开业时间越长，中间商越能积累商品销售经验，拥有更多的忠诚客户，这会有利于未来的产品分销，并节省对中间商的培训时间和成本。

（2）规模。中间商的规模越大，越有利于分销。规模大意味着中间商发展较好，有较强的经营能力，在发展过程中也积累了一定的销售经验，因此经营新产品成功的可能性更大，出现失误的风险更小。同时，规模大也意味着中间商拥有更多的店面和更多的销售人员，对于扩大生产企业的销售明显是有利的。

（3）财务状况。一般情况下，生产企业都希望选择资金实力雄厚、财务状况良好的中间商，因为这样可以保证货款及时收回，甚至可以让中间商预付部分货款，为生产企业提供一定的资金支持，帮助生产企业分担一些销售费用。

（4）人员组成。中间商的人员总数、销售人员的数目、技术人员的数目也是中间商实力的代表。如果中间商技术人员较多，则可以代替生产企业为顾客提供相应的技术支持。销售人员较多，则可保障中间商完成较多的销售任务。另外，中间商人员的素质也是需要考察的因素。中间商所拥有的人员数量和质量共同决定了中间商的销售实力。

（5）管理能力。管理能力强的中间商，其经营效率必然也较高，越有利于产品分销。考察管理能力，可从中间商的企业制度形式、组织结构、激励机制及内控制度等多个方面判断。另外，管理能力也可从侧面体现中间商的人员素质及企业正规化程度。

一般来说，中间商实力越强，越有利于分销任务的实现。但是也需要注意，中间商实力太强，则会越难以控制，导致出现渠道冲突。所以，选择中等实力的中间商是比较合适的。

2. *产品及市场覆盖*

生产企业在选择中间商时，应该根据市场细分及目标市场选择的需要，选择经营产品符合要求、具有较高市场覆盖面的中间商，以保证分销任务的完成。

（1）产品。首先，要考虑中间商经营的产品结构，即中间商目前经营哪些产品、有哪些供应商、经营的产品是否和生产企业将提供的产品具有竞争关系。一般来说，生产企业最好在市场细分的基础上，选择经营非竞争产品的中间商。因为如果中间商在经营同类产品，则其在向顾客推销产品时，很难保证忠诚于生产企业。但如果生产企业的产品要明显优于中间商经营的同类产品，则也可以考虑让该中间商分销，因为这样可以直接打击竞争对手。其次，要考虑中间商的产品知识。一般应该选择对产品有着丰富专业知识的中间商，因为这样可以节省生产企业培训的费用和时间，且中间商可利用其产品知识对生产企业产品进行更为专业的推广和技术支持，获得更好的销售业绩。

（2）市场覆盖。选择中间商，必须使生产企业的产品能顺利达到目标市场，因此要着重考虑中间商的市场覆盖。首先要考虑中间商的地理位置。零售商的门店地理位置最好位于目标顾客购买方便之处，批发商的地理位置要有利于产品的储存、运输和分销，因此周边须交通便利，基础设施齐全。其次要考虑中间商的门店数量，应尽可能多地覆盖目标市场，如在某一城市的门店数、分布等，门店数越多、分布越广，越能方便顾客购买，扩大销量。当然，如前所述，这也需要考虑适度的问题，市场覆盖不能太大，否则会出现控制上的困难。

3. 市场开拓及销售能力

市场开拓及销售能力是选择中间商要考虑的核心问题，它直接决定了生产企业的销售业绩。

（1）销售状况。生产企业其实最看重的就是中间商的销售能力，通过考察中间商目前的销量、结构就可以大致了解中间商的销售能力。如果中间商目前的销售能力较强，则可预测其将来的销售能力也会较强。如果选择这个中间商，将可为生产企业带来更大的销量。

（2）市场开拓能力。有的中间商属于保守型，他们可以保证一定的销量，但增长有限。而有的中间商的市场开拓能力很强，熟悉促销政策和技术，可以在较短时间内增加网点，开展促销活动，扩大销量。这种有进取心并有市场开拓能力的中间商是生产企业良好的合作伙伴，应该优先考虑选择为渠道成员。

4. 合作意愿及可控性

（1）合作意愿。选择渠道成员其实是一个生产企业与中间商相互选择的过程，只有具有较强合作意愿的中间商，才能全心全意地销售产品，并愿意付出更多努力去推动和扩大产品销售。所以，合作意愿是选择中间商需要考虑的一个重要因素。

（2）可控性。生产企业是通过中间商与顾客进行沟通的。为了保证自己的产品和企业信息能够准确无误地传递给顾客，同时能通过中间商了解顾客的信息及对产品的反馈，生产企业都会考虑能否对中间商实施有效的控制。如果选择了实力过于强大、不好控制的中间商，很可能会出现中间商不听命令、协调不了的情况，从而导致生产企业无法实现自己的渠道目标。判断中间商的可控性，首先要看中间商是否认同生产企业的渠道目标、产品品牌、企业理念。有共同的目标和理念，中间商才能和生产企业精诚合作，共同努力。其次要看中间商与生产企业合作主要想获得什么，生产企业是否拥有这些资源，中间商如果失去生产企业会有哪些损失。如果中间商从各方面都离不开生产企业，其可控性就较高。

5. 信誉

渠道成员诚实守信是整个渠道健康运作的必要条件。选择、培训中间商并实现良好合作是一个耗时、耗力、耗财的过程，无论哪个中间商失信，都会使渠道运转出现问题，并使前期的投入成本化为乌有。因此，选择中间商时，必须慎重考虑中间商的信誉问题。

考察中间商的信誉，首先要看中间商的注册时间、注册资本、经营情况，特别是与其他生产企业的合作情况，有无不良付款行为，有无窜货行为等，这样可在一定程度上避免合作风险。其次要看中间商在业界的声誉。声誉对中间商来说是一项非常重要的无形资产，口碑良好的中间商会获得很多额外的好处，如生产企业的优惠条件、同行的赞誉、顾客的信任等，因此一贯声誉良好的中间商会非常爱惜声誉，轻易不会为蝇头小利实施欺诈行为。选择这样的中间商将是生产企业的首选。

应用案例

“微软经销联盟”合作伙伴的招募

2002 年，微软中国开展“春耕计划”，旨在加强微软合作伙伴的支持和提升合作伙伴的能力。整个计划的第一步就是在全国 31 个省市全面招募渠道伙伴加盟“微软经销联盟”，争取一年内实现市场全面覆盖。“微软经销联盟”是各类合作伙伴与微软合作，并取得微软进一步配合和支持的前提。该计划实施如下：

1. 入门要求——“联盟基因”

所有销售微软产品的 IT 中间商，或愿意成为微软合作伙伴的 IT 中间商，均可申请加入“微软经销联盟”。凡申请加入“微软经销联盟”的中间商需合法使用微软软件，需交纳会费：A. 新会员会费，4500 元/年；B. 老会员续会享受特别优惠。

2. 申请加入“微软经销联盟”的方法

方法一：网上提交“微软中间商联盟”申请：http：//www.microsoft.com/china/partner。

方法二：直接致电微软中间商服务中心，服务中心人员将帮助其申请。

之后需要提交如下文档：A. 公司基本信息登记表（网上申请者可省略此项）；B. 公司营业执照复印件；C. 公司总经理签字的自律公约。

交纳会费：4500 元/年。

3. 成员职责和义务

(1) 公司自身使用正版微软软件；(2) 保证销售正版软件（需要中间商总经理签署“销售微软正版软件自律公约”）；(3) 每季度至少从微软总代理处提货一次，金额不少于3000元；(4) 积极参加“微软经销联盟”的培训和活动。

此项授权有效期为一年，到期后需重新申请和审核。如不能达到以上要求，微软有权随时撤销其“微软经销联盟”成员资格。

4. 加入“微软经销联盟”的利益——“微软经销联盟”加盟牌+证书

加入“微软中间商联盟”，可以获得强劲的支撑和丰厚的回报。成为联盟成员后，将具有三大优势。

(1) 企业竞争力优势。微软公司将帮助经销联盟成员培养专业的软件销售人员，打造一支具有专业水平的销售团队。

(2) 企业形象优势。微软公司将帮助加盟中间商宣传公司知名度；优先参加微软各种市场活动。

(3) 销售利润优势。联盟成员有资格获得优惠价格；联盟成员有资格加入微软各种渠道促销和奖励活动；联盟成员有资格被推荐为核心代理商、金牌解决方案代理商；帮助联盟成员降低技术投资成本。同时微软提供全面技术支持服务。

资料来源：胡春．市场营销渠道管理．北京：北京交通大学出版社，2006.

5.1.6　选择渠道成员的方法

选择渠道成员，除了遵循一定的标准外，还必须使用一定的方法。常用的评价方法有评分法、销售量分析法和销售费用分析法三种。

1. 评分法

评分法又称加权评分法，是指对拟选择作为合作伙伴的中间商，分别就其与分销能力和分销条件相关的因素打分，同时根据重要性对不同因素赋予权重，然后计算每个中间商的总加权得分，从中选择得分较高者①。该方法具体步骤如下：第一，生产企业列出选择渠道成员的所有考虑因素（选择标准）；第二，根据各因素对渠道功能的作用大小和重要程度分别赋予一定的权重；第三，生产企业根据拟选择中间商在每一项因素上的表现分别打分；第四，将每个拟选择中间商在各项因素上的打分与权重相乘，得出其在每项因素上的加权分；第五，将每个拟选择中间商在所有因素上的加权分汇总相加，得出该中间商的总分；第六，对所有拟选择中间商的得分进行排序，根据拟采用的分销模式（独家分销、选择分销、

① 吕一林．营销渠道决策与管理（第 2 版）．北京：中国人民大学出版社，2008：124.

密集分销等)，选择得分最高的一家中间商或较高的几家分销商作为正式的渠道成员。

例如，一家生产企业如果计划在某一地区采用独家分销的模式建立营销渠道。在该地区，该生产企业已考察了三家中间商作为备选。生产企业选择的评价因素和权重如表 5-2 所示。各家中间商在不同的因素上都有自己的优势，没有一家特别突出，所以需要生产企业对这三家中间商用加权平均法进行综合评价，评价结果如表 5-2 所示。从结果来看，原始打分以中间商 1 最高，中间商 3 最低。但根据各因素重要程度，经过加权汇总后，中间商 3 的得分反而最高（82.95 分)，所以应该选择中间商 3 作为生产企业在该地区的中间商。

表 5-2　　加权平均法选择渠道成员

评价因素	权重	中间商 1		中间商 2		中间商 3	
		打分	加权分	打分	加权分	打分	加权分
经营规模	0.20	80	16.00	78	15.60	82	16.40
地理位置	0.10	80	8.00	84	8.40	85	8.50
市场声望	0.15	86	12.90	92	13.80	78	11.70
管理水平	0.10	85	8.50	79	7.90	88	8.80
合作精神	0.10	90	9.00	83	8.30	68	6.80
服务能力	0.15	88	13.20	90	13.50	85	12.75
货款结算	0.20	76	15.20	77	15.40	90	18.00
总分	1.00	585	82.80	583	82.90	576	82.95

2. 销售量分析法

销售量分析法是通过实地考察，了解中间商目前的销售量和销售额水平，以及近几年（一般采用近 3~5 年）的销售量、销售额增长水平、顾客流量等指标，分析其销售量与销售额未来变化趋势，判断该中间商是否具有承担渠道任务的能力，预测其可能达到的销售量水平，据此确定最佳中间商。这也是挑选渠道成员的常用方法。

3. 销售费用分析法

营销渠道在建设过程中和建成后的日常管理和运作中都会产生一定的销售费用，具体包括分担市场开拓费用、让利促销费用、由于货款延迟支付而带来的收益损失、谈判和监督履约的费用等。这些费用减少了生产企业的净收益①。因此，分析选择不同中间商可能产生的销售费用，也是选择渠道成员的重要方法。一般来说

① 吕一林．营销渠道决策与管理（第 2 版）．北京：中国人民大学出版社，2008：125.

主要的分析方法有以下三种。

(1) 总销售费用比较法。

在分析拟选择中间商前述选择标准，如实力、销售能力、声誉、合作态度等的基础上，预估各中间商如果作为渠道成员在分销中可能产生的总销售费用，然后选择费用最低的中间商为渠道成员。

(2) 单位商品（或单位销售额）销售费用比较法。

销售费用一定时，销售量（或销售额，下同）越大，单位商品（单位销售额，下同）销售费用越低，渠道成员的效率越高。因此，除了直接考察总销售费用选择中间商外，还可以将销售费用与销售量联系起来综合评价，计算单位商品的销售费用，选择最低的中间商作为渠道成员。

(3) 费用效率分析法。

这种方法仍然是综合考察销售费用与销售业绩作为选择中间商的依据。但和上述第二种方法不同的是，它考察的是销售业绩（销售量或销售额）与销售费用的比值，以此判断中间商的费用效率。其公式为：

费用效率=某分销商的总销售额（或总销售量）/该分销商的总销售费用

可以看出，费用效率其实就是单位商品（或单位销售额）销售费用的倒数。所以，费用效率其实判断的是单位销售费用所产生的销售额（或销售量），也就是中间商每花费1元的销售费用能产生多少元的销售额或多大的销售量。

5.2 激励渠道成员

营销渠道建立之后，其顺利运行需要各渠道成员之间的协调与配合，但各成员不会仅仅因为他们都是渠道中的成员就自动相互协调，必须有生产企业的管理，其中最重要的就是要对渠道成员进行激励。所谓渠道激励，是指生产企业为培养渠道成员在实施生产企业的分销目标时相互协作而采取的行动①。渠道激励的目标，就是促使渠道成员之间相互配合协作，共同完成生产企业的分销目标。本节将主要探讨渠道激励的原则和方法。

5.2.1 激励渠道成员的原因

大多数情况下，构成营销渠道系统的各个渠道成员与生产企业属于完全独立的不同经济实体，具有不同利益目标和思考模式。这种渠道系统的构成决定了生产企业与渠道成员之间的关系不是严格意义上的上令下行的关系，而是一种合作关系，不能靠强制性的命令来让中间商服从管理。

① 伯特·罗森布洛姆. 营销渠道管理（第6版）. 北京：机械工业出版社，2003：227.

与生产企业相比，中间商具有不同的思考模式：第一，虽然中间商是生产企业营销渠道系统中的一个组成部分，但他们并不认为自己是生产企业雇用的一条供应链中的一员，大家是一种独立、平等的关系；第二，中间商认为自己首先是客户的采购代理商，其次才是供应商的销售代理商，所以他们更关心的是销售客户需要的产品；第三，中间商把它能提供的所有商品作为销售给顾客的一个系列组合，更愿意为所有商品的销售提升而努力，而不是只为单独一个系列的商品销售提升努力；第四，除非提供一定的激励，否则中间商不会保留单一品牌的销售记录，对生产企业的产品、定价、包装或促销计划有用的信息可能只会停留在中间商自己的记录中，有时为了某种原因甚至故意对生产企业隐瞒。

所以，对于生产企业而言，为了使整个系统有效运作，渠道管理工作中很重要的一部分就是不断地增强维系双方关系的利益纽带，针对渠道成员的需求持续提供激励以及经常性地进行渠道促销。

5.2.2 激励的原则

渠道激励必须在一定的原则下进行，否则可能不仅起不到激励作用，甚至可能产生反作用。根据对不同研究的总结，我们认为渠道激励应遵循以下五个方面的原则。

1. 针对性原则

针对性原则是指对渠道成员的激励必须针对他们的具体需求与问题，有的放矢，满足他们的不同需求，解决他们关心的问题，才能达到最好的激励效果。因为渠道成员的需求和问题是多种多样的，因人而异，因时而异，所以对渠道成员的激励手段也必须是多样化的。生产企业应该注重调查研究，深入全面了解各个渠道成员的实际需求和问题，制定有针对性的激励措施，才能收到相应的效果。

2. 适时原则

激励的适时原则是指在激励过程中要注意时机的把握，无论是奖励还是惩罚，都应该及时实施。如果时机把握不当，应该奖励时没有奖励，就会使渠道成员产生不满情绪，影响甚至丧失其工作积极性。应该惩罚时不惩罚，则会使渠道成员不知畏惧，继续其错误行为，也会使其他本来遵守政策的渠道成员感到“吃亏”，从而也可能以身试法，这就会使整个渠道系统趋于崩溃，造成无法挽回的恶果。同时，适时原则还要求要把握短期和长期效应的整体平衡，不能只顾短期效应，否则会使渠道成员产生错误的营销观念，只顾眼前利益，采用不道德的手段销售和竞争，会损害顾客对企业的形象认知，影响企业的长远发展。

3. 适度原则

适度原则是指对渠道成员的激励应适度，既不能使渠道成员的需求欲望过度膨胀，也不能使激励程度过低导致对渠道成员积极性的打击。要达到激励适度的目标，生产企业就要尽量避免出现激励过分和激励不足两种情况①。当生产企业给予中间商的优惠条件超过他为取得合作付出的努力与业绩水平时，就会出现激励过分的情况，其结果是销售量提高而利润减少。当生产企业给予中间商的条件过于苛刻，不能激发中间商努力工作时，则会出现激励不足的情况，其结果是销售量降低而利润减少。所以，生产企业必须根据中间商的工作努力及业绩情况，给予恰如其分的激励，才能既起到激励的作用，又不至于激励过度。

4. 公平原则

中间商经常会采用两种标准衡量自己是否得到了公正的待遇，即横向比较与纵向比较。横向比较，就是将自己与别人相比较来判断自己的所得是否公平。横向公平的基本标准是：某个渠道成员所得与所投入的比率基本上与另一个成员的这个比率相一致②。如果与这个标准背离，就会产生不公平感。例如，对于感觉收入低于贡献的中间商来说，由于感觉遭到不公平待遇，所以会抱怨、挫败，积极性将受到严重影响；而对于感觉收入高于贡献的中间商来说，则会认为不需要怎样努力就可以得到奖励，所以也会对今后的努力不以为然，从而影响到工作效果。纵向比较，就是将自己目前的状况与过去相比较，看自己的努力是否获得了相应的报酬。其过高或过低也会产生和横向比较相同的效果。所以，不管从纵向还是横向角度看，激励遵循公平原则都是非常重要的。

5. 奖惩结合原则

奖惩结合原则是指对中间商的激励必须奖励和惩罚相结合，不能有所偏废。奖励是一种正激励，惩罚是一种负激励，两者都是有必要的。奖励业绩突出的中间商不仅可以调动该中间商的积极性，还让其他中间商看到工作努力的结果，从而产生赶超的动力。而对业绩不好、行为恶劣的中间商进行惩罚也是必要的，这样可以使所有中间商有所畏惧，不至于为了个体利益做出损害整体利益的行为。

5.2.3 发现渠道成员的需求

根据渠道激励的针对性原则，首先要通过一定的方法和手段，发现渠道成员的需求，才能有的放矢地对他们实施激励，达到良好的激励效果，使其产生最佳销售业绩。所以，渠道成员有哪些需求，通过哪些方法才能发现这些需求，是生产企业在激励渠道成员之前首先要了解的内容。

1. 中间商的需求

根据对各种相关研究的总结，中间商的需求大致可以分为三大类：获得利润、

---

① 郭国庆. 市场营销学. 武汉：武汉大学出版社，2007：233.

② 拉尔夫·W. 杰克逊，等. 销售管理. 李扣庆，等，译. 北京：中国人民大学出版社，2001：62-63.

降低风险和提高竞争力①。

（1）获得利润。

通过销售生产企业的产品，获得包括进销差价在内的各种利润是中间商与生产企业合作的根本目的，也是双方合作的基础。生产企业通过制定相应的价格政策，可以控制中间商获得利润的多少，从而刺激中间商加大销售力度，增加销量，实现双赢的目的。

（2）降低风险。

中间商一般都是厌恶风险的，所以总是想方设法降低风险。风险的主要来源是竞争与不确定性。它们可能来源于中间商在经营过程中所遇到的各种因素，包括生产企业的新产品开发、产品供货、价格变动、竞争对手产品及营销策略的变化、顾客需求的变化等。针对这些风险，生产企业可通过加强与中间商的信息沟通，如新产品开发信息、生产信息、物流信息、顾客信息等来解决。这样中间商就可以减少制定经营策略和实际经营过程中的不确定性带来的风险，增加彼此间的信任度，建立和巩固与生产企业的合作关系，提高满意度。

（3）提高竞争力。

在市场竞争过程中，短期利润最大化并不能保证长期持续发展。在市场中，这种一贯发展良好但却一夜倒闭的中间商并不罕见。所以，现在很多中间商都非常注重建立和提高核心竞争力。如果生产企业能帮助中间商提高竞争力，这将是对他们最大的激励。目前有很多生产企业都在用各种手段为中间商提供发展机会，如对中间商员工进行培训、辅助其制定决策和投资方式、帮助其拓展业务等，提高中间商核心竞争力，从而达到激励目的。

常见的中间商希望从生产企业获得的激励和支持如表5-3所示。

表5-3　**中间商希望从生产企业获得的激励和支持**

生产企业提供的支持	中间商希望的渠道政策	中间商不希望的渠道政策	中间商的基本需求
价格政策	优惠的有吸引力的价格政策	生产企业价格政策死板，利润空间小	获得利润
分销渠道	控制中间商数量，控制恶性竞争	分销渠道密集，竞争惨烈	获得利润
订货政策	最小订货批量小，能及时到货，降低库存风险	生产企业压货，到货周期长，最小订货批量大	降低风险

① 吕一林．营销渠道决策与管理（第2版）．北京：中国人民大学出版社，2008：164-165.

续表

生产企业提供的支持	中间商希望的渠道政策	中间商不希望的渠道政策	中间商的基本需求
库存风险分担	生产企业不压货，生产企业分担库存积压风险，提供价格保护政策	生产企业不分担任何产品积压风险	降低风险
信息沟通	生产企业及时提供产品换代、价格调整、市场变化趋势、营销策略调整等信息	生产企业不与中间商分享信息，相互不信任，导致中间商决策失误	降低风险
营销支持	品牌知名度好，生产企业提供市场拓展的支持，提供商机信息	品牌知名度差，生产企业缺乏市场宣传力度，对中间商缺少市场开拓的支持	获得利润，提高竞争力
技术支持	生产企业对中间商提供产品、技术、运作管理等培训	生产企业技术支持弱，中间商难以及时掌握最好的技术，失去眼前及未来的商机	提高竞争力

资料来源：吕一林．营销渠道决策与管理（第 2 版）．北京：中国人民大学出版社，2008：165.

2. *发现渠道成员需求的方法*

要了解渠道成员的需求和问题，必须采用一定的方法。在理想状态下，通过正式的营销渠道，生产企业的渠道经理就应该能了解到关于中间商的全部信息，包括其需求和问题。但在现实中这是不存在的。因此渠道经理除了依靠这种正式渠道系统了解中间商需求和问题外，还需要通过一些其他的方法来了解相关信息。伯特·罗森布洛姆提出了以下四种方式：生产企业对渠道成员进行研究，外部机构对渠道成员进行研究，营销渠道审计和设立中间商顾问委员会。

（1）生产企业对渠道成员进行研究。

为了使产品能更好地被接受，生产企业可能对顾客的需求非常关注，比较了解顾客所需的产品类别、价格、购买地点、促销方式等，但对渠道成员的了解则非常少。其实，这种了解少主要是因为主观上生产企业不够重视，没有意识到有了解渠道成员需求和问题的必要，所以基本上对此没有多少投入。而实际上，只要生产企业有了这种意识，就完全可以很快了解到中间商的需求和问题，并能很快解决。伯特·罗森布洛姆提到 Loctite 公司的例子。Loctite 公司是一家生产黏结剂及密封剂的知名企业，它专门为中间商的销售人员生产了拜访客户时的样品。但后来它发现中间商的销售人员在拜访客户时根本不带样品，在和中间商沟通后它才发现其中存在着理解上的偏差：它所设计的样品适合用公文包携带，但中间商的销售人员拜访客户时根本不带公文包。所以后来 Loctite 公司改进了样品的设计，使它足够小，以便销售人员能用口袋携带，问题得到满意解决。

(2) 外部机构对渠道成员进行研究。

虽然生产企业可以自己调研中间商，发现其问题和需求，但这并不是任何时候都适合的。有时中间商可能会出于某种考虑而不敢或不愿将自己的真实需求告诉生产企业，此时聘请外部专门机构对中间商进行研究可能更为合适。例如，一家家电企业近期销售不够理想，而市场上顾客对这种产品需求量很大，问题出在中间商身上。但自己调研的结果总是与中间商提供的信息和数据相矛盾。后来该家电企业通过独立的第三方研究机构对此问题进行调查研究，发现了中间商之所以不愿大量销售该家电公司产品的顾虑所在，从而制定了更为合适的渠道政策，迅速提高了销量。由此可见，采用外部机构对渠道成员的需求与问题进行研究更加专业、客观和高效。特别对于自己没有市场研究部门或市场研究能力有限的生产企业来说，依靠外部机构进行相关问题研究就更有必要。

(3) 营销渠道审计。

这种审计类似于财务审计，为了了解营销渠道运行过程中存在的问题，生产企业也需要定期对营销渠道进行审计。审计的目的是及时发现渠道中出现的问题，例如渠道成员如何看待生产企业的营销项目及其组成部分、关系良好或不佳的地方，以减少或避免可能的冲突、矛盾，实现对渠道结构的优化，使渠道成员亲密合作，共同发展。例如，生产企业可考虑收集渠道成员对生产企业如下领域的需求与问题：定价策略、利润及补贴；产品的范围与特性；新产品及其采取促销方式的市场开发情况；服务策略和程序，如票据、订货、转运、仓促及其他；销售人员的表现①。需要注意的是，营销渠道审计工作应该定期进行，以把握相关因素的发展趋向与模式，例如那些不变的因素、那些逐渐消失的因素及那些在范围上有所扩大的因素等。通过定期审计，那些新出现的因素就比较可能被及早发现。

(4) 中间商顾问委员会。

另外一种了解渠道成员需求与问题的有效方法是设立中间商顾问委员会。该委员会由生产企业最高管理层的代表及渠道成员主要负责人的代表组成。生产企业成员应当包括主管营销的副总经理、销售总经理和销售管理部门的其他高层管理人员，中间商成员应包括所有中间商中5%~10%的代表。委员会的总人数应限制在能使所有成员同时参加会议并交流意见。顾问委员会通常有两位执行主席：一位由中间商选举产生，另一位由生产企业销售部门高层担任。

采用中间商顾问委员会了解渠道成员需求与问题有三个便利：首先，它提供了对渠道成员的认同。通过参加中间商顾问委员会，中间商能在影响其利益的计划中发表自己的观点，自己也参与了渠道计划的制订，从而使他们更能理解和支持生产企业的行动项目。其次，中间商顾问委员会提供了一个确定和讨论相互间需求与问题的媒介，而常规的渠道信息交流不具有这种功能。例如生产推土机的 Caterpillar

① 伯特·罗森布洛姆．营销渠道管理（第6版）．北京：机械工业出版社，2003：230.

公司就是在一次中间商顾问委员会会议上，从一个中间商的发言了解到其推土机设计上的一个缺陷，从而改进了产品设计。最后，中间商顾问委员会增加了整个渠道的交流，有助于生产企业对中间商需求与问题的了解，也有助于中间商对生产企业的理解，使渠道内部形成了定期交流的机制。

5.2.4　激励方法

在确定了渠道成员的需求和问题之后，接下来就是要针对问题和需求进行相应的激励。根据激励手段的不同，可将激励方法分为直接激励和间接激励两种。

1. 直接激励

所谓直接激励，就是指通过给予渠道成员物质或金钱的奖励来激发其积极性，从而实现公司的销售目标。例如，折扣、返利、资金支持、利润分成、各种补贴等。中间商与生产企业合作，其主要目的还是为了经济利益。所以，直接激励是最有效、最便捷的激励方式。在企业的现实运营中，常用的直接激励方式有以下几种：

(1) 折扣。

折扣是指为了鼓励中间商的某种行为而对产品价格进行的调整，它几乎是所有的生产企业都在采用的方式之一。折扣一般是由生产企业提出一定的条件，如果中间商达到条件中的要求，则生产企业承诺给予一定的价格折扣。常见的折扣种类有如下几种：

回款折扣。所谓回款折扣，即生产企业规定一定的回款方式与一定的折扣率相联系，以缩短货款回笼周期。例如某药厂规定：如果中间商用现款现货购买，则生产企业产品在出厂价的基础上，再优惠 5%；如果 10 天之内回款，则在出厂价的基础上再优惠 3%；20 天之内回款，则优惠 2%；一个月回款，则优惠 1%；一个月以上回款，则不优惠。利用此方法，可促使一部分有实力的中间商为获得更大利润，尽可能缩短回款周期，利于生产企业的生产经营。

提货折扣。这种折扣是生产企业为那些大量提货的中间商提供的一种减价，以鼓励中间商购买更多的产品。提货折扣一种是根据提货等级、数量，另一种是根据提货金额。例如某家电企业规定，如果中间商一次提货达到 100 万元，可以在出厂价基础上优惠 2%；达到 200 万元，优惠 3%；达到 500 万元，优惠 4%；1000 万元以上，优惠 5%。

季节折扣。在销售旺季之前，生产企业一般希望中间商提前订货，以压货给中间商，达到一定的市场铺货率，为旺季备货，以抢占热销先机。而在旺季转入淡季之际，生产企业也希望中间商多进货，以减少生产企业仓储和保管压力。所以中间商在相应季节提货，可获得生产企业更多的折扣。

功能折扣。功能折扣是指生产企业为了促使中间商愿意执行某种市场营销功能（如推销、仓储、服务）而提供的一种价格减让，也包括为促使中间商同意参加生产企业的促销活动而进行的价格折扣。例如，如果中间商愿意为顾客提供售后服务，生产企业就可以在出厂价基础上再给予一定的价格折扣；如果中间商愿意参加生产企业的统一促销活动，则根据销售额可在再进货时提供一定的价格折扣。

(2) 返利。

返利是指厂家根据一定的评判标准，以现金或实物的形式对中间商的滞后奖励。返利的特点是滞后兑现，而不是当场兑现。根据奖励目的来分，返利可以分为过程返利和销量返利两种。

①过程返利。

这是一种直接管理销售过程的激励方式，其目的是通过考察中间商市场运作的规范性以确保市场的健康发展。通常情况下，过程激励包括以下内容：铺货率、商品陈列生动化、安全库存、指定区域销售、规范价格、专销（即不销售竞品）、守约付款等。能达到相应的要求，生产企业就对中间商予以一定的返利支持。

过程返利是一种很好的管理工具，如果设计得好会起到既能激励中间商，又能管理和控制中间商的作用。例如，某生产企业的返利政策是这样的：中间商完全按公司的价格制度执行销售，返利3%；中间商超额完成规定销售量，返利1%；中间商没有跨区域销售，返利0.5%；中间商较好执行市场推广与促销计划，返利1%。通过这种过程返利方案设计，既能激励中间商超额完成销量，又能规范中间商的运营，避免出现擅自降价、窜货现象，并积极参与生产企业的促销活动。

②销量返利。

销量返利是指生产企业根据中间商达到的销量提供不同程度的返利。具体来说，如果中间商在一定时期内销量（或销售额）达到生产企业规定的某一最低值，生产企业在原来出厂价的基础上，再给予中间商一定比例的返利，销量（或销售额）越高，则返利比例越大。例如某生产企业规定，如果中间商分别完成必保任务200万元、争取任务250万元和冲刺任务300万元，返利比例分别为1%、3%和5%，相对应的返利金额分别为2万元、7.5万元和15万元。

销量返利常见的形式是销售竞赛。销售竞赛是指对在规定的区域和时段内销量第一的渠道成员给予奖励，奖励的形式如上所述。另外，还可开展针对中间商的销售人员的营销大赛，以激发中间商的人员的推销热情，掀起“比、学、赶、帮、超”的热潮。例如，某生产企业在全国范围内，针对中间商的导购人员，开展销售技能比拼大奖赛。通过这次规模宏大的比赛，不仅激发了大家学习的动力，提升了导购技能，而且还潜移默化地“同化”了中间商的导购员，促使他们主推该企业的产品。此销售大赛不仅生产企业受益颇丰，壮大了声势，展示了实力，而且中间商也很满意，通过销售竞赛，提升了他们人员的素质，扩大了销售额、利润额，取得了较好的效果。

③实施返利激励的注意事项。

销量返利的实质就是一种变相降价，可以提高渠道成员的利润，无疑能促进渠道成员的销售热情。但事实上，销量返利大多只能创造即时销售，从某种意义上讲，这种销量只是对未来市场需求的提前支取，是一种库存的转移。销量返利的优点是可以挤占渠道成员的资金，为竞争对手的市场开发设下路障。缺点是若处理不好，可能造成渠道成员将返利当利润，而不是向市场要利润；同时一部分善于投机的中间商为获得更多的返利，可能会越区销售，导致窜货、价格倒挂等扰乱市场秩序的行为。所以，为了趋利避害，实施返利激励一定要注意以下问题：

返利的标准。一定要确定返利标准，如返利品种、数量、次级、返利额度等。例如，最低销售额指标要适中。太低，中间商不需努力即能达到，则起不到激励的效果；太高，即使尽全力也达不到，则中间商就不愿再努力，同样起不到激励的效果。同时，为了对大多数中间商都起激励作用，可考虑针对不同的中间商，规定不同的最低销售额。

返利的形式。一定要事先确定是现金返利还是货物返利。如果可能的话，最好是用货物顶替现金返利，这样可以避免更多的现金流出，同时还可扩大销量。

返利的时间。是月返、季返还是年返，应根据产品特性、货物流转周期而定。返利时间不宜过短，一般以不低于3个月为好，以免引起中间商为了得到返利而压货，使销售额大起大落。同时也不宜太长，一般以一年为限。否则，由于时间太长，不确定因素加大，中间商也就不感兴趣，另外还可能成为糊涂账，对双方都不利。

返利的附加条件。要使返利这种形式促进销售，而不是相反（如窜货），一定要加上一些附属条件，比如严禁跨区域销售、严禁擅自降价、严禁拖欠货款等，一经发现，取消返利。例如可采用“定点+定量+定价+定利”的四定政策，定点是规定中间商的销售区域；定量是给中间商确定销量；定价是规定中间商按公司规定的各项价格体系进行销售；定利是在中间商成功实现上述目标后，由公司按季度或年度进行考核，发放季度或年度返利。

应用案例

百事可乐的返利政策

百事可乐公司对返利政策的规定细分为五个部分：年扣、季度奖励、年度奖励、专卖奖励和下年度支持奖励。除年扣为“明返”外（在合同上明确规定为1%），其余四项奖励为“暗返”，事前无约定的执行标准，事后才告之中间商。

（一）季度奖励：既是对中间商前三个月销售情况的肯定，也是对中间商后三个月销售活动的支持，这样就促使厂家和中间商在每个季度合作完后，对前三个月合作的情况进行反省和总结，相互沟通，共同研究市场情况。百事可乐公司在每季度末，派销售主管对中间商业务代表培训指导，帮助落实下一季度销售量及实施办法，增强相互之间的信任，兑现相互之间的承诺。季度奖励在每一季度结束后的两个月内，按一定比例进货以产品形式给予。

（二）年扣和年度奖励：是对中间商当年完成销售情况的肯定和奖励。年扣和年度奖励在次年的一季度内，按进货数的一定比例以产品形式给予。

（三）专卖奖励：是中间商在合同期内，在碳酸饮料中专卖百事可乐系列产品，在合同结束后，厂方根据中间商销量、市场占有情况以及与厂家合作情况给予的奖励。在合同执行过程中，厂家将检查中间商是否执行专卖约定。专卖约定由中间商自愿确定，并以文字形式填写在合同文本上。

（四）下年度支持奖励：是对当年完成销量目标，继续和百事可乐公司合作，且已续签销售合同的中间商的次年销售活动的支持，此奖励在中间商完成次年第一季度销量的前提下，第二季度的第一个月以产品形式给予。

因为以上奖励政策事前的“杀价”空间太小，中间商如果低价抛售造成的损失和风险，厂家是不会考虑的。且百事可乐公司在合同文本上还规定每季度对中间商进行如下项目的考评：

1. 考评期中间商实际销售量；
2. 中间商销售区域的市场占有率情况；
3. 中间商是否维护百事产品销售市场及销售价格的稳定；
4. 中间商是否在碳酸饮料中专卖百事可乐系列产品；
5. 中间商是否执行厂家的销售政策及策略；
6. 季度奖励发放之前，中间商必须落实下一季度销售量及实施办法 。

为防止销售部门弄虚作假，公司规定考评由市场部、计划部抽调人员组成联合小组不定期进行检查，确保评分结果的准确性、真实性，做到真正奖励与厂家共同维护、拓展市场的中间商。

资料来源：案例：百事可乐的返利政策．中国商贸，2002（09）．

（3）资金支持。

中间商一般期望生产企业给予他们资金支持，这可促使他们放手进货，积极推销产品，例如，采取售后付款或先付部分货款待产品出售后再全部付清的方式，以解决中商资金不足的困难。这种激励方式比较适合生产企业刚进入某一市场或者希望尽快扩大市场份额的情况。另外，生产企业还可通过提供一定数额的产品进场费、货架费、堆箱陈列费、POP 张贴费、人员促销费、店庆赞助、商店 DM 的赞助等形式向中间商提供资金支持。

应用案例

B公司与A集团的渠道争夺战

1. B公司A集团“龟兔赛跑”

在小包装食用油业界，有着国际背景的A集团，所属十余家生产工厂遍布全国，年销量达上百万吨，旗下十多个包装油品牌占据了国内包装油市场的半壁江山，无论是品牌影响力，还是销售能力，始终居于行业前沿，引领着整个小包装食用油行业的发展方向，堪称行业领导者。B公司则由国内小厂发展而来，其凌厉的市场攻势、独特的市场定位、创新务实的渠道运作手法使B公司在短短几年内迅速崛起，成为业内的强势品牌。

以下先把两家公司的实力作一个对比。A集团：(1) 有强大的国际背景，实力雄厚，资金充裕。(2) 在中国市场上有十余年的包装油市场操作经验，集团高层稳定，战略部署和规划水平相当先进；且有大批专业的包装油市场运作精英，人力资源不存在问题。(3) 网罗了中国质量最高的一批小包装油经销商，其中有许多经销商是和A集团一起成长起来的，对A集团的忠诚度很高，经销商网络从质量到数量都不存在问题。(4) 品牌知名度和美誉度都相当高，在消费者心目中，是包装油的第一品牌，甚至在局部地区成为了小包装食用油的代名词。B公司：(1) 公司的花生油上市才二十多年，初期年产量不过万余吨。(2) 当时业界普遍认为，花生油仅是个地方小油种，市场空间不大。(3) 产品包装和广告不够现代，市场操作手法更显得傻大粗笨。

从上面的对比可以看到两者的实力相差悬殊，B公司要想在渠道上和A集团竞争，无疑是鸡蛋碰石头。然而，让人没有想到的是，就是这个名不见经传的地方小厂B公司，却在短短几年里发展成花生油的第一品牌，而且占据了包装食用油界的第三把交椅。虽然A集团后期加大了在花生油市场的投入，除加强花生油种的广告宣传外，还特意将旗下所属的一个地方花生油品牌提升到全国花生油专业品牌的地位来与B公司抗争，但收效甚微。

2. B公司收服二批商

B公司发现，A集团虽然对经销商有严格的管控和要求，但对经销商下属的各级二批商基本上是不管的，更谈不上控制。

作为小包装油销售的三大渠道（传统批发渠道、K/A终端、团购）之一的传统批发渠道，在全国大多数地方还属于重要销售通路，这个传统批发渠道里，除了数量有限的一级经销商外，更多的是跟在一级经销商后面的二批商。而A集团由于过于保护一级商利益，在价格体系的制定上忽视了二批商的利益，使得二批商成为了一级商的铺货员和搬运工，累死累活却没有多少钱赚。

其实这些二批商中也不乏实力雄厚者，他们不满足于目前的行业地位，也在积极地争取著名品牌的一级代理。但由于A集团一级商的地位极其稳定，绝少出现会砍经销商的情况，二批商们也就基本上不存在晋升的机会。这就给B公司以可乘之机，找A集团的二批商做经销商。他们虽然实力不如A集团一级经销商那般雄厚，但对于初期量不大的B公司来说已经足够了，最关键的是这些二批商熟悉当地包装油市场，都有着一定的流通销货能力，能快速地启动市场。B公司的出现是他们最合适的选择。

B公司业务人员虽然在市场操作技能上水平较差，但工作敬业、态度热诚，一反A集团业务人员的傲慢大牌，很快赢得了二批商的好感。虽然A集团自2000年起就要求各一级经销商要管好下属的二批商，不得经营竞争品牌，但由于A集团的基层办事处执行不到位，或是照顾到与各经销商二批商的关系，敷衍了事，给B公司留了一个大口子。为了应付A集团当地办事处的核查，许多二批商在前期将B公司的产品藏起来，不做零批，暗地里作为团购主推产品，歪打正着，成功地使B公司杀进了团购市场。

3. 开拓团购市场

小包装食用油30%以上的销量来自团购销售，没有哪一家包装油企业不重视团购市场，但重视的方式不同。A集团的重视是在文件上要求各级业务人员要重视，然后就是划拨资源给经销商，增加经销商团购市场的竞争力，以期用品牌的影响力和资源投入来争取更多的团购。但事与愿违，由于A集团的基层办事处监管不到位，加之A集团的经销商不愿意过快地放大销量（因为在A集团的销售政策中，经销商的量增长得越快，次年他的销量任务也就越重），销量过大的经销商又存在市场被分切的危险，所以A集团的经销商都会控制自己的销量不要增长太快。于是，这些下拨的团购资源绝大部分被经销商截留了，很少会投入团购市场的促进。

此外，A集团严格的价格体系使二批商和零售商获利甚少，做A集团产品的团购生意，虽有销量的保证，但没多少钱赚，又有什么意思呢？加之A集团的当地办事处基本上不大会帮助经销商开拓团购市场，经销商做的团购产品绝大多数都是些常规的调和油、色拉油之类，A集团所期望的重点团购主推的高端产品也就没人去推了。

而B公司的当地分公司却在团购前期大批量派出专职人员帮助其经销商跑团购，将本地市场内的单位以划区包干的形式一家家跑，而且一年四季，坚持不懈，拉到的单子就给经销商。这让许多实力还不是很大，自己没有精力跑团购的经销商很是感激。

同时，B公司的产品利润空间大，各级中间商和采购经办人获利丰厚，这极大地刺激促进了B公司在团购市场上的发展。

4. 攻克K/A卖场

在K/A类的终端卖场，B公司也发现A集团的一大弱项，就是客情关系。

A集团的K/A系统操作模式是由经销商供货，促销广告等市场费用由A集团投入，表面上看起来没问题，但实际上存在很大的隐患，因为卖场的经营人员与个体老板不同，价值取向主要是个人情感取向。并且A集团的业务人员习惯了对经销商和二批商的大牌脾气，加之在与卖场的经营人员日常协作中也得不到什么好处，自然是没什么好脾气了，卖场的经营人员也是被供应商哄惯了，也不会吃这套，一来二去自然是公事对公事了，当然没好处了。

客情关系一部分是靠业务人员的做人技巧，还有一部分是靠客情费用浇灌出来的，既然是公对公，A集团的业务人员和卖场的经营人员也就不存在什么做人技巧了，那剩下来还有个客情费用可以拿来弥补一下，但对这些K/A卖场客情处理费用上，也存在着一个矛盾，A集团的业务人员在卖场并没有受到像在经销商那里的热情接待与周到服务，对卖场的经营人员自然是有些不舒服，也不愿意积极主动地在这些卖场经营人员身上投入客情费用，要投的话也认为该是经销商投，是经销商在做生意嘛，我代表集团已经进行了大量的促销广告费用投入，经销商都是纯赚的，难道这点客情费用还要我们投入吗？A集团的领导层也是这个观点，申请客情费用的单子往往就会遭到驳斥：我们在价格体系中放了那么多利润给经销商，这点费用不会让经销商出吗？如此这般，A集团的业务人员断不会再申报客情费用了，但是经销商又会出这个钱吗？才不会呢，他们的理由也很简单，我们赚多少？现金进货，不能退货，资金压力大，我们往卖场送还要忍受那么长的账期压力，那利息不是钱吗？还有税，落到我们手里的才几个钱？包装油行业里往往就是生产领域要比经销领域赚的多，都是在帮厂家打工，厂家怎么能不投入呢？还有，促销费用一投就是几千上万块，客情费用也就千把块钱而已，稍微挤点就出来了，为什么非得要我们经销商来掏呢？

为商之道就是为人之道，在利益取向的角度上，个人利益绝大多数时候都会大于集体利益，毕竟是先私而后公嘛，所以B公司在客情费用的投入上从不吝啬，明里暗里，花样翻新，接连不断，对于各级卖场的采购经理主管乃至柜台的小主管来说，毕竟是自己本人先得到实惠，又有谁会不开心呢？相对于强势而抠门的A集团而言，当然让人舒服多了。所以尽管A集团在终端投入的促销陈列费用是B公司的好几倍，在实际的陈列位置安排、陈列免费延期上等方面，卖场的经办人员都给了B公司许多实际的照顾和实惠。使得B公司一直在终端保持了很好的正面形象与主推陈列，这对销售和品牌宣传起到了良好的促进作用。

资料来源：潘文富.B公司与A集团的渠道争夺战.http://www.boraid.cn/article/html/287/287592.asp.

2. 间接激励

间接激励是指通过帮助渠道成员提高服务水平、提高销售效率和效果来增加其利益，从而激发他们的积极性。间接激励方式很多，随着社会的发展，其方式还在不断创新之中。目前常见的间接激励方式有以下几种：

(1) 日常工作支持。

主要包括保证供货及时，减少因订货环节出现失误而引起发货不畅，特别是在旺季保障供货就是对中间商的最大支持和激励；妥善处理销售过程中出现的产品损坏、变质、顾客投诉、顾客退货等问题，切实保障中间商利益不受无谓的损害；减少因生产企业政策不合理而造成的渠道冲突；帮助中间商建立进销存报表，做安全库存数和先进先出库存管理，等等。这些工作很多原本就是生产企业应该做好的日常工作，也是对中间商经营的最好支持。

(2) 协助开发新客户。

我国中间商的市场营销能力和推销能力普遍不足。为提高中间商业绩，同时也扩大生产企业销售，生产企业应派驻业务人员，协助各地区中间商开拓市场，扩大销量，增加利润，激发其销售积极性。生产企业优秀的业务员往往是在帮助中间商开拓市场方面做得比较好的，所以常常可以很快改变中间商销售业绩，提高地区销量。

(3) 加强对中间商培训。

我国中间商因为其历史原因，整体素质不高，管理能力和自我提升能力不足，在企业发展到一定程度后，非常需要接受管理、营销、财务、人力资源等方面的指导。生产企业为提高整体渠道效率，很有必要统筹规划，有针对性地对中间商及中间商的销售人员等进行相关方面的培训，提高他们的素质和能力，提高中间商的业绩，使中间商能和生产企业共同成长，在合作中实现共赢发展。同时，这种培训也可加强中间商与生产企业的关系，使双方成为长期合作的战略伙伴。例如，1998年，联想成立的"大联想学院"就是一个专门为代理商提供各类培训服务的机构。"大联想学院"的宗旨是落实"大联想"的渠道策略，面向合作伙伴，通过培养大联想销售体系需要的专业人才，提高合作伙伴的管理水平、增值能力、销售推广能力和商务、宣传、服务的规范，提升"大联想"体系的竞争力，使合作伙伴与联想共同成长。

应用案例

唐恩都乐公司的渠道成员培训

唐恩都乐公司（Dunkin'Donuts）是2010年销售收入在全世界达到60亿美元的快餐特许经销商，它的第一家甜甜圈和咖啡店是在1950年开业的，如今公司已拥有在北美和其他31个国家的9700个店铺，其中大部分是由独立的特许经销商经营的，而所有的特许经销商都在"唐恩都乐大学"接受过严格的集中培训，该大学设在马萨诸塞州的昆西。

6周的训练计划包括5周的正常课程，其中每周都有6天的学习，最后一周要在当地的甜甜圈店工作。该计划的大约一半是有关甜甜圈和类似产品制作中使用的工艺性生产技术，另外一半是有关零售店的业主经理所要涉及的财务、人事和管理实践。每一个特许经销商的培训日程表和培训中每一个为期30天培训的材料都是精心安排的。

由于受训者要按照计划接受培训，所以要接受一系列的考试，这些考试要检验他们对材料所涉及内容的记忆情况及完成与甜甜圈生产相联系的各种手工技能的能力。要向受训者发放统一制服、经营手册以及课程所需要的其他物品。

在受训者花费在甜甜圈生产上的2个半星期内，他们要学习的课程包括从甜甜圈酵母的发酵过程到选择正确的油炸、设备的保养以及每批甜甜圈的数量安排等，要求受训者在开始计划中的管理培训部分之前，在精通甜甜圈生产上达到一定的水准。

在管理培训阶段，公司努力将通常被称作“蓝领”的雇员转变成专业管理者，还要给特许经销商介绍用在面试和筛选雇员以及评价员工的工作绩效和执行很多其他管理任务的技巧，他们也要学会在使用供应品和销售技能上如何培训员工。

受训者在培训中进步的记录都要保存下来，以周为单位完成培训报告，在所划分的区域内有特许经销商存在，直接管理者可以复印这样的报告。

唐恩都乐大学的教职员工包括1个培训部主任和2个助手，外加从附近的公司总部请来的技术、财务和营销主管，属于当地公司所有的一个网点被用作工作上的培训基地，但培训并没有随着受训者从唐恩都乐大学毕业而结束，公司还期望每一位特许经销商参加之后由公司安排的一系列持续的地区或全国性培训研讨会。大批唐恩都乐大学毕业生离去后成为多种特许经营单位的所有者。公司报告说它的特许经营失败相对比较少，这主要归功于培训期间特许经销商所接受的培训项目。

资料来源：伯特·罗森布洛姆．营销渠道（第8版）．宋华，等，译．北京：中国人民大学出版社，2014：451-453.

（4）提供市场情报。

市场情报是开展市场营销活动的重要依据。生产企业可以将所获得的市场信息及时传递给中间商，使他们做到科学决策。为此，生产企业可以定期或不定期地邀请中间商座谈，共同研究市场动向，进行信息交流，制定扩大销售的措施；企业还可以将自己的生产状况、生产计划、新品研发信息等告诉中间商，为中间商合理安排销售提供依据。

(5) 促销支持。

生产者利用广告宣传、促销活动推广产品，一般会受到中间商的欢迎。生产企业应当在整个市场塑造自己的产品形象，提高品牌知名度，中间商在自己区域内进行促销时，生产企业也应给予大力支持，为中间商提供各种补贴措施，形成利益统一体，既提高自己品牌知名度，又帮助中间商赚取利润，激发他们推广产品的热情。广告宣传及促销费用可由生产企业负担，亦可由双方合理分担。生产企业还可经常派人协助一些主要的中间商安排商品陈列，举办产品展览和操作表演，训练推销人员。促销支持可使中间商的销售额迅速增加，增强中间商对生产企业产品的信心。例如，某生产企业在某地和一中间商谈好合作意向后，承诺为了使该中间商尽快拓开市场，生产企业将在该县电视台的黄金时间连续3个月做每天不低于2次的产品广告。这就是典型的广告宣传支持。

(6) 建立并维护合理的级差价格体系。

级差价格体系是指在生产企业将营销渠道中的中间商分为一级批发商、二级批发商、零售商等的基础上，由生产企业制定的包括出厂价、批发价和零售价等在内的综合价格体系。只有建立合理的级差价格体系，才能保证每一层次的中间商都能通过销售产品取得合理的利润，调动每一层次人员的积极性，渠道才能顺畅，效率才能提高。级差价格体系稳定，才能使广大中间商将精力主要放在管理和营销上，更多地销售产品，防止出现窜货现象。价格体系崩溃，往往意味着生产企业经营上出现了很大问题。当然，在企业发展的不同时间、不同阶段每一层次所起的作用不同，级差价格体系也可作相应的调整。

(7) 加强终端管理。

在渠道为王、决胜终端的时代，中间商的服务水平直接影响顾客对生产企业的产品购买的选择。对顾客来说，他们直接感受到的就是终端的商品陈列和促销人员的服务。要想拥有优秀的销售业绩，而缺乏良好的终端陈列和服务水平是不可能的。而现有的中间商受自身水平的限制，在服务上很难达到规范化、标准化。所以，生产企业有必要制定严格的终端服务手册，对终端商品陈列、POP布置、专柜店头制作、广告宣传、促销话术等做出详细而全面的规定，并委派业务人员协助中间商工作，提供促销物料，指导商品陈列，加强促销员培训，增强他们对企业及产品的认同，全面了解产品的性能和指标，以增加销售技巧，提高他们的服务质量，树立企业品牌，在顾客心中真正树立企业与产品形象。

(8) 精神激励。

生产企业除了重视物质激励，让中间商获得更多的经济利益之外，还应该重视精神激励的作用。实际上，人们在基本需求得到满足之后，随之上升的是精神需要，例如尊重、归属、自我实现等。生产企业如果能根据中间商需求的变化调整激励措施，往往会起到意想不到的效果。常见的精神激励方式有：

旅游。这是对中间商的一种很好的激励方式。在生意繁忙之余，给他们一次放松身心的机会，他们会更有忠诚度，更有凝聚力，可以激发他们口碑传播的积极性。现在很多生产企业在年终召开中间商大会，都是前 1~2 天开会，最后留出 1~2 天在当地旅游。花钱不多，但却非常受中间商的欢迎。曾有一家生产企业针对完成销售目标的中间商给予了一次俄罗斯三日游的奖励。面对出国的这种“诱惑”，一些中间商欢呼雀跃，连生产企业都没有想到，效果竟是如此之好。

大客户会。有的企业会定期召开大客户会，邀请主要客户代表参加企业的新产品说明会、培训会、政策吹风会等，促使这些核心客户深刻领悟企业营销战略及其策略，明晰企业发展方向，更好地实现厂商携手，合作共赢的良好局面。能参加大客户会，对中间商来说意味着生产企业的尊重和承认，也是一种巨大的精神激励。

中间商顾问委员会。一些生产企业为了激发大客户的参与，及时了解中间商面临的问题及需求，采取了前述的中间商顾问委员会这种激励方式，为参与者颁发聘书，给予一定的补贴待遇等，让他们参与到生产企业的产品研发、市场管理、渠道政策制定等工作中。由于中间商亲身参与，执行力更强，而生产企业也能及时了解中间商的问题和需求，建立和大客户的牢固关系，因此，销售更为稳定。

荣誉证书。在生产企业召开年度中间商大会时，经常会就一年来中间商的销售业绩进行评比，对销售额较大或销售额增长较快的中间商进行奖励，并颁发荣誉证书，让代表上台发言，甚至邀请优秀中间商作为宴会抽奖环节颁奖嘉宾。这些精神激励方式对中间商来说也是一种巨大的精神鼓励，促使他们第二年更努力地投入工作。

其他方式。除了上述方式外，生产企业还会想方设法给予优秀中间商精神激励，例如，提高中间商的经销地位，邀请他们与生产企业总裁共进晚餐；聘请在当地有影响、信誉好的中间商作为生产企业的名誉顾问，定期邀请其参加生产企业的一些经营或公关活动；为大中间商派驻专业顾问等，这方面还有很多创新潜力。

(9) 建立长期伙伴关系。

前面所述激励方式主要目的是获得中间商的合作。除此之外，生产企业还要研究目标市场上产品供应、市场开发、寻找顾客、账务要求、技术服务和市场情报等方面的情况，以及生产企业与中间商各自能从对方得到什么。然后，根据实际可能，与中间商共同议定这些情况，制订必要的措施，签订相应的合作协议，谋求与中间商建立长期合作关系。如中间商能认真执行，生产企业可再给予一定的补助。例如，某生产企业不直接给中间商 25%的销售佣金，而按下列标准支付：如保持适度的存货给 5%；如能达到销售配额，再给 5%；如能有效地服务顾客，再给 5%；如能及时报告最终顾客的购买水平，再给 5%；如能正确管理应收账款，再给 5%①。

另外，生产企业可在组织方面与中间商进一步加强合作，把生产企业和中间商

---

① 郭国庆．市场营销学．武汉：武汉大学出版社，2007：234.

双方的要求结合起来，建立一个有计划的、专业化管理的纵向联合销售系统，这有时也被称为分销规划。生产企业可在此系统内设立一个中间商关系计划部，由该部门与中间商共同规划销售目标、存货水平、商品陈列、培训员工计划以及广告宣传计划，其目的是使中间商认识到，他们和生产企业利益是一致的，双方都可以从这种良好的合作中获益。

（10）惩罚。

根据奖惩结合原则，在所有的激励方式都不能奏效的情况下，生产企业还必须对有违规行为、又不听指挥的中间商采取惩罚措施，例如取消中间商资格或降低经销级别、降低优惠政策，直至终止合作等。有奖有罚，才能令行禁止，保证整个渠道系统的稳定高效。

本章小结

渠道成员选择是生产企业在渠道设计之后需要开展的第一项工作。选择渠道成员的原则包括相互认同原则、进入目标市场原则、产品销售原则、形象匹配原则和合作共赢原则等原则。

生产企业要选择渠道成员，一般会遵循发布招商信息、初选、复选、确定渠道成员、更新渠道成员五个步骤展开。寻找渠道成员一般有地区销售组织、商业渠道、中间商咨询、顾客、广告、互联网、其他途径等常用途径。

选择渠道成员需要重点考虑综合实力、产品及市场覆盖、市场开拓及销售能力、合作意愿及可控性、信誉五个方面的标准，每个具体标准下面又包含一些次级标准。常用的渠道成员选择方法有评分法、销售量分析法和销售费用分析法三种。

与生产企业相比，中间商具有不同的思考模式，不能靠强制性的命令来让中间商服从管理，因此必须针对渠道成员的需求持续提供激励。激励的原则包括针对性原则、适时原则、适度原则、公平原则、奖惩结合原则。

渠道成员的需求大致可以分为获得利润、降低风险和提高竞争力三类。发现渠道成员需求和问题的方法包括生产企业对渠道成员进行研究、外部机构对渠道成员进行研究、营销渠道审计、设立中间商顾问委员会四种。

根据激励手段的不同，可将激励方法分为直接激励和间接激励两种。直接激励是指通过给予渠道成员物质或金钱的奖励来激发其积极性，从而实现公司的销售目标。常见的直接激励方式包括折扣、返利、资金支持三种方式。间接激励是指通过帮助渠道成员提高服务水平、提高销售效率和效果来扩大其利益，从而激发他们的积极性。常见的间接激励方式包括日常工作支持、协助开发新客户、加强对中间商培训、提供市场情报、促销支持、建立并维护合理价格级差体系、加强终端管理、精神激励、建立长期伙伴关系、惩罚等方式。

习　题

一、单选题

1. 选择渠道成员的最基本的原则是(　　)。

A. 相互认同　　B. 产品销售　　C. 合作共赢　　D. 形象匹配

2. 生产企业向中间商提供旅游予以奖励，这种激励属于(　　)。

A. 直接激励　　B. 精神激励　　C. 金钱激励　　D. 物质激励

3. 对中间商进行培训，这种激励属于(　　)。

A. 直接激励　　B. 精神激励　　C. 间接激励　　D. 物质激励

4. 如果中间商为顾客提供售后服务，生产企业对供货价格给予一定折扣，这属于(　　)。

A. 回款折扣　　B. 提货折扣　　C. 季节折扣　　D. 功能折扣

5. 选择中间商要考虑的核心问题是(　　)。

A. 综合实力　　B. 产品及市场覆盖

C. 信誉　　D. 市场开拓及销售能力

二、多选题

1. 选择渠道成员常用的评价方法有(　　)。

A. 定性分析法　B. 评分法　C. 销售量分析法

D. 因素分析法　E. 销售费用分析法

2. 一般来说，中间商主要有(　　)等方面的需求。

A. 获得利润　B. 降低风险　C. 加强合作关系

D. 提高竞争力　E. 精神激励

3. 选择渠道成员的原则有(　　)。

A. 相互认同　B. 产品销售　C. 形象匹配

D. 合作共赢　E. 进入目标市场

4. 选择渠道成员的标准包括(　　)。

A. 综合实力　　B. 产品及市场覆盖

C. 信誉　　D. 合作意愿及可控性

E. 市场开拓及销售能力

5. 生产企业对渠道成员进行激励，应遵循(　　)等原则。

A. 针对性原则　B. 适时原则　C. 适度原则

D. 公平原则　E. 奖惩结合原则

三、判断题

1. 渠道设计与渠道成员选择是决定与被决定的关系。　　(　　)

2. 生产企业要选择实力最强的中间商，这些中间商是企业的最佳渠道成员。（　　）

3. 费用效率是单位商品（或单位销售额）销售费用的倒数。（　　）

4. 与生产企业相比，中间商具有不同的思考模式。（　　）

5. 返利的特点是当场兑现。（　　）

四、简答题

1. 渠道设计与渠道成员选择之间存在哪些特殊情况？

2. 实施返利激励时通常要注意哪些问题？

3. 常用的间接激励方式有哪些？

4. 发现渠道成员需求的方法有哪些？

5. 寻找渠道成员主要有哪些途径？

五、案例分析题

2015年华为渠道政策

2015年3月12日，以“智汇阳光，共襄新程，超越梦想，共铸辉煌”为主题的，2015年华为中国合作伙伴大会在上海西安举办，这是华为企业BG中国区历史上规模最大的一次盛会，有来自全国各地超过8500名合作伙伴及客户参会；而在数年前的第一次大会上，参会人数只有500人，这也从侧面反映出了华为企业BG的成长路径。

华为企业BG中国区在会上全面传递2015渠道战略、展示华为领先的ICT产品和解决方案，众多合作伙伴分享和华为合作的实践经验。

据悉，2014年，华为企业业务在中国ICT市场业务持续快速增长，收入同比增长近40%；合作伙伴数量从2012年1700家发展到2014年4000家；合作伙伴业绩的贡献约占华为企业业务中国区销售收入的80%以上。渠道已成为华为企业业务的绝对生产力。而这背后，主要依赖于华为企业BG始终坚持“聚焦”和“被集成”的战略，并保持稳定且持续优化的渠道政策。

总体来看，2015年华为渠道政策保持稳定，渠道架构维持不变，但加大了对合作伙伴的激励，提升针对合作伙伴激励计划的速度与力度，注重合作伙伴的能力提升，及时有效地牵引合作伙伴在能力提升、重点产品上的投入和目标市场上的进一步突破，与此同时强化了渠道秩序的管理。

具体措施如下：

1. 加大对合作伙伴让利，实现差异化、精准化、多样化激励

在基于业绩的返点方面，2015年优化了主力产品返点，在享受产品基本返点的同时针对数通、存储、视讯三类主力产品进行了叠加激励，激励方案采取阶梯激励方式，做得越多，返点系数越高，鼓励伙伴做大做强。

2015年还新增“能力提升计划”、“市场拓展计划”两大类计划；两大计

划由多个子计划组成，涵盖合作伙伴的销售、售前、售后及市场拓展等全方面激励，全面提升合作伙伴综合能力。例如：

精英俱乐部计划：面向合作伙伴，通过华为的相关培训、考试、参加相关的沙龙活动均可获得积分，累计起来就可以享受丰富的权益。

联合解决方案开发计划：面向具备研发能力、愿意与华为一同构建领先行业化解决方案的合作伙伴，提供样机设备优惠、测试设备以及品牌活动经费的支持等。

2. 助力合作伙伴售前售后能力提升，与华为共同成长

获得华为经销商身份认证的前提是必须通过对应的售前售后认证。在2015 年初发布了全产品的优选 CSP 服务计划，具备 5 钻能力的合作伙伴可获得优选 CSP 服务商的身份，在政策上取消了成为 5 钻需要 4 钻一定时间的限制，只要资质达标即可申请，让更多有能力的合作伙伴更方便地获得对应的身份和获取相应的收益。

另外，除新增合作伙伴能力提升计划外，还加大对售前售后的培训支持：新增售前认证培训名额的赠送政策，如果经销商已完成的年度累计业绩超出其年度目标，根据其超出年度目标的业绩部分，按相应比例追加赠送售前认证培训名额。

2015 年华为扩展了销售和服务能力提升的通道，售前讲师认证、解决方案专家认证、服务售前专家认证将为合作伙伴的人才提升更广阔的职业发展通道。

3. 持续构建阳光透明、公平公正的合作环境

“阳光渠道”是华为企业业务的基本原则之一。严格依据渠道政策公开、透明地处理经销商的各类违规行为，是华为作为产业链核心的必然使命。

合作伙伴需签署《合作伙伴廉洁诚信承诺书》和《合作伙伴行为准则》，作为合作伙伴注册的必要条件；新增项目中的渠道通路交叉验证，加强订单通路的真实性管理；进一步细化经销商违规处罚条例，新增“收入确认违规”处罚场景；坚决维护渠道秩序，继续严厉打击各种业务流程违规和经济违规，对腐败零容忍。持续政策优化，努力打造一个阳光、和谐、开放、共赢的合作伙伴生态圈，让与华为合作的“可获得性”变得更强。

渠道合作伙伴始终是华为企业业务宝贵的财富，“不忘老朋友，结识新朋友”将是我们始终坚持的渠道建设原则。在华为企业业务的发展道路上，华为将坚定不移地执行“聚焦”和“被集成”战略不动摇，并通过稳定且不断优化的渠道政策，凝聚更多的“文化认同、组织协同、价值分享、共同成长”的企业业务同路人。

资料来源：岳明．2015 年华为渠道政策关键词：激励、成长与阳光透明．http：//www.c114.net/news/126/a886528.html.

问题：

1. 华为公司对渠道合作伙伴的激励有哪些？
2. 在华为对渠道合作伙伴的激励中，哪些是直接激励？哪些是间接激励？

实践活动

一、实训目的

使同学们通过游戏了解渠道成员选择的重要性，知道如何进行渠道成员选择和渠道成员的激励。

二、实训内容

猜字谜比赛游戏。在班级中选出3~4名组长，每位组长通过演讲来说明对小组成员的要求和选择标准以及为吸引同学加入本小组所能提供的具有诱惑力的条件，同学再自行决定是否跟随该组长，从而完成小组的组建。每局获得第一名的小组组长在每局结束后都可以更换组员，然后再开始游戏。三局以后总分最高的小组获胜，获得单独加分最高的组员为获胜者。

三、实训组织

1. 教师提前1周布置活动，说明游戏要求及注意事项。

2. 组长通过1~3分钟的演讲来吸引同学加入，组建成3~4小组。

3. 教师事先选择不参加猜字谜比赛的8~10名同学组成出题组，每名同学提供3~5个字谜。

4. 教师组织小组在课堂上进行猜字谜比赛。

四、实训步骤

1. 在班级中选出3~4名组长，每位组长通过1~3分钟的演讲来吸引同学加入，组建小组。

2. 由一名同学担任主持人，在课堂上游戏开始之前现场随机确定各组要猜的字谜，但不要在课堂上公布该信息。

3. 由猜字谜组中的组长念题目，各个组员依次猜字谜。

4. 每局10个字谜，猜对一个得10分，猜错一个扣20分。由两名同学记录各小组的分数和每名组员的个人得分。

5. 每局结束，公布各个小组得分和前十名的个人得分。每局中获得第一名的小组可以由组长从其他组中挑选想要的组员并与之互换组员。

6. 三局结束后算出总分，总分最高的小组获胜，获得单独加分最高的组员为获胜者。教师对获胜小组和个人进行表扬或奖励。

第6章 营销渠道控制

学习目标

- 掌握渠道控制的内涵和特点
- 了解渠道控制的重要性和有效性
- 掌握渠道控制力的六力模型
- 理解渠道控制力运用时的注意问题和六种影响策略
- 熟练掌握十一种渠道控制方式

本章结构

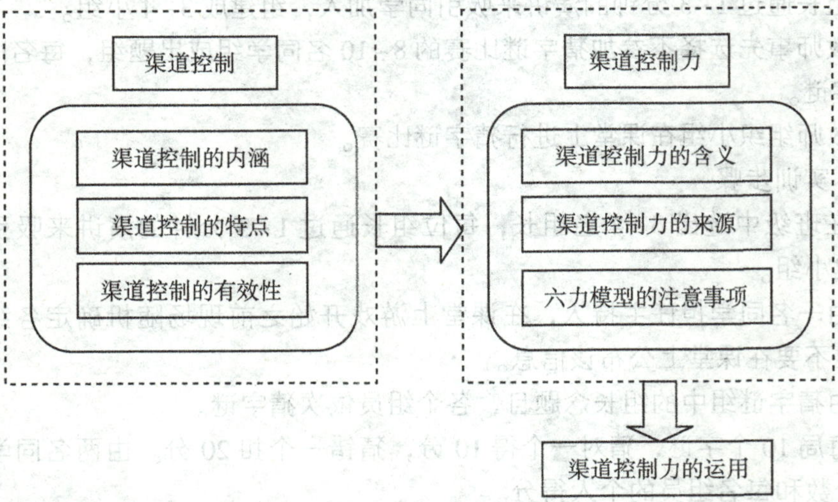

导入案例

加多宝如何掌控渠道

加多宝是个谜一样的存在。尽管加多宝的产品和广告随处可见，近期围绕红罐之争“422 呼唤公平”活动也搞得如火如荼。但是，如果仔细想一下：你了解加多宝吗？它是如何运作的？无所不在的加多宝渠道在怎样管理？它又在如何决策？估计很少有人能给出答案。

一支令人敬畏的队伍在凉茶世界的“红绿战争”中，发挥了至关重要的作用。通过电视、网络，尤其是现实的商业世界，人们能真切地感受到这支队伍爆发的能量。这个队伍就是——加多宝渠道。然而这支队伍又是神秘的，不仅可以查询到的资料非常有限，而且采访对象也大多不愿多谈。如此讳莫如深，更让我们迸发出摸清这支近万人队伍来龙去脉的兴趣。因为，只有了解了他们，才算真正了解了加多宝营销，了解了加多宝。

“我们是从 2006 年开始做王老吉的，2012 年继续跟着做加多宝。”刘颖说。刘颖正是庞大的加多宝渠道队伍中的一员。刘颖几乎经历了加多宝的整个北京市场开拓历程。2006 年，她成为加多宝公司餐饮渠道的一名邮差商。“邮差”一词，是加多宝对那些有运输能力的分销商的特定称呼。餐饮渠道是 2003 年“王老吉”被明确定位后，在原来餐馆供货的基础上发展而来的。之后的几年，加多宝的渠道开始迅速“进化”，借鉴了百事可乐的渠道模式——将渠道细分为 KA 现代（即 Key Account 重要客户渠道）、批发、小店、餐饮和特通五大部分。KA 现代和特通是新设渠道，前者服务于大超市和商行，后者则供应学校、网吧、车站、宾馆、KTV 等通路。原来供应杂货铺、小卖部、餐馆和批发市场的传统渠道也都改编成小店、餐饮和批发三条渠道。

加多宝将每个渠道又按照地域进行了细分，现在基本形成 5 大销售公司下辖 50 个销售大区，50 个销售大区下辖 500 多个办事处的格局。在每个大区，又有特大城市、省会与沿海发达城市、地级市、县镇和乡村共 5 个级别。每个城市只有一个总经销商，总经销商下面再发展多家“邮差”，如餐饮邮差、的士邮差和批发邮差等。

与刘颖不同，年过五旬的老张看上去像个快要掉队的批发商。在北京东南最大的北京盛华宏林粮油批发市场，他的货大多数卖给了“串串”，也就是依靠倒卖差价生存的小批发商。在加多宝的渠道网络中，这样的批发商是少数分子，既不受重视，也不受欢迎。

相比之下，加多宝更喜欢北京事必达科贸有限公司这样的饮料批发商。它位于北京市崇文门一个并不显眼的院落里，但却有可靠的物流，也有稳定的客户，但最让加多宝看重的是其“送货上门”能力，也就是直接送达机关、团体、餐饮、高校、医院等单位的能力。

实际上，在把加多宝凉茶推向终端这一行动中，老张和事必达并没有本质区别，不过，两者背后却暗含着巨大的管理问题。像老张那样的经销商，并不能保证加多宝的产品尽快进入终端，产品一直在市场上流通就不好控制价格和信息。因为渠道层级太多，无法准确、及时获得一线市场变化情况。在这个渠道网络上，像老张一样的批发商其实拉长了整个渠道链条，削弱了加多宝对渠道的控制力。

也因此，加多宝特别重视扶持像事必达这样的二级批发商，让二级批发商直接对接加多宝与终端市场。这就是为外界所称道的加多宝渠道扁平化。渠道扁平化是20世纪90年代从我国台湾地区兴起的一种渠道操作模式，其总体思路是：简化产品销售的中间环节，保障产品从生产商到消费者间供给系统的高效运作。

渠道扁平化的结果，就是在加多宝的渠道体制中实现总经销制。即一个地区有一个总经销商，往下只发展多个"邮差"和二级经销商。总经销制的特点是：一个渠道中总共只有两级经销商，压缩了渠道费用，加强了信息与价格控制。

在刘颖的老家河南，送进终端的广药"王老吉"比"加多宝"每箱便宜2元。"听到这消息后我们也想了解一下，可是'王老吉'的业务员在哪里呢?"刘颖坦陈，2012年"王老吉"较低的批发价格的确让她心动过，可是最终没能使她倒戈。用刘颖的话说，这个圈子的人赚的都是薄利，有时候对短期的利润趋之若鹜，但到关键时刻还是得通盘考虑。更何况能够介绍广药"王老吉"情况的业务员还迟迟不见身影。

那么，像刘颖一样的经销商和邮差是怎么黏在加多宝这张大网上的呢？王月贵说："对于渠道商、经销商来说，更看重产品的内涵、发展潜力。只要产品更具内涵、更具有发展潜力、更受消费者认可，就能给渠道商和经销商更丰厚、持久的回报。"说法虽然简单，但寓意深刻。利润永远是最好的激励手段，实际上销售加多宝产品的利润一直高于同行。

即使撇开利诱不论，加多宝利用程式化协议掌控渠道的能力也是首屈一指的。合同化是加多宝渠道管理的最基本方式，双方的权利、责任、风险和合作规范等都通过合同加以约束。比如：窜货，也就是跨区域销售，一旦发现按协议约定当月销售奖励将为零。完成协议约定的，如开发客户和陈列等指标，则会有相应的奖励。

加多宝另一个常用来掌控渠道的办法则是向经销商和"邮差"压货。按照加多宝的说法，经销商和客户的库存保持在客户周销量的1.5倍是安全库存。但过去的一年中，加多宝的压货远超这个数字。"压了货你就没有精力去做其他产品，你得想着把手头的货销出去。"刘颖说。

加多宝渠道管控中最精通的，还要算渠道信息收集。业务员A女士的日常工作就是拜访终端，工作内容是理货、清点库存、开发客户和记录数据。像她一样的业务员每天大约拜访40个终端，每个终端每周1~2次，有时候还需帮店主直接维护客户关系。每个终端的服务台都有一张加多宝的“客户服务卡”，不但记录着对接业务员和主管的姓名和电话号码，而且还有业务员和监督员每次到过的时间等记录。每个业务员每天的路线都是提前设定好的，并且都提前做成图表，以备主管和更上一级查询。相比于那些把渠道管理“扔给”合作伙伴的企业，这样对业务员严密而直接的管控，是加多宝渠道管理的一大特色。

每到月中和月末，业务员要上报掌握渠道的客户资料，文员将这些数据录入加多宝的RMS系统线。一位曾在加多宝工作多年的员工说：“各级都可以通过RMS系统线对市场情况了如指掌，小到某社区的一家小店的变化，大到分区业绩变动。”这样的渠道掌控能力，无疑是“可怕”的。

在A女士的考核指标中，除了日常拜访外，另一个重要的项目是开发新客户。加多宝是一家自己跑业务的公司，直接帮助经销商和“邮差”开发餐饮客户和小店客户。那些经销商和“邮差”原有的客户，业务员也必须与其建立关系，比如：在餐饮渠道经销商和邮差服务的终端，80%是掌握在加多宝手中的。

与其他饮料企业不同，加多宝非常重视外部经销商与公司内部销售团队的合作。从A女士的日常工作中也可以看出，在加多宝的渠道网络中，经销商更多承担物流角色，而加多宝则对主要终端安排固定人员定期拜访、维护。客户在这个网络中是共享的。加多宝业务员和经销商一起进行网络的建设与完善，一起管理物流和促销。

大规模制造和低效率分销的矛盾使大企业尝试自己掌控渠道，十几年对渠道精耕细作，这是加多宝渠道运营练就的内功。

从“王老吉”商业争夺战一开始，就有观察家认为，加多宝命悬一线。但一年过去了，加多宝在创造了“王老吉”营销奇迹后，又再次被公认为创造了属于自己的营销奇迹。而奇迹的背后最沉默又最扎实的一批人，就是加多宝十多年打磨出的渠道队伍。

资料来源：董金鹏．加多宝的渠道铁军．中外管理，2013（5）：44-49.

建立营销渠道之后，就需要对渠道进行各种管理，其中，控制是渠道管理的一个重要内容。渠道控制也就是对渠道成员的活动进行监控，并与渠道目标相对照，对凡是不利于渠道运行、不利于实现渠道目标的行为予以控制，这样才可能让所有的渠道成员协调行动，齐心协力，共同完成渠道任务。

6.1 渠道控制概述

6.1.1 渠道控制的内涵

渠道控制是管理控制在渠道领域的具体应用，是一个渠道成员对另一个渠道成员的行为与决策变量成功施加影响的过程①。渠道控制的本质是对渠道成员的行为进行控制，它也是一种跨组织控制、相互控制（或交叉控制）和结果导向的行为过程。渠道控制之所以产生，是因为渠道成员相互依赖，大家既有共同的利益，也有不同的利益。如果不实施控制，渠道成员各行其是，只为自己利益考虑，就产生不了共同的合力，行为效果相互抵消，最后使整体利益受损。一般来说，渠道控制是指生产企业对中间商的控制，但中间商也可以对生产企业进行控制，因为控制是依赖实力的。有时我们会看到，在实力相差无几或相反的情况下，会出现生产企业与中间商争夺渠道控制权的现象，如家电行业中国美、苏宁等大型家电专业连锁与家电生产企业对渠道控制权的争夺。

渠道控制问题由来已久，早期主要是从经济学角度研究这一问题的。直到 20 世纪 70 年代初，Stern 等学者将行为科学方法引进到渠道研究领域后，对该问题的研究才逐渐转向行为科学范式。Stern（1967）认为渠道控制是一个渠道成员就某一特定产品（或品牌）为其他渠道成员制定营销政策的能力。这一观点将渠道控制视为一种能力，很容易导致该概念与渠道权力概念的混淆。1973 年，Bucklin 将渠道控制定义为“个人、群体或组织有目的地影响其他个人、群体或组织行为的过程”。这个定义就将渠道控制界定为对行为的控制，恢复了渠道控制的本质，但该定义并未和营销渠道相结合，所以只是一个泛泛的概念。根据这两个概念，很多人都认为渠道控制与渠道权力是两个等同的概念。但也有很多学者认为两个概念并不相同，渠道权力是渠道一个渠道成员影响另一个渠道成员决策变量的能力，只是一种潜在的影响力，而渠道控制是指一个渠道成员对另一个成员行为和决策变量的实际影响，体现的是权力应用的实际结果。所以两者既有联系又有区别，渠道控制是运用渠道权力影响渠道成员的过程。

6.1.2 渠道控制的特点

营销渠道有不同的组织模式。对于直销模式或公司式垂直渠道模式来说，因为渠道系统就是公司系统的组成部分，所以渠道控制其实就是公司内部控制。这种控制依靠行政权力和行政命令就可以实施。而对于其他渠道组织模式，由于要使用大

① 吕一林. 营销渠道决策与管理（第 2 版）. 北京：中国人民大学出版社，2008：196.

量中间商，成员分属于不同的独立企业，所以渠道控制比较复杂，主要具有以下几个特点。

1. 跨组织控制

不管是在传统渠道组织中，还是管理式、合同式垂直渠道系统中，或是在水平渠道系统、多渠道系统中，各个渠道成员都是相互独立的经济组织，具有不同的法人资格、企业文化、战略、行为方式等。因此，生产企业对渠道成员的控制，是一个企业对其他众多企业的控制，是一种跨组织的控制。例如一家食品生产企业对分销其产品的代理商、批发商、零售商的控制，各级中间商并非其下属公司，所以其对中间商的控制只能通过合同、建议、指导、诱导等方式使他们与企业合作，而不能是命令。同时，跨组织控制中还隐含着组织内控制。这可通过图 6-1 表达。

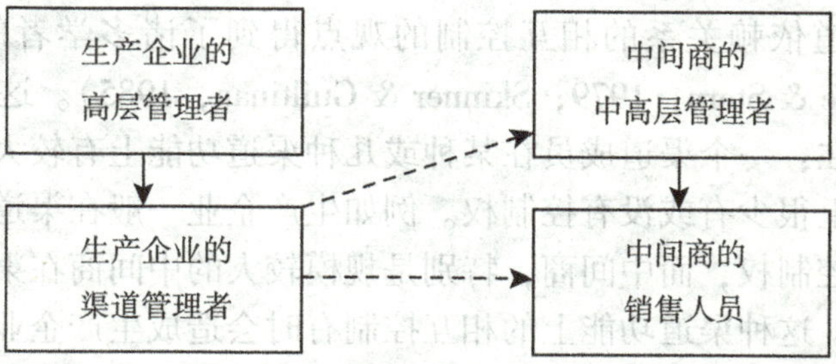

图 6-1 渠道控制路线

资料来源：吕一林．营销渠道决策与管理（第 2 版）．北京：中国人民大学出版社，2008：198.

图 6-1 显示的是以生产企业为控制者、中间商为被控制者的模式。虚线表示的是跨组织控制，实线表示的是组织内控制。从图 6-1 中我们可以看出，生产企业对于中间商的控制是由生产企业的渠道管理者实施的。生产企业的渠道管理者直接对中间商的中高层管理者和销售人员实施跨组织控制。同时，渠道管理者要接受生产企业的高层管理者对他的直接领导和内部控制，中间商的销售人员也要接受来自中间商中高层管理者的直接领导和内部控制。所以，生产企业的内部控制（高层管理者对渠道管理者的控制）和中间商的内部控制（中高层管理者对销售人员的控制）会影响生产企业的跨组织控制，即影响生产企业对渠道控制的力度、方式和效果。例如，如果生产企业有非常规范的内部控制，其高层管理者对渠道管理者的管理也就会非常规范，通常也会促使渠道管理者对中间商进行规范的控制。同样，如果一个中间商有比较完善的终端管理体系和激励机制，中高层管理者能对其销售人员实施有效的管理和激励，生产企业的渠道管理者就可以大大减少对于中间商销售人员的培训和行为控制。

正因为这种跨组织控制与组织内部控制相互交汇的特点，很多时候当渠道控制出现问题时，就不能简单理解为一定是跨组织控制的原因，也有可能只是生产企业或中间商的内部控制出现了问题。因此，当渠道控制出现问题时，生产企业必须进行全面调查和分析，而不能轻率得出结论。

2. 相互控制

Bucklin（1973）是最早建立渠道控制模型的学者之一，他将 Bamard 的权威理论应用于渠道控制分析，并应用经济学方法构建了一个渠道控制模型。该模型通过构建中间商的忍耐函数和收益函数描述了生产企业对中间商控制的有效区间、生产企业控制战略的作用区间，以及影响函数曲线移动的若干变量。然而，这个模型的一些前提假设受到了 El-Ansary 和 Robichearx（1974）的质疑，他们修正并发展了 Bucklin 的渠道控制模型，更重要的是指出了渠道控制是组织间控制这一本质特征，并认为在这样的背景中权威或权力的使用是相互的，因而渠道控制也是相互的，而不是单向的。从渠道成员之间的依赖关系出发，两位学者进而指出渠道关系双方向对方实施的控制是针对不同问题或领域的，这取决于渠道成员在关系中的地位和作用。这种基于渠道依赖关系的相互控制的观点得到了诸多学者的认同（Frazier，1983，1999；Reve & Stern，1979；Skinner & Guiltinan，1985）。这种渠道成员之间的相互控制体现在：一个渠道成员在某种或几种渠道功能上有较大的控制权，而在另外的渠道功能上很少有或没有控制权。例如生产企业一般在渠道产品供应、定价等功能上有较大控制权，而中间商，特别是规模较大的中间商在渠道促销方面可能有较大的控制权。这种渠道功能上的相互控制有时会造成生产企业与中间商对控制权的争夺，特别是在双方实力相差无几的情况下。

3. 非强制性控制

因为渠道控制具有跨组织控制的特点，所以生产企业无法使用组织内部控制的强制权，不能通过命令使中间商服从。另外，从渠道控制常用的六种渠道权力角度看，强制力只是其中的一种权力，而且一般只有在其他权力都不起作用的情况下才会使用，且需要生产企业具有较强的优势地位。其他的五种渠道权力如奖赏力、合法权力、感召力、专长力、信息力等都属于非强制权力，是靠说服、专长、激励等方式实施控制的。所以，非强制性控制是渠道控制的主要特点。

4. 结果导向控制

渠道控制是一种结果导向的控制，它运用多种控制方式实施控制的目标是使所有渠道成员保持战略目标的一致性，相互协调，高效运作，相互依赖，互惠互利，最终实现共同的渠道目标，实现整体利益的最大化。所以，渠道控制采取什么手段，控制哪些环节，控制是否有效，均是以是否能实现渠道目标这一结果为导向的。能帮助实现渠道目标的控制就是最好的渠道控制。

6.1.3 渠道控制的有效性

对于现代企业来说，渠道控制的有效性主要是指企业在渠道规划、建设、维护和调整的过程中，利用各种渠道权力实施控制后取得的效果①。它主要包括三个方面：

1. 渠道控制力的大小

渠道控制力就是企业管理和控制渠道的能力。它在很大程度上取决于生产企业对渠道的运行有多大的话语权和自由支配的能力。如果生产企业能对渠道各环节的运行自由行使支配权，它就具有很强的控制力，反之则控制力越弱。从另外一个意义上来说，生产企业对渠道的控制力大小也取决于渠道成员对它的忠诚程度。成员忠诚度越高，生产企业控制力就越高。因此，生产企业要提高它对渠道的控制力，其实就是想方设法提高渠道成员的忠诚度。研究表明，渠道成员的忠诚度主要来源于渠道价值链中各个成员通过合作实际获得利益的多少和对未来合作前景的期望。如果能使渠道成员通过与生产企业合作获得较大的现实利益，且生产企业拥有强大的实力和品牌知名度，顾客非常喜欢生产企业的产品，产品未来销售前景看好，则渠道成员忠诚与合作的可能性愈大。但在现代市场条件下，生产企业要想一直在激烈的市场竞争中保持优势地位，成为“百年老店”，是非常困难的。曾几何时，多少知名企业一夜之间分崩离析。渠道利益分配及未来合作前景始终存在着巨大的不确定性。因此，渠道成员的忠诚度也存在较大的不确定性。控制力低下，就会影响企业市场占有率和扩张速度，还常常导致不同层次的渠道成员之间和同一层次的不同渠道成员之间发生业务和利益上的冲突，进而削弱和影响渠道控制的有效性。

2. 渠道控制的效果

渠道控制的效果主要是指在既定的渠道控制成本和控制模式下，生产企业通过渠道销售产品和服务的出货能力。它可以从数量和质量上反映渠道的投入产出效果，并通过渠道的市场覆盖率、渠道服务能力、维护成本和影响力等指标来描绘和分析，从而得出关于渠道效果优良中差的系统评估结果。每个生产企业都有自己特定的顾客群，也就是目标市场，营销渠道的建设与目标市场密不可分。有什么样的目标市场，就需要有对应的营销渠道与之相适应，以使顾客能方便及时地购买到所需的产品。所以，渠道控制效果同样也与产品的目标市场高度相关。不同企业的渠道建设模式及渠道控制模式都必须与其目标市场的特点相匹配，以保证有效覆盖相应的目标市场，满足顾客的有效需求。

此外，渠道构成中的渠道成员素质、实力、服务、管理水平和信誉等基本要素也决定着渠道控制的效果水平和质量。生产企业只有拥有优秀的渠道成员并能实现有效控制，才能构建起有效的渠道价值链并实现强大的产品销售力。要提高渠道控制效果，就要以顾客价值最大化为目标，通过渠道创新、功能培育、策略调整、资源投入等方法，提高整个渠道价值链的增值服务能力和差异化能力。通过为顾客提供有针对性的增值服务，可以使产品差异化，提高用户的满意度和忠诚度，同时企

① 吕一林．营销渠道决策与管理（第2版）．北京：中国人民大学出版社，2008：201.

业也可以实现差异化竞争，从根本上摆脱产品同质化引起的过度无序竞争的销售困境。此外，通过对渠道的有效控制，提高渠道增值服务能力，扩大产品销售，同样可使渠道价值链整体利益最大化，从而提高渠道各环节成员的利益。利益扩大了，也必然会反过来增强渠道控制的稳定性和有效性。如某些生产企业在管理营销渠道的过程中，会通过销售与管理培训、指导终端建设、提供市场情报、提供广告促销支持、协助开发新客户等多种方式激励、支持中间商提高管理、销售、技术水平，提高其为顾客服务的能力，从而扩大销售，获得更多的利润。此举不但扩大了生产企业的销售量，提高了市场占有率，提高了顾客满意度，同时也使中间商通过合作获得了更大的好处，并对未来的合作充满期望，增加他们对生产企业的忠诚度，从而提高生产企业对渠道的控制力。

3. 渠道控制的效率

渠道控制的效率是指渠道控制中的流程运作效率，在现实的渠道流程中，涉及商流、物流、信息流、资金流等的顺畅性和运营维护成本。渠道流程运行效率的高低一方面取决于渠道本身的结构、功能以及产品特性、市场容量、需求和目标市场地理分布等因素的影响，另一方面还受到渠道控制模式的影响。为了提高渠道控制效率，首先，要设计合理的渠道结构。在渠道设计时要考虑到区域商流的问题，通过合理设计渠道结构，尽量使营销渠道扁平化，以减少不必要的物流和价格环节，降低流通成本。例如，在物流比较发达的商业集散城市，生产企业可考虑设立总代理，直接覆盖地、县等二、三级市场，改变以往由中心城市（省会）代理覆盖地级代理，再由地级代理覆盖县级直至镇级中间商的层层代理式传统渠道模式。又如，在集中的专业市场内，由特约中间商设立库存，覆盖其他多个一般渠道成员（生产企业无须增加库存），实现物流集中和库存集约，使渠道的整体效率最大化，同时减少渠道冲突，调动各级渠道成员的积极性，稳定区域市场秩序，有效降低维护费用。而对一些规模巨大的中间商，可考虑由生产企业直接发货，最大化减少中间环节。例如，很多家电企业都是同时兼有两种以上渠道模式，一方面发展传统的逐级代理的批发商——零售商渠道模式，扩大市场覆盖面，另一方面是对国美、苏宁等大型家电专业连锁采取直供模式，减少中间环节，提高渠道效率。

其次，还必须注意渠道价值链各环节的协同分工。这一方面是指生产企业应使用多种类型的渠道成员，进行合理分工，尽可能全面覆盖目标市场，另一方面还指生产企业应加强控制与协调，使渠道价值链各环节成员间实现优势互补和资源共享，有效获得系统协同效应，提高渠道效率，降低渠道运营费用。在营销渠道中，各渠道成员之间可以进行优势互补，生产企业利用管理经验、市场能力、技术服务等营销资源优势，承担产品研发、品牌运作、促销策划与实施、终端指导和市场维护等管理职能，批发商可以利用网络、地缘优势、资金、配送等资源优势，承担物流、结算、配合促销实施、前期推广等分销职能，而零售商也可以利用地理优势、影响力、服务特色等优势，承担现场展示、用户沟通、客户服务和信息反馈等销售职能。各个渠道成员发挥各自优势，实现协调配合，资源共享，共同打造效率效益最大化的渠道价值链。在此过程中，生产企业应当仁不让地利用自身的综合能力(包括品牌、实力、荣誉、管理经验、技术专长等)逐步确立渠道领导权，承担渠道价值链的构建、协调、领导和服务等管理职能，引领各个渠道成员有效协作，通力配合，在市场竞争中获得比较优势，打败竞争对手，同时使合作各方利益不断扩大，获得各级成员的认同和拥护。

6.2 渠道控制力的来源

6.2.1 渠道控制力的含义

要理解渠道控制力，首先需要对权力的含义有一定的了解，因为渠道控制力从本质上来讲其实也是一种对渠道实施控制的权力。对于权力的研究很多，例如，Dahl认为“A具有对B的权力，即A能让B做其不愿做的事”。Miller和Butler则认为权力就是控制他人行为的能力。Etzioni认为权力是在人们相互对立时使对方部分或全部改变的能力。Price的观点是：权力的本质是影响他人行为的能力①。

对这些定义进行总结，我们认为权力就是一方控制或影响另一方行为的能力。根据这一定义，我们可以将渠道控制力定义为一个特定的渠道成员控制或影响另一个渠道成员行为的能力，即一个渠道成员对同一渠道中不同层次的另一个渠道成员行为的影响力②。例如，生产企业迫使中间商必须将畅销品和滞销品或新品搭配进货，或者中间商迫使生产企业降低产品出厂价，甚至要求生产企业缴纳进场费等。渠道控制力本就是中间商与生产企业之间的一种博弈。对于中间商来说，由于货架空间有限，势必要对众多的生产企业进行过滤，同时对生产企业旗下琳琅满目的各类产品做选择性进货，以利用有限的货架空间创造尽可能多的效益。而生产企业通常希望所有的中间商都采购其产品，并采购其所有的产品种类，以打击竞争对手，扩大销量。所以，双方之间必然存在矛盾，均想对对方的行为施加影响。各方能否达到期望的目标，就要看谁具备更大的控制力和影响力。

理解渠道控制力应注意两个特殊问题。一是控制力是否存在。判断控制力的存在与否，关键看一个渠道成员（如生产企业）能否让另一个渠道成员（如中间商）做了其不愿做的事。如果后者本来就想做某件事，正好这时前者来要求后者做某事，后者执行了，在这种情况下不能简单认为控制力是存在的，还需要结合其他事件来判断。二是当渠道中双方对彼此都有控制力时，分析哪一方能够达到自己的目

① 伯特·罗森布洛姆．营销渠道（第8版）．北京：中国人民大学出版社，2014：103.

② 苗月新．营销渠道概论．北京：清华大学出版社，2007：86.

标。要判断在特定的情况下哪一方控制力更强，需要根据具体事件，并分析控制力的来源。下面案例中格力与苏宁的交恶其实就是双方互有控制力，都想达到自己的目标，结果在双方都不肯让步的情况下，出现了两败俱伤的局面。

应用案例

格力与苏宁“交火”背后：渠道控制力之战

随着格力与苏宁互发“休书”，一场对渠道控制权的争夺战在空调行业再度上演。

2010年6月23日，格力电器（000651）安徽中间商同时在5家媒体显要位置刊登声明，宣布终止与苏宁电器安徽区域合作。

格力电器安徽中间商在声明中表示，安徽格力空调与苏宁电器（安徽区域）因双方自身经营原因，现终止合作，消费者如需购买格力空调，请前往格力专卖店和其他卖场。对于苏宁电器（安徽区域）已销售的所有格力空调，格力承诺确保用户的合法权益不受侵害，符合国家“三包法”规定的相关售后、维修、保养等工作，将由格力电器全省各客户服务中心全面接手。

选择在销售旺季的关键节点分道扬镳，格力这一举动让业内震惊不已。据《中国证券报》报道，业内猜测，格力不惜花重金，在本地五大媒体重要版位同时宣布分手，估计双方关系已“恶化到公开撕破脸的地步”。

而就在格力刊登声明的第二天，苏宁“还击”了。当天，苏宁电器在安徽各大媒体刊登大幅广告，宣布联手15大空调厂商提前启动空调旺季。耐人寻味的是，在这15家品牌厂商中，唯独缺少了空调行业老大格力电器。

据苏宁电器合肥地区管理中心总经理倪争勇证实，终止合作一事属实，目前双方总部高层正就此事进行协商。

苏宁电器品牌策划部经理闵涓清表示，由于苏宁与格力双方总部层面没有合作，这只是区域公司之间自己的合作行为，合作协议到期之后，双方区域公司觉得不适合，就没有继续，这是很正常的商业行为。

格力电器市场部对此回应称，安徽销售公司如此做法可能是为了告知消费者有关售后的相关信息，以免引起消费者误解。“由于空调涉及安装、售后等各个环节，之前合作时双方互有分工，现在终止合作了，也是想做个说明。”

相较于格力目前对弈苏宁的态势，其与国美之间的关系，似乎已从6年前的公开决裂悄然向“分久必合”演变。国美有关负责人近日曾暗示，与格力已“冰释前嫌”，表示“对海尔、美的、格力三家的采购金额将达到45亿元”。

中投证券研究员袁浩然认为，此次安徽格力与苏宁终止合作一事对格力影响有限。格力电器2009年年报显示，安徽新兴格力空调销售有限公司全年销售收入为23.54亿元，仅占格力电器全部销售收入的5.6%。在格力电器前5名客户中，安徽新兴格力销售公司排名第三，排名前两位的分别是河南诚信格力电器市场营销有限公司和江苏格力电器销售有限公司，年销售额分别为30亿元、25亿元，占公司总体销售额的6.2%、6%。

而苏宁电器2009年年报也显示，公司前五名供应商品牌分别为海尔、三星、索尼、海信和美的，总计采购金额为146亿元，占苏宁电器年度采购的29%。可见，格力每年通过苏宁渠道的销售额并不多。

"去年格力通过苏宁渠道的销售额可能不到1个亿。主要还是格力自己的专卖店占了大头，目前格力专卖店接近1万家。与安徽苏宁合作终止，应该对格力没有太大的影响。"格力内部人士称。

分析人士指出，如果不是矛盾难以调和，双方不会如此高调分手。另外，此次格力与苏宁会否重演当年格力与国美"绝交"的故事，也将成为事件的焦点。

资料来源：格力与苏宁"交火"背后：渠道控制之战. 中国企业家网，2010-06-25.

6.2.2　渠道控制力的来源

渠道控制力有多种来源，其中既有强制性的控制力，也有非强制性的控制力。弗兰茨（French）和兰文（Raven）教授将其划分为奖赏力、强制力、合法权力、感召力、专长力。① 后来，兰文教授和克鲁格兰斯基教授又补充了信息力，合称营销渠道控制的"六力模型"。

1. 奖赏力

奖赏力（reward power）又称报酬力，是指如果渠道成员A遵从B的影响，B对A便拥有奖励能力。② 其中B可称为影响者，A可称为受影响者。从定义可以看出，受影响者相信：影响者具备给予受影响者报酬的能力，且如果受影响者服从影响者的指挥，影响者就会给予受影响者相应的报酬，即影响者必须既有给予报酬的能力，又有给予报酬的信誉，两者缺一不可。报酬通常以很实际的经济收益形式出现。要想保持营销渠道的长期稳定，生产企业、中间商都必须能够获得利润，这是长久合作的基础。当然也有例外，就是渠道成员受合同约束不能从不盈利的渠道中撤出。但一旦合同到期，得不到满意经济回报的成员一定会从渠道中迅速撤出。所以，长久合作必然是以奖赏力为基础的。这种奖赏力与强制力构成了渠道控制力的两种最基本的来源，所谓的"赏罚分明"就是对这两种控制力的最好诠释。

---

① 伯特·罗森布洛姆. 营销渠道（第8版）. 北京：中国人民大学出版社，2014：104.

② 苗月新. 营销渠道概论. 北京：清华大学出版社，2007：87.

奖赏力通常与生产企业的实力关系密切。只有生产企业拥有中间商所认可的资源，具有强大的实力，同时具有丰富的指挥控制渠道行为的经验，良好的奖赏记录，中间商才会认同生产企业的指挥，相信通过执行生产企业要求的行动会产生预期收益，并能从收益中得到生产企业给予的奖赏。例如，家电中间商一般比较喜欢组合经销 TCL 王牌彩电、格力空调、海尔冰箱，就是因为这几家家电生产企业实力强，信誉好，并经常予以促销支持，产品销量好，中间商可以从中获取较大的利润。

生产企业在运用奖赏力时应注意五个问题。一是奖励资本限制。例如，假设一家保健品生产企业对全力执行其促销活动的中间商进行现金奖励，则其奖励的资本限制就是它从整个促销活动中所获得的额外利润（即促销销售额减去正常销售额再减去成本后的差额）。如果执行的奖励是给予某款热销保健品，则其奖励的资本限制就是这款热销保健品的存货。二是奖励效果的可靠性。生产企业希望通过奖励既能调整中间商的行为，又能改变他们的看法。但很多时候奖励可能只是改变了中间商的行为，并没有改变其看法。例如有的中间商可能将提供奖励看作当前渠道政策不当的表现，也有的中间商可能将奖励看作一种贿赂。这些看法会使生产企业的奖励效果大打折扣。三是提供奖励肯定会减少影响者的收益。当然，这是一种利益共享，有利于渠道的长期稳定，从整体来看还是值得的。四是连续的奖励会导致效用递减。五是有可能会造成中间商的奖励依赖。中间商执行生产企业的命令不是出于对生产企业命令的认同，而是为了额外的报酬。时间长了，中间商会养成为了额外报酬而行动的观念。以后每当生产企业要求中间商执行某种职能或活动，中间商都会要求提供额外报酬，没有报酬就没有配合和行动。

2. 强制力

强制力（coercive power）是指渠道中的影响者能对受影响者施加惩罚的权力，它来源于如果受影响者没有遵从影响者的意愿，受影响者对所要承受的来自于影响者的惩罚的预测①。以生产企业与中间商为例，强制力就是当中间商不肯执行生产企业要求的行为而面临的制裁或惩罚威胁，如罚款、断货，甚至停止合作。而强制力是否成功，取决于中间商对惩罚的认识、惩罚的可能性大小、惩罚的后果等多种因素。

强制力在渠道关系中普遍存在。拥有强制力的渠道成员往往在渠道中居于优势地位，如垄断、掌握优势资源、持有合同等。以 Gallo 葡萄酒公司为例，该公司要求中间商必须购买其 40 多个牌子的葡萄酒，而实际上大多数中间商不愿意要其中很多牌子。但除非中间商愿意购进销量低甚至质量差的葡萄酒种类，否则 Gallo 公司就不把畅销的、利润高的酒卖给中间商。因为 Gallo 公司是全美最大的葡萄酒公司，占据行业主导地位，所以多数中间商无可奈何，只好屈服于该公司的强制力。

---

① 张广玲．分销渠道管理．武汉：武汉大学出版社，2005：128.

其实中国很多行业的生产企业对其中间商也有同样的要求，中间商为了合作也大多会服从。

应当指出，能实施强制力的并不限于生产企业。特定行业规模巨大或处于垄断地位的中间商也同样可能拥有强大的强制力。例如，世界零售业巨头沃尔玛就具有这种强制力。它利用自己的垄断地位，要求所有的供货商必须将价格降低到沃尔玛认可的程度，这种价格往往要比供货商向其他渠道成员供货的价格低得多。虽然供货商并不愿意，但迫于沃尔玛的压力，它们也需要沃尔玛帮助销售产品，所以大部分供货商最终不得不接受。中国的家电领域国美、苏宁等家电专业连锁也具有同样的强制力，它们往往向家电生产企业收取促销费、管理费、进场费、产品上架费、选位费、节庆空飘费等各种费用，同时还大量拖欠生产企业货款，利用付款间隔沉淀大量现金，依靠压榨生产企业的利润支撑本企业的年收入和净利润的增长，这也使得他们与供应商之间的关系越来越紧张，导致众多供应商怨声载道。

虽然人们总是希望领导者赏罚分明，但实际上在现实生活中，受影响者对影响者运用奖赏力和强制力的感受是截然不同的。受影响者会把强制控制看成对他们企业的一种攻击。所以，对于强制力一定要慎用。只有当其他方法都用过仍无效的情况下，才应该考虑使用强制力，否则可能会招致受影响者的防卫与反击。一般来说，当受影响者感觉到影响者在威胁自己时，他们会降低与影响者做生意所得利润的预期。这会导致它们对影响者的不满增加，更易发生冲突。在强制力下他们可能会屈服，但私下里会想方设法消极怠工，降低合作级别，甚至中止合作，转向竞争企业。这意味着会使影响者的强制力运用效果大打折扣，甚至起到相反效果。例如，2004年国美与格力的交恶，其实就源于强制力的不当使用。双方都有实力，有控制渠道的欲望，最后互相使用强制力，导致合作破裂。

应用案例

茅台整顿渠道，控闸防水式精确管控

一方面公示处罚违规经销商，另一方面连发数份通知对合作经销商进行约束。茅台新春伊始的诸多动作，都指向了对于销售渠道的整顿。

这种动作不单有管理的目的，2013年以来的稳价努力、2016年销售目标的实现，都有赖于对经销商的严格管理。若放任经销商自主调价、放任窜货，那么在刚刚实现弱复苏的酒业环境之中，茅台要实现这些大目标无疑困难重重。

把握春节旺季

茅台对于违规经销商处罚严厉，在业界看来，短期目的自然是维护春节旺季的正常秩序。

日前，茅台开出了 2016 年首张针对违规经销商的罚单。茅台的通报中公布了 16 家受罚经销商，其中 3 家经销商将不能再续签 2016 年茅台酒合同，并扣除全部信誉保证金，3 家经销商被罚红牌警告，经销商茅台酒按 850 元/瓶回收，扣除 20%的信誉保证金，星级评定下调一级，并扣减 2015 年度茅台酒合同计划的 20%来签订 2016 年茅台酒合同计划，且 2015 年合同外增加的计划不转入 2016 年合同，还有 10 家经销商被罚黄牌警告，茅台酒按 850 元/瓶回收，扣除 20%信誉保证金，星级评定下调一级。

国酒茅台（贵州仁怀）营销有限公司发表郑重声明，敬请存在以上行为的贵州茅台酒经销者，要自觉遵守法律法规并严格执行合同约定，如有违者，声明人将依法积极采取维权行为。同时，为避免购买到假冒伪劣产品，欢迎广大消费者自觉抵制和举报以上不法行为，切实保护自身合法权益。

茅台开出罚单，具体原因为何？实际上，茅台的这种处罚，依然是针对经销商的低价倾销行为。茅台方面称，“低价倾销是一种不正当的竞争行为，不仅会挤占同一市场内其他正当经营者的市场份额，导致同类产品滞销，损害生产者利益，更为恶劣的是将从根本上造成正常生产经营秩序的混乱。”

“至于以低价为噱头销售假冒伪劣贵州茅台酒等产品，更是一种既不利己更不利人的违法行为，全社会要共同抵制，坚决打击。”

茅台方面也表示，以普通 53 度 500ml 贵州茅台酒为例，茅台向经销商的统一供货价格为 819 元/瓶，再综合相应的财务成本、人员工资、店面费用等后，市场终端价格最低应为 850 元/瓶，若更低可能涉嫌低价倾销及假冒伪劣等违法行为，也提醒消费者要谨慎购买。

那么，为何选在这个时间节点上开发这种严厉罚单，并采用公开通知的方式？

业内人士分析称，春节历来为酒业销售旺季，对于茅台而言同样如此。为了抢夺销售份额，部分经销商采用低价揽客的方式进行销售，逼迫茅台公司祭出惩罚手段。

业内人士指出，春节是白酒的销售旺季，茅台一方面处罚低价倾销的经销商，维持得来不易的稳价局面。另一方面，把控出货，避免大量茅台流入市场，采用这种控闸防水的方式，也同样是为了维持茅台的价值，并维护春节市场的销售秩序。

稳价贯穿 2016

业内人士认为，在经历了 2013 年的酒业低潮之后，市场已经实现了弱复苏。茅台、五粮液等一线品牌为价格回升颇费思量，自然不会容许这种“自毁身价”的倾销行为出现。

2015 年年底，茅台在经销商大会上公布了最新的销售数据，1—11 月，茅台集团实现销售收入 357 亿元（含税），同比增长 4%，超额完成了 2015 年的

319亿元销售目标。茅台集团总经理李保芳对媒体透露，2016年茅台销售增长预计是在3%以上，在资产、利润、税收等方面都会提升。

除茅台之外，其他多家上市酒业企业都实现了一定程度的复苏。白酒营销专家肖竹青认为，高端酒企提价、上市酒企业绩提升都预示着行业的回暖。其中，白酒已经度过漫长的低谷期，未来将呈现弱复苏形势。

根据茅台三季报，1—9月公司盈利114.25亿元，同比增长6.84%，每股收益为9.09元。前三季贵州茅台营业收入为231.49亿元，同比增长6.59%。而在2015年12月20日举行的茅台经销商大会上，茅台集团董事长袁仁国透露，2015年1—11月，茅台实现销售收入357亿元，同比增长4%；利润总额193亿元，同比增长1.88%；上缴税金137亿元，资产总额1050亿元。茅台酒股份公司营业收入占到了18家白酒上市公司销售收入的27%，利润总额占到了18家白酒上市公司的45%。

"业绩完成良好，茅台没有过多压力，能够腾出手来对市场进行管控。"有消息人士称，2014年、2015年严格的稳价措施起到了成效，市场整体实现了复苏，但是这种复苏程度偏弱，依然有待于市场的管理管控。

2015年12月21日，茅台经销商联谊会闭幕式上，茅台酒股份公司党委委员、股份公司副总经理杜光义强调要抓好元旦销售工作和2016年必须维护茅台价格体系。杜光义强调建立共享共赢机制，2016年实现价格管理的良性循环。

"无论是针对非合作的电商平台，还是合作的经销商盟友，茅台在价格管控上都是毫无回旋余地。"有业内人士评价称，2015年"双11"期间，茅台等厂家曾发声明针对电商平台，其根本原因就是电商将茅台产品以低价为噱头，而今年初针对自家经销商的处罚，同样在于这些合作伙伴罔顾茅台利益，擅自以低价炒作。

据了解，茅台陆续发文后，对流通渠道的茅台价格稍微有提升作用，并对酒商也起到了一定程度的警示作用。目前，多家网站的零售价格在888元左右，山东等地茅台的零售价已在千元出头。此外，虽然不少经销商认为春节前飞天茅台零售价格上千元难度不大，但是春节后茅台的价格是否还能持续依然是个问题。

精细化管理

除了一贯的稳价策略之外，茅台瞄准2016年以及更为长远的目标而必须实现精细化管理，也是这次茅台对于违规经销商大开杀戒的重要原因。

1月18日，在对处罚经销商进行通告之后，茅台发布了今年的第4份通知，对2016年一月合同计划进行调整布局，茅台酒经销商、专卖店在1月将只能执行当月计划，而不能提前执行2—3月计划。

《关于2016年1月份合同计划执行的通知》显示，对于2016年1月茅台酒的销售：（1）各专卖店、经销类合同单位必须遵照合同约定，按月执行，公司不再安排提前执行2、3月份合同计划；（2）根据包装生产量、按到款时间依序办理1月份计划；（3）各经销商根据批准订单审核金额进行汇款；（4）先远后近，先款先发。

业内人士指出，春节是白酒的销售旺季，茅台停止执行2—3月计划，避免了大量的茅台酒流入市场，从而加剧了市场的串货行为，尤其是防止了一下子执行1季度的量，给部分经销商或者专卖店资金压力，而造成其向电商或者其他经销商串货的行为。

根据茅台2015年年底大会的信息显示，2016年茅台要以市场需求为导向，针对不同价格带的产品进行营销分层，开发空白价格带新品，丰富公司产品线。并依托互联网、大数据、云技术以及线下渠道资源，打造云商+物联网平台，打造一个集合集团和各子公司资源，集合物流公司、经销商（专卖店）、营销人员、顾客，整合线上线下渠道，加强茅台云商平台建设，实现销售渠道扁平化。

在诸多业界人士看来，茅台要实现云商目标，首要是对于线下经销商进行精确管控，此次通知分月供货，正是一次精确管控的验证。

资料来源：吕瑞元．茅台整顿渠道，控闸防水式精确管控．华夏酒报，2016-01-26.

影响者在使用强制力前，要对受影响者的反击行为进行考虑。要同时考虑运用强制力的短期效应（受影响者的不合作反应）、中期效应（受影响者的不信任表现）和长期效应（受影响者对这种关系不愿投入，甚至不愿再合作的反应）。使用强制力是有成本的，会损害渠道成员之间亲密的合作关系，而这种损害很多时候是在影响者并未知觉的情况下发生的。所以，影响者应综合考虑使用强制力的成本与收益，比较之后再做出明智的决策。

当然，使用强制力有成本有风险，也并不意味着不能使用强制力。强制力运用得好，很多时候还是可以起到良好效果的。例如，一些生产企业为提高采购效率，降低库存成本，会要求其原材料供应商采用相应的ERP系统，以和自己的电子订单处理系统相匹配。最初原材料供应商大多是被迫采用ERP的，因为不采用就拿不到生产企业的订单。但后来的发展证明采用ERP系统虽然有一定投入，但它提高了企业管理、销售效率，节约了成本，对原材料供应商的长远发展是非常有利的。所以，它们大多会原谅生产企业最初采取的强迫手段。克服这些威胁产生的危机实际上增进了渠道关系。

3. 合法权力

合法权力（legitimate power）是指通过交易协定或契约形式形成的渠道权力，它是渠道成员自身的行为准则，该准则规定一个成员可依法对其他成员施加影响，其他成员有义务接受这种影响。在公司内部，合法权力普遍存在，表现在下级要向上级汇报工作，接受上级的指挥。但在营销渠道不同层次的成员之间，因为各成员是不同的独立企业，彼此之间不存在上下级关系，所以，合法权力的实施形式和公司内部就有所不同。对于有严密合同制约的营销渠道，合法权力的主要来源是渠道成员之间签署的合同。例如，特许经营渠道系统中就拥有最强的合法权力，这种权力的基础来源于双方签署的特许合同，在合同中明确规定了双方几乎所有的权利和义务。而对于组织关系松散的营销渠道来讲，可能双方根本就没有签署合同。此时，他们可能会按照对双方关系的传统观念或习惯行事。这种情况下，法定权力就来源于传统观念或习惯的道德规范。所以，合法权力主要来源于正式的合同，在某些情况下也可能来源于其他非合同的标准。生产企业为增强合法权力会采用多种手段，如组建契约式的渠道结构，成立“批发商俱乐部”，或者干脆进行特许经营，把渠道商变为加盟性或合营性的内部成员，从而享有绝对的合法权力。

4. *感召力*

感召力（referent power）又称认同力，或参照力。对于个人而言，感召力更多的是源于渠道成员的个人魅力。比如某些中间商，甚至零售采购员，就特别佩服某个厂家销售经理。而后者的魅力来自于其个人经历、性格、谈吐和举止，这就形成他的感召力。对于组织，感召力的概念很难用言语表达清楚，我们可以将其理解为某个渠道成员良好的品牌、声誉、威望等，这些品质为其带来巨大的影响力，会有很多其他渠道成员愿意追随它。一般这样的渠道成员都是营销渠道中的核心成员，且大多是领导者。例如，IBM、微软、柯达、宝洁、沃尔玛、国美等国际知名公司在其各自的营销渠道系统中就有很强的感召力，很多渠道成员都愿意与之建立长期稳定的合作关系，也心甘情愿地按他们的要求行事。因此，具有感召力的渠道成员可能是生产企业，也可能是中间商，或者两者互有感召力。所以，优秀的生产企业会选择同样优秀的中间商建立营销渠道。同样，优秀的中间商也会选择优秀的生产企业进行合作，这样才能适应彼此的定位和形象，实现共同的目标。

5. *专长力*

专长力（expert power）是指渠道成员以自己的专业知识影响其他成员的行为。当某个渠道成员具有特定的知识、技术或专长，并以此使其他渠道成员信服，它就具备了专长力。专业知识的影响既有可能从渠道上游传向渠道下游，也有可能从渠道下游传向渠道上游。前者如生产企业帮助中间商或者批发商帮助零售商加强经营管理、提高销售技能、改进终端建设等，零售商出于对生产企业或批发商专业知识的信服而接受建议；后者包括零售商通过与顾客的直接接触，了解到顾客对产品、服务、促销活动等的反馈意见，从而向生产企业或批发商提出相关建议。当然，生产企业或批发商是否接受，取决于零售商的专业知识，也就是提出的建议的水平。一个利用专长力影响渠道成员的例子是宝洁公司的“节约库存的多品种销售计划”，该计划帮助零售商在保持最小剩余库存的同时销售宝洁公司的多种产品以满足不同市场、不同顾客的需求。

在特许经营模式中，专长力的影响尤为明显。特许人会对受许人开展业务培训，移植有效的经营管理模式，帮助他们提升经营绩效，这些都表现为专长力。实际上，在特许经营中，专业知识构成了受许人获得的最主要的价值之一。

6. 信息力

信息力（information power）是指一个渠道成员向其他渠道成员提供某类信息的能力。信息力和专长力有些相似，两者提供的都是无形的内容（知识、技能、信息），提供后都不再收回。但两者在形成基础方面有本质的不同：专长力是某个渠道成员经过长期经验积累或者接受专业训练而形成的；信息力则是由于某个渠道成员容易接触到某一类信息，从而具备了更多的知识，任何渠道成员都有可能因为得到真实可靠的信息而具备这种权力。例如，生产企业就会掌握更多新产品开发方面的信息，而零售商则对各种商品销售情况具有较多的信息。所以，当生产企业需要了解竞争对手销售情况时，常可以对零售商进行调研。

6.2.3　理解渠道控制六力模型的注意事项

理解渠道控制的六力模型，有以下几个事项需要注意。

1. 不同的力对渠道冲突会产生不同效果

在解决渠道冲突时，使用不同的力会产生不同的效果。一般情况下，非强制力，包括奖赏力、合法权力、感召力、专长力和信息力的使用有助于缓解冲突；奖赏力、合法权力、感召力及专长力的使用有利于促进渠道的合作；而强制力的使用则可能引发或恶化冲突，加深渠道成员的不满。所以，对强制力的使用一定要慎之又慎。

2. 不同渠道成员拥有不同程度的控制力

任何一个渠道成员都具有上述六种渠道控制力，但在不同的情况下各种力的大小不同。首先，对不同的渠道来说，一条渠道中的生产企业、中间商与另一条渠道中的生产企业、中间商渠道控制力显然不同，特别是在渠道类型不同的情况下差别会更大。其次，即使对同一条渠道中的不同成员来说，生产企业、中间商的控制力程度也各不相同。一般来说，实力强大的生产企业都相对拥有较大的奖赏力、强制力、合法权力、专长力和感召力，如海尔电器、TCL、娃哈哈等，而有些中间商也会拥有较强的强制力、感召力和信息力，如国美、苏宁、家乐福等。因此，不同的渠道成员在不同的渠道类型中，拥有不同程度的控制力。这需要具体问题具体分析，不能一概而论。

3. 渠道控制力的基础是奖赏力

必须说明的是，六力模型中的六种控制力对任何企业来说都不是同等重要的。在任何情况下，奖赏力都是其中的首要力量，是渠道控制力的基础和灵魂。其他的五种力量都不能脱离奖赏力，必须依附于奖赏力，才能发挥乘数效应并相得益彰。奖赏力其实就是激励，通过激励控制渠道成员，才能建立良好的渠道合作关系，实现长久的渠道控制。

4. 应综合运用渠道控制力

在营销渠道中，这六种控制力常常结合起来进行综合运用。一方面它们的结合具有一定的协同效应。例如，合法权力与专长力会相互影响，合法权力可以提升专长力，反之亦然；随着奖赏力的合理使用，感召力也会逐步增加；适当使用强制力也可以加强合法权力。另一方面，某些控制力之间可能会产生一定的冲突。例如，某个渠道成员可能会因为对其他成员使用了强制力而造成其感召力的降低。

6.3 渠道控制力的运用

6.3.1 运用渠道控制力时需要注意的问题

渠道成员运用渠道控制力有两个基本问题需要注意：

1. 辨明各种力源

多数情况下，渠道管理者都能轻易辨明各种力源。这些力源一般包括渠道成员之间规模的对比、组织模式、环境的变化等。

首先，就规模而言，大型生产企业对与其合作的规模较小的中间商拥有较大的奖赏力和强制力。同样，像沃尔玛、麦德龙、亚马逊这样的大型零售商也对与其合作的规模较小的供货商拥有较大的奖赏力和强制力。当然，渠道成员之间这种规模的差异并不意味着规模大的渠道成员必然拥有奖赏力和强制力的优势，只是说明存在较大的可能性。

其次，就组织模式而言，特许经营渠道系统下的合同就为特许人提供了强大的合法权力，也拥有较多的专长力。而传统渠道模式下的松散的渠道组织就不能为生产企业带来任何合法权力。

最后，环境的改变可以在任何时候对渠道控制力产生影响。例如，对于科技含量较高的新产品，在这种产品的导入期，由于生产企业是唯一懂得产品技术、懂得如何宣传产品性能和特色的渠道成员，因此生产企业就拥有强大的专长力，中间商会几乎全部接受生产企业的促销建议。

当然，有些情况下要辨明力源并不容易。但只要能仔细考察渠道关系、组织模式及环境变化等问题，仍然可以找到这种力源。例如，对于销售鲜花的花店，供货的批发商对花店的控制力就极为有限，因为花店完全可以从其他批发商那里轻易地以相同的价格买到类似的鲜花。反过来，花店对花卉批发商的控制力也一样有限。

2. 选择并利用适当的控制力

在辨明力源之后，渠道管理者就必须选择并利用恰当的控制力，这是一个更为复杂和困难的问题。正如前面的分析，正确实施控制力，可以改善渠道成员间的关系；强制实施控制力，虽然可以迫使渠道成员做渠道管理者想做的事，但也会导致渠道关系的恶化。所以，为了改善渠道关系，渠道管理者在选择并利用控制力影响其他渠道成员时，必须了解各种控制力如何影响渠道成员完成销售目标，渠道成员对各种控制力会产生什么反应，及各种控制力会对渠道的全局关系产生什么影响。只有全面考虑这些问题，渠道管理者才能做出合适的选择。

6.3.2　六种影响策略

渠道管理者要实施控制力影响其他渠道成员，有以下六种影响策略：

1. 许诺策略（promise strategy）

如果B方按照A方的意愿行动，A方承诺给B方某种奖励。

2. 威胁策略（threat strategy）

如果B方不按照A方的意愿行动，A方会对B方实施惩罚。

3. 法律策略（legalistic strategy）

B方必须按照A方的意愿行动，因为通过协议（或合同、备忘录），B方已答应这样做。

4. 请求策略（request strategy）

请求B方按照A方的意愿行动。

5. 信息交换策略（information exchange strategy）

无须明确表达A方的需要，只为B方提供某类信息或者只是讨论对双方合作更为有利的方式。它实质上是以劝说诱导的形式引导B方按照A方的意愿行动。

6. 建议策略（recommendation strategy）

如果B方按照A方的建议去做，B方的效益会更好。与信息交换策略相比，建议策略明确表达了建议B方采取的行动，所以更容易让B方产生怀疑。

以上六种策略都有自己特定的控制力来源，如表6-1所示。

表6-1　　影响策略与控制力来源的关系

影响策略	必要的控制力来源
许诺	奖赏力
威胁	强制力
法律	合法权力
请求	感召力、奖赏力、强制力
信息交换	专长力、信息力、奖赏力
建议	专长力、信息力、奖赏力

一般来说，渠道管理者可以综合运用全部的六种策略。在运用这些影响策略时，可以一种策略为主导，辅以其他策略作为补充，如以法律策略为主导，辅以威

胁策略增加效果；或者以许诺策略为主导，辅以信息交换策略和建议策略。渠道管理者应结合控制力来源、渠道成员等实际情况采取相应策略。

6.3.3 渠道控制方式

渠道控制力阐述的主要是各种控制力的内涵及来源，它能使我们明白渠道管理者影响渠道成员的潜在程度。但在实际运用控制力改变渠道成员行为时，还需要采取可操作性的方式。常见的渠道控制方式有以下几种：

1. 合同或法律控制

利用法律或者合同，对渠道成员的权利和义务、成员行为（如保持库存、归还货款、促销力度）和销售目标（销售量和销售额）予以明确规定，是一种最常见的简单有效的渠道控制方式。不管是生产企业还是中间商，都可以利用法律或合同的强制力来保持渠道控制力，但实施有一定风险，而且要求合同要尽量详尽，对未来可能发生的冲突和问题都能在合同中作出明确规定，这实际上又是不可能的。所以，使用这种控制方式一定要谨慎，但作为控制的基础，丑话讲在前面，还是很有必要的。

2. 品牌控制

在竞争十分激烈的市场中，消费者区分产品的主要依据就是品牌。这里的品牌包括生产企业的企业品牌和产品品牌。从渠道管理的角度来看，生产企业的企业品牌和产品品牌通过对消费者的影响完成对整个渠道的影响。对于中间商来讲，一个具有优秀品牌的生产企业的产品意味着利润、销量、形象，同时更意味着销售效率的提高。一般而言，畅销的产品不需要中间商进行多大的市场推广，所以，可以有效降低中间商的销售成本，而且还会带动中间商其他产品的销售。同时因为销售速度比较快，还能提高中间商资金的周转速度。因此，生产企业只要在顾客心目中建立了自己良好的品牌形象，就可以对中间商施加影响，增加渠道控制的有效性。当然，中间商也同样可以发展优秀的中间商品牌，这方面的典型如沃尔玛、国美等不同行业的零售业巨头。他们凭借自己的品牌也可以对生产企业施加强大的影响，进行有效的控制。在现代社会，中间商品牌发展的速度还在不断加快。

3. 长期战略和愿景控制

企业应该确立自身的战略目标，进行愿景规划，在市场竞争中确立自己的优势地位。一个长期没有战略的企业可能短期内能赚钱，但从长远看肯定没有发展前途。我国的中间商规模小，素质普遍较低，很少有自己的长期规划。但作为渠道管理者的生产企业一定要有自己的战略目标和愿景规划。因为中间商选择生产企业合作固然首先考虑的是经济利益，但同时也会考虑生产企业的未来发展情况，以及与该生产企业合作有没有美好前景。对于中间商而言，市场机会是有限的，与甲公司合作或者与乙公司合作短期内赚取机会相似，但甲公司有发展规划，那么中间商选择与甲公司合作的可能性就会大很多。所以，为了巩固渠道关系，生产企业一方面要用自己的市场地位与实绩来证明自己的优秀，另一方面还要向中间商阐明自己的长远规划和愿景，使他们产生对未来的“憧憬”。一旦中间商认同了生产企业的理念、发展战略和愿景，即使销售政策、产品方面出现一些暂时性的问题，中间商也会比较容易接受。

4. 利益控制

中间商与生产企业合作主要的目的都是为了获得一定的利益，尤其是短期的利益。因此，生产企业必须给中间商留出合理的利益空间。生产企业必须认识到，如果中间商不合作，中间商会损失合作的利润，也会使生产企业的整体利润降低。因此，生产企业要制定合适的出厂价，给中间商留出适度的利润空间，能使中间商经销生产企业产品获得的利润占到其经销总利润较大的部分。这样，一旦中间商想和生产企业中止合作就会感到损失很大，从而使生产企业控制住中间商。具体办法有：增加自己的产品销售量，降低中间商其他产品的销售量；增大自己的返利和折扣，使自己给中间商的单位利润加大等。

5. 厂家服务控制

一般来说，中间商受其发展历史与规模的影响，与生产企业相比管理能力较弱，人员素质也相对较差。企业有专业的财务人员、营销人员、管理人员和市场推广人员等人才和相应的管理、市场经验。很多中间商发展到一定程度后，都有管理、营销、人力资源、财务培训方面的需求。通过其他的途径往往难以有效满足他们的这些需求，费用也比较高。出于长远合作考虑，生产企业可以通过对中间商实施培训与咨询来达到管理与控制中间商的目的。例如，生产企业可以为中间商提供各种服务，包括提高中间商管理水平、帮助中间商销售、提高销售效率、降低销售成本、增加销售利润等，帮助他们解决现实问题。这种有针对性的服务会增进双方的合作关系，最终达成共赢局面。

6. 终端控制

由于零售商与顾客直接进行面对面的接触，对顾客需求比较了解，因此，消费品生产企业控制渠道的一个最常用的方法就是直接控制零售终端。生产企业要控制住零售商，必须让零售商首先认同生产企业本身和其品牌、产品，而不是首先认同上游的批发商。这样生产企业就有把握在某些中间商，特别是批发商出现问题时，把零售商直接转移给新的批发商而不影响整体销量。控制终端的具体办法包括培训终端员工，举行促销活动，举行销售竞赛，建立零售店的会员体系，建立零售店甚至大型最终购买者的基本档案，制作零售店网点分布图以及建立零售店、主要促销员、竞争对手、中间商等的基本情况档案，并经常更新以保证基本资料的准确性和完整性。生产企业建立了强大的终端数据库，就可以在这个数据库的基础上，开展针对终端的拜访和举行直达终端的各项活动，实施对零售终端的控制，从而增强对批发商的谈判能力，更有效地控制渠道。

7. 激励淘汰机制控制

生产企业应该定期或不定期地对中间商进行绩效评估，然后采取不同的激励淘汰措施。例如，在评估后可将所有中间商分为优、良、中、差四个等级，对不同等级的中间商应采取不同的措施。对于属于差等的中间商，又没有提高可能的，要坚决淘汰，不必顾忌对销量的短期影响。对于良和中等的中间商，则可能需要进行培训。其中，对中等的中间商要求无条件接受培训，假如该中间商不肯接受培训，则要坚决予以淘汰。对于表现良好的中间商，则重点帮助他们提高业务队伍素质，提升其经营管理水平，力争使他们的业绩能更上一层楼。对于优秀的中间商，则必须从战略高度予以支持，并不吝激励，但是又要注意不要激励过分，不能过于放纵和迁就，使他们产生骄傲自满情绪。需要强调的是，激励淘汰机制必须辅以对中间商的系统专业培训，这是提升营销渠道能力最重要的手段。

8. 价格控制

价格会对生产企业和中间商的利益产生影响，也会对顾客的需求产生影响。合理的价格体系是保障生产企业利益、调动中间商积极性、吸引顾客、扩大市场占有率、战胜竞争对手的主要手段。所以，价格控制是生产企业控制中间商的重要方式。生产企业价格控制主要有价格维持和价格差异化两种策略。

(1) 价格维持策略。

价格维持策略的目的是维持一个合理的价格体系，保证价格的稳定，使渠道成员不能以低于或高于生产企业制定的价格销售产品。维持价格稳定对营销渠道具有诸多好处：防止价格折扣行为，有利于维持市场秩序，保证中间商的整体利益；阻止中间商的提价或降价冲动，维持顾客和其他中间商及生产企业的利益；保证产品质量与价格的一致性，维护品牌形象；为中间商留出合理的利润空间，等等。有时为了维持价格稳定，会造成生产企业和中间商的反目，例如，国美和格力的分手就源起于国美对格力空调的私自降价销售。

(2) 价格差异化策略。

价格差异化策略是指生产企业对不同的目标市场采取不同的价格策略。这样做的原因是市场本身存在差异化，每个细分市场存在不同的需求、成本、价格弹性、竞争状况等，如果采取单一价格则不利于在竞争激烈的市场上进行竞争，也不利于在有竞争优势的市场上获得最大的利润。例如，在我国，大多数生产企业都会根据各区域市场（通常是按省份划分）的不同制定不同的零售价格，甚至根据营销渠道的不同制定不同的价格。

9. 产品线控制

产品线控制是由渠道管理者控制渠道成员的产品线的深度和宽度。主要有独家交易策略和捆绑销售策略。

(1) 独家交易策略。

独家交易策略是指生产企业要求中间商只能经营其产品或品牌，或者至少不能经营直接竞争对手的产品和品牌的交易行为。独家交易策略使中间商更加依赖生产企业，更能获得中间商的忠诚。同时，通过这种策略，还可缩小竞争对手经销范围；使生产企业更容易地预测产品销售量，有利于生产企业做好生产和库存；使中间商拥有稳定的供应货源，降低管理成本；使中间商可以更多地获得生产企业提供的促销支持和其他帮助。

(2) 捆绑销售策略。

捆绑销售策略是指生产企业要求中间商在购买其需要的产品或服务的基础上，还要附带购买生产企业的其他产品或服务的销售行为。实施捆绑销售策略可以有效增加生产企业的销量，并能压制竞争者产品的销售。此外，还可以带来附带的高利润产品的联动销售、节约包装成本、获得产品使用率数据等好处。

10. 所有权控制

渠道管理者为了增强对营销渠道的控制性，会通过控制所有权来进行垂直整合。实施垂直渠道整合包括自建渠道和并购其他渠道成员两种方式。有些生产企业会通过建立直营店、示范店等形式自建渠道，形成公司式垂直渠道系统，还有些生产企业会收购其他渠道成员，当然这种收购更多的是股权收购、合资经营。例如，TCL 成立幸福树连锁店就是由 TCL 与中间商合资经营。无论是通过内部扩张还是外部扩张方式进行整合，都是为了使渠道成本降低，提高渠道效率。利用所有权控制渠道，会对价格控制、产品线控制和市场覆盖率控制产生更加有利的影响。

11. 感情控制

目前，越来越多渠道管理者采用感情控制这一方式增强其渠道控制力。感情控制主要通过人际接触，联络感情，增进友谊，改善朋友关系，进而促进生产企业与中间商的交易关系，保持双方密切的合作关系。常见的增加感情控制的方法有：生产企业高层定期拜访中间商，与中间商交朋友，沟通感情，传递信息，经常就各种问题进行磋商，对中间商的困难表示理解和支持，必要时提供资金、人员等资助，对中间商的支持表示感谢，邀请中间商参与生产企业的会议和相关活动，等等。通过感情投资，建立亲密关系，就可以使中间商想和生产企业中止合作时，顾及到双方的良好关系而有所犹豫，不到万不得已不会考虑结束合作。这是一种更为隐蔽且让中间商乐意接受的控制方式。

应用案例

跟娃哈哈学终端管理

一个市场的健康成长，除了组建团队建设和网络渠道开发建设，就是终端开发管理。驾驭中国式终端销售管理的12字真经“纵向渗透、精耕细作、决胜终端”，至今仍然回荡在我们的脑海里。特别是供过于求的这几年，千变万化的销售终端早就成为企业的必争之地，各种招式的促销活动泛滥成灾，这“最后一米”临门一脚的战场异常热闹，甚至刀光剑影短兵相接。终端开发建设这个环节很重要，是产品形成销售的末端，是产品到达消费者的端口，比如超市、便利店、网吧、饭店、烟酒店、电商等，消费者通过这个端口买到自己心爱如意的产品。终端是竞争非常激烈而且又是极具决定性的重要环节，各种品牌产品都会在这里短兵相接，如何把握终端节奏，吸引消费者的眼光和影响消费者的购买心理，是终端工作的关键所在，就像一棵树，只有树根发达了，才会枝繁叶茂。

老实说，娃哈哈以前在这个环节上的做法并不是很好，但是跟随市场的发展变化经过多次摸索后，娃哈哈形成了自己独特的管理办法，和其他厂家的做法都不太一样，但是效果很好。

终端价差管理

娃哈哈对终端价差的管理，是以互惠互利、信任共赢为基础，执行的是指导价。为了保证价格体系稳定，娃哈哈实行各级价差体系管理制度，明确制定出每个产品在一级批发商、特约二批商、二批商、三批商和卖场超市的出货价和零售价，各级必须严格执行价格顺差，一批商的单件利润要小于二批商，二批商的单件利润要小于三批商。比如2009年洛阳创新开发二套网络时，对于批发商能整车要货的，娃哈哈公司规定一级批发商每件顺加0.5元直接把货送达批发商仓库，批发商按照娃哈哈规定每件顺加2元送达终端零售门店，零售门店统一按照零售指导价2.5元1瓶卖给消费者。也就是一级批发商靠的是走量和公司给予的销售奖励获取利润，与末梢最近的批发商才是终端管理的关键，但是走货量小，因此他们的价差相对就要高，这样量大的靠走量增加利润，量小的主要是靠稍高些的差价增加利润，同时各个卖场零售价必须统一，保证了终端零售门店的积极性和终端销售价格的稳定。

陈列管理技巧

对终端的争夺是产品到达消费者的必经之门，陈列活动管理是各路神仙必用秘籍。但是终端生动化陈列管理，绝不是只为了好看，也不是只为了卖货，更不是为了陈列而陈列。有句话说“80%的广告费都被浪费了，但是不知道浪费在哪里了”。所有商家都信奉“终端的气势来自客流的有效吸引或拦截”，于是很多常规的做法，比如陈列、堆头、特价、买赠、抽奖、积分、免费品尝、样品派发、捆绑销售、POP广告、DM广告、堆头帷幔、产品手册、导购员推介、限量抢购、小丑表演、联合促销……已经到了黔驴技穷的地步。“终端促销难以促销”的问题日益突出，在热闹与忙碌的背后，总是隐藏着“过度”“浪费”的嫌疑。很多促销场面红红火火，实际效果往往不容乐观，常常投得多、产得少，甚至只有投入没有产出。那么，终端促销还能怎么搞，如何从终端陷阱中突围？

1. 时间效应创新

娃哈哈豫北市场从2005年开始，就从应用落地试错的方式专门研究终端陈列活动，一是要求陈列必须规范，每次都要进行改进前和改进后的对比。二是讲究投入产出比，比如花一样多的费用，用不同的落地方式，然后对比数据变化，做到投入产出效益最大化。这里以陈列延续时间的使用为例，豫北市场在研究时定为“错时效应”，也许你都没听说过，看看与你的做法有何区别，娃哈哈这样做能增加多少效益。请看下面一个例子：

你选择的是谁的方案？

最佳方案是小王的。他抓住了陈列活动延续时间的几个关键：（1）中秋节与国庆节。（2）日常保持最低30箱，不足了要立马把数量补足，因为活动要求是50箱集中陈列。（3）起止时间正好把国庆节也带上了，而且最后的检查时间离结束时间相差2天。如果在活动结束前2天还能保持30箱产品集中展示在门面上，会是什么概念？（4）抓住了生意人的心理。做生意的谁不想利用节庆多卖点货多赚点钱，就是你没有陈列费用，店主也会把货摆到大马路上，至少有10到15天店主是在为小王免费陈列。

小张的方案就没有利用好生意人在节庆时的习惯，逢年过节你就是不给陈列费用，终端老板都会主动把货摆出来，同时小张对效果的监督时间特别是最后相隔了半个月，回访时间间隔太长。小马的方案问题在于开始时间稍微有些早，最主要的还是监督回访时间前面间隔太长，后面回访的结束时间又太早。

陈列活动中对时间的不合理应用会造成销售损失和资源浪费，研究组经过数据对比，小王的这个方案能为娃哈哈增加16%的效益。

经过豫北督察组和培训组5年的数据追踪研究发现，一场不规范和不合理使用时间段的陈列活动，会造成巨大的损失。陈列活动政策制定时，你必须考虑终端门店销售赢利和竞品的活动政策，否则你的活动就是白白地浪费资源。比如，在制定陈列活动政策时，如果不考虑竞品在门店中的销售及利润，盲目闭门造车制定活动政策，活动还没有开始，你至少就输给对手50%了。

据我们统计，由于不规范的陈列，每一场活动下来会有15.58%的销售机会白白流失，资源浪费达到11.84%。如果你的企业一年投入产品陈列活动费是1000万元，其他忽略不计，根据研究结果，把你的企业的销售额的损失打五折，相当于一个年任务700万元的县城没有了。

2. 革新陈列传统

消费者为何不出手？答案是产品同质化。陈列活动为什么不出效益？答案是黔驴技穷，模式僵化。要从传统中突围，你就要为此付出代价，不断创新，不断试错，对传统方式方法进行革命，找到一种能创造效益最大化的方法。豫北市场培训组经过多年的研究，总结出了一套能产生效益最大化的陈列方法。

由于终端结构的多样化和复杂化，任何一项终端管理活动都必须先做市场调研和现状分析，然后针对实际结构做相应的调整，灵活执行，不能一刀切。比如对饮品陈列类型的选择，常规的选择类型有零瓶、端架、货架、堆箱、堆箱加零瓶、买断，那么哪些终端适合做零瓶陈列，哪些终端适合做端架陈列，哪些终端适合做堆箱陈列，哪些终端适合做买断陈列呢？怎样做陈列才能做到投入产出效益最大化呢？豫北是这样选择的：如果终端零点以报刊亭、冰糕摊等门店类型集中的，最好做零瓶陈列；如果终端零点以小超市、社区便利店等门店类型集中的，适宜做端架陈列；如果终端零点以批发门店、杂货批零门店等类型集中的，适宜做堆箱陈列；像汽车站门口、公园门口等人流量特别大的门店，适宜做零瓶和端架；影院、KTV、网吧、高档商务休闲会所、健身房等特殊渠道，适宜买断陈列。

有一次娃哈哈豫北培训组在焦作市场给基层业务员做培训，在老师提到某区域的端架陈列活动效果不错时，一名业务员站起来说，他上个月也做了端架陈列活动，但是效果不好。在老师提到销售工作必须按照公司规定去做时，又一名业务员站起来说，他的主管说某个区域零瓶陈列活动效果很好，也在上个月安排他们做零瓶陈列活动，他也按照要求做了，但是效果不好，大主管还把他骂了一顿，挺委屈的样子。

培训活动结束后，我们决定去市场走访，看看到底是什么原因。经过对这两个区域现场的走访发现，原来第一个业务员的问题在他负责的区域里，终端结构大部分都是批发部，根本就不适合做端架陈列。第二个业务员也是他负责区域里终端结构问题，另外，我们还发现这个业务员严格按照公司对零瓶陈列的要求执行（娃哈哈活动产品零瓶陈列规格是 8 个排面），而竞品的零瓶陈列是 10 个排面，从活动气势上就输给竞品了。通过这两个现实案例，一方面反映出在做活动时，业务员对自己的终端结构没有分析，是不是适合制定的政策没有进一步考虑。另一方面业务人员灵活性不够，比如我们的零瓶陈列规定 8 个排面，而当竞品达到 10 个排面时，是否也需要具体问题具体分析呢？

3. 流动冰摊管理

每年夏天，大量的流动冰摊都出来经营，有的在公园，有的在广场，有的在大街边，有的在车站旁边，有的早上不出摊晚上出摊，流动性都很大，冰摊的陈列很难管理，对这样的特殊终端，你会怎么做呢？娃哈哈在管理这样的终端时，采取的是突击造访政策，我们称之为“天上掉馅饼”。以娃哈哈红茶的有奖陈列为例，执行时间 1 天，随机拜访并现场兑现，只要冰柜里冰冻陈列有多少瓶娃哈哈红茶，就奖励相等数量的绿茶。

准备工作做好后，娃哈哈派业务员兵分几路跟着客户的车辆，在这一天就拉着绿茶突访终端流动冰摊，只要现场打开冰柜见到里面有多少瓶冰冻的娃哈哈红茶，业务人员就会立马奖励多少瓶娃哈哈绿茶，很多流动冰摊突然收到娃哈哈这样的免费大礼，感觉像是天上掉下来的馅饼，高兴得合不拢嘴，冰柜里放得少的老板或者没有收到大礼的老板，听说娃哈哈的活动后都会主动把娃哈哈产品往冰柜里塞，因为他们不知道娃哈哈下一次是什么政策，什么时候会突然来访。但是娃哈哈人心里非常清楚自己这样做的目的是什么，会根据竞品氛围和自身市场需要，活动政策不会很小气，可能会是三五天，也可能是七八天，一般会是连续突访两到三次，覆盖整个夏天冰摊出来的季节。

如何抑制窜货行为

娃哈哈为了保证经销商的利益和维护区域价格体系的稳定，要求各个环节都必须严格执行公司的规定，最有效的办法就是严厉打击跨区域销售。为了能快速查处冲窜货，娃哈哈公司做了以下严密工作：

(1) 设置反窜货督察部。集团公司设置有督察部，专门核查冲窜货及相关不利于市场销售工作的行为；各省内也设置有内部督察人员，能快速核实查处跨区域销售行为，比如豫北市场督察组就成立比较早，一度成为娃哈哈公司工作典范。

(2) 产品身份信息管理。娃哈哈公司生产的每一件产品，在生产时就打上了生产日期、时间段、班组次和编号，按照计划订单，在发往各区域各客户时，每件产品包装上都打上了对应客户的编号，在出厂时就由工作人员把产品身份信息都录入到了娃哈哈销售管理系统，就像每个人的身份证一样，输入系统就知道你是谁。另外，一级批发商在给自己所辖区域的二批商或批发商送货时，也要按照公司要求在产品相关位置打印上暗码和记号，一是保护自己，二是防止二批商跨区域销售。

(3) 受理举报快速核查。无论是业务人员、一级批发商还是二批商，只要在自己的区域内发现可疑货源，只需要把产品包装上的编号或者生产日期填写举报表，及时报给总公司督察或者省内主管督察，督察人员就会根据产品系统信息锁定货源，并快速前往可疑货源地取证核实，同时通知相关货源主管业务前来确认。最基本的流程就是发现→举报→核查汇报→处理。

面对终端同质化这个复杂的难题，企业只要参照案例举一反三再结合自身实际情况，因地制宜地进行管理创新，革掉旧的思想，就一定能够从终端盲区中成功突围。

资料来源：罗宏文．跟娃哈哈学终端管理．销售与市场（管理版），2016（3）．

本章小结

渠道控制是管理控制在渠道领域的具体应用，是一个渠道成员对另一个渠道成员的行为与决策变量成功施加影响的过程。渠道控制的本质是对渠道成员（组织）的行为进行控制。渠道控制具有跨组织控制、相互控制、非强制性控制和结果导向控制四个特点。

渠道控制的重要性体现在三个方面：能使企业产品或服务更顺利地进入消费领域，实现其价值；能更好地发挥渠道功能，提高企业经济效益；是企业实现竞争优势的重要手段。渠道控制的有效性体现在渠道控制力的大小、渠道控制的效果和渠道控制的效率三个方面。

渠道控制力是指一个特定的渠道成员控制或影响另一个渠道成员行为的能力，即一个渠道成员对同一渠道中不同层次的另一个渠道成员行为的影响力。渠道控制力的来源有奖赏力、强制力、合法权力、感召力、专长力和信息力。

理解渠道控制六力模型需要注意：不同的力对渠道冲突会产生不同效果；不同渠道成员拥有不同程度的控制力；渠道控制力的基础是奖赏力；应综合运用渠道控制力。

运用渠道控制力有两个基本问题需要注意：辨明各种力源、选择并利用适当的控制力。渠道管理者要实施控制力影响其他渠道成员，有六种影响策略可以使用：许诺策略、威胁策略、法律策略、请求策略、信息交换策略和建议策略。

常见的渠道控制方式有十一种：合同或法律控制、品牌控制、长期战略和愿景控制、利益控制、厂家服务控制、终端控制、激励淘汰机制控制、价格控制、产品线控制、所有权控制和感情控制。

习 题

一、单选题

1. 生产企业要提高自身对渠道的控制力，其实就是想方设法提高渠道成员的(　　)。

A. 认同　　B. 利益　　C. 满意度　　D. 忠诚度

2. 渠道控制力就是一个特定的渠道成员控制或影响另一个渠道成员(　　)的能力。

A. 行为　　B. 思想　　C. 观念　　D. 战略

3. 渠道成员经过长期经验积累或者接受专业训练而形成的控制力为(　　)。

A. 感召力　　B. 专长力　　C. 信息力　　D. 强制力

4. 渠道控制力的基础是(　　)。

A. 奖赏力　　B. 强制力　　C. 合法权力　　D. 感召力

5. 许诺策略的控制力来源为(　　)。

A. 强制力　　B. 感召力　　C. 奖赏力　　D. 合法权力

二、多选题

1. 渠道控制具有(　　)的特点。

A. 跨组织控制　　B. 相互控制　　C. 非强制性控制
D. 强制性控制　　E. 结果导向控制

2. 渠道控制的有效性体现在(　　)等方面。
A. 渠道控制的可靠性　　B. 渠道控制的效果　　C. 渠道控制的效率
D. 渠道控制的时间　　E. 渠道控制力的大小

3. 构成了渠道控制力的两种最基本的来源是(　　)。
A. 奖赏力　　B. 强制力　　C. 合法权力
D. 感召力　　E. 专长力

4. 请求策略的控制力来源为(　　)。
A. 奖赏力　　B. 强制力　　C. 合法权力
D. 感召力　　E. 专长力

5. 生产企业对中间商的价格控制策略有(　　)。
A. 价格提升策略　　B. 价格下降策略　　C. 价格维持策略
D. 价格差异化策略　　E. 价格统一化策略

三、判断题

1. 渠道控制就是生产企业对中间商的控制。　　(　　)
2. 渠道控制与渠道权力是两个等同的概念。　　(　　)
3. 渠道控制具有跨组织控制与组织内部控制相互交汇的特点。　　(　　)
4. 能实施强制力的只有生产企业。　　(　　)
5. 具有感召力的渠道成员可能是生产企业，也可能是中间商。　　(　　)

四、简答题

1. 生产企业在运用奖赏力时应注意哪些问题？
2. 理解渠道控制的六力模型需要注意的事项是什么？
3. 渠道控制的重要性是什么？
4. 渠道管理者通过哪些影响策略可以影响其他渠道成员？
5. 常见的渠道控制方式有哪几种？

五、案例分析题

依云的渠道乱象

2012年6月初，国家质检总局公布了一批不合格食品和化妆品名单的名单，来自法国阿尔卑斯的高端水品牌“依云”天然饮用水因亚硝酸盐超标上了“黑榜”。

据不完全统计，自2006年下半年开始，依云水质量频繁出现问题，包括此次亚硝酸盐超标事件在内，已经是依云6年6次登上不合格食品黑榜了。依云似乎成了质检黑榜上的“常客”，前3次是由于菌落总数超标，后3次则是亚硝酸盐超标。

然而，几乎在每次质检结果公布后，依云品牌所有者，仅对依云菌落数超标问题作出回应称，系欧盟的检验标准和国内标准不一样所致，而对出现质量问题后企业如何改善等问题并未作出回应。

“依云”再曝质量问题

《中国企业报》记者从国家质检总局了解到，6月4日，在国家质检总局公布的最近一批209批次进口不合格食品和化妆品中，此前多次上“黑榜”的高端矿泉水品牌“依云”赫然在列：由北京大自然贸易有限公司从法国进口的一批2.376吨“依云”天然饮用水被查出亚硝酸盐超标。

公开资料显示，由亚硝酸盐引起食物中毒的几率较高。食入0.3~0.5克的亚硝酸盐即可引起中毒甚至死亡。此外，亚硝酸盐在胃酸作用下与蛋白质分解物二级胺反应生成亚硝胺。亚硝胺具有强烈的致癌作用，可引起胃癌、肝癌和大肠癌等。目前国标和国际标准都对亚硝酸盐设有限值。我国《饮用天然矿泉水》国家标准中规定亚硝酸盐每升小于0.1毫克，国际食品法典委员会天然矿泉水标准中则小于0.02毫克。国际瓶装水协会（IBWA）、美国联邦环保署EPA、美国食品药物管理署FDA生产规范中明确规定瓶装水亚硝酸盐（nitrite）含量不得超过1毫克每升。

据悉，依云是水源来自数个靠近法国埃维昂莱班的矿泉水品牌。1991年由达能集团所有。虽然“依云”在国内一直以高端饮用水自居，而实际在国外，依云水与普通饮用水价格无异，市场占有率也不高。

中国食品商务研究院研究员朱丹蓬表示，依云、福维克和巴黎水曾经作为三大奢侈品在国内推销，但是后面两家没有坚持下来，而依云在中国经过近20年的推广，现在俨然已经形成水中的奢侈品。

然而，业内人士透露，在欧洲依云只是大众消费品牌，可到了国内就成高端水了。在价格方面，在欧洲等地区，500毫升依云水售价仅在4元人民币左右。而在国内，同类型产品价格普遍达到10元左右，而在酒店，依云通常售价在40元以上，最终消费者购买价格是产品进入中国市场成本的4~5倍。因此毛利极高，一箱依云的毛利超过100元。

河南省中医院营养师李希民则表示，高端的矿泉水营养成分其实与咱们普通的“凉白开”差异并不是很大，其本质都是水。

渠道混乱是主因

朱丹蓬表示，一般矿泉水不合格有以下三个原因，亚硝酸盐、溴酸盐和细菌超标，如果是亚硝酸盐超标，那肯定就是水质问题，水质问题是天生的问题，是先天不足。

北京公众健康饮用水研究所研究员赵飞虹也认为，“依云在中国年年抽检，年年不合格，应该是水源有问题，因为水质和运输是没有关系的，基本排除物流和运输污染的可能。”2011年11月，依云被曝亚硝酸盐超标，彼时，第三方检测机构天祥集团食品部门有关负责人表示，亚硝酸盐的超标，问题只可能出在水源、仓储及物流等环节。

针对此次依云矿泉水“亚硝酸盐超标”事件，达能依云食品营销有限公司大中华区总经理戴宁在接受媒体采访时解释称，官方渠道的依云矿泉水从水源、灌装到运输的全过程，理论上不可能出现亚硝酸盐超标。但戴宁同时强调，非官方渠道可能存在较大风险。

记者还从依云方面获得的声明中看到，达能依云食品营销有限公司认为涉事产品不是依云官方渠道进口，因此，他们无法确认这些产品由“依云”出品。

6月8日，《中国企业报》记者拨通了依云矿泉水官方客服热线。目前在国内大商场销售的是港中进贸易（深圳）有限公司的进口货品，而这批问题水的进口商不是正规渠道成员。

《中国企业报》记者进一步了解到，“依云”进入中国的渠道分为两种渠道，即官方渠道和非官方渠道。具体而言，官方渠道为：源头厂到达能依云食品营销有限公司，再到零售。而非官方渠道则为源头厂到其他国家和地区的经销商，到其他贸易商，再到平行货商，最后到达零售。

然而在依云矿泉水市场上，官方渠道和非官方渠道却并存多年。而依云产品有较多非官方渠道，质量不在其监管范围之内。

据戴宁介绍，“依云水从源头到厂里灌装，都是由我们公司完成的。之后，会分销给全世界140个国家和地区的经销商，后者会销售给其他贸易商，贸易商又分销给平行货商，之后进入零售渠道。”戴宁认为，包括查出问题的进货商“北京大自然贸易有限责任公司”，即是非官方渠道进货商。业内将这种进货商称为“平行货商”。

渠道管控是根本

据《中国企业报》记者了解，依云早在20世纪90年代就进入中国，跟国内矿泉水品牌不同，依云并不走传统流通渠道，其定位就是走奢侈品路线，主要面向国内五星级酒店和私人会所等特殊渠道。目前“依云”在中国市场增长良好，每年都有30%至50%的递增。

然而，在经营方面，依云在中国市场的经营却更像一个贸易商，因网络扩张导致监管不力，让其很难精确把控国内消费市场。

有报道称，2000年之前，依云经销商由广州中山市一家公司做全国总经销，下设各级经销商。近年来，随着销售规模及销售区域的扩大，依云逐渐将一级经销商发展至北京、上海、广州、深圳等地，经销网络也越铺越大。“在中国负责依云的团队人数并不多，他们通常只能做到对一级经销商的审核及监管，而很难覆盖到整个经销网络”。

品牌研究专家高剑锋表示，从一个国外大众消费品牌，到如今在中国矿泉水市场建立奢侈品地位，是建立在当时中国消费市场尚不成熟的基础上。如今市场竞争日趋白热化，依云也应抛弃之前的品牌战略，将更多的精力投入到产品品质及渠道管控等方面。

资料来源：陈青松．依云渠道乱象曝光．http：//www.p5w.net/news/cjxw/201206/t4321092.htm.

问题：

1. 你认为依云的渠道控制中存在哪些问题？
2. 针对依云渠道控制中存在的问题应该如何改进？

实践活动

一、实训目的

加深对渠道权力的理解，促进学生对企业渠道管理实践活动的了解，增强学生运用渠道控制理论知识分析现实问题的能力。

二、实训内容

对某一家企业的营销渠道进行调查，如娃哈哈、格力、美的、家乐福或国美等，完成以下任务：

1. 介绍该企业的渠道控制现状。
2. 指出其渠道控制力的来源，说明该企业采取了哪些渠道控制方式。
3. 分析该企业渠道控制当中所存在的问题，并提出解决这些问题的建议。

三、实训组织

1. 教师提前 1~2 周布置任务，说明实训要求及注意事项。
2. 按实训项目将班级成员分为几个小组，每组 4~6 人。
3. 采用组长负责制，组员合理分工，团结协作。
4. 教师组织部分小组在课堂上进行交流。

四、实训步骤

1. 各小组按照实训目的与内容选择某一特定的企业进行资料收集。
2. 对收集的资料进行整理分析，用六力模型和渠道控制力的应用等理论分析该企业的渠道控制现状和问题，并提出改进建议。
3. 小组讨论，撰写报告和制作 PPT。
4. 各小组陈述，其他同学可以发表意见与建议。
5. 教师进行总结点评。
6. 各组根据教师和同学意见进一步修改报告和课件并提交，并给出实训成绩。

第7章 渠道冲突管理

学习目标

- 理解渠道冲突的概念
- 了解渠道冲突的发展过程
- 认识渠道冲突的类型
- 掌握渠道冲突的原因
- 明确渠道冲突对渠道效率的影响
- 了解渠道冲突管理的概念
- 了解渠道冲突管理过程
- 掌握渠道冲突的预防和渠道冲突的解决
- 理解窜货的定义
- 了解窜货的类型
- 掌握窜货的原因和窜货的管理

本章结构

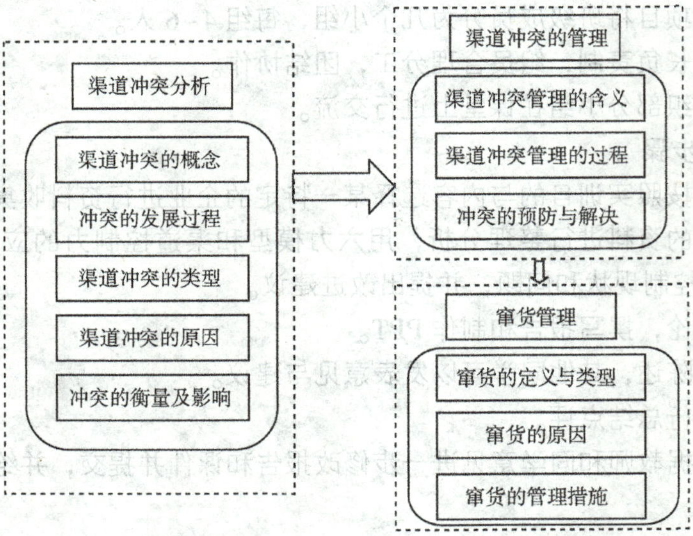

导入案例

一线品牌经销商的悲催

在赶赴一个饭局的路上，赵伟忽然接到L公司董事长李阳的电话。

“董事长，您有什么吩咐?”赵伟从20世纪90年代L公司刚建厂时就做了它的第一批经销商，二十多年来一直风雨同舟，他与董事长的私交也很不错。

“赵总啊，我有个想法想跟你沟通一下。”

“什么想法？您说。”赵伟听出李阳的语气郑重，赶紧正色回答。

“最近全国的经销商都反映库存压力大，要压爆仓了。我就想，在全国建几个物流分仓，给你们用来中转和存货，是不是可以帮助缓解你们的压力?”

“经销商你必须给他压力，否则肯定完不成任务。到年底一算，结果肯定是全国市场大幅度的萎缩。如果您要问我的意见的话，我觉得没必要建这个东西。现在就看谁有水平，要压而不爆。”

那头的李阳沉思了一会，又说了些无关痛痒的场面话，就挂断了。赵伟看着眼前晚高峰正拥堵的车流，更加皱紧了眉头。

项庄舞剑，志在沛公?

赵伟是L品牌在北京的经销商，在各厂商白热化竞争的北京市场上，他以经销商的身份，把L品牌做到销量保持行业前四，品牌影响跻身一线，甚至击败了不少公司的大品牌。赵伟觉得，自己真的是很对得起公司了。可是近两年，新营销总监刘波上台后，赵伟对公司的不满变得越来越多。

这一切都是因为刘波上台后连环烧起的“三把火”：渠道扩容、品牌升级(品类延伸)、提货政策。

首先，刘波提出“三年翻番”的激进增长计划，要求全国经销商以年均30%的增速跟上步伐，完成提货任务。

然后，围绕销量增长的终极目标，刘波制定了一个品牌升级和品类延伸的双向战略。一方面将核心产品按国际发展趋势升级换代，另一方面涉猎多种关联中小家电，期望实现家庭需求的全方面解决方案。

今年更是祭出了最狠的一招：为了迅速带动新品的销量，刘波把提货政策玩出了花样，规定经销商要按配比进货，按月考核提货任务，完不成的下月进货扣5个点……

L品牌所在的家电行业早已过了快速增长期，市场日趋饱和，30%的增速简直是天方夜谭。加上品牌升级（品类延伸）缺乏营销推广的支持，产品质量又不稳定，销量一直不理想，新政实行不到一年，全国经销商就因存货压力而怨声载道。像赵伟今年提货额3000万元，到年底库存占了一半，高达1500万元。

在全国建立物流分仓，对缓解经销商的库存压力根本没作用，只是解决仓储的问题——进货任务是必须要按月完成的，货就算放在公司的物流分仓里，所有权也已经转移了，所以就相当于是经销商租用了公司的仓库。

且不说物流被公司掌控后，费用可能不降反升，赵伟更加担心的是，公司建立物流分仓的真正用意并不是为了要“缓解经销商库存压力”或“继续撑大经销商的肚子”这么简单，而是在为发展全国性的网购直销做物流准备。

电商项目架空实体门店

在刘波的主导下，公司的电商业务仅用了两三年时间，就做到3个亿，占今年全部销售额的1/6。

电商的快速崛起，是以侵害线下利益为代价的。L品牌的线上与线下毫无区隔（线上型号由i加原线下型号组成，产品完全一致），价格最高可相差千元。线上甚至会写明某产品与线下哪款是完全一致的，消费者可以先到实体店看货后再下单。

消费者的网购单最后又会分配回当地经销商手里，由他们提供安装售后服务，公司仅支付经销商有限的安装售后费用——这完全架空了实体门店，让经销商的实体门店沦为了展示台和售后维修部。

每个地区根据网购的普及率有所不同，就赵伟这个地区的情况，现在几乎每4单中就有1单来自网购。还有越来越多的客户在网上看了价格，到线下来砍价，终端因全国统一售价的管制，只能用买赠送礼等方式压缩利润空间，留住客户。

更可怕的是小区拼团。现在渠道越做越深，小区推广已经成为门店促销的重要法宝，经常要进社区扫楼搞活动。在一个新房集中装修的小区，尤其是单位集资建房小区，只要有一家网购了L的产品，就会带动同事和邻居都上网买，整栋楼甚至整个小区都被网购抢走了生意。

针对有网购意向的客户，卖场导购最后想出两套说辞：一是说网上产品与线下不一样（但这其实是欺骗消费者）；二是说网上买的售后没保障（经销商为抵触网购，会拖延安装、配件不全），而门店的货上午买，下午就能安装，售后24小时响应。

赵伟对此没有肯定也没有否定，他知道这是一把“双刃剑”。L品牌现在既有官方商城，又有天猫旗舰店，还在苏宁、国美、京东有网络渠道。说官方渠道上的宣传内容有虚假、误导，其实也是在损害品牌声誉，破坏了品牌形象，自己门店的生意也好不起来。最后这样搞，只能是两败俱伤。

“复制忠诚度，我们就成功了”

刘波不是不知道现在渠道面临的压力和问题，但他也没有别的选择。

“三年翻番”的增长目标，实际上是董事会根据市场空间计算出来的。L品牌现在的核心产品已连续13年全国销量领先，在该细分领域牢牢占领了消费者心智。董事会认为，提速的时机已经到了：只要把消费者对L品牌核心产品的忠诚度复制到更多的产品上，我们就能成功扩容。而且根据品类的国际发展趋势，产品即将全线升级，这为品牌的升级和品类的延伸又提供了市场契机。

根据董事会的要求，刘波将大任务分解，就烧出了针对经销商的那“三把火”。30%的提货增长率是全国一刀切的死任务、军令状，没有市场依据，只有内部要求。

董事会看到的是大市场，刘波即使看到了下面的问题，也不能提出建议和问题，否则就是跟不上思路，自己的乌纱帽也不想要了。

新政推出半年后，公司曾选了全国20个做得好的经销商到公司介绍情况、征求意见。广东的一个经销商哭着反映了受网购冲击的问题，董事会不仅没有解决问题，反而在会上把这位经销商批评了一顿，认为他根本的问题就是思想认识问题。看到这个戏码，后面的经销商也没人再敢提实际问题了。

刘波现在是硬着头皮也要上。一方面倾斜资源发展网购，另一方面用促销政策拉着经销商往前跑。今年“五一”，L品牌进行了全国性的五折促销，“十一”活动价甚至低至三折。促销短期见效很快，但也有强势地区的经销商反映，这生生把自己从一线品牌打到了二线品牌，消费者现在就等着你有更低折扣才来买。

为了尽可能榨出经销商渠道的销量，刘波花了很大精力研究经销商的心理和行为习惯，制定了繁杂的进货政策：月度进货额不可超过任务目标的10%，低于任务目标则不享受进货折扣，全年任务完不成扣保证金。要求经销商按照上述政策进货。

品牌升级是水中月，镜中花？

根据公司的政策，高压的渠道扩容手法，赵伟认为，继续做传统代理的意义不大。

赵伟的思考是，标准品是电商的强项，强调体验、服务的非标准品则是线下的强项。而公司的品牌升级店，主售的就是非标准化产品，这一度让赵伟以为找到了解决办法。

但在今年试验性地投资了一家门店之后，赵伟的心里就没底了。因为问题实在太多！

一是流程长。公司要求专卖店的所有材料、布置都由总部把控，包括装修用的水泥、砖都必须从总部运过来。经过跨距离的逐项流程审批，赵伟的这家店铺半年时间都还没装修好。半年时间光租金就花了10万元，加上提前招聘到位的人员工资4万元，白白耗费了14万元。连商场的人都笑他“有钱也不是这么折腾的”。而总部那边还在慢悠悠地承诺，会按照流程把剩下的装修材料发过来。

二是研发多，新品少。公司年初发表的新品计划花团锦簇，但一年过去了不见投产。经过多方了解赵伟才搞清楚，问题出在与公司合作的某国际知名设计公司身上——他们太“精益求精”，用艺术品的标准来要求工业品，有任何一点瑕疵就推倒重来，导致“新品”总是在完善中，而竞品的新品早已抢占了市场。

三是没有相关配套支持。赵伟打算在本地做汽车喷绘广告，向公司要素材，公司居然说没有这个东西。至于导购、设计师的培训，更是毫无头绪，全凭经销商自己摸索。

四是没有推广支撑。公司在品牌升级上的推广投入很小（业内另两家一线品牌的广告投入费用是L品牌的2~3倍），市场还是认老的核心产品。而在升级后的品类中，专业专注的中小品牌已经做起知名度了。

赵伟和其他率先尝试经营品牌升级店的经销商一聊，发现大家都是同样的问题和困惑迟迟得不到解决。在山东某地，品牌升级店开一家倒一家，经销商甚至闻之色变。

压爆的前兆：精心处理的窜货

听董事长李阳的口气，他这个不是想征求自己的意思，多半是已经打算要上手干了。一旦完成全国物流网络的铺设，这些经销商就真的要被彻底“边缘化”，公司随时可以说“不带你玩了”。

现在的状况就是，不能坐以待毙，又无路可走。难道真的要就此放弃自己二十多年在家电圈的耕耘和积累？

正想着，赵伟的手机“滴滴”响了起来，打开一看，是总部提示分配到自己手上的几单网络订单还差几天到完成服务的最终截止日期。

今天晚上的饭局都是几个生意上的朋友，L品牌在相邻地区的经销商张勇也在座。赵伟把来龙去脉讲了一下，张勇感同身受，“我现在也被这个短信烦得要死。跟总部的人沟通过，他们说是刘总要求每天必须发给经销商本人，说是为了提高售后服务水平的友情提醒”。

赵伟说：“他们要这么玩，那我也会。现在百度上一搜，L品牌本地售后排在前十的都是假的。以前公司给补贴，我是生生地竞价排名，把它们都打下去，把我的弄在第一。现在公司不给补贴了，假的又上去了。我也写这么一个友情提醒：‘目前百度搜索本地还有十个假售后’，每天发给董事长、总裁、刘波，是不是也可以?!”

“这两年真是觉得越来越难做了。尤其价格忽高忽低，让人心里没谱：平时780元的进货价，搞个活动就低到480元，还限制进货量，硬生生把进货搞得跟‘精算’一样复杂。”

张勇叹口气接着说：“如果不是我还有这么多员工要养，我肯定不做L的代理了。前两天我的二级商说网上卖的产品比我给他的供货价还低，我上网一看，承诺厂家正品但不保修，550元，货源在安徽。我特意买了几件回来，想抓住他窜货的证据。拆看一下，人家把条形码、防伪标志全都细细地刮掉了。露出来秃的地方，就用logo贴上去。然后重新包装，两件打一包往外卖。”

“我算了一下，价格就是搞特价的货加‘二次加工’的成本，平进平出，纯粹就是为了完成任务。这事搞得就很尴尬，二级商就觉得我是赚了230元的差价了。实际上我的货分好多批次好多价格买回来，都是综合后的成本价。这种网络窜货窜价如果不打掉，真是彻底没得干了。”

赵伟想到自己库房里满满当当堆到天花板的货物，心想看来到了资金实在转不动的时候，也得考虑用这种办法清一清库存了……

资料来源：杨启敏．一级品牌经销商的悲催．销售与市场（渠道版），2014（2）．

冲突管理是渠道管理中的重要内容。冲突是营销渠道中的一种普遍现象，会对渠道效率产生一定的影响，企业应该对渠道冲突进行管理，控制渠道冲突的水平，增进渠道成员之间的合作，使营销渠道能够良性运转。本章将对渠道冲突的基本概念和理论、渠道冲突管理和窜货管理进行讨论。

7.1 渠道冲突分析

7.1.1 渠道冲突的概念

许多营销学者从不同的角度来研究渠道冲突，因而渠道冲突的定义有很多，在众多的定义中，路易斯·W. 斯特恩等营销学者对渠道冲突所下的定义比较有代表性，被广泛引用。本书采用的是路易斯·W. 斯特恩等学者对渠道冲突所下的定义：渠道冲突是组成营销渠道的各成员间的一种不和谐的状态。当一个渠道成员的行为与他的渠道合作者相反时，渠道冲突便产生了。渠道冲突以对手为中心和方向，并且其追求目标也由渠道合作者操控。

(1) 渠道冲突不同于竞争，是一种干预行为。

人们通常将营销渠道中发生的冲突与竞争混为一谈，其实两者并不相同。冲突是一种以对手为中心的行为，这种行为往往受到个人因素影响，而竞争是一种以目标为中心的行为，它不受个人情感因素的影响。在冲突和竞争的过程中，虽然都会出现各渠道成员的目标不一致的情况，但是，如果一方并不干预对方实现其目标，这是竞争，而如果一方将把精力放在如何对付其他渠道成员上，阻止或妨碍对方达到目标，则属于冲突。因此，渠道冲突与竞争最根本的区别在于是否存在干预对方的行为。

在渠道系统中，企业和零售商之间既存在竞争也有冲突。全国品牌与私人品牌之间的纷争属于一种竞争形式。例如，为了提高顾客对各自品牌的接受度，某药品企业和连锁药店都以市场为中心，会努力开展一系列营销活动来实现各自的目标，在此过程中，双方并不受个人情感因素的影响，并未直接使用一些阻碍对方的行为以提高顾客对其品牌接受度，厂商双方只是在消费者市场上进行竞争。但是，药品企业和连锁药店在药品促销方面争端则更多地属于冲突。连锁药店为吸引顾客光顾，向顾客提供了折扣券，不论顾客购买什么药品都接受折扣券，并要求该药品企业承担促销费用，而该药品企业则认为，连锁药店的这种行为使自己当初使用折扣券以达到盈利目标的努力白费了，结果，围绕着该药品企业应该支付多少促销费用的问题，厂商之间产生了冲突。

（2）渠道冲突的根源在于渠道成员之间所固有的相互依赖。

为了将产品顺利地提供给消费者，渠道成员之间需要相互依赖，执行不同的渠道功能，如乳制品企业主要负责产品的生产和促销，批发商执行融资和物流等功能，零售商专门从事产品的市场开拓和销售等工作。渠道系统内各成员之间相互依赖主要是由于这些渠道成员需要利用他人的专业技能、资金、经验等资源，这种相互依赖的关系一方面为渠道成员提供了合作的基础，另一方面也会带来冲突。因为营销渠道是由各个拥有独立所有权的组织构成的，这些组织为了获得更多的利益，会力图去扩大各自的自主权，从而产生干预对方的行为，引发渠道冲突。通常，渠道成员之间的相互依赖性越强，干涉对方实现目标的机会就会越多，渠道冲突出现的可能性也就越大。

7.1.2　渠道冲突的发展过程

渠道冲突不仅是一种状态，更是一个过程，它是由各种情节和事件组成的一个动态发展过程。渠道冲突是一个渐进的发展过程，它包括潜在冲突阶段、知觉冲突阶段、感觉冲突阶段、明显冲突阶段和冲突余波阶段。渠道冲突的发展过程如图7-1所示。

第一，潜在冲突阶段。它是冲突的潜伏阶段，也是冲突的根源阶段。表现为渠道成员之间由于目标、利益、认知、领域等方面存在着差异等情形，这些差异是导致渠道冲突产生的根本原因。在这一阶段，冲突是潜在的，渠道成员尚未意识到冲突的存在，它是与渠道合作同时出现的。

第二，知觉冲突阶段。在该阶段，渠道成员意识到与其他成员存在着某种差异或对立。在一些条件的作用下，潜在的冲突就转化为可感知的冲突。

第三，感觉冲突阶段。当情绪因素介入时，渠道成员将体验到情感冲突。在这一阶段，渠道成员体验到了忧虑、愤怒、失望和不满等情绪，双方的关系紧张，渠道成员开始把冲突人格化，甚至于为了报复他们的渠道伙伴而牺牲自己的经济利益。

第四，明显冲突阶段。这时冲突表现为看得见的行为上的对立。双方互相阻止

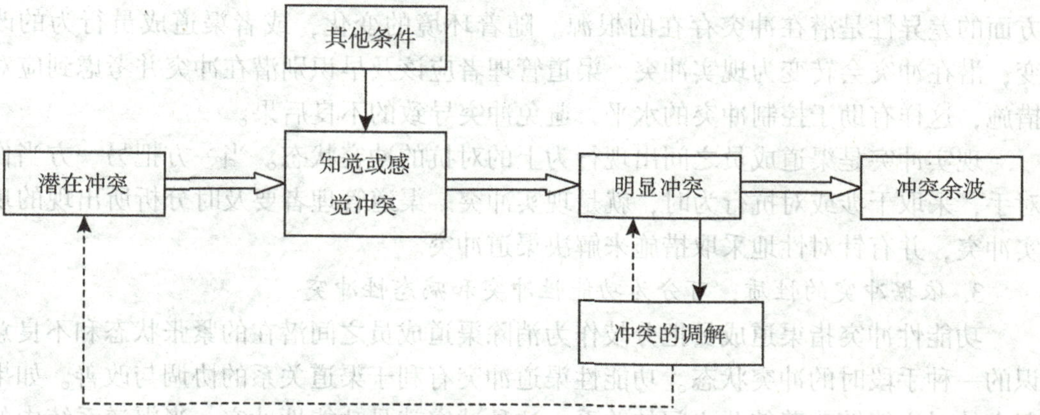

图 7-1　渠道冲突的发展过程

对方的发展，撤销支持，阻止对方达到目标。这些行为可能在轻微的不同意到严重的破坏或复仇行动这一范围中出现。

第五，冲突余波阶段。表现为渠道冲突产生的影响。不管明显的冲突是否处理了，渠道冲突都会进入冲突产生的潜在或实际影响这一阶段。冲突产生的影响可能是积极的，也可能是消极的。

7.1.3　渠道冲突的类型

按照不同的划分依据，可以将渠道冲突划分为不同的类型。渠道冲突的类型主要有以下几种：

1. 依据渠道成员的关系类型，可分为垂直冲突、水平冲突和多渠道冲突

垂直渠道冲突指同一条渠道中不同层次渠道成员之间的冲突。这种渠道冲突出现在不同渠道环节的渠道成员之间。例如，制造商与批发商产生的冲突、制造商和零售商之间的冲突、批发商与零售商之间的冲突都属于垂直渠道冲突。

水平渠道冲突指存在于同一条渠道中同一渠道层次的成员之间发生的冲突。这种渠道冲突主要是出现在同一个渠道环节的不同中间商之间，这些中间商可以是同种类型的中间商，如经营同一电器的两家百货商店之间发生的冲突属于水平渠道冲突，也可以是不同类型的中间商之间，如百货商店和家电专业连锁店之间产生的冲突同样也属于水平渠道冲突。

多渠道冲突指多条渠道成员之间的冲突。当企业采用两条或两条以上的渠道向消费者提供产品时，这些渠道之间可能会出现冲突。例如，某公司对其传统的营销渠道进行调整，建立了网上销售的新渠道，招致了传统中间商的不满。

2. 依据冲突的显现程度，可分为潜在冲突和现实冲突

潜在冲突是渠道成员由于在目标、认知和领域等方面存在着差异和矛盾，但没

有导致彼此出现行为对抗的一种冲突状态。渠道成员之间的相互依赖性和各自不同方面的差异性是潜在冲突存在的根源。随着环境的变化，或者渠道成员行为的改变，潜在冲突会转变为现实冲突。渠道管理者应该及早识别潜在冲突并考虑到应对措施，这样有助于控制冲突的水平，避免冲突导致的不良后果。

现实冲突是渠道成员之间出现行为上的对抗的冲突状态。当一方把另一方当作对手，采取干涉或对抗行为时，就是现实冲突。渠道管理者要及时分析所出现的现实冲突，并有针对性地采取措施来解决渠道冲突。

3. 依据冲突的性质，可分为功能性冲突和病态性冲突

功能性冲突指渠道成员把分歧作为消除渠道成员之间潜在的紧张状态和不良意识的一种手段时的冲突状态。功能性渠道冲突有利于渠道关系的协调与改善。如果双方的对立能够改善彼此之间的关系，这种冲突就是功能性冲突。当渠道系统中的各个成员意识到彼此的贡献和各自的成功无法离开对方时，就会出现功能性冲突。在这种冲突状态下，双方的分歧和对立非但不会使他们的关系受损，反而会使这些渠道成员采取一系列措施：经常进行有效的沟通交流；设置各种途径以表达他们的不满；对过去的行动进行批判式的评价；改善渠道系统资源分配方案使之更为公平；采用更加平衡的权力分配方案；设计并应用一套合理的应付未来冲突的标准。通过这些措施可以更好地发现并缩小彼此之间的分歧，使渠道成员互相促进，从而提高渠道绩效。功能性冲突具有建设性，它可以使渠道成员获得更多的机会，创造更好的渠道绩效。

病态性冲突指渠道成员之间敌对情绪和对抗行为超过了一定限度并对营销渠道产生破坏性影响时的冲突状态。病态性冲突是一种剧烈的渠道冲突，它会损害渠道协调和运行。营销学者对西方经济中数千种渠道关系的实证研究结果表明：在实践中，大量的冲突是破坏性的，而不是功能性的。病态性冲突会影响渠道成员长期亲密合作的能力，从而导致渠道组织的不满。具体而言，病态性冲突不但会带来令人失望的财务报酬，还会破坏渠道关系，给方造成更高的调整成本。

7.1.4 渠道冲突的原因

渠道冲突的根源在于渠道成员之间所固有的依赖性。众多的学者对渠道冲突的原因进行了研究，各人研究的侧重点不同，所得出的结论有一定差异。伯特·罗森布洛姆通过文献研究，对渠道中发生冲突的原因进行了归纳总结，提出冲突原因的主要有：目标不一致、感知差异、资源稀缺、角色对立、决策领域有分歧、预期差异、沟通障碍等。

1. 渠道成员的目标不同

每个渠道成员都有自己的目标，当各渠道成员的目标不一致时就可能会产生冲突。渠道成员之间的目标经常会存在差异，实现目标的途径可能与其他成员不相同。如某企业的目标是为了提高市场占有率，在短期内占领市场，而中间商则是为

了获得短期丰厚的利润。由于渠道成员之间的目标不同而引发渠道冲突是很常见的。例如，一家服装店同时经营四个品牌的女装，该店的目标是增加商店的总体利润，提高商店的知名度。只要能实现这一目标，不管卖出哪个品牌的女装对该商店都一样。但是，对于某一品牌的服装厂家而言，其目标是获得一定的销售量和市场份额。如果这家商店不重视该品牌服装的销售，该厂家就会认为商店的这种行为阻碍了其目标的实现，从而埋下了渠道冲突的隐患。当渠道成员的目标不相容时，往往容易引发渠道冲突。

2. *感知差异*

在营销渠道中，各渠道成员看到的是同一种刺激物，但是对这种刺激物的理解和解释却各不相同。例如，在对 POP 展示的运用方面，家具生产厂家和零售商之间可能会有不同的观点。厂家认为使用 POP 展示可以向顾客传递产品的相关信息，帮助零售商更好地销售自己的家具，故花费了不少资金和时间精力制作出精美的宣传册和宣传画，并将它们与各种家具一起运送给家具店进行展示，但是，家具店则认为 POP 展示会花费自己很多的时间精力，会占用大量宝贵的店面空间，对自身的总体利润提升毫无帮助，因此，在家具厂送来大量的 POP 展示材料后，家具店把它们当成一堆垃圾处理，将它们做成包装箱，在退换货时一起运送给家具厂，这必然会引发厂商之间的冲突。之所以会出现这种情况，是因为渠道是一个网络体系，是一个整体，而各渠道成员的关注焦点不同，接触到的信息也不相同，因而看到的只是这一整体中的一些分散的碎片而已，文化、观念、个性、态度等方面也存在差异。由于渠道成员各方对同一刺激物有不同的感知或对感知的理解不同，就会出现不同的行为，这些行为可能是对立的，因而它是导致冲突的一个重要根源。

应用案例

玛丽·鲁滨逊是一家著名男式衬衫制造企业的营销副总裁，她已经为公司新的全棉易维护衬衫生产线进行了 3 个月的店内促销活动。该次促销活动提供了一套销售点设备样品，它由与实物大小相同的硬纸板拼成，并在展示的生产线上挂有实际的衬衫。百货店及专卖店希望突出这条生产线，从而利用该展示吸引消费者对生产线的注意力。鲁滨逊在这次零售商的促销活动中起到了关键作用，她为此非常自豪。现在该促销活动已经进行了 6 周，她在焦急地等待这天下午由公司营销研究部门写出的报告。她认为该报告将是赞赏性的。但实际上很多零售商认为该次促销活动是灾难性的，特别是很多零售商没有足够的空间来摆放那个实物大小的纸板生产线模型。即使有足够的空间，它们也认为这样做是愚蠢的。

资料来源：伯特·罗森布洛姆. 营销渠道（第 8 版）. 宋华，等，译. 北京：中国人民大学出版社，2014：244.

问题：

如果玛丽继续执行这一促销活动，情况会如何？试进行讨论。

3. 资源稀缺

这是由于在贵重资源的分配问题上产生分歧而造成的冲突。由资源稀缺引发冲突的一种普遍的情况是如何在制造商和批发商之间分配零售商，对于制造商和批发商而言，零售商是渠道中的一种贵重的资源。例如，以前一些制药厂只管生产，由批发商负责药品的分销，但是随着药品市场激烈的竞争和连锁药店的发展壮大，直接掌控终端对于药品销售是非常重要的，于是这些制药厂开始直接与大型药品零售商交易，而把剩下的市场交给批发商，这会引起批发商的抵制，批发商认为制药厂对零售商这一贵重资源的分配对自己是不利的，从而使制药厂与原有批发商之间产生冲突。另一种典型的情况是特许经营中的地点选择问题。在受许人看来，资源就是自身能够经营的市场。在任何一个既定的市场上，如果特许人在已有受许人的情况下又在该市场发展了一个新的受许人，两个受许人会抢夺顾客这一贵重资源，使原有受许人的业务受损，这样原有的受许人与特许人之间就会产生冲突。

应用案例

比尔是 Newvalue Supply 公司的老板，这家中型公司专门批发排水设施。比尔与 Jefferson 企业的销售经理通过电话后恼羞成怒。Newvalue 公司已与这家生产优质水龙头且利润颇高的制造商合作过多年。“这个可恶的家伙要将产品直接卖给家具中心，”比尔气愤地对儿子保罗说道，“为了建立这种关系，我们真下了工夫呀，可现在 Jefferson 公司却想把我们一脚踹开。”

资料来源：伯特·罗森布洛姆．营销渠道（第8版）．宋华，等，译．北京：中国人民大学出版社，2014：117.

问题：

看来冲突即将发生，讨论产生该冲突的主要原因。

4. 角色对立

角色是对特定岗位的成员应当具有的行为所进行的规定。角色应用于渠道中，指任一渠道成员都要承担一系列他应该执行的任务。如果一方偏离了其既定的角色，就会引发冲突。例如，在特许经营中，某特许人承诺向受许人提供人员培训、账务管理、促销等方面的帮助，同时也要求受许人严格按特许人的经营程序、质量标准进行经营，当受许人未按特许人的质量标准进行运作而损害了特许人的信誉时，就会产生冲突。

5. 决策领域有分歧

在营销渠道中，每个渠道成员都会以各种方式为自己争取一片独享的决策领域。如果没有明确划分各渠道成员决策领域的界限，当涉及“谁有权决策，做何决策”的问题时就会引发冲突。常见的决策领域冲突的例子有厂商双方在价格决策权、存货、售后服务提供方、市场调研的执行方等方面出现的冲突，其中，对价格决策权的争夺在营销渠道中是一种比较常见的情况。厂家想拥有价格决策权，希望中间商能按自己制定的统一价格销售本企业的产品，但中间商希望控制价格决策权，按能取得所经营的整体产品利润最大化来对不同产品定价。价格决策权的争夺往往引起渠道冲突。在传统的渠道组织中，渠道成员之间关系松散，在不少决策领域中渠道成员间都存在着“由谁来做什么”和“该怎么做”的争论，因此决策领域冲突非常普遍而复杂。

6. 预期差异

当各个渠道成员对经济发展、竞争形势、市场需求、客户经营的预期不同时，可能会引发冲突。预期差异涉及各个渠道成员对环境条件的预期不一致。例如，汽车制造商预测未来一段时间内经济形势较好，希望中间商多进货，进一些高档汽车，而汽车经销商则对经济形势的预期比较悲观，因而拒绝汽车制造商的要求，只愿意进少量的中低档汽车，这会导致冲突的产生。预期差异也涉及一个渠道成员对其他成员行为的预期。一个渠道成员会对其他渠道成员的行为进行预期，这种预期可能是错误的，但是该成员会根据对其他成员未来行为的预测采取行动，结果可能导致其他渠道成员做出相应行动。例如，某化妆品厂家预期某超市销售该品牌化妆品的数量可能会下降，于是减少对这家超市的销售访问次数和促销支持，结果导致这家超市对该品牌化妆品的销量急剧下降。

应用案例

詹姆斯·约翰逊是一家大型纤维玻璃生产商的营销副总，该企业主要生产面向DIY市场的家用绝缘材料。一天，当他读完《华尔街日报》上一篇关于最近能源价格将上涨的文章后，感到异常兴奋。他大声向走进办公室的销售总经理比尔·阿伦说：“这个消息对我们太好了，下个季度我们的销售将翻一番。”“通知你的区域销售经理，让他指示地区销售人员，推动家居中心零售商扩大商品库存和家庭绝缘制材料的销售面积。”他继续对阿伦说。阿伦坦诚地回答道：“我马上就去办，但是其结果将是家居中心会在价格攀升到快要衰退的时候大量增加库存。”

资料来源：伯特·罗森布洛姆．营销渠道（第8版）．宋华，等，译．北京：中国人民大学出版社，2014：87.

问题：

讨论制造商与零售商对能源价格上涨的不同看法而产生的歧义。

7. 沟通障碍

如果信息不能有效地传播，如渠道成员之间不沟通、沟通缓慢、传递的信息不准确甚至是错误的，合作可能很快变为冲突。例如，某特许人拥有 500 多家加盟店，许多受许人不断抱怨说，他们向特许人交了特许经营费，但特许人却并未给予相应的支持，帮助他们提高经营业绩。而特许人也争辩说，这些受许人没有提供细致详尽的财务报表，特许人不了解他们的经营情况，因而无法帮助他们改善经营业绩。可以说，该冲突的发生主要是由于特许人和受许人之间缺乏有效的沟通。

7.1.5　渠道冲突的衡量及影响

1. 渠道冲突的衡量

渠道冲突可以用冲突问题的重要性、冲突强度、冲突频率三个指标来衡量。冲突问题的重要性指的是引起双方冲突的问题在获利中的重要性程度。冲突的强度是指冲突双方就某一问题争执的激烈程度。冲突的强度可以从很小的分歧到报复性行为或诉讼等重大分歧。冲突的频率是指双方就某一问题意见不一致的频率。它可以从零星的争论到持续的关系恶化。将这三个指标综合起来就形成了一个用来测定每一个问题的显性冲突指标：冲突 = 重要性×频率×强度，然后，就某个产品所有问题的冲突指标进行加总，就形成一项冲突指数，再比较各渠道成员的冲突指数，就可以清楚地看到最严重的冲突发生在何处，并找出渠道发生的原因。使用渠道冲突指数进行衡量，可以避免因情绪干扰而带来的偏差，使得对渠道冲突的诊断更专业，能明确指出各方对立的问题和原因。

相关链接

对于汽车经销商与生产商的关系中渠道冲突的评估时，可以按照下面四个步骤来进行：

第 1 步：计算问题的总数。在渠道关系中，与双方都有关联的主要问题是什么？对于汽车经销商来说，一项研究揭示了经销商在处理与生产商的关系时必须面对的 15 个问题，包括存货（汽车和配件）、汽车的分配与运输、经销商人员规模、广告、汽车备件的补贴和报单偿付等。这些问题一时间是否处于争论中并不要紧。要紧的是它们关乎渠道关系的几个重要方面。

第 2 步：重要性。对于每个问题，确定其对经销商的重要性。这可以直接询问经销商。对于每个问题在经销商获利中的重要性程度，可以用 0~10 予以打分（其中0代表非常不重要，10代表非常重要）。

第3步：意见不一致的频率。对于每个问题，应该就双方发生分歧的频率收集数据，弄清楚经销商与生产商意见不一致的频率。可以要求经销商回忆过去一年中与生产商在这一问题上的争论，并就这些争论中出现分歧的频率（从根本没有到常有）予以打分，用0表示从来没有，用10表示总是存在分歧。

第4步：争论的强度。对于每个问题，通过收集有关双方就这一问题分歧的强度（双方的立场有多大差距）数据。经销商可以用0~10表示在一次有代表性的讨论中双方争论的激烈程度，0表示不激烈，10表示非常激烈。

对每一个问题都需要将其重要性、意见不一致的频率、争论的强度相乘。而后，对所有15个问题的乘积求和就形成了一项冲突指数。这样的估算能够在经销商之间进行比较，以观察最严重的冲突发生在什么地方以及为何发生。

资料来源：安妮·T. 科兰，等，著. 营销渠道（第7版）. 蒋青云，等，译. 北京：中国人民大学出版社，2008：208-209.

按照冲突问题的重要性、强度、频率，渠道冲突可以划分为三个层次：高水平冲突区、中等水平冲突区、低水平冲突区。如图7-2所示。高水平冲突区，表现为冲突的问题比较重要，渠道成员间存在着激烈的争端，渠道关系不断恶化；中等水平冲突区，表现为渠道成员间偶尔产生不快，渠道冲突问题的重要性介于高水平冲突区和低水平冲突区之间；低水平冲突区，表现为冲突问题的不重要，成员间分歧小且很少发生分歧。

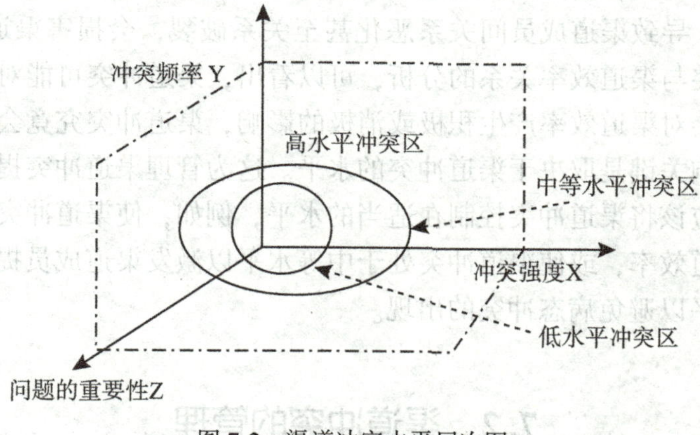

图7-2 渠道冲突水平层次图

2. 渠道冲突对渠道效率的影响

渠道冲突会对渠道效率产生影响。渠道效率是指按照投入产出最优化原则，为保证实现既定的分销目标，全部投入的程度。投入在实现分销目标的过程中最优化程度越高，渠道效率越高；反之，渠道效率越低。投入包括任何实现分销目标所需的要素，如资金、时间和人员等。渠道冲突水平与渠道效率的关系如图7-3所示。在O—$C1$的冲突水平范围内，不管渠道冲突如何变化，渠道效率维持不变，渠道冲突对渠道效率无影响；在$C1$—$C2$范围内，随着冲突程度的增加，渠道效率也在提高，渠道冲突带来的是正效应，渠道冲突可以提高渠道效率；超过$C2$点（转折点）后，渠道冲突水平越高，渠道效率越低，渠道冲突对渠道效率的影响呈现负效应，渠道冲突会降低渠道的渠道效率。

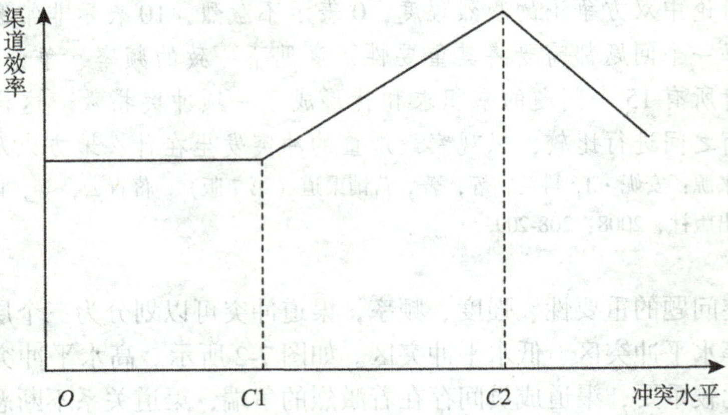

图7-3　冲突水平与渠道效率的关系

一般认为，对渠道效率没有影响的是低水平的渠道冲突，会提高渠道效率的是中等水平的渠道冲突，会降低渠道效率的是高水平的渠道冲突。高水平冲突往往会造成法律争端，导致渠道成员间关系恶化甚至关系破裂，会损害渠道的正常运行。通过对渠道冲突与渠道效率关系的分析，可以看出，渠道冲突可能对渠道效率没有影响，也可能会对渠道效率产生积极或消极的影响，渠道冲突究竟会对渠道效率产生什么样的影响关键是取决于渠道冲突的水平。这为管理渠道冲突提供了思路，也就是说管理者应该将渠道冲突控制在适当的水平，例如，使渠道冲突处于低水平以保持一致的渠道效率，或使渠道冲突处于中等水平以激发渠道成员提高效率，或降低渠道冲突水平以避免病态冲突的出现。

7.2　渠道冲突的管理

目前，高效协同的营销渠道日渐成为企业在激烈的市场竞争中获得竞争优势的关键因素之一，而渠道冲突已经成为一种普遍现象，并且日益加剧，病态性渠道冲突会恶化厂商关系，降低渠道运行的效率，甚至会造成企业渠道体系的坍塌，危及企业的生存发展，因此，企业应该重视对渠道冲突的管理。

7.2.1 渠道冲突管理的含义

渠道冲突管理是指企业为实现分销目标，对预防、解决渠道冲突而进行的分析、计划、执行和控制的过程。渠道冲突管理的概念具体包含以下几个要点：

渠道冲突管理的目标是确保营销渠道良性运转，实现分销目标。冲突在营销渠道中普遍存在，它会对渠道效率产生影响。渠道冲突管理的目标就是要通过预防渠道冲突和化解渠道冲突，来提高渠道效率，确保营销渠道能良好、高效地运转，实现企业的分销目标。

渠道冲突管理的任务是预防渠道冲突，或者化解渠道冲突。对企业而言，有些渠道冲突是可以避免的，而有些冲突则很难防止其出现。从总体上来看，企业渠道冲突管理的任务包括两方面：一是预防渠道冲突。在渠道冲突尚未发生之前，企业要对容易引发冲突的各个环节和因素进行分析，铲除冲突产生的隐患，避免冲突的发生。二是解决渠道冲突。当渠道冲突发生时，企业要及时采取措施化解冲突，减轻渠道冲突产生的负面影响。

渠道冲突管理一个分析、计划、执行和控制的过程。冲突管理需要从分析和研究渠道终端用户的偏好、中间商情况和企业的渠道状况入手，进行合理的渠道设计，并在渠道运行管理中得到执行和控制。它是一个系统的渠道冲突管理过程，贯穿在整个渠道管理过程之间，而并非只是针对某个点进行管理，因此，有效的渠道冲突管理需要做好以下工作：设计恰当的渠道以铲除渠道冲突产生的根源；采用合理的渠道组织模式以防止冲突的出现；选择有良好合作意愿和信誉的中间商填充到渠道组织中，以减少渠道冲突；合理运用渠道权力，避免滥用权力所导致的渠道冲突；加强合作与沟通，减少渠道成员之间的分歧，增加彼此之间的信任。

7.2.2 渠道冲突管理的过程

渠道冲突管理的过程主要包括发现渠道冲突、分析渠道冲突和解决渠道冲突三个步骤，如图 7-4 所示。

1. *发现渠道冲突*

企业往往容易忽视潜在的冲突，等冲突在发展到一定阶段变得明显起来才被发现时，可能已经出现负面影响，使渠道成员之间的关系恶化了。企业要想防患于未然，在冲突蔓延之前加以解决，就要想方设法地及时发现渠道冲突。发现渠道冲突的方法很多，主要的方法有：（1）定期召开中间商会议。这一会议的参加者包括企业的管理者和中间商的管理者，这些管理者定期会晤，会对营销渠道中的各种问题进行商讨，在对这些问题的讨论和寻求对策的过程中，容易发现相互间存在的分歧，会涉及被忽视的冲突隐患，有助于企业及早发现渠道冲突。（2）定期调查渠

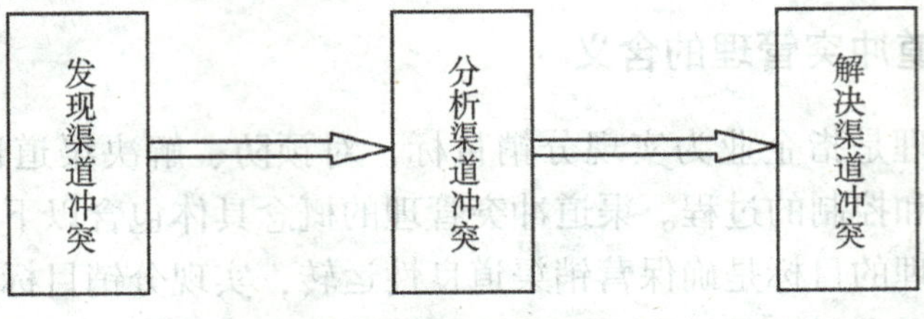

图 7-4　渠道冲突管理的过程

道成员。企业可以对中间商进行常规调查，也可以由独立的市场调查公司对中间商展开调查，通过调查企业和中间商对一些问题的看法，研究他们之间的分歧，有助于渠道成员发现彼此之间的冲突隐患。

2. 分析渠道冲突

对渠道冲突进行分析，主要是做好以下几个方面的工作：首先，企业要分析渠道冲突发生的原因。原因的分析主要是找出引发渠道冲突的根源，对原因的分析有助于企业采取有针对性的措施来化解冲突。其次，分析渠道冲突的水平。渠道冲突的水平不同，对渠道效率的影响也不相同。企业可以依据冲突强度、冲突频度和冲突问题的重要性这三个指标来衡量渠道冲突的水平，判断渠道冲突处于哪种水平上。最后，评估渠道冲突的影响。根据对渠道冲突水平的判断，大体可以确定出渠道冲突对渠道效率是否会产生影响。如果是低水平的渠道冲突，一般不会影响渠道效率，企业可以不用去理会它。若渠道冲突会对渠道效率产生影响，还要判断所产生的影响是正面影响还是负面影响。假如是正面影响，企业可以利用这种冲突来激励渠道成员。相反，如果是负面影响，由于这种渠道冲突会破坏营销渠道系统，就要及时解决渠道冲突。

3. 解决渠道冲突

要处理好渠道冲突，可以从以下几个方面入手：一是制订冲突解决方案。渠道冲突的解决方案中应该包括渠道冲突管理的目标、渠道冲突的解决策略和措施、工作程序、资源保障以及冲突管理绩效的考核指标和标准等内容。二是执行方案。企业要确保资源到位，选择合适的人员，采取相应的激励和控制措施，在恰当的时机贯彻实施渠道冲突的解决方案。三是评价冲突管理绩效。不少企业在实施方案后就认为渠道冲突的管理工作已经结束了，其实不然，检查冲突管理的工作并对冲突管理的效果进行评估是很重要的，企业可以从中总结经验教训，完善渠道冲突管理机制，提高渠道冲突管理的水平，以便在将来更好地管理渠道冲突。

7.2.3　渠道冲突的预防与解决

渠道冲突是渠道系统中的一个普遍现象，不同程度的渠道冲突会影响渠道效率，会影响渠道系统的正常运转，因此，企业有必要对渠道冲突进行管理。渠道冲突是一个渐进发展的过程，对渠道冲突的管理主要是做好渠道冲突的预防和渠道冲突的解决。

1. 渠道冲突的预防

渠道冲突的预防主要是针对容易引发渠道冲突的诱因，事先采取防范措施以消除冲突的隐患，从而防止渠道冲突的出现。从引发渠道冲突的原因来看，许多冲突是可以通过事先做好预防工作而加以防范的，企业可以采用信息密集型策略，合理运用渠道权力和调整渠道结构来防止渠道冲突的出现。

(1) 采用信息密集型策略。

信息密集型策略是通过渠道成员之间充分的信息沟通，实现信息共享，从而来预防和阻止渠道冲突。其核心是通过充分沟通，信息共享，来增进成员间的信任，建立和维持良好的渠道合作关系，从而达到预防冲突的目的。这一策略涉及大量的信息交换，是高风险的解决方法。采用信息密集型策略来预防渠道冲突的主要方法有：

厂商双方可以通过互换人员来加强了解。企业可以派出业务人员协助中间商开拓市场，而中间商的业务员也可以参与企业的新产品开发、促销等活动。通过人员的相互交换，让双方的人员互相了解对方的工作，学会站在对方的角度上思考问题，从而增进双方的相互了解，避免渠道冲突。一个典型的例子是宝洁公司与沃尔玛在人员方面的紧密联系，强化了双方的沟通与理解。

吸收中间商参加本企业的咨询会议或董事会议。企业可邀请中间商参与到本企业的营销部门中共同审查销售促进计划、广告方案等，听取中间商合理的意见和建议。例如，奔驰的营销委员会中包含了7名经销商委员，他们共同预审新的营销模型，并提出营销建议和意见。企业领导人也可以定期与中间商座谈，与之进行沟通交流，听听他们的建议和不满，这样有利于及时发现冲突并共同解决冲突。然而，这种方法由于让“局外人”参与进来，共同与企业一起分析现状、提供方案选择建议，甚至参与决策，企业可能会考虑到中间商的要求，甚至不得不调整原有的决策程序或决策方案，以满足中间商的需求，因此，这种方法会带来使企业改变其观点或决策程序的风险。

建立会员制度。会员制度的建立为中间商之间沟通提供了良好的机会，彼此之间见面的机会多了，了解增多了，相互之间的分歧也就减少了。会员制度在一定程度上可以避免渠道冲突的发生。

众多学者都认为，在对渠道冲突管理时，采用信息密集型策略可以使渠道成员的态度更趋于合作，渠道关系更长久，因此应该尽量使用信息加强型策略来避免和化解渠道冲突。

应用案例

固　特　异

美国轮胎制造商的销售通常由独立的轮胎经销商负责，每五个备用轮胎就有三个这样出售。一些经销商独家经销一种品牌，尽管很多经销商也同时经营多种品牌因此能随时易主。但是轮胎制造商意识到消费者开始变得更愿意向大型零售商购买轮胎，比如凯玛特和西尔斯。这些消费者对地理便利性要求较高但却不需要特殊轮胎服务。一些大型零售商利用其议价能力向消费者提供经销商无法比拟的低价轮胎。

固特异一度拥有全美最好的轮胎销售网络。定价优势、供货及时、广告有效赋予了它感召权，因此很多经销商极为忠诚地只经营固特异产品。但当固特异开始使用大型零售商后，它对经销商的供货速度也大幅下降。固特异向大型批发商以及零售商提供低价，因此消费者从大型批发商以及零售商处买进的价格竟然要低于部分经销商从固特异得到的价格！但经销商却仍然有义务提供售后服务，这使得它们成为渠道“搭便车”情况的受害者。

固特异的经销商抱怨它们拿到的价格不公平，产品质量差，经常缺货，还要接受高压政策吸纳不必要的库存（不接受足够存货就可能面临解约，即使是忠诚经销商也不能幸免）。这种情况导致一些经销商将其销售资源改投其他品牌，这使得固特异的销量下降。结果是：备用轮胎的市场增长了 7%，而固特异的市场销量却下降了 14%，损失利润 5000 万美元。

固特异正在采取行动挽回经销商，通过批发商向经销商发货以改进供货，同时统一价格。公司增进了与经销商的沟通（例如，小组访谈），还推出了一款极受市场欢迎的轮胎，但消费者只能从经销商处购买；同时，它扩大了工厂的生产能力以避免存货转嫁的问题。但是固特异负责销售的副总经理也承认，“在与经销商的关系中我们还有很多要改进的地方，我们过去遗忘了一点：经销商的成功就是我们的成功”。

资料来源：安妮·T. 科兰，等. 营销渠道（第 7 版）. 蒋青云，等，译. 北京：中国人民大学出版社，2008：231.

（2）运用渠道权力以预防渠道冲突。

渠道权力主要有强制力、奖赏力、合法权力、感召力、专长力和信息力等六种类型。由于各种权力来源之间的界限并不总是非常清晰，很难明确地划分出各种权力，所以西方学者把这六种权力进行合并后划分为更宽泛的类别。常见的是划分为两大类：强制性权力与非强制性权力。把强制力归结为强制性权力，而将剩余的五种权力归入非强制性权力中。凡是强制性权力就是运用这种权力来剥夺某些渠道成员原本拥有的东西，其余的不再进一步区分，都属于非强制性权力。渠道权力与渠道冲突有着内在的联系，渠道权力的运用可以预防冲突，提高双方合作的意愿，也可以导致更严重的冲突产生。企业要合理运用渠道权力，以预防渠道冲突的产生。

①要慎用强制性权力，防止渠道冲突的产生。许多学者对渠道权力使用的研究表明：强制性权力的使用会导致渠道冲突的产生，渠道冲突又会弱化渠道成员之间的合作和降低渠道成员的满意度，而非强制性权力的运用会强化双方的合作、提高渠道成员的满意度。在实践中，我国家电业的渠道冲突也表明，家电厂商双方常常利用强制性权力来控制对方，加剧了渠道冲突。强制性权力的使用特别容易引起和加剧渠道冲突，一方对另一方的威胁和惩罚都会激起同样方式的报复，互相制裁会加剧双方的冲突，强制性权力的使用会使对方迅速脱离控制。因此，渠道成员在运用渠道权力时，要尽量少用强制性权力，多运用非强制性权力，以防止渠道冲突的出现。

②正确运用奖赏力来预防利益冲突。企业可以对中间商进行合理的经济激励和按业绩奖励，以避免渠道冲突的出现。国外许多营销学者对大量渠道冲突案例的研究表明，将经济激励和按绩效付酬结合起来，再由一个与中间商有良好关系的业务员表达这一建议，大多数矛盾就可以被解决。有效的经济激励往往能激发中间商的销售热情，吸引中间商与企业合作。在对中间商进行奖励时，企业应该按照其在营销活动中销售的产品数量来奖励中间商，而不是按订购的产品数量对中间商进行奖励，这种做法有助于吸引和维系那些对与企业合作有兴趣的中间商。因此，企业应该按照中间商销售的产品数量与适当的经济激励相结合起来奖励中间商，这样能对中间商产生激励作用，吸引中间商与企业长期合作，从而有效预防了由于中间商的短期行为或中间商利益不能得到保障而引发的渠道冲突。

③使用合法权力消除渠道冲突的隐患。企业可以使用合法权力进行合理的区域划分，使中间商能获得足够的销售额和利润，以防止由于区域划分模糊带来的冲突；还可以使用合法权力进行在合同中明确规定各渠道成员的分工，以避免渠道成员由于渠道分工上产生的争执和冲突。

总之，企业要灵活运用各种渠道权力，以防止发生病态性冲突。当渠道权力得到有效运用时，中间商会考虑到对方拥有的渠道权力，一旦自己偏离合作就会受到无情的制裁，而保持合作、为获得渠道整体利益而暂时牺牲自身利益时会得到各种丰厚的回报，中间商就会慑于对方拥有的权力，为取得长期利益而把企业当作合作伙伴，立足于长期稳定的合作，尽力避免发生病态性冲突。

(3) 调整渠道结构以避免渠道冲突。

企业可以通过调整渠道结构，来预防渠道冲突。企业对渠道结构的调整，可从以下几个方面进行：一是渠道扁平化。传统渠道模式层次较多，一般来说，渠道越长，则渠道结构就越复杂，企业就难以对渠道进行有效的控制，渠道成员之间冲突也多。传统的渠道模式中间环节过多，冗长的多层渠道环节必然会造成物流、信息流、资金流不畅，很难适应千变万化的市场环境和消费者需求，导致渠道冲突不断。如果企业要快速响应市场需求，减少渠道冲突，渠道扁平化不失为一种有效的渠道结构调整措施。渠道扁平化是通过缩短渠道长度，增加渠道宽度来优化厂家原有的渠道网络，它是一种短宽型的渠道。渠道扁平化并不是简单地减少渠道中的某些层次，而是剔除渠道中不增值或增值很少的环节，由其他更有优势的渠道成员一并来承担原有环节的功能。目前，渠道扁平化已经成为我国许多行业渠道变革的一种趋势，在实践中，很多成功的渠道扁平化都是以现代信息技术作为基础的。二是渠道的一体化。传统的渠道一般由众多独立的渠道成员构成，是一种"超组织"系统，许多渠道成员往往注重其独立性，追求自身利益的最大化，这样客观上就存在冲突的可能性，通过自己组建、收购、兼并等方式使各自独立的渠道成员归属于企业，使营销渠道成为企业的一部分，实现渠道一体化，从根本上消除了渠道冲突产生的根源，这样就避免了由于"超组织"所带来的渠道冲突。

2. 渠道冲突的解决

渠道冲突的解决侧重于对现实冲突采取措施以降低或消除冲突的负面影响，避免类似冲突再次出现。当渠道成员出现行为对抗时，企业根据具体情况可以使用信息保护型策略，也可以运用渠道权力来化解渠道冲突。

(1) 采用信息保护型策略。

信息保护型策略是引入第三方来解决渠道冲突的策略。其核心是将各成员视为独立的利益体，对各自的信息进行保护，不与其他成员共享。信息保护型策略涉及少量信息交换，是一种低风险的解决办法。这一策略的具体方式主要有调解、仲裁和诉讼三种。

调解是由第三方根据双方的利益进行调停的一种方式。在调解过程中，第三方会力图说服冲突双方，要么继续谈判，要么考虑接受第三方程序上或结果上可行的方案或建议。有效的调解需要明确问题和弄清事实，使冲突双方保持接触，探寻达成共识的基础，促进双方对特定问题形成一致意见，并指导和监督协议的执行。调解是解决渠道冲突的一种较好的方式。由于调解人处于中立的地位，具有丰富的经验，往往会对争端问题提出新的见解，容易发现"局内人"难以发现的机会。此外，调解人的介入还有助于识别出各方需求，提出双赢的方案，从而增大双方接受调解人所提方案的可能性。调解是解决渠道冲突的一种常用方式。在国外，不少商业纠纷通常都会采用调解方式解决。例如，必胜客、肯德基、麦当劳、假日全球酒店等多家特许经营授权人曾发起一个调解计划，以化解渠道冲突，防止与受许人之间的争端发展到诉讼阶段。特许人签约保证把争端交由法院解决之前，将使用调解方式来解决冲突。受许人并未被要求签字保证，但是认为这是一个积极的信号，它表明了冲突可以通过友好的方式予以解决，从而与特许人保持良好的关系。调解可能会成功，也可能会失败，当调解失败时，冲突各方可能会采用仲裁或诉讼方式来解决渠道冲突。

仲裁是双方把纠纷交给仲裁机构，并接受其仲裁决定的方式。仲裁可以是自愿的，也可以是强制性的。在自愿性仲裁中，各渠道成员自愿将纠纷提交给第三方，它的裁决是最终的，对各方都具有约束力。而强制性的仲裁是各方必须按照法律规定服从第三方，由它做出最终的决定，这种决定同样对各方均有约束力。与诉讼相比，利用仲裁解决渠道冲突有许多好处：仲裁可以在几天之内完成，冲突解决比较迅速；由于仲裁所需的时间较短，可以节省由于诉讼时间长而产生的费用，因而仲裁费用相对诉讼较低；仲裁员或陪审团人员往往由行业内有实践经验的专家担任，所做出的裁决更为公正；局外方不能参加听证会，裁决也不向社会公布，因此，仲裁的保密性要比诉讼强。

诉讼是由出现冲突的各方将纠纷提交法院，由法院作出判决的方式。诉讼是解决渠道冲突的一种非常有力的方式，但与仲裁相比，通过诉讼解决冲突花费的时间可能更长，支付的费用更多，因此，在通常情况下，当渠道成员之间发生冲突时，往往采用仲裁方式而不是通过诉讼方式来解决冲突。

（2）运用渠道权力解决渠道冲突。

①发展抵抗性的权力，寻找替代者。如果企业面对的某一个中间商实力对等或比较强大，而又主要靠这一中间商来销售本企业产品时，企业可以通过发展抵抗性的权力，通过发展其他渠道成员来替代这一中间商，以减少被这个中间商威胁、剥削的风险。

②运用强制性权力剔除相关渠道成员。企业如果遇到多次违反合同规定、一意孤行的中间商，双方冲突较大，在实在不得已的情况下，企业可以运用强制性权力将这些中间商从渠道系统中剔除掉，重新寻找和选择合适的渠道成员补充到渠道系统中，从而促进渠道高效协调地运转。

③运用合法权力和奖赏力解决冲突。由于企业渠道策略和激励不当引发渠道冲突时，运用合法权力和奖励权力能较好地解决这种冲突。例如，某家电厂家在某一销售区域采用多家中间商分销产品，并按中间商进货量返利，由于顾客有限而中间商过多，这些中间商为了自身利益会不择手段降价倾销，从而引发了渠道冲突。在这种情况下，一方面，家电厂家可以运用合法权力实行选择分销，选择一两家合适的中间商来经销本企业产品，以保障中间商的利益。另一方面，家电厂家可以合理运用奖励权力，除了按中间商销售业绩奖励外，还按客户开发量、提供的服务、促销合作等情况对中间商进行奖励，以化解冲突。

应用案例

耐克对抗 Foot Locker

耐克是知名运动鞋制造商，Foot Locker 是全世界最大的运动鞋和运动设备零售商，双方一直合作很好，但是，在 2000 年双方之间产生了不和。Foot Locker 的新任 CEO Matt Serra 担心沃尔玛会抢走 Foot Locker 的生意。Serra 决定增加对耐克订单并以此获取更低进价。为了平衡库存以容纳更大量的存货，Foot Locker 进行了"买第二双即打半折"的促销活动。促销的目的是希望消费者可以来 Foot Locker 抢购，以抢夺零售业份额。耐克一贯抵制此类的促销活动，因为这会激起整个运动鞋市场的价格战，因此公司收回了 Foot Locker 所有促销零售点最畅销品的销售权。但是 Foot Locker 一意孤行，甚至愈演愈甚，对耐克产品线的高端产品也进行了促销。冲突在两大巨头间升级。"当你最大的伙伴，它所有的重点变为服务私利时：对你的畅销品和新品进行促销"，两者之间的关系就发生了改变，耐克的一位发言人这样表示。

2003 年，耐克推出了一款并不畅销的高档运动鞋。Serra 对耐克订单的降幅从 15%增大到 25%，并且增大了其竞争对手彪马以及 K-Swiss 的订单。Serra 的目的是逼迫耐克降低出厂价，同时给予 Foot Locker 更多的畅销品。他本认为耐克会妥协，但是耐克表示双方并非同等依赖。相反，耐克采取了报复手段，削减了对 Foot Locker 60%的供货，尤其是针对畅销品和新品。

这样的惩罚性措施对 Foot Locker 门店人流量、销售额、利润产生极大的负面影响。因为消费者受耐克广告引导购买畅销品以及新款运动鞋，而这些都只能在其他零售点买到。而耐克的股价正如其发布的那样一路上升。投资者显然把耐克的决策转变看作其对高端品牌价值的保护。事实证明他们的判断是正确的，耐克很快转向了其他零售商，给予其优惠条款，以耐克的销售部门帮助其培养销售实力。进一步，耐克成功推出了新款产品，获得市场追捧。

Serra 企图挽回双方的关系，但被拒绝了。Foot Locker 是一家国际公司。最终 Serra 将 Foot Locker 在美国的业务转变为一个主管高端产品且很少进行促销的业务单元。现在 Foot Locker 早已改善了其与耐克的关系，并且恢复了盈利。但是，在投资者眼中 Foot Locker 的形象已无法改变：Foot Locker 更多地依赖其供应商，但却没有足够的实力影响供应商的决策。

资料来源：安妮·T. 科兰，等. 营销渠道（第 7 版）. 蒋青云，等，译. 北京：中国人民大学出版社，2008：215.

问题：

在该案例中，耐克与 Foot Locker 是如何运用渠道权力来解决渠道冲突的？

7.3　窜货管理

窜货是一种典型的水平渠道冲突的情形。窜货非常普遍，它是所有企业在管理营销渠道时面临的一个共同问题，是令企业感到棘手的一大难题，因此，许多人把它称为渠道管理中的一个“顽症”。

7.3.1 窜货的概念

窜货是指中间商向自己销售区域以外的其他地区销售产品，也就是中间商跨区销售产品的行为，窜货又称为“冲货”、“倒货”、“越区销售”。产品从低价区流向高价区，从滞销区流向畅销区是产品流通的本性，所以，只要同种产品的价格在不同销售区域之间存在差异，在不同区域的畅销程度不同，这种产品必然会在不同销售区域之间流动。窜货的根本原因在于当前厂商之间单纯的交易关系。

窜货的常见的表现形式主要有以下几种：

(1) 企业销售分公司之间的窜货。有些企业在不同区域组建销售分公司，对不同分公司制定有不同的销售指标，并按销售业绩考核各地的分公司，一些分公司为完成销售指标，就会将产品低价销售到其他地区，形成企业销售分公司之间的窜货。

(2) 中间商之间的窜货。有些中间商为了获取最大化的利润，会将产品低价抛售到其他区域，其他中间商为了保护自己的利益，也会跨区低价销售产品。

(3) 中间商低价倾销即将过期或已过期的产品。对于一些在包装上标有产品有效使用期的产品，如饮料、食品等产品，中间商为了降低风险或减少损失，会低价抛售即将到期或已过期的产品。

(4) 中间商销售假冒伪劣产品。假冒伪劣产品的超低价位和巨大利润使得一些中间商铤而走险，为了获得超额利润，中间商把假冒伪劣商品混在正品中销售，这是一种非常恶劣的窜货现象。

7.3.2 窜货的类型

根据窜货的动机和窜货的性质，窜货可以分为良性窜货、自然窜货和恶性窜货三种类型。

1. 良性窜货

良性窜货指在市场开发初期，企业选择了流通性较强的市场中的中间商，使产品销售到其他区域或空白市场的现象。例如，某食品企业的一种新产品投放市场时，在华南地区选择了一家独家经销商负责其食品的销售，结果该区域的这种新产品销售量的30%流向了西南地区这一尚未开发的市场。这种窜货在市场开发初期对企业是有好处的，一方面，企业不需要在空白市场上进行促销，就能提高企业或品牌的知名度，迅速打开市场。另一方面，企业可以通过这种窜货拓展市场，增加产品的总销售量，提高市场占有率。在短期内，适度的良性窜货可以使企业的产品形成热烈销售的氛围，提高品牌的知名度和市场占有率。但是，企业应该注意，在空白市场上所形成的渠道系统处于一种自然状态，如果企业今后要重点经营该区域，到时应该对其进行调整。

2. 自然窜货

自然窜货是指中间商在本辖区内销售产品的同时，无意中向其他区域销售产品的行为。自然窜货表现为相邻销售区域的边界上出现相互窜货，或产品随物流走向销售到其他地区。这种窜货很难避免，只要有销售区域的划分就会存在自然窜货。如果窜货量不大，一般不会产生严重的后果，但是，如果窜货量很大，就会对正常渠道的价格体系产生影响，导致正常渠道成员的利润下滑，影响这些渠道成员的积极性。因此，对自然窜货放任自流，最终有可能会发展成为恶性窜货。

3. 恶性窜货

恶性窜货是指中间商为谋取非正常利润，故意向自己辖区以外的市场倾销产品的行为。恶性窜货有两个显著特点：一是产品的跨区域销售，也就是把产品卖到本来不属于自己的销售区域。二是降低价格出售或变相降价，一般是以低于厂家规定的价格向其他区域出售产品。它是中间商有意识的一种违规行为，是在暗中进行的恶性销售行为，其本质是获取眼前利益，但最终会扰乱企业价格体系，破坏营销渠道系统，导致顾客对品牌的信任下降，使企业丧失渠道竞争力。恶性窜货会给企业带来很大的危害性，具体体现在以下几个方面：

（1）扰乱价格体系。一旦发生恶性窜货，各中间商为保住自己的市场份额，往往会降价销售，从而引起价格战，扰乱厂家整个营销渠道的价格体系。

（2）破坏营销渠道系统。产品利润的多少是中间商分销产品的最基本的动力。当恶性窜货不断激化时，为了避免风险，中间商会纷纷低价抛售产品，这会大幅度降低渠道的利润，利润的减少使得中间商对经营该产品失去信心，丧失积极性，并最终放弃销售该产品，使企业辛辛苦苦构建的营销渠道网络体系毁于一旦。

（3）导致顾客对品牌的信任下降。在恶性窜货情况下，为了获取超额利润，有些中间商会乘机销售假冒伪劣产品，将假冒伪劣产品与厂家正规产品混在一起销售，以超低价进行倾销，抢夺正规产品的市场份额。充斥市场的假冒伪劣产品和混乱的价格将会导致消费者对企业品牌的信任下降，由于难以辨别真假，害怕买到假货，消费者不敢购买该品牌产品，使该品牌产品销售量下降。

7.3.3 窜货的原因

窜货的原因很多，有客观原因也有主观原因，但总的来说，窜货主要有以下几方面的原因：

1. 销量目标制定过高

目前很多产品处于供过于求的状况，在市场竞争激烈中，企业为了提高市场占有率，盲目向中间商压销量，不顾地区的差异，销量目标制定过高，中间商在本地区市场饱和，无法完成销售任务的情况下，必然会周边地区倾销，从而引起了连锁反应，周边地区的中间商为规避风险也会低价窜货。

2. 激励不当

有些企业采取季度奖和年终奖等激励措施的力度过大，这种奖励往往与销售量挂钩，一般是完成的销售量越高，返利比率就越高，返利就越大。在这种激励机制之下，中间商即使销售的产品价格低一些，但只要能提高销量，就能获得高额返利，从整体上来看，中间商是可以得到利润的。中间商为了得到更多返利而窜货。同时，这种激励机制对企业而言也是不利的，产品的销量是提高了，但利润却减少了，窜货给企业带来了难以下咽的苦果。

3. 渠道监管乏力

在实践中，一些厂家对窜货问题不重视，未设立监管部门，没有建立相应的管理制度，或监管不到位，为中间商窜货提供了机会。例如，一些企业没有制定惩治恶性窜货行为的规则和制度，因此，在发生恶性窜货行为时，由于没有依据而无法对渠道成员进行处罚。尽管有些企业建立了相应的规章制度，但由于种种原因未严格执行，没有对违反规定的渠道成员进行惩罚。这样必然会助长恶性窜货行为，使企业难以对窜货进行有效的管理。企业对渠道管理的乏力，使一些中间商有机可乘，在利润最大化的驱动之下，寻找机会窜货。

4. 价差对中间商的诱惑

我国不少企业在产品定价方面仍然采用传统的"三级批发制"，即出厂价、一批价、二批价、三批价，以及零售价。在这种价格体系中，每两级价格之间都存在一定的价差，价差成为了利润的源头，尤其是从出厂价到零售价之间存在的利润空间可能非常丰厚，会对中间商形成极大的诱惑。为了得到更多的利润，总经销商可能会不按规定在辖区内进行层层分销，而是利用价差进行窜货，向不同地区不同层级的渠道成员销售产品，而对于销售同一品牌的中间商而言，往往倾向于谁的价格低就进谁的产品，这样自然就会引发窜货。

5. 优惠政策的差异

我国幅员辽阔，各省市之间的营销环境差异较大，消费者的购买能力和消费行为各不相同，同一品牌的产品销售量差异很大。许多企业为了开拓新市场或经济落后地区的市场，会向这些地区的中间商提供一些优惠政策，从而造成不同地区之间的价差。有些中间商正是充分利用了这一价差，从厂家大量进货，再以低于正常批发价的价格销往其他地区，靠较高的销量来得到厂家的返利，从返利和优惠政策中获得利润。

6. 销售人员的职业道德低下

企业销售人员的职业道德低下或行为不端也会导致窜货的出现。许多企业将销售人员的收入与销售业绩挂钩，当企业将销售人员派驻在中间商那里，有些销售人员为了多拿奖金，会违反企业的规定，暗中支持所在区域的中间商向其他销售区域销售产品。而有些销售人员因妒忌同事的销售业绩，也会鼓动中间商向同事所在地区窜货，扰乱那些地区的正常销售秩序，使那些地区的中间商丧失销售积极性，造成销售量的下降。企业销售人员的这些做法所导致的窜货比较常见，它会对企业产生负面的影响。

应用案例

营销老总的烦恼

刘利是一个中小食品厂家的营销老总。为了扩大产品销量，提高经销商的销售积极性，刘利出台了新的奖励政策，进一步提高给经销商的销量返利奖励。

刘利为每个经销商制定了三个不同的年销量指标，即底限任务、中档任务和冲刺任务，完成的年销量指标越高，则年底返利的百分比越大，而且返利奖励是与经销商年销量的绝对值挂钩的。比如，如果经销商分别完成底限任务 200 万元、中档任务 250 万元和冲刺任务 300 万元，返利比例分别为 1%、3% 和 5%，相对应的返利金额分别为 2 万元、7.5 万元和 15 万元。

从刘利的返利政策来看，如果经销商只完成 200 万元的底限任务，则只能拿到 2 万元的销量返利，但如果完成 300 万元的冲刺任务，就可拿到 15 万元的销量返利。经销商的年销量只要增加 50%，返利就翻了好几番。

对于经销商来说，自身的利润肯定是第一位的。在刘利如此的返利政策诱导下，经销商就是削尖了脑袋也要把销量冲上去，争取把最高的返利奖励拿到手。于是，为了完成更高的销量任务，经销商不惜采用各种手段来冲击销量。有的经销商大肆向其他区域窜货。

刘利为了制止窜货和低价倾销，对一些违规的经销商三令五申，并以扣除返利相威胁，但根本不管用，为什么？你厂家的铺底货款还扣在我经销商手上，还怕你厂家不给返利？于是，窜货和低价甩卖就愈演愈烈，不断升级，原来一些一直遵守秩序的经销商也被迫卷入，价格越卖越低，经销商的差价利润也就越来越薄，不到一年时间，价格就接近“卖穿”。

刘利被弄得焦头烂额，经销商之间互相指责，投诉不断，刘利手下的营销员四处救火，疲于奔命，原来“做市场”的营销员现在却变成了“做消防”的。

没办法，刘利为了尽量减少低价产品对市场秩序的破坏，对那些低价抛售特别严重的区域市场，厂家就不得已出钱把低价甩卖的产品又买回来。但还是不管用，你厂家不断地把低价甩卖的产品买回来，就不断有低价产品流到市场上去，因为源头没有堵住。

刘利痛下决心，只好采取不是办法的办法，断了好几家低价窜货严重的经销商的货源。而被断货的经销商不服，如果不是别人先挑起窜货大战，我怎么会窜货呢？又不是我一家窜货，凭什么断我的货？于是，被断货的经销商为了报复厂家，将手中剩下的产品以更低的价格抛向市场。

资料来源：王国才，等．营销渠道．北京：清华大学出版社，2007：352.

问题：

你认为该案例中窜货的原因是什么？可以采取哪些措施解决所出现的问题？

7.3.4 窜货的管理措施

窜货会对企业产生一定的影响，尤其是恶性窜货对企业的危害性很大，企业应该对窜货进行管理。企业可以采取以下措施来预防和解决窜货问题：

1. 制定出合理的销售目标

企业要根据市场容量，通过对各区域中间商销售能力和销售量的正确测算，制定出合理的销售目标，这一目标应该是在中间商能力范围之内可以通过努力来实现的目标。合理的销售目标是降低中间商销售压力，减少窜货的前提条件。

2. 采用综合的激励措施

单纯的现金返利措施可以激发中间商多进货，但也容易引发窜货，企业不应将销量作为返利的唯一标准进行直接激励，而应采用全面的激励措施。企业可通过向中间商提供有关产品技术和销售技能方面的培训、支持中间商进行专业展览和店面展示、向中间商提供管理支持来帮助中间商提高管理水平等激励方式，来激发中间商的积极性。同时，在奖励方式上少奖现金，这样有助于减少价差，降低窜货的可能性。销售奖励应与对中间商的综合考评结合起来。对中间商销售绩效的评定应使用综合评定的指标来评定，如品牌的知名度和美誉度、价格控制、不窜货、不乱价、销售增长率、市场占有率、付款方式等，把是否窜货也作为考核指标之一，以防止中间商为提高销量而窜货。

3. 通过合同约束中间商窜货

企业与中间商签订合同时，应在合同中明确规定“禁止跨区销售”的条款，使中间商严格将分销活动限制在所辖区域之内。在合同中还要对窜货行为的处罚明确地作出规定，将窜货的具体处罚条款详尽地列出，这为处罚违规者提供了法律依据。除了签订合同外，还要严格执行合同的相关规定，对窜货的中间商不能纵容姑息，不管是老客户还是新客户，要一视同仁，按合同规定严肃处理。而对于举报的中间商，应给予奖励，以鼓励中间商积极地防止窜货。通过合理的奖惩，使中间商自觉遵守合同，尽量避免窜货的出现。

4. 成立市场督察部

由这一部门专门负责处理窜货问题，加强对市场的监督。督察部的职责主要有三个方面：一是专门查处窜货的中间商，对其进行处罚。二是对业务人员的工作情况进行监督。三是监管促销费用使用的真实性和有效性。市场督察部的人员要经常巡视各地市场，掌握第一手资料，及时发现问题并进行处理。一旦发现有窜货现象，要严格按照规定依据情节严重程度分别给予处罚。有了督察部把制止窜货作为一项日常工作常抓不懈，既便于销售人员集中精力做好销售工作，又能快速高效地处理窜货事件，还能起到威慑作用，使得销售人员和中间商不敢贸然窜货。

5. 包装区域差异化

企业对于相同产品，采取不同销售区域使用不同包装的方式，在一定程度上可以解决中间商窜货。包装区域差异化通常有以下三种措施：其一，包装上的商标颜色差异化。即在不同销售区域使用不同颜色的商标。通过产品包装上商标的颜色，企业就容易发现哪个销售区域出现窜货，并找出窜货的中间商。其二，包装上的条形码差异化。即针对不同的销售区域，在产品包装上使用不同的条形码。其三，在包装上使用文字标志。在产品的包装上，印刷上“专供××地区销售”的文字。这些文字可以印在产品的包装箱上，也可以印在商标上。在易窜货的产品上使包装区域差异化，使企业在管理窜货中掌握主动权，在一定程度上可以防止和解决中间商的窜货问题。首先，它有助于防止中间商窜货。由于不同销售区域的包装存在差异，企业在一定程度上掌握了产品的流向，使中间商不敢轻易进行窜货。其次，在发生窜货时，企业可以根据中间商识别码或包装差异弄清产品的来龙去脉，确认违规的中间商。但是，这些措施可能会增加企业的包装成本，在销量很大时，也可能会被违规的中间商仿冒。

6. 制定合理的价格

为了避免价差引发的窜货，企业应该制定出合理的价格体系。企业可以从纵向和横向两个方面来确定价格体系：首先，从纵向来看，价格体系要保障中间商得到合理的利润。企业在制定价格体系时，应注意以下问题：一是企业应给予中间商充分的价差以弥补其费用的开支并提供足够的利润；二是分配给不同环节的中间商的利润应大体与其所执行的营销功能相当；三是分配给中间商的利润应比竞争品牌更具有竞争性；四是根据中间商的销售对象规定价格，严格控制中间商跨环节进行窜货，以消除窜货的诱因。除此之外，企业还要制定出违反价格制度的相关规定，对价格体系进行严格监控，及时处理价差所导致的窜货。其次，从横向来看，企业要尽量使不同销售区域的价格差别具有一定的合理性。企业可以采取统一交货定价，对各销售区域的中间商都实行同一个价格。即使企业采用的是分区定价，也需要考虑到运输成本，使不同区域之间的价格差异不足以引发窜货。此外，对各个销售区域采用的销售政策应尽量公平，减少渠道成员之间的价差。

7. 加强对销售人员的管理

为了防止销售人员窜货，企业应该加强对销售人员的管理。首先，企业应该制定合理的招聘、选拔和培训制度，挑选出符合企业要求的销售人员配备到合适的职位上，防止部分职业道德低下的人员混入企业，并通过岗前教育和在职培训等方法对这些销售人员进行引导和提升，充分挖掘销售人员的潜力，增强他们对企业的忠诚度。其次，企业应建立公平的绩效评估和薪酬制度。企业只根据销售业绩来奖励销售人员，往往会使销售人员为获得自身利益最大化而伙同中间商窜货，为了避免这种情况的出现，企业应以多个指标来考核销售人员的绩效，如从销售业绩、销售政策执行情况、价格控制、窜货等方面对销售人员的绩效进行评估，并将销售人员的绩效评估与薪酬挂钩，奖励不窜货、积极举报窜货的销售人员，严惩窜货的人员，真正实现奖优罚劣，减少窜货的发生。

本章小结

渠道冲突是组成营销渠道的各成员间的一种不和谐的状态。当一个渠道成员的行为与他的渠道合作者相反时，渠道冲突便产生了。渠道冲突不仅是一种状态，也是一个动态发展的过程，包括潜在冲突阶段、知觉冲突阶段、感觉冲突阶段、明显冲突阶段和冲突余波阶段。按照不同的划分依据，渠道冲突可以划分为很多类型。引发渠道冲突的原因主要有：目标不一致、观念上的差异、资源稀缺、角色对立、决策领域有分歧、预期差异、传播障碍等。渠道冲突可以用冲突问题的重要性、冲突强度、冲突频率三个指标来衡量。按照冲突问题的重要性、冲突强度、冲突频率，渠道冲突可以划分为三个层次：高水平冲突区、中等水平冲突区、低水平冲突区。不同水平的渠道冲突对渠道效率会产生不同程度的影响。一般认为，对渠道效率没有影响的是低水平的渠道冲突，会提高渠道效率的是中等水平的渠道冲突，会降低渠道效率的是高水平的渠道冲突。

渠道冲突作为渠道系统中的一个普遍现象，不同程度的渠道冲突会影响渠道效率和渠道的正常运转，因此，企业应该对渠道冲突进行管理。渠道冲突管理是指企业为实现分销目标，对预防、解决渠道冲突而进行的分析、计划、执行和控制的过程。渠道冲突管理过程主要包括发现渠道冲突、分析渠道冲突和解决渠道冲突三个步骤。由于渠道冲突是一个渐进发展的过程，对渠道冲突的管理主要是做好渠道冲突的预防和渠道冲突的解决。渠道冲突的预防主要是针对容易引发渠道冲突的诱因，事先采取防范措施以消除冲突的隐患，从而防止渠道冲突的出现，使用信息密集型策略、合理运用渠道权力和调整渠道结构可以预防渠道冲突的出现。渠道冲突的解决侧重于对现实冲突采取措施以降低或消除冲突的负面影响，避免类似冲突再次出现，企业可以采用信息保护型策略和运用渠道权力来解决所出现的渠道冲突。

窜货是一种典型的水平渠道冲突的情形，它是指中间商向自己销售区域以外的其他地区销售产品，也就是中间商跨区销售产品的行为。根据窜货的动机和窜货的性质，窜货可以分为良性窜货、自然窜货和恶性窜货等类型。窜货会对企业产生一定的影响，尤其是恶性窜货对企业的危害很大，企业应该在分析窜货原因的基础上，对窜货进行有效的管理。

习题

一、单选题

1. 渠道冲突的根源在于渠道成员之间的相互(　　)。

A. 合作　　B. 对抗　　C. 依赖　　D. 竞争

2. 依据冲突的(　　)，可分为功能性冲突和病态性冲突。

A. 性质　　B. 重要性　　C. 显现程度　　D. 渠道成员的关系

3. 在营销渠道中，会降低渠道效率的是(　　)的渠道冲突。

A. 低水平　　B. 中等水平　　C. 一般水平　　D. 高水平

4. (　　)是指中间商向自己销售区域以外的其他地区销售产品，也就是中间商跨区销售产品的行为。

A. 垂直渠道冲突　　B. 窜货

C. 现实冲突　　D. 水平渠道冲突

5. (　　)窜货会对企业产生很大危害。

A. 良性　　B. 中性　　C. 恶性　　D. 自然

二、多选题

1. 渠道冲突的发展一般分为（　　）等阶段。

A. 情感冲突　　B. 公开冲突　　C. 潜伏冲突

D. 冲突余波　　E. 可察觉冲突

2. 企业可以依据（　　）来评估渠道冲突的水平。

A. 冲突强度　　B. 问题的数量　　C. 冲突频率

D. 渠道效率　　E. 问题的重要性

3. 信息保护型策略的具体方式有（　　）。

A. 调解　　B. 仲裁　　C. 诉讼

D. 信息共享　　E. 说服

4. 渠道冲突可以按照冲突产生的强度、频率和冲突的重要性，划分出反映冲突水平的大致区域，主要有（　　）等区域。

A. 较高水平冲突区　　B. 高水平冲突区

C. 中等水平冲突区　　D. 低水平冲突区

E. 较低水平冲突区

5. 信息密集型策略应用于渠道冲突管理中，主要方法有（　　）

A. 仲裁　　B. 会员制度　　C. 吸收中间商参加企业的会议

D. 运用法定权　　E. 渠道成员间互换人员

三、判断题

1. 水平渠道冲突是指同一条渠道中不同层次之间发生的利害冲突。（　　）

2. 渠道冲突是一个渠道成员认为另一个渠道成员参与了阻止或妨碍他达到目标的行为，它与渠道竞争是一样的。（　　）

3. 解决渠道冲突的最好方法不是消除它，而是对其进行有效的管理。（　　）

4. 多渠道冲突是指同一条渠道中渠道成员发生的利害冲突。（　　）

5. 渠道冲突只是一种状态，而不是一个发展过程。（　　）

四、简答题

1. 渠道冲突的原因有哪些？

2. 渠道冲突对渠道效率有何影响？

3. 什么是信息保护型策略？该策略的具体解决方式有哪些？

4. 企业应该如何对窜货进行管理？

五、案例分析题

刻意的渠道冲突缘何一成一败

刘经理是A仪器厂在华北地区的总经销商，几年下来，刘经理把该地市场运作得有声有色，每年均能超额完成任务，稳居A厂家经销商之首。慢慢地，刘经理开始以功臣自居，不但费用要求越来越高，而且开始坐享功劳，不思进取了。A厂家调查发现，刘经理在华北地区工业领域的市场宣传、开发、服务确实做得不错，但对新市场（高校）、新型号产品的销售力度不够。虽然几经沟通，但刘经理仍然故步自封，既不用心开发新市场、新产品，又不让其他经销商代理。于是A厂家决定制造一场渠道冲突，推动渠道变革。

A厂家先派出高层拜访了刘经理，但沟通结果和原来一样。其实这也不能完全怪刘经理，因为仪器产品在高校市场似乎油水很少。高校客户购买仪器的主要目的是教学实验，单次购量较少，对价格折扣、售后服务等又苛刻又挑剔。开发力度大，短期利润少，刘经理不愿花大力气做这个市场也在情理之中。至此，制造渠道冲突的时机已经成熟。A厂家故意绕开刘经理，联合另外一家跟其产品具有互补优势的经销商，联合租赁展台，共同参加了一年一度的“高教仪器设备展示会”，向来自全国数百家高校的潜在客户做了宣传。通过产品的演示、资料的介绍再加上同期举办的专场研讨会，不少潜在客户都产生了强烈兴趣。A厂家还默许该经销商在展会上跟客户达成订购意向，兼售所展示的系列产品。刘经理消息灵通，很快知晓了展会的事情。他怒气冲冲直奔厂家总部，要与A厂家严正交涉——一场精心酝酿的渠道冲突终于爆发。

A厂家先以“接风”为由，带刘经理去郊区的度假村商谈。在休闲和宽松的环境下，初步缓和刘经理的情绪。然后，A厂家的市场总监来“讲事实，摆道理”。他向刘经理介绍了本次展会获得的近 300 条客户信息，分析了高校市场的需求特点、竞争状况、市场开发策略，证明了高校市场的潜力和价值。这一番谈话下来，彻底扭转了刘经理此前对高校市场的偏见，打消了他对市场开发难度的忧虑。此时，A 厂家使出杀手锏：再次强调，如果刘经理不加大对高校市场的投入和新产品的推广，就让别的销售商经营，甚至“窜货”的事情还可能继续上演。权衡利弊之后，刘经理明白再不能坐以待毙了。他分析了市场需求状况和自身能力之后，立下“军令状”：在一个月内实现高校市场重点突破；三个月内实现高校市场销售额增长 30%；一年内高校市场销售额翻一番；一年半内做到盈亏平衡点；经过两年左右开始在该市场上实现全面盈利。A 厂家则许诺在价格政策上给予 5%~10%的特别折扣支持；拨出专项市场开发资金，面向高校客户举办 3~5 场“产品应用技术研讨会”。刘经理尽力开拓高校市场后，整个市场份额逐渐扩大，厂商和经销商双方均获得了利润的持续增长。人为制造并有效管理“渠道冲突”，最后引导、化解冲突，使得 A 厂家兵不血刃达到了目的，实现了厂商和渠道的双赢。

转眼间，A 厂家与刘经理已携手合作了 5 个年头，刘经理的业务趋于平稳，增长后劲有些不足，但该行业的总体增长势头仍然良好。因此 A 厂家决定加强终端控制，提高对客户的服务能力，并考虑对部分大客户直接供货。A 厂家再次以参加展会和举办研讨会的名义，直接面向客户，宣传直销政策，制造起一场渠道冲突。希望以此给刘经理巨大的压力和威慑，并借此激起刘经理的市场开发热情。然而事与愿违，此举激起了刘经理的强烈不满。“A 厂家忘恩负义，卸磨杀驴”，刘经理萌生了决裂之念。此时，A 厂家的一个竞争对手乘虚而入，开始与刘经理“亲密接触”，并开出了更优惠的合作条件。面对新厂家抛出的“绣球”，刘经理还是有些犹豫不决。但在这种情况下，A 厂家仍然没有合理引导，甚至没有和刘经理主动沟通。僵持大半年之后，刘经理怨气越积越重，遂将库存的 A 产品清空，一纸传真结束了与 A 厂家 6 年的合作。A 厂家傻眼了。短期内难以找到合适的经销商，华北区销量一蹶不振，两年后才逐渐复苏；而刘经理与新厂家也磨合了 1 年多，才逐渐走入正轨。一场决裂，厂商两败俱伤。

资料来源：蒋胜发．刻意的渠道冲突缘何一成一败．第一营销网，2007-12-11.

问题：

1. 在该案例中，渠道冲突的类型有哪些？
2. 结合本案例资料，分析产生的渠道冲突的原因是什么？
3. 运用相关的渠道冲突理论，分析两次渠道冲突为什么会一成一败？
4. 该厂家应该如何对第二次渠道冲突进行管理？

实践活动

一、实训目的

1. 增加学生的学习兴趣，更好地理解传播障碍所导致的渠道冲突。

2. 锻炼学生处理渠道冲突的能力。

二、实训内容

（一）渠道冲突的情景模拟

此活动以渠道冲突管理理论为基础，要求各组进行情景模拟，展现某一家企业的渠道冲突产生发展过程及冲突管理过程。各个小组以某一家特定的企业为例，收集该企业渠道冲突及冲突管理的资料，并完成下列任务：

1. 小组成员分别扮演企业人员和中间商的员工，将该企业所出现的渠道冲突展示出来。

2. 向全班同学展示该企业是如何管理渠道冲突的。

（二）猜成语游戏

本活动以信息传播理论和渠道冲突理论为基础，要求两个小组各派一名成员相互配对，分别充当传者与受者，通过两种不同的传播方式的使用（一种方式是传者只能使用体态语言来表达且两人不能有交流，另一种是传者可以使用口头语言和体态语言来表达且两人能相互沟通）来说明造成信息沟通障碍的因素。

三、实训组织

1. 老师提前布置实训任务，说明实训要点及注意事项。

2. 以班级中已组建的小组为单位，采用组长负责制。

3. 小组成员进行明确分工，分别扮演不同角色。

4. 部分小组在班级上进行渠道冲突的表演或者猜成语游戏。

四、实训步骤

1. 各个小组收集相关资料。

2. 部分小组上台表演。

3. 由未参与表演的小组代表打分。评分标准如下：理论运用 40 分，小组成员的语言表达和台风 40 分，小组协作情况 20 分。

4. 同学对各个小组的表演进行评论。

5. 教师对各组表演进行综合评定，并做总结发言。

第8章 营销渠道评估与调整

学习目标

- 理解渠道评估的定义和目的
- 了解渠道评估的原则
- 认识渠道系统绩效评估的四个方面
- 掌握渠道成员绩效评估的标准
- 了解渠道调整的原则
- 知晓渠道的调整方式

本章结构

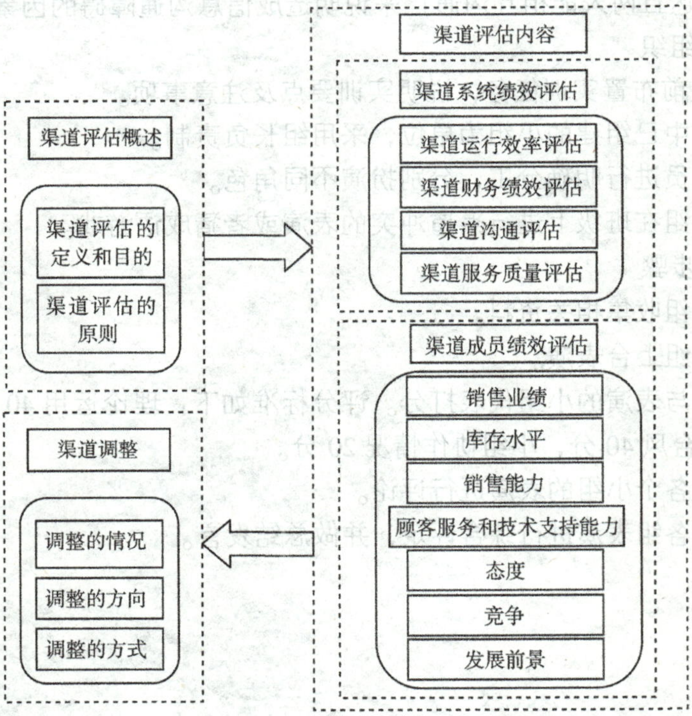

导入案例

琥珀啤酒，何以独霸安阳？

我国啤酒市场区域分割相当明显，出现了北京人喝燕京、青岛人喝青啤、大连人喝棒槌岛、沈阳人喝雪花、四川人喝蓝剑、广东人喝珠江的强烈消费习惯，内地许多中等城市更是如此，啤酒消费多以本地品牌为主。但来到六朝古都、豫北重镇安阳，你就会发现奇怪的现象：在安阳酒桌上、商店陈列里、超市货架上总少不了一个品牌琥珀啤酒。琥珀啤酒在安阳的影响超过了本地品牌红旗渠、本省名牌金星、全国名牌青岛。琥珀啤酒目前在安阳占有60%以上的市场份额，远远超过金星、奥克、航空、青岛、燕京、珠江等十几个品牌的销量总和，可谓一枝独秀。琥珀啤酒，为何能独霸安阳？

琥珀啤酒是山东某中型啤酒企业的产品，2003 年该企业的年产值是 13 万吨。论企业实力、品牌影响、竞争能力，该啤酒都不应该在几百公里之外的安阳独霸一方！究其原因，琥珀啤酒在安阳的成功主要是啤酒经销商的成功。琥珀啤酒在安阳的经销商是安阳市通海贸易有限公司（以下简称安阳通海商贸），这是一家以啤酒销售为主的贸易公司，1995 年起开始代理琥珀啤酒。在经销琥珀啤酒期间，安阳通海商贸已连续 9 年销量排名第一。目前通海商贸的销量已占据琥珀公司总产量的 30%（约 4.5 万吨），年销售额过亿元。安阳通海商贸的总经理朱东明被誉为“啤酒大王”，通海商贸绝对是啤酒大户中的大户。

安阳通海商贸为什么能把一个区域市场运做得如此成功？除了把琥珀啤酒当作自己的品牌经营外，就是分销管理上的成功。

安阳通海商贸对渠道的全面评估主要由两方面构成，首先是对渠道运行状态的评估，其次是对渠道成员的评估。

在对渠道运行状态评估时，主要有三个标准，即经济性、控制性和适应性。在三项标准中，经济标准最为重要。因为企业是追求利润而不是追求分销渠道的控制性和适应性。通过比较本企业的分销渠道与其他企业同类产品的分销渠道费用，可以判定本企业分销渠道是否具有经济合理性。

在对分销渠道进行成效评估时，主要从两方面进行：一是分销渠道经济效益；二是分销渠道赢利能力评估。以下框架可概括说明在这一过程中用到的一些分析工具。

1. 经济效益评估

（1）销售分析。①销售差异分析。②微观销售分析。

（2）市场占有率分析。①全部市场占有率分析。②服务市场占有率分析。③相对市场占有率。

(3) 市场营销费用对销售额比率分析。如：销售人员、广告费用比销售额。

(4) 财务分析。如：资产净值收益率。

(5) 顾客态度追踪。①抱怨和建议。②固定顾客样本。③顾客调查。

2. 赢利能力评估

(1) 分销渠道成本。①直接渠道费用，包括直销人员的工资、奖金、差旅费、培训费、交际费等。②促销费用，包括广告媒体成本、产品说明书印刷费用、赠奖费用、展览会费用、促销人员工资等。③仓储费用，包括租金、维护费、折旧、保险、包装费、存货成本等。④ 运输费用，包括托运费用等。如果是自有运输工具，则要计算折旧、维护费、燃料费、牌照税、保险费、司机工资等。⑤其他营销费用，包括管理人员工资、办公费用等。

(2) 分销渠道盈利能力的考察指标。①销售利润率。②资产收益率。③净资产收益率。④资产管理效率。

在对渠道成员进行评估时，主要从三方面入手，财务评估、绩效评估以及对渠道运行的贡献评估。以下框架可概括说明在这一过程中用到的一些分析工具。

3. 渠道成员评估

(1) 财务评估。①偿债能力比率。②效率比率。③赢利能力比率。

(2) 绩效评估。①定量分析法。②定性分析法。

(3) 对渠道运行的贡献评估。①收益性分析法。②战略利润模型法。③潜在市场与实际成绩对比法。④消费者的满足程度调查法。

安阳通海商贸的成功得益于将以上评估的完美运用。

一、逐步建立分销联合体，固化下游客户

传统的啤酒批发体系非常繁杂，货物流向杂乱、无序、交错，影响了厂家、代理商对分销体系的有效掌控；分销渠道成员忠诚度差，价格体系混乱，冲流货现象猖獗。啤酒企业必须跳出传统粗放的批发体系，对批发渠道有效引导、改造和利用；在1997—1999年，通海商贸摒弃传统的批发市场，全力打造分销联合体，主动拦截批发市场，将当地市场做细做透，到2000年已建成具有全新内涵的分销网络。

通海商贸在众多的下游批发部中选择最具有潜力的分销商结成战略联盟。原来每个县可能有十几个下游客户，通海商贸固化下来一两家，签订联销协议，建立战略同盟。同时，通海商贸也把每个下游分销商的终端客户固化下来，每个分销商只对固化下来的终端客户负责。通海商贸对此固化下来的分销成员提供细致、深入的专业服务，保证其稳定、长期的获利。

二、强化分销管理，提升渠道竞争力

目前，很多啤酒企业也企图将渠道重心、管理重心下移，建立二级联销体系，但建立分销联合体后，厂家没精力、没人力、没财力支持分销管理，经销商也没加强分销管理的意识，最终的渠道下沉只能流于形式，市场反映肯定不理想。通海商贸重视分销管理，把分销管理落到实处，主要通过以下几个方面：选择最有潜力的经销商/分销商，结成战略联盟；控制账龄，提高资金周转速度；管好库龄，保持合理的库存结构；规范销售渠道，控制产品流向、流速和流量；协调统一价格，降低销售重心；深入现场，提高回访的数量与质量；提高地乡镇级市场分销覆盖率，扫除分销渠道销售盲点；研究竞争对手，寻求市场机会，稳固市场第一。

三、强化分销人员管理，提高对分销网络的掌控

“好的产品是优秀的工人造出来的，好的市场是优秀的业务员造出来的”，通海商贸加强对业务人员的管理，实行“七定”、“八步骤”管理：

七定：定人，每个核心区域的业务人员相对稳定；定域，每个业务人员的销售区域相对稳定；定线，每个业务人员的工作线路相对稳定；定点，每个业务人员的销售网点相对稳定；定期，每个网点的访问频率相对稳定；定时，每个网点的访问时间相对稳定；定标准，每个网点的巡访作业标准统一。

八步骤：出发准备；检查POP；统计进销存；陈列理货；填制巡访卡；建议销售订单；及时送货；返回交单。

通过“七定”、“八步骤”的规范管理，业务人员的效率大大提高，分销商、零售商的积极性也日益提高，掌控终端的目的得以实现。

四、强化分销创新管理，提高产品核心竞争力

通海商贸能在激烈的市场竞争中脱颖而出，得益于总经理的创新意识。在经营琥珀啤酒期间，通海商贸做出了许多创新举措，主要有：

(1) 模糊返利，价格监管，确保分销商的利润。通海商贸整个运作思路是如何让分销商赚钱，如何帮经销商赚钱。在价格管理上，不使用一次到位的价格，防止经销商砸价。在返利上，制定模糊返利标准。根据分销商的一次性进货量、销售周期、终端覆盖率、价格执行情况等几个关键指标进行考核，考核周期是每月一次，按考评得分，每年度兑现返利一次。在年底前能得到5%~10%返利，分销商也比较满意。在利益保证和市场严管情况下，分销商没有了破坏价格体系的动力，琥珀啤酒的销量就有了保证。

(2) 淡季做市场，旺季做销量。在啤酒销售淡季，通海商贸要求销售人员大力做铺市、做促销、做广告，与传统的啤酒企业背道而驰。正是这种做法，琥珀啤酒在安阳市场消除了淡旺季差别，树立了品牌，稳定了分销网络。

(3) 制定《销售服务手册》，掌控终端。通海商贸按终端客户档案专门设计了《销售服务手册》，每次给零售商送货时，在此手册上登记注册。公司另有专人负责手册登记数字的统计分析和监督核查，有效地掌握了每个终端客户的进、销、存，及时应对市场的各种变化，把啤酒行业不可能控制终端的神话

打破！

(4) 建立安全货款信用制度。通过一段时间的试合作，通海商贸对下游分销商进行信用等级评定，设立不同的货款信用额度。在安全货款信用额度内可以先发货，再收款，从而保证市场上货物的及时配送。由于建立了战略联盟，强化了对分销网络的管理，基本上没出现过为追款而疲于奔命的事。

(5) 先做直销，自己控制终端，再找二批商配送，牢牢控制结盟分销商的质量。通海商贸时刻教导业务人员不要怕辛苦，结盟分销商一定要宁缺毋滥。

(6) 重广告宣传。通海商贸实施“铺天盖地”广告计划，所有消费者能看到、接触到的物品都尽量印制上琥珀啤酒的标志，如门头、店招、服装、起子、烟灰缸、车辆等。现在看来这些举动是多么司空见惯，但在十年前，在安阳市场，绝对是独创！

(7) 重公关，不断提升琥珀啤酒的知名度和品牌形象。在举办消费者促销活动或每年一度的分销商兑奖时，通海商贸就会召集电视台、报纸等新闻媒体来现场报道，有时候还邀请政府人员来现场颁奖。

(8) 对分销成员的促销激励策略。对分销商的促销策略主要是实物返利，通海商贸制定不同销量不同实物奖励政策。分销商自己为自己制定年度销售目标，只要完成目标销量，通海商贸就兑现实物奖励，奖励物品多为汽车、三轮车、自行车等业务用车。通海商贸对零售商的促销策略主要是积分卡促销，零售商每销一件啤酒给积分卡一张，不同数目的积分卡可领取不同的奖品。零售商销售越多，获得的积分卡就越多，收集的积分卡越多，获取的奖品也就越贵重。促销卡长期有效，奖品也随时可兑。零售商一旦卖了琥珀啤酒就有收集积分卡兑奖的“瘾”。通海商贸对消费者也开展了生肖卡抽奖促销活动，通过瓶盖内的生肖图案可赢取不同的奖品。琥珀啤酒每次促销活动都提前告知，加上终端销售人员巡访到位，促销政策得到很好的贯彻。经销商、分销商、零售商、消费者之间通过促销建立了相互信任，通过相互信任，推进了促销效果的实现。

(9) 重分销商培训与考核。通海商贸不惜重金聘请专业培训师，为分销商培训营销管理知识。定期召集分销商进行专业培训，在 20 世纪 90 年代，在安阳，是没有先例的。通过培训，一方面提高了分销商的业务能力，另一方面又增加了客情。

(10) 重视现代渠道的开发，主要是商店超市渠道和餐饮渠道。通海商贸能根据现代渠道的特点，制定营销策略，把握市场的发展趋势。

由此可以看出，安阳通海商贸的成功与其良好的渠道建设和管理有着密切的关系。

资料来源：沈其东．琥珀啤酒，何以独霸安阳？——从一个啤酒经销商的成功案例看分销管理．糖烟酒周刊，2004（48）：36-37.

对营销渠道进行评估和调整是渠道管理中一个必不可少的环节。在营销渠道运行一段时间后，生产企业就需要对营销渠道进行评估。渠道评估能够使渠道管理者准确地了解营销渠道的运行状况及其各个方面的情况，并在此基础上对渠道的结构和政策进行必要的调整，以提高渠道效率，更好地适应营销环境的变化。

8.1 渠道评估的定义与原则

8.1.1 渠道评估的定义和目的

渠道评估是指厂商测量和检查渠道系统的整体绩效和渠道成员的绩效的活动。

这一定义明确地指出了渠道的评估者和评价对象。该定义中的评估者是厂商，即生产厂家和中间商，也就是说，渠道的评估者既可以是生产企业，也可以是批发商、零售商等中间商，本章主要是从生产企业的角度来介绍营销渠道评估。从渠道评估的对象来看，可以对整个渠道系统进行评估，也可以只对渠道系统中某一层级的渠道成员进行评价。在实践中，很多生产企业同时对整个渠道系统和对某个层级的渠道成员进行评估。

通常，营销渠道评估的目的主要有以下几方面：（1）了解渠道成员的绩效与改进渠道工作。对各个渠道成员进行评估，可以掌握各渠道成员的业绩情况，通过反馈使各个渠道成员了解到所完成渠道任务的情况，以及需要从哪些方面改进渠道工作。（2）奖惩渠道成员。通过评估，生产企业应对那些绩效突出的中间商进行奖励，分配更多资源以促进其发展。对绩效差的中间商，应根据具体情况重新培训或强化激励。（3）调整渠道成员。通过渠道评估，识别出有潜力的渠道成员和不合格的渠道成员，为合理使用渠道成员，以及淘汰中间商提供依据。（4）评价渠道管理绩效和改进渠道管理工作。评估的主要目的之一是使生产企业了解其管理渠道的情况，以不断完善渠道管理，提高自身的渠道管理水平。

8.1.2 渠道评估的原则

为了提高渠道评估的有效性，生产企业在评估渠道系统和渠道成员时，必须遵循一定的原则。具体而言，渠道评估的原则主要有：

1. *科学性原则*

即生产企业在评估指标选择的恰当性、数学处理方法的严密性等方面要遵循科学性原则。在进行渠道评估时，应当建立起较为科学的渠道绩效评估体系，以系统化的方式，将影响渠道绩效的各个因素进行整合，以便生产企业对营销渠道进行更有针对性、更有效的评估。

2. 系统性与简洁性原则

在评估营销渠道时会涉及许多因素，要尽可能地建立完整的评估体系，来全面综合地分析营销渠道。但要把所有影响营销渠道的因素都纳入评估体系中，会加大评估的成本和难度，还会降低评估的准确性。所以，评估体系要保持其简洁性，在保证指标体系完整性的基础上，选取影响绩效评估的主要因素，层次分明，逐步求精，并尽量避免各层指标之间的重叠。

3. 定性与定量相结合的原则

很多生产企业在进行渠道评估时，通常使用定性指标，使评估结果难以客观准确地反映渠道绩效。因此，对渠道评估应该采取定性和定量相结合的方法，来构建渠道的评估体系。对于定性指标，应明确定性指标的含义，采用一种标准赋值的方法，使其能够很好地反映定性指标的性质，减少主观性，以反映定性指标的客观性。在进行定性和定量指标分析时，必须有清晰的概念、明确的计算方法，需要综合考虑评估所需数据的获取性等因素。

4. 财务评估与非财务评估相结合原则

财务指标是反映渠道财务绩效的重要指标，也是反映渠道盈利性的重要指标，但非财务指标能从战略发展的角度和长远发展的视角来反映渠道的发展潜力和发展前景。所以，评估渠道时，不能单独强调某一个方面，而应该将财务指标和非财务指标结合起来评估，这将有助于研究渠道的长期盈利性和发展能力。

8.2　渠道系统绩效评估

渠道系统绩效评估是对渠道系统的整体绩效进行评价。从生产企业的角度来看，渠道系统绩效评估主要可以从渠道运行效率、财务绩效、渠道沟通和渠道服务质量等方面进行评价。

8.2.1　渠道运行效率评估

渠道运行效率是指渠道成员之间的合作、协调和积极性发挥等方面的综合情况。影响渠道运行效率的因素有很多，主要来源于渠道外部和渠道内部。从渠道外部来看，顾客特征、需求层次、竞争压力、政策法规、经济状况、技术发展等因素都可能会提高或降低运行效率，如我国政府出台了一系列关于新医改的政策与规定，将有助于提高医药的渠道运行效率。从渠道内部来看，渠道成员的数量、声誉、资本实力、营销能力、努力程度等因素都会对渠道运行效率产生影响。对渠道运行效率评估的基本任务是以分销目标为依据，检查和分析渠道功能的执行情况、渠道成员的合作意愿与努力程度、渠道冲突情况以及销售是否达到目标等。渠道运行效率的评估主要是从渠道畅通性、渠道覆盖面、渠道流通力和渠道冲突等方面来衡量。

1. 渠道畅通性

渠道畅通性是指产品流经各个渠道环节时的顺畅程度。渠道畅通性可以通过产品是否在中间环节积压、产品是否按正常时间到达某一环节、产品是否存在断货现象等情况来判断。为了确保顾客所需的商品从生产企业顺利地到达顾客手中，营销渠道应保持高度的畅通性。有效运行的渠道应该是那些能够使信息、所有权、商品实体、资金等畅通无阻地流动的渠道。对渠道通畅性评估主要可以从以下几个方面来进行。

(1) 渠道主体到位情况。在渠道运行的过程中，每种渠道功能都必须有明确的主体来承担。通常情况下，一个渠道主体不限于承担一种渠道功能，而每种功能也可由不同的渠道成员来承担。例如，运输功能的承担者，既有可能是专业的物流公司，也可能是生产企业本身。如果渠道功能没有明确的主体来承担，或承担的主体不能胜任，则渠道可能会难以有效运转。

(2) 渠道的功能配置情况。渠道的运行是一项系统的工程，产品、服务、信息、人员、资金等都必须到位。这其中每个环节的功能配置是否合理，直接关系到渠道运行的通畅性。例如，商品的储存是保证渠道畅通的重要物质保证和基础，这项功能的配置在不同生产企业中决策是不一样的。

(3) 渠道环节的衔接状况。渠道各环节的衔接直接影响渠道的通畅。如批发和零售这两个环节，如果批发环节商品运转出现问题，商品不能及时配送到零售环节，就可能导致零售环节出现缺货、断档等问题，给消费者带来不利的影响。毕竟在渠道系统中，完全一体化经营的是少数的生产企业，大部分的生产企业需要渠道成员间的相互协调、配合。因此，渠道和环节间的衔接，直接影响渠道的运转效率。

(4) 渠道成员的长期合作性。渠道运转要保持长期性和稳定性，取决于渠道成员间联系或契约的长期效力。对于以契约为主的整合渠道，都会面临合同到期的问题。如果合同到期后，不能续签，同时又没有合适的渠道成员接替，渠道的运转就有可能中断，所以，渠道成员的长期合作性直接关系到渠道的通畅。

2. 渠道覆盖面

渠道覆盖面指某个品牌的商品通过渠道销售能够达到的最大销售区域范围。渠道覆盖面越大，则渠道能够接触到的顾客越多。对渠道覆盖性评估可以从以下方面来衡量：

(1) 渠道成员的数量。渠道成员的数量多少，在一定程度上反映了该渠道的市场覆盖面。一般而言，渠道成员的数量越多，市场覆盖面就越大；反之，则越小。例如，如果在某一区域，在只有一个批发商的渠道中，这个批发商只能向一些零售商销售商品，但如果同时有几个批发商，就可能向更多的零售商分销产品，则该商品分销的地区范围会更大。

(2) 渠道成员的市场分布状况。渠道成员的市场分布越广，其市场的覆盖面就越大，商品的销售区域也就越广。通常，长渠道的渠道成员分布较广，其市场覆盖面也就更广。例如，消费品的渠道成员的市场分布较广，其市场覆盖面就很大，而工业品的渠道成员相对少，市场分布窄，其市场覆盖面较小。

(3) 商圈的大小。商圈的大小也是判断渠道覆盖面的一个重要内容。商圈是指每个商业网点吸引顾客的地理区域。它以商店为核心，向四周扩散，构成一定的辐射范围，形成商业圈。零售商业圈的规模和形状受各种因素的影响，如商店的类型、商店的规模、竞争者的位置、交通状况、消费者购买习惯等。通常，零售商的数量越多，则企业的市场覆盖面越大。零售商之间的距离越远，则他们之间的商圈出现重叠的可能性越小，企业的市场覆盖面也就越大。

3. 渠道流通力

渠道流通力，又称单位时间流通量、流速，指平均在单位时间内经由该渠道从生产企业转移到消费者的商品数量。通过对渠道流通能力的评估，可以检测和估计营销渠道的基本功能以及实现预期分销目标的能力。一般来说，对渠道流通能力的评估主要取决于整个渠道中瓶颈环节的流通能力。例如，假如某种产品通过二层渠道来分销，即“生产企业-批发商-零售商-顾客”，在该渠道中，有 1 个批发商和 3 个零售商。如果生产企业的月供货量是 950 个单位，批发商月均批发能力是 600 个单位，而 3 个零售商总共的月销售能力是 750 个单位，消费者的需求量是 650 个单位。那么，该渠道的流通能力只有月均 600 个单位。在该渠道中，批发环节制约了整个渠道的商品流通量，批发环节成为了瓶颈。找到渠道中的瓶颈环节后，生产企业就可以将资源投放到相应的地方，改进渠道的流通能力。

通过渠道流通能力来对营销渠道效率进行具体评估时，需要从历史、计划、波动性以及趋势等方面进行认真分析，相应的主要评价指标有流通能力增长率、流通能力利用率等。

(1) 渠道流通能力增长率。渠道的流通能力增长率是指通过对相邻两个单位时间内同一渠道的商品流通量进行比较，来说明后一单位时间内的渠道流通能力相对于前一单位时间的增长幅度，即以前期单位时间内的商品流通量为基准，来对同一渠道内当前的流通能力进行评价。渠道流通能力增长率的大小，主要取决于各渠道成员之间的合作程度以及目标市场的经济情况。同时，还受消费者的收入水平、替代品供给的增减、顾客消费习惯以及需求的变化等因素的影响。因此，从流通能力增长率的大小不难看出各渠道成员之间的合作程度和各中间商的促销力度等。

(2) 渠道流通能力利用率。通常情况下，在营销渠道的运营过程中，对渠道流通能力的评估主要是对其利用率的考核，即对实际的商品流通量与渠道的流通能力进行对比。渠道流通能力利用率通常可以用下面的公式来计算：

$$流通能力利用率=实际商品流通量\div渠道的流通能力\times100\%$$

流通能力利用率说明了各渠道成员参与产品分销的积极性。该指标的高低取决于生产企业的供货量、仓储运输的效率、批发商与零售商的促销力度以及各个环节之间的有效协作程度。常用的主要考核指标有平均发货量（一次发多少）、平均发货间隔期（多久发一次）、日均零售数量、平均商品流通时间等。

4. 渠道冲突

渠道冲突是指渠道成员之间的一种不和谐状态。当一个渠道成员的行为与他的渠道合作者相反时，渠道冲突就产生了。渠道冲突会使渠道成员之间的合作关系或工作效率受到很大影响，甚至导致渠道堵塞，所以评估渠道运行效率时往往要考虑渠道冲突因素。

8.2.2 渠道财务绩效评估

对生产企业来说，经济效益是衡量渠道效率的最核心的内容。任何渠道的评价，都不能脱离对经济效益的考察，它不仅涉及生产企业的发展前景，而且还涉及渠道本身的调整。对渠道财务绩效的评估可以从以下几个方面进行。

1. 销售分析

销售分析是营销渠道运行效果分析的主要内容，主要用于测量和评估营销计划及其销售目标的实现情况。这种分析将计划销售水平和实际销售水平进行对比分析，并找出没有达到预期销售水平的原因。销售分析有销售差异分析和微观销售分析两种方法。销售差异分析是对销售额的变化进行原因分析，找出影响其变化的因素及作用程度，以便为调整提供依据。例如，当企业的销售额下降，利用销售差异分析，可以弄清销售额下滑是由价格还是由销量造成的，价格或销量对销售额下降的影响程度如何。销售差异分析方法是针对整个渠道而进行分析的一种方法。为了对不同地区或不同产品的销售水平进行分析，可以使用微观销售分析的方法。微观销售分析将渠道细分为不同部分，可以对不同地区的渠道销售水平差异进行分析，或对不同产品的渠道的销售水平差异分析，能更好地发现未能实现预期销售额是由于哪些产品或哪些地区没有完成销售任务所导致，从而可以更有针对性地采取措施。

2. 渠道费用分析

渠道费用是生产企业在组织商品销售过程中产生的各种费用，通常是零售总成本与制造成本之差。这些费用包括仓储费、运输费、包装费、人工费、促销费以及其他营销费用。渠道费用的高低及不同费用之间的比例，会直接对不同渠道成员的利润产生影响。渠道费用分析一般可以用渠道费用额和渠道费用率来分析。

（1）渠道费用额。指一定时间内营销渠道内所发生的各种费用的金额，是判断营销渠道财务绩效的基础。

（2）渠道费用率。指一定时期内，营销渠道的费用额和商品销售额之间的比率。该指标可以在不同的生产企业之间进行比较，也可以在同一个生产企业内部的不同时期进行比较，或将计划和实际进行比较。通过比较，可以判断渠道成本的高低，也可以看出渠道费用是否节约。

(3) 渠道费用率升降程度。这是从动态角度来反映渠道费用节约或浪费的指标。在其他条件不变的情况下，费用率变化为正数，则表明渠道费用上升，渠道成本提高；若是负数，则表明费用下降，节约了成本。

3. 盈利能力分析

获得利润是营销渠道及其成员的重要目标，也是营销持续运转的基本保障，因此，渠道管理者很重视对渠道的盈利能力进行衡量。盈利能力评价主要通过以下指标来分析：

(1) 销售利润率。即税后利润与商品销售额的比率。通常作为评估渠道获利能力的主要指标之一，它说明渠道运转带来的销售额中包含多少利润。一般来说，高效运转的渠道往往能带来很高的销售利润率。

(2) 费用利润率。又称为成本利润率，是当期利润额与费用总额的比率。这种分析相当于投入产出分析，也就是说，渠道在运行中每花费 100 元资金可以创造多少利润。

(3) 净资产收益率。指企业的税后利润与其净资产额的比率。

4. 资产管理效率分析

评价渠道是否处于有效运转状态，除对渠道运行结果进行分析外，还可以对渠道运行的过程进行分析。评价指标主要有：

(1) 资金周转率。用产品销售收入与资产占用额的比率表示，也称资金周转速度，该指标反映渠道中现有资金被循环使用的次数。资金周转速度越快，说明渠道的资金利用率越高，渠道的获利能力也越强。

(2) 存货周转率。也称存货利用率，是企业一定时期的销售成本与存货平均余额的比率。存货平均余额是期初存货余额与期末存货余额的平均数。在营销渠道中，资金通常是以存货形式存在，因此，要提高资金周转率就必须提高存货周转率。存货周转率可以反映企业渠道的销售效率和存货状况。通常，存货周转率越高，说明存货周转速度越快，渠道的销售效率很高，占用在存货上的资金较少，企业的资金利用率很高。

5. 市场占有率分析

渠道成员的销售绩效并未反映出相对于其竞争者而言，生产企业的经营成果如何。若生产企业销售额增加了，可能是由于经济形势较好，或者可能是因为该企业的营销活动比竞争对手更有效。市场占有率分析法可以剔除一般的环境影响，通过对本企业与竞争者之间进行横向对比分析来考察本企业渠道的竞争能力。市场占有率分析的具体方法以下几种：

(1) 全部市场占有率分析。

即用生产企业的销售额占全行业销售额的百分比来表示。使用这种方法之前要先明确两个方面：其一，是以单位销售量还是以销售额来计算；其二，要确定行业的范围，即明确本行业所应包括的产品、市场范围等。如果企业的市场占有率比竞争者高，则可以在一定程度上表明该企业的渠道竞争力相对较强。

（2）可达市场占有率分析。

可达市场占有率是指企业认定的可达市场上的销售额占企业所服务市场的百分比。所谓可达市场是指企业计划进入的重要目标市场。它包括以下三种：第一，企业产品最适合的市场；第二，企业市场营销努力所及的市场；第三，在企业销售绩效中占有重大比重的市场。可达市场占有率与全部市场占有率不同，一个企业可能只有相对较小的全部市场占有率，但有近100%的可达市场占有率。

（3）相对市场占有率分析。

相对市场占有率是指企业的销售额占竞争者的销售额的百分比。该指标反映了企业的渠道与竞争者相比是否更有效率和竞争力。一般可以使用两个指标计算相对市场占有率。第一，以生产企业的销售额占最大竞争者的销售额的百分比来表示。相对市场占有率超过100%，表明该企业是市场领导者，相对市场占有率等于100%，表明该企业与竞争者同为市场领导者。第二，以生产企业的销售额占市场上最大的三个竞争者的总销售额的百分比表示。例如，某企业有30%的市场占有率，其最大的3个竞争者的市场占有率分别为20%、10%、30%，则该渠道成员的相对市场占有率是50%（30/60=50%）。在一般情况下，相对市场占有率高于33%被认为是强势的。

在计算出生产企业的市场占有率后，还要分析市场占有率变化的原因。渠道成员可从产品大类、顾客类型、地区以及其他方面来考虑市场占有率的变动情况。一种有效的分析方法是从顾客渗透率 C_p、顾客忠诚度 C_L、顾客选择性 C_s 以及价格选择性 P_s 等因素来分析。顾客渗透率指从本企业购买某产品的顾客数量占该产品所有顾客数量的百分比。顾客忠诚度是指平均每个顾客从本企业所购产品数量与其所购同种产品总量的百分比。顾客选择性是指本企业一般顾客的购买量相对于其他企业一般顾客的购买量的百分比。价格选择性是指本企业平均价格同所有其他企业平均价格的百分比。这样，全部市场占有率 T_{ms} 就可表述为：$T_{ms}=C_p\cdot C_L\cdot C_s\cdot P_s$。假设某企业在一段时期内市场占有率有所下降，该公式可以为我们提供了四个可能的原因：第一，企业失去了某些顾客（较低的顾客渗透率）；第二，现有顾客从本企业所购产品数量在其全部购买中所占比重下降（较低的顾客忠诚度）；第三，企业现有的顾客规模较小（较低的顾客选择性）；第四，渠道成员的价格相对于竞争者产品价格显得过于脆弱，不堪一击（较低的价格选择性）。经过调查，企业可确定市场占有率改变的主要原因①。

① 卜妙金．营销渠道管理（第二版）．北京：高等教育出版社，2007：345.

8.2.3 渠道沟通评估

营销渠道不仅承担着产品的销售功能，而且还担负着信息沟通和实体分配等基本功能。畅通的渠道应当有良好的信息沟通体系作为后盾。研究表明，渠道沟通存在问题会造成信息失真、沟通障碍、渠道冲突等不良后果，进而导致各渠道成员的满意度与承诺程度的降低，最终使渠道效率下降。因此，在对营销渠道的评估过程中，应注意对其沟通状况进行评估。

相关链接

对于渠道沟通的概念界定，理论界最初倾向于采用两种不同方式：一种方式集中关注渠道成员之间沟通流的内在属性，包括沟通的频率、双向沟通的程度以及沟通的正式性等，这一方面的代表人物包括 Brown（1981）、Anderson 和 Weitz（1989）等；另一种方式则集中关注渠道沟通质量的整体评价，包括沟通的益处、沟通是否充分以及沟通的效力等，代表人物是 Guiltinan、Rejab 和 Rodgers（1980），Bialaszewski 和 Giallourakis（1985）等。

资料来源：邓少军，陈涛．渠道沟通理论研究动态探析．市场营销导刊，2007（6）：43.

一般来说，在营销渠道中，批发商或零售商等渠道成员是市场信息的搜集者或传送者，而生产企业或渠道管理者是信息的最终接收者或使用者。从生产企业的角度来看，渠道沟通情况的评估通常可以从以下几个方面来评价：

1. 沟通频率

沟通频率是指信息沟通的频繁程度。研究表明，沟通频率与沟通质量正相关。因而，沟通频率是衡量渠道沟通质量的一个主要指标。对信息沟通频率的评估，通常可以用信息发布或传输的次数，相邻两次信息发布间隔时间等相关数据资料来进行评价。如果在一定的时间内，渠道成员之间信息沟通间隔时间较长，则说明各成员之间在这一段时间内沟通次数较少，彼此对市场行情、产品分销状况了解较少，这将不利于整个渠道的畅通运行，这时生产企业应采取一定的措施来提高各渠道成员之间的沟通频率。渠道成员之间进行密集的信息沟通，可以使成员及时了解目标市场动态和营销环境的变化，从而采取积极有效的措施来适应环境的变化以及顾客需求的改变。

2. 沟通内容

通常，生产企业希望得到及时的、可靠的、有价值的市场信息，以便及时地调整策略，使本企业产品的分销活动顺利地展开。各个渠道成员，尤其是离终端顾客较近的中间商能否细致、认真、负责地收集有价值的市场信息，将直接影响到整个渠道的信息沟通质量。为了收集到重要的市场情报，避免在一些无关紧要的资料上花太多的时间和资金，渠道成员必须对信息的用途加以了解，掌握相关信息价值的评估标准。同时，生产企业也应加强与渠道成员之间的及时沟通，让其真正认识并了解其所要收集的信息情报的具体用途和价值，并对已收到或使用的信息质量加以评估，来判断并通知对方其所提供信息的质量和可靠性。

3. 沟通方式

不同的信息需要用不同的沟通方式来进行传递，例如，有的信息可通过公共方式传递给生产企业，而有的信息则需保密。对于有保密要求的信息，应通过合适的个人化信息沟通渠道进行传输。因此，渠道成员在向生产企业进行信息传输时，应根据其信息性质而采取有效的沟通方式，避免给生产企业造成不必要的利益损失。

4. 沟通时间

信息具有较强的时效性，营销渠道中的信息也一样。在一定的时间内，及时有效的信息对生产企业的生产、销售和管理等多项活动具有一定的指导作用和参考价值，然而，信息一旦过时，曾经最有用的信息也会变得毫无价值。因此，渠道成员应以最快的速度将其所收集到的有用信息，及时准确地传送至生产企业手中，以保证其具有最佳的时效性。

8.2.4 渠道服务质量评估

这是一种非财务的评估方法。营销渠道的服务质量会直接影响到顾客的满意度。因此，对于生产企业来说，还需要对渠道的服务质量进行评估。这可从实体分配服务、顾客的渠道满意度、顾客抱怨与处理等方面进行。

1. 实体分配服务

实体分配也称物流，是指通过有效地安排商品的仓储、管理和转移，使商品在需要的时间到达需要的地点的经营活动。实体分配的功能包括产品运输、保管、装卸、包装、流通加工等活动，以及在开展这些活动过程中所伴随的信息传播。实体分配服务质量是指渠道成员满足顾客需求的及时程度，可用准时交货率进行评价。准时交货率是指一定时期内准时交货的次数与总交货次数的百分比，该比率反映了渠道准时交货的情况。实体分配的目标是通过有效选择，适当兼顾最佳顾客服务与最低配送成本。

2. 顾客的渠道满意度

企业渠道活动的最终目的是为了满足顾客的需求。如果顾客对渠道的满意度低，说明企业的渠道系统存在服务质量问题。顾客对渠道的满意度可以用以下方法测量：第一，顾客对企业某一条渠道表现的评价；第二，顾客对企业某一条渠道的满意度及其相对于交易量的相对满意度。这些评价数据主要通过市场调查获得。

3. 顾客抱怨与处理

顾客抱怨是指顾客对产品或服务的不满和责难。顾客抱怨行为是在不满意基础上产生的，所以可以作为顾客满意度的反向指标。顾客抱怨表明渠道服务存在质量问题，让顾客感到不满意。顾客抱怨程度一般用顾客抱怨率，也就是一定时期内顾客抱怨次数与总交易次数的百分比来表示，可以反映出渠道服务的不合格程度。如果顾客抱怨率高，则说明渠道成员出现的服务失误较多，渠道所提供的服务质量较差，就需要对渠道系统做出调整。

8.3 渠道成员绩效评估

在营销渠道中，渠道成员直接影响商品的分销效果，甚至决定生产企业渠道策略的成败。所以，生产企业在组建营销渠道后，还应该对渠道成员进行监测和评价，考察其经营表现和经营业绩，以便明确中间商的价值贡献，及时发现中间商工作中的问题，并为适时调整渠道提供客观依据。一般来说，生产企业对渠道成员绩效的评估标准包括渠道成员的销售业绩、库存水平、销售能力、顾客服务和技术支持能力、态度、竞争和发展前景等。

8.3.1 销售业绩

生产企业的成功高度依赖于渠道成员的业绩，因此，在评估渠道成员的所有标准中，销售业绩是最重要的标准，而且在现实中也是应用得最普遍的标准。在评价渠道成员的销售业绩时，要进行全面的比较分析：一是将渠道成员当前的销售与历史销售进行纵向比较；二是将一个渠道成员的销售与其他渠道成员的销售进行横向比较；三是在已经确定销售定额的情况下，要将渠道成员的销售额与销售定额比较。评估渠道成员销售业绩可用销售额增长率和销售额统计来具体分析。

1. 销售额增长率

一般来说，只有那些销售额有较大幅度增长的渠道成员，才是优秀的渠道成员。生产企业对渠道成员销售额的增长情况必须做具体分析，如果渠道成员的销售额在增长，但本企业商品的平均增长率不升反降的话，那么生产企业对这种渠道成员的管理并不到位。

2. 销售额统计

分析年度、月份的销售额，同时，检查所销售的内容。如果渠道成员的年度销售额在增长，但各月份销售额有较大的波动，这种状况表明该渠道成员的销售状况并不稳定。渠道成员的销售额只有呈稳定增长态势才能算是正常的。

8.3.2 库存状况

渠道成员缺货会使生产企业丧失很多的机会。因此，维持一个适当水平的存货是评价渠道成员绩效的一项主要指标。从根本上来看，生产企业应该要求渠道成员保持一定的库存，特别要要求达到生产企业同渠道成员最初签订的协议的库存水平。有些协议很正式，渠道成员保持的库存量已经在双方签订的协议中进行了明确的规定，这种存货量通常是生产企业与渠道成员根据在对该地区市场销售潜力预测的基础上共同制定出来的，这样就可以要求渠道成员按合同规定来保持一定的库存，并对其进行评估。在对渠道成员进行存货水平考核时，可以将实际存货水平与存货计划相比较。但是，很多小企业缺乏实力，不能使强大的中间商接受存货条款。对渠道成员维持库存的评估工作难易不一，生产企业可以由自己来评估，也可以利用外部的市场研究公司来做该项工作。不管谁做，都应该考虑与评价渠道成员库存的关键问题，如相关链接中所列出的8个问题。

相关链接

评估渠道成员库存绩效的关键问题

1. 渠道成员的存货总体水平是多少？
2. 存货占用了多少货架或空间？
3. 相对竞争者而言，提供了多少货架或空间？
4. 某一特定产品的数量和份额是多少？
5. 这些数字与渠道成员预计购买的相应的竞争产品相比如何？
6. 库存量和库存设施如何？
7. 陈货有多少，已经为消除陈货采取了什么措施？
8. 渠道成员的存货控制和保管系统是否充分？

资料来源：伯特·罗森布洛姆．营销渠道（第8版）．宋华，等，译．北京：中国人民大学出版社，2014：342.

8.3.3 销售能力

在评估渠道成员的绩效时，渠道成员的销售能力也是一项评价指标，因为生产企业通过对渠道成员的销售能力分析可以判断出其销售业绩。渠道成员的销售能力取决于其销售人员的销售能力，尤其在批发层次更为明显，因而，生产企业可以通过对批发商的销售人员进行评估，进而可以了解该批发商的销售能力。在对渠道成员的销售能力进行评估时，生产企业最佳的信息来源是销售人员的个人销售记录，但生产企业要获取这样的信息是有一定难度的，很多渠道成员往往不愿意或不能将这些信息提供给生产企业。假如能够获得这些信息，生产企业在分析时应注意下列几个因素：

（1）渠道成员将生产企业的产品种类分配给其销售人员的数量。从渠道成员愿意为本企业产品配备的销售人员数量中，生产企业可以判断出本企业产品所面临的风险程度，产品的市场范围有多大，以及渠道成员为本企业产品销售而投入的资源程度。

(2) 销售人员的销售能力及销售技巧。生产企业要长期收集这方面的相关数据，对销售人员进行动态评估。如果渠道成员的销售人员在销售能力和技巧方面显示出越来越弱的趋势，往往会影响到未来的销售业绩。

(3) 销售人员对本企业产品的兴趣。从销售人员对本企业产品的兴趣变化情况中，通常能够显示出渠道成员兴趣的变化趋势，同时，也能反映出该渠道成员未来的销售绩效走势。

(4) 销售人员对竞争对手的产品和服务的了解程度。市场竞争的加剧要求渠道成员的销售人员要很好地了解竞争对手的产品和服务。既要了解他们的优势，更要了解他们的不足，以便在销售中提炼可以打动顾客的说辞，同时不引起顾客的反感。

8.3.4　顾客服务和技术支持能力

对于需要大量售后服务的营销渠道来说，渠道成员的顾客服务和技术支持能力将是评价他们的重要标准。在一些技术含量比较高、竞争非常激烈的行业，顾客往往会对售后的技术支持和快速响应有很高的要求。只有那些掌握了新技术、能维持高效供应链和能快速响应顾客需求的渠道成员，才能获得顾客的认可并最终获得好的销售业绩。因此这种服务能力就成为生产企业选择和评价渠道成员的重要标准。

8.3.5　渠道成员的态度

对于生产企业的发展来说，渠道成员对企业及其产品线的赞同态度是影响其销售业绩的重要因素。但一般只有在销售数据不好时，渠道成员的态度问题才会被生产企业关注。所以为了在渠道成员的态度问题影响销售绩效之前及早发现这种消极因素，应该在销售数据以外单独对渠道成员的态度进行评估。在评估渠道成员态度时，生产企业可以通过多种途径来了解渠道成员的态度。生产企业可以利用自己的调研部门或外部的研究机构，还有中间商顾问委员会，针对渠道成员的需求和问题进行调查分析。除了通过上述的正规渠道外，生产企业还可以利用销售队伍和小道消息等非正式途径来了解渠道成员的态度。

8.3.6　竞争

对渠道成员的绩效进行评价时，渠道管理者还应当考虑两种类型的竞争：

(1) 来自当地其他竞争对手渠道成员的竞争。绩效评价只有和当地竞争情况结合起来考虑才更有意义。例如，某一特定渠道成员可能在绩效方面看起来较差，但如果考虑到当地竞争的残酷性，则其绩效可能就应该被认为是不错的。事实上，一些生产企业经常会不遗余力地对那些面临特殊竞争的渠道成员给予特殊支持。

（2）来自渠道成员自身经营的其他竞争对手产品的竞争。一些渠道成员往往同时是多家竞品的经销商。如果渠道成员对竞争者的产品给予太多支持，那么给予生产企业的产品的支持就会变少，销售业绩就会受到影响。所以，生产企业应该善于捕捉渠道成员是否正在将销售支持重点转向竞争者的产品的信号，从而尽早采取适当的措施来加以制止。

8.3.7 渠道成员的发展前景

营销渠道的发展离不开渠道成员的共同努力，拥有良好前景的渠道成员将是生产企业理想的合作伙伴。因此，生产企业还要对渠道成员的发展前景进行评价，即评价渠道成员未来的绩效。这将为生产企业在未来设立合理的分销目标，确定渠道结构及选择渠道成员等方面提供依据。生产企业可以从下列基本问题中来判断渠道成员发展前景：

（1）渠道成员过去的绩效是否完成了生产企业在当地的销售计划？

（2）渠道成员的整体业绩是否与该地区一般业务活动水平相一致？

（3）渠道成员的组织在扩展吗？渠道成员在设施、库存保持和产品展示的质量上有明显的改进吗？

（4）渠道成员的销售队伍在数量和素质上是否有所提高？

（5）由于渠道成员自身管理方面的问题，如渠道成员的接班人变动，在未来是否会面临风险？

（6）渠道成员是否具有市场适应能力和市场开拓能力，以满足该地区可能会出现的市场扩张？

（7）渠道成员如何预期自己的中长期发展前景？

从以上这些问题的答案中可以获得渠道成员未来绩效的主要信息。除了上述提到的评估标准外，评估渠道成员还可以采用其他的标准，如渠道成员的财务状况、渠道成员的声誉，以及渠道成员为顾客所提供的服务的质量等，生产企业应该根据自身的需要、产品的特点、市场的情况等方面来选择评估的内容。

8.4 营销渠道的调整

《孙子兵法》说：“水因地而制流，兵因敌而制胜。故兵无常势，水无常形，能因敌变化而取胜者，谓之神。”营销环境不断变化，生产企业的营销渠道也必须随着企业内外部环境的变化而不断进行调整，才能把握新的市场机会，提高渠道的运行效率。因此，生产企业应该对渠道系统定期进行调整。

8.4.1　渠道调整的情况

有些生产企业在调整渠道时，只是对原有渠道进行一些小的改进，而有些企业会采用与原来渠道完全不同的渠道系统。一般而言，当出现以下情况时，生产企业会考虑调整其营销渠道：

1. 现有渠道的分销效果不理想

当生产企业对现有渠道进行评估后，发现渠道的分销效果不好，这可能是因为现有渠道在设计时有错误，或在选择中间商时考虑不周，或对渠道控制不力等问题所导致的。如果现有渠道分销效果不理想，不能很好地满足顾客的需求，生产企业可能会对现有渠道进行改进。例如，在电脑行业中，迈克·戴尔正是由于有了从电脑知识比他更少的经销商处购买电脑的不满意经历后，才创造了电脑直销法，开创了个人电脑业的神话。电脑直销法使电脑购买者可以通过电话向专业知识丰富的电脑公司职员而非普通营业员获取产品信息。

应用案例

金融危机引发的一系列不利因素致使全球车市一片疲软。最新的统计数据显示，2008 年 1 月至 8 月，沃尔沃唯一的国产车 S40 销售 3889 辆，同比降幅 6.83%。而竞争对手奥迪 A4 同期销量 1.5 万辆，同比增长 21.08%，宝马 3 系销售 9370 辆，同比增长 5.92%。在同样遭受原材料上涨、市场增速放缓的外部压力下，竞争对手的高歌猛进反衬出沃尔沃的力不从心。国产不仅没有给沃尔沃带来销量的快速增长，甚至给其豪华品牌形象蒙上阴影，这或许是沃尔沃事先没有想到的。

除了销量无起色，沃尔沃的降价举措也影响到了品牌的豪华定位。在国产之前，沃尔沃的产品没有低于 30 万元出售的，而在 2008 年 4 月，S40 的价格降到了 28.8 万元，现在甚至降到了 25 万元左右。在沃尔沃 S40 上市时，沃尔沃中国相关人士曾告诉记者，30 万元是入门级豪华车的价格底线。而仅一年半以后，沃尔沃就在宝马 3 和奥迪 A4 销量涨势中失去耐心，价格迅速下降到 30 万元以下。

为走出国产困境，一方面把新一代 S80 以及 C70、C30 这些个性时尚的车型引入中国，完善沃尔沃品牌。另一方面沃尔沃将在今年取消区域代理制，直接掌管沃尔沃在华销售渠道。一些原本只有国产产品销售权的经销商已获得了进口沃尔沃的销售权。

2008 年 8 月份，沃尔沃在中国成立了销售公司，废除了实行 5 年的区域总代理制，全面负责沃尔沃的销售和营销业务。据了解，长安沃尔沃授权的销售商今年基本上都将获得进口车销售权，沃尔沃将在今年取消区域代理制，直接管理沃尔沃在华所有销售商。这样，沃尔沃不仅可以减少销售中的不必要环节，节约销售成本，还可获得原本属于区域总代理的利润。同时，便于沃尔沃对整个中国区域实行统一的管理。

资料来源：佚名．销售计划受挫　沃尔沃变更中国销售渠道．http：//www. esalestraining. com. cn/html/xiaoshoujh/2008_11_05_0811515475743747. html.

2. 影响渠道的因素发生重大变化

随着时间的推移，影响渠道结构的各种因素发生了重大变化，从而使得生产企业不得不调整营销渠道。这些影响因素的变化是导致渠道调整最常见的原因。所以，企业有必要定期对这些影响因素进行监测、检查、分析。另外，当企业很有把握确信影响因素即将发生重大变化时，企业也可以提前行动，对原有的渠道进行调整。

3. 新市场的开拓

市场开发是许多生产企业寻求发展的一种成长战略。如果生产企业使用原有渠道难以为新市场提供服务时，生产企业就有必要建立一种新的营销渠道。例如，在中国一些大城市，奢侈品市场几近饱和。奢侈品公司的主要机会，还是向中小城市扩张。但是，在小城市，很难找到经验丰富的合作伙伴和中间商，以及高水平的服务人员，因此，这些公司开始与受许人进行合作，通过加盟店来销售奢侈品。虽然成熟品牌并不经常这样做，但这样能够快速并且用较少的资金将产品销售到新的市场。

4. 新兴渠道的出现

新兴的营销渠道可能会给生产企业带来全新的机会，因此企业有可能会获得意想不到的销售业绩，并且会重新定义生产成本或服务标准。在网络技术日益发展的今天，网络购物成了消费者的时尚选择，众多生产企业都开始积极开辟自己网络渠道。而金融危机使奢侈品代购网站火爆，由此购买的奢侈品价格很低，有的仅相当于柜台售价的一半左右，交易以化妆品、服饰鞋帽、箱包为主。网络营销的出现，在给这些企业和网络中间商带来巨大商机的同时，也不可避免地对传统渠道产生冲击。

8.4.2 渠道调整的方向

为了适应市场的变化，企业需要经常调整自己的渠道系统。在调整过程中，企业要注意处理好和大多数渠道成员的关系，特别是当企业内部营销人员和渠道成员之间有较深的感情和利益关系时，防止出现较大的负面影响。总体而言，企业调整渠道系统应朝以下方向努力：

1. 关注顾客满意度

渠道调整的最终目的是为了给顾客提供更好的服务，让顾客更满意。所以，企业应找出使顾客满意的关键驱动因素，积极发展那些能给顾客带来实际利益且成本较低的渠道。戴尔公司正是在认识到传统数码产品经销渠道给顾客带来价格提高且技术支持困难的问题后，建立了电脑的网络直销渠道，从而创造了经典的戴尔模式。

2. 开发新渠道

新兴渠道对顾客来讲，往往意味着更低的价格、更好的顾客体验，因此会迅速得到顾客的积极响应。因此，当新兴渠道出现时，企业应在第一时间进行考察，快速设计应对方案，积极进行渠道调整。反应的及时与否经常会带来市场地位的改变。例如家电连锁超市巨头国美和苏宁在面对网络购物渠道的兴起时，不同的反应速度造成了它们市场地位的逆转。

3. 填补市场空白

各类营销渠道均有自己适合的细分市场。因此，当企业产品要进入新的细分市场时，企业就需要进行渠道调整，或者在原有渠道基础上增加新的渠道，填补市场空白。例如，曾有计算机设备生产企业只关注传统数码产品经销渠道，而忽略了系统集成商们的大客户直销渠道，从而丧失了巨大的潜在市场。

4. 重组渠道

当前企业之间的竞争已不是单个企业之间的竞争，而是以企业为中心的供销价值链，也就是整个营销渠道之间的竞争。因此，成功的生产企业除了关心自己内部的管理问题之外，一般也会积极维护提高整个营销渠道的竞争力。他们往往会通过鼓励经销商整合、对优秀经销商提供优惠政策、以新技术整合各个渠道成员的 ERP、重新设计物流管理系统等各种形式，提升整个渠道系统的经济性，加强渠道成员之间的信息共享，甚至联合进行即时性新产品开发，从而取得价值链竞争的优势。

8.4.3　渠道调整的方式

营销渠道的调整可能是小范围的调整，如对市场营销任务重新分配，调整个别的中间商，也可能是大的变革，甚至于建立全新的渠道系统。通过对渠道的调整，生产企业能够获得更大范围的客户，实现较高的利润率和市场覆盖率，而且通过渠道各方相互协调，发挥彼此的资源优势，以实现延伸市场触角、分散市场风险、扩大优势范围的目的，达到共生共荣、协同推进，多方长远受益的效果。

1. 调整渠道政策

渠道政策包括价格政策、促销政策、铺货政策、信用政策、市场推广政策、人员管理政策以及渠道激励政策等。渠道不是一成不变的，所以渠道政策也不能一成不变，而是需要根据外界环境和企业发展战略的变化不断做出调整。特别是当通过渠道评估发现当前渠道政策存在问题时，更应该及时调整渠道政策。例如，当品牌知名度高、产品供不应求时，可以对中间商实施预付货款的信用政策；而在产品不太好销的情况下，则先发货后付款的信用政策。

2. 增减某些渠道成员

增减某些经销商是渠道调整中常见的做法。基本上每个企业都会在年终经过渠道评估后，根据经销商的业绩状况决定是否下一年继续合作。不合作就意味着剔除了某些渠道成员。为了弥补渠道销量的不足，同时也会补充一些新的成员。当然，在替换渠道成员时，生产企业需要对替换可能产生的影响做出综合分析，尽量降低替换对财务指标和渠道功能可能带来的负面影响。

3. 增减某类渠道

当生产企业通过渠道绩效评估发现公司产品不适合在某类渠道中销售时，就应该果断决策，放弃这种渠道。当然，如果发现公司产品更适合在某类渠道销售，也可以增加新的渠道。不过，增减某类渠道往往是利弊衡量之后的结果，因为减少某类渠道意味着销量可能会降低，可能会影响生产，给其他经销商带来不安。当然，也会减少企业在这类渠道的投入，使企业能集中精力做好最适合的渠道。所以，不管是增加还是减少，企业都要充分考虑各种后果后再做出决策。

4. 调整整个渠道系统

这是最复杂的一种渠道调整决策，因为它不仅涉及渠道改进，甚至涉及整个渠道的修正和创新。渠道整体调整对企业整个渠道影响很大，如果决策失误，因为渠道的惯性又很难短时间内改正，将会严重影响企业的销售，甚至企业的生存。所以在做出渠道整体调整的决策之前，企业需要仔细考虑这种调整是否可行，渠道成员会如何反应，是否会导致重大冲突。对新渠道的费用、收益等也需要做出预估，仔细权衡。特别要注意的是，不要因为外界环境中出现了短暂的限制因素变化就迅速调整整个渠道，而应先尽量通过渠道管理去适应这些变化，并随时监测限制因素的进一步变化。只有当明确了限制因素的变化是持久的，渠道微调解决不了问题时，企业才应考虑变更整个渠道系统。

本章小结

渠道评估是指厂商测量和检查渠道系统的整体绩效和渠道成员的绩效的活动。生产企业要对营销渠道定期评估，应该遵循科学性原则、完整性与简洁性原则、定量与定性相结合的原则、财务评估与非财务评估相结合原则等评估原则。生产企业可以对整个渠道系统进行评估，也可以对渠道系统中某一层级的渠道成员进行评价。

从生产企业的角度来看，渠道系统绩效评估是对渠道系统的整体绩效进行评价，主要可以从渠道运行效率、财务绩效、渠道沟通和渠道服务质量等方面进行评价。其中，渠道运行效率评估包括渠道畅通性、渠道覆盖面、渠道流通力和渠道冲突评估；渠道财务绩效评估包括销售分析、流通费用分析、盈利能力分析、资产管理效率分析和市场占有率分析等方面的内容；渠道沟通评估主要内容包括沟通频率、沟通内容、沟通时间、沟通方式等；渠道服务质量评估可以从实体分配服务、顾客的渠道满意度、顾客抱怨与处理等方面来评定。

生产企业还可以对渠道成员绩效进行评估，通常是从渠道成员的销售业绩、库存水平、销售能力、顾客服务和技术支持能力、态度、竞争和发展前景等方面进行衡量。生产企业的任务不能仅限于设计渠道并推动其运转，还要根据新的市场动态，对渠道系统进行调整。当出现原有渠道的分销效果不理想、影响渠道的因素发生重大变化、新市场的开拓、新兴渠道的出现等情况时，企业就应考虑进行渠道调整。渠道调整的方向是关注顾客满意度、开发新渠道、填补市场空白和重组渠道。渠道调整方式有调整渠道政策、增减某些渠道成员、增减某类渠道和调整整个渠道系统四种。

习 题

一、单选题

1. 通过分析渠道畅通性、渠道覆盖面、渠道流通力和渠道冲突来评估营销渠道的（ ）。

A. 运行效率　B. 沟通情况　C. 顾客满意度　D. 运行效果

2. （ ）是指平均在单位时间内经由该渠道从生产企业转移到消费者的商品数量。

A. 渠道畅通性　B. 渠道效率　C. 渠道流通力　D. 渠道覆盖面

3. 一般来说，对整个营销渠道流通能力的评估主要取决于整个渠道中瓶颈环节的（ ）。

A. 衔接能力　B. 沟通能力　C. 销售能力　D. 流通能力

4. 渠道评估是指（ ）测量和检查渠道系统的整体绩效和渠道成员的绩效的活动。

A. 辅助商　B. 运输企业　C. 厂商　D. 中间商

5. （ ）指从本企业购买某产品的顾客数量占该产品所有顾客数量的百分比。

A. 顾客渗透率　B. 顾客选择性　C. 顾客忠诚度　D. 价格选择性

二、多选题

1. 对渠道沟通的评估可以从（ ）等方面进行。

A. 沟通频率　B. 沟通内容　C. 沟通时间

D. 沟通方式　E. 沟通过程

2. 资产管理效率分析的主要评价指标有（ ）。

A. 销售利润率　B. 费用利润率　C. 净资产收益率

D. 资金周转率　　E. 存货周转率

3. 生产企业对渠道成员绩效的评估标准主要有(　　)。

A. 销售业绩　　B. 库存水平　　C. 销售能力

D. 态度　　E. 竞争

4. 渠道系统绩效评估可以从(　　)等方面进行评价。

A. 渠道沟通　　B. 渠道运行效率　　C. 渠道服务质量

D. 财务绩效　　E. 经济满意度

5. 渠道财务绩效评估包括(　　)等方面的内容。

A. 销售分析　　B. 流通费用分析

C. 盈利能力分析　　D. 资产管理效率分析

E. 市场占有率分析

三、判断题

1. 在对渠道成员进行存货水平考核时，可以将实际存货水平与存货计划相比较。(　　)

2. 企业没有必要对渠道成员进行评价。(　　)

3. 企业在进行渠道评估时，使用定性指标就能使评估结果客观地反映渠道绩效。(　　)

4. 企业可以通过多种途径来了解渠道成员的态度。(　　)

5. 渠道服务质量的评价属于一种非财务的评估方法。(　　)

四、简答题

1. 简述营销渠道评估的原则。

2. 如何分析渠道运行效率？

3. 渠道财务绩效的评估可以从哪些方面衡量？

4. 渠道成员绩效评估的标准有哪些？

五、案例分析

立邦借渠道调整谋求战术突破

前段时间，中原A省一位在地级市做立邦1687木器漆系列的经销商白老板（化名）发邮件给我，说A省的立邦办事处开始调整渠道结构，要将其经营了4年的立邦1687木器漆地级独家代理权取消，不仅如此，连其苦心开发的10多位分销商也要改从公司直接进货。白老板本来想在2007年投入更多人力物力经营立邦，可这样一来，别说赚钱，就连其10多人的经营团队吃饭都成了问题。白老板联合该省其他经销商向立邦公司提过好几次意见，但立邦公司的回复让他极度失望，因为立邦公司不仅没能为他们经销商作主，改变A省办事处的决定，反而表示支持办事处的举措，并声称立邦对办事处准备下放更多的权力，以便于办事处因地制宜地制定销售政策，实现立邦第二阶段的战略目标。

立邦对渠道作了哪些主要调整？

从与白老板的沟通中，我大致了解了立邦在 A 省渠道调整的内容，主要有三个方面：

(1) 取消区域性独家代理。从 20 世纪 90 年代立邦进入中国市场以来，立邦的渠道政策主要有两种，一种是针对大城市的渠道政策，另一种是针对内地市场的区域性独家代理政策。这一次在该省的调整，主要是后一种。前一种渠道政策对于立邦来说，应该是成功的。这种渠道政策在北京、上海、广州、深圳等大城市的成功实施，让立邦占领超过 30% 以上的市场份额，在与竞争对手的贴身肉搏中占据领先位置。这一点，可以从立邦产品遍布这些城市几乎每一个涂料店上看出来。后一种渠道政策即区域性独家代理性政策，主要针对大城市以外的市场，如湖南、江西等省的中小城市，其一般地级市场渠道结构如图 1 所示：

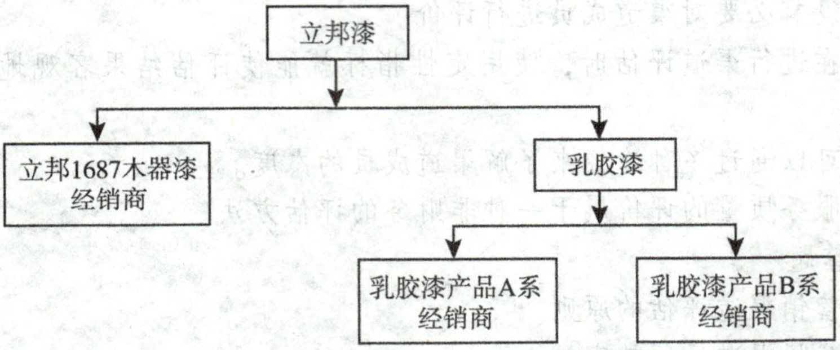

图 1

从图 1 可以看出，立邦把 1687 木器漆系列作为单独一个体系，与 2003 年之前的乳胶漆渠道区分开来，也就是说，1687 木器漆的经销商不能经营立邦最优势的产品——乳胶漆；对于乳胶漆来说，立邦一般会选择两家或两家以上的经销商，以不同的产品系来做区隔，而立邦的乳胶漆产品品种繁多，可以足够支持这种产品区隔的渠道政策。

现在，A 省立邦办事处取消了区域性独家代理的渠道政策，将其渠道结构调整为图 2。

从图 2 可以看出，立邦改变了以品类来选择经销商的渠道政策，而以不同的经销商来构建新的渠道管网。主要变化有以下几个方面：

①把经销商零售与批发的销量分开考核。调整之前，立邦对于经销商销量的考核，不分零售和批发；调整之后，经销商零售和批发的销量分开单独考核。这意味着经销商不仅要完成自己的零售任务，还要向本城市区域范围内的

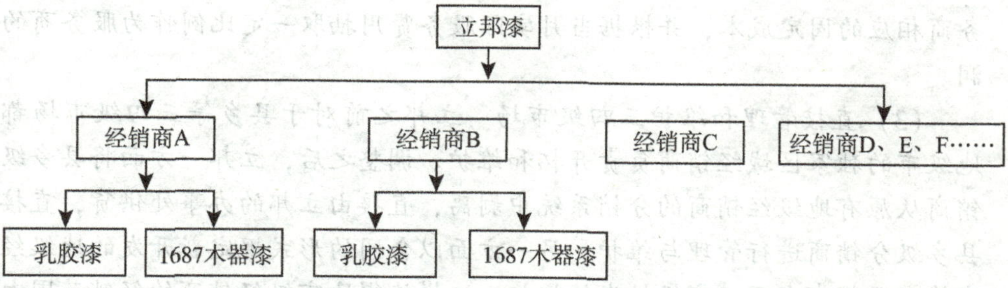

图 2

涂料零售商批发，以保证销量的完成。

②经销商排他性代理。调整之前，立邦没有强制规定经销商只许经营立邦产品，也就是说经销商可以同时经销其他涂料品牌；调整之后，立邦只许经销商经营立邦产品，未经立邦书面授权，经销商不能同时经营其他品牌的涂料产品。

③经销商选择标准降低。调整之前，由于立邦采取的是分品类选择区域性独家代理政策，这要求所选择的经销商无论是实力还是经营意识，在区域性涂料市场上都是一流的。因为立邦在行业内是公认的第一品牌，这样选择经销商才能与立邦的知名度匹配，保证立邦在当地市场的占有率处于领先地位；调整之后，立邦取消了独家代理。也就是说，在一个地级市场内可能会有上十家经销商或零售店，这样经销商的选择标准就不可能像独家代理那样严格。

（2）单独设立区域木器漆独家服务商。立邦在调整之前的木器漆服务是由经销商自身完成的，调整之后，将区域木器漆的销售服务内包，即与原来体系内的 1687 木器漆经销商签订区域独家服务商协议，对当地木器漆的销售提供多方面的服务，这包括 1687 木器漆之外的原有木器漆产品，如保俪施等。立邦在与经销商签订的区域独家服务商协议中对服务内容作了如下规定：

①区域独家服务商的定义。立邦在一定的区域内，委托一家服务商向区域内所有零售立邦木器漆的商店提供专业服务。服务商应建立立邦规定的应用中心体系，具备承担木器漆专业服务的能力，按立邦制定的相应服务标准进行服务，并收取一定的服务费用，赚取相应的服务利润。

②区域独家服务商服务的客户。服务商服务的客户为指定区域内所有销售立邦木器漆产品的零售商店，服务的对象则为购买立邦木器漆产品的消费者、油工等。

③区域独家服务商服务项目。主要有导购培训、油工培训、打板服务、调色服务、调色产品施工监理服务、投诉服务 6 个方面。当然，服务商还可以应立邦零售店的要求提供其他服务。

④服务费用与利润。立邦制定了详细的服务项目收费标准，按标准给予服务商相应的固定成本，并根据当月实际服务费用抽取一定比例作为服务商的利润。

(3) 直接管理和维护三四级市场。立邦之前对于县乡等三四级市场都由地级市的独家区域经销商负责开拓和维护。调整之后，立邦一方面将县乡级分销商从原有地级经销商的分销系统中剥离，直接由立邦的办事处供货，直接对县乡级分销商进行管理与维护；另一方面以合同的形式规定新开发的地级经销商将不再拥有向下级市场批发的授权，这样使得地市级经销商的经销范围大为缩小。

立邦为什么要对渠道进行调整？

立邦公司此次批准 A 省办事处对渠道调整的举措，是有多方面的原因，主要来说分为正、反两个方面：

正面：实现立邦长远战略目标的需要。

过去的 2006 年对于立邦来说，是一个值得纪念的年份。1991 年，立邦开始进军中国内地市场，到 2006 年已有 15 个年头。15 年来，立邦从无到有，从弱到强，经历了教育启蒙、快速增长、竞争相持、瓶颈制约等几个阶段。从立邦目前来说，此次的渠道调整是与其重新制定的长远战略有密切关系的，这也是立邦突破瓶颈制约的迫切需要。

立邦的战略目标：2006 年下半年，立邦在广州低调举行了在内地成立 15 周年的纪念大会。在大会上，立邦提出在不远的将来，其在内地市场上销售额将达到 100 亿元，从一家装饰材料商转变为一家提供不同生活方式的服务商。这与 IBM“全球最大的信息技术和业务解决方案公司”的企业定位有异曲同工之处，这使立邦谋求企业转型，打造全球最大涂料企业的野心昭然若揭。

围绕这个目标立邦在 2006 年年底陡然发力，同时推出一系列市场推广活动。

店面展示升级：新门头运用紫红色作底，居中凸出立邦一成不变的 LOGO “N”。

广告宣传转变：把所有净味全效的产品广告停播，转而播放“我的色彩”品牌篇广告。

促销活动如火如荼：推出以“灵感 色彩 我的立邦”为主题的 2007 年元旦促销活动。

此次立邦在 A 省的渠道调整，正是配合其品牌宣传而进行的“地面部队”重新部署，实现立邦长远的销售目标。具体来讲：

(1) 构建城市大分销的渠道网络。仔细观察立邦在 A 省地级市场的经销商调整，就会发现这种调整所需要达到的目的，与立邦在上海、北京等大城市的销售模式接近。立邦之所以想借鉴大城市大分销的销售模式，主要是由于立邦在大城市的销售已触到“天花板”，提升空间并不大，而众多的地级市场立邦的市场占有率却不理想，蕴含上升潜力。如果在地级市场能够达到大城市大分销的渠道结构，可以预见，立邦至少可以在现有销量的基础上提升1~2倍。立邦的这一目的，也可以从其2006年末大量招募来自康师傅等快速消费品行业的精英上窥见。

(2) 先入为主地抢占三四级市场。立邦缩小地市级经销商的代理区域，直接管理和维护县乡等三四级市场。这一招可谓深谋远虑，用心良苦。因为从长远来讲，随着国家发展小城镇和建设社会主义新农村的政策出台，县乡将成为潜力最大的涂料市场。立邦这样一来可以改善在三四级市场上频频受阻的现状，二来可以先入为主地在三四级市场精耕细作，抢先布局，做好“启势”。

反面：阻击竞争对手，力挽木器漆推广失利的局面。

立邦运用新“智猪博弈”战略，在2003年开始推广1687木器漆，以期抢占国内涂料企业培育起来的木器漆市场。推广四年来，取得的业绩乏善可陈，用立邦经销商的话来讲是“1687在全国市场上的操作失败”。客观上讲，到现在立邦1687木器漆推广至少是阶段性失利，因为现在讲失败为时过早，立邦不会轻易放弃木器漆领域，这一点可以从立邦在某些省份拟取消原木器漆产品系列，而将1687系列加入现有经销商产品选择序列上看出。立邦基于两个方面的原因采取设立区域独家木器漆服务商的政策：

(1) 拉拢原1687木器漆经销商，以防其倒戈。正如开头白老板遭遇的情况一样，许多A省原1687木器漆经销商正在面临选择立邦还是放弃立邦问题上犹豫不决，“食之无味，弃之可惜”。如果选择立邦，意味着本来就不多的利润更加稀薄，还没有保障可言；如果放弃立邦，意味着多年来的心血付之东流，实有不甘。A省立邦办事处当然明白此点，再说这些经销商都是当地涂料行业无论是实力还是经营水平都是数一数二的，如果倒戈做了竞品的话，无疑多了一个强劲的竞争对手。立邦针对这些1687木器漆经销商，推出优先与之签订区域独家服务商协议的政策。从上面提到的服务费用与利润方面来看，服务协议在一定程度上弥补了1687木器漆经销商的利润损失。这也是白老板没有决心与立邦彻底分手的原因。

(2) 阻击竞争对手，服务至胜。有两家木器漆领导企业的服务动向值得立邦重视，一是华润，二是嘉宝莉，这两家企业相继与国外喷涂设备商合作，在国内涂料市场推广免费无气喷涂，取得阶段性成功，下一步喷涂服务将由省会市场向地市级推进。从长远看，涂料销售有从产品型营销向服务型营销转变的趋势，立邦借此次调整之机，顺应时势，将木器漆服务内包，成立独立的服务商，向消费者和油工提供培训、打板、调色、监理、投诉等服务。这样一来可以提高自己的服务水平，二来可以阻击竞争对手向地市级市场推进，赢得先机。

立邦渠道调整面临哪些挑战？

挑战一：大分销的目标能否实现？

众所周知，渠道是销售的必要条件而非充分条件。如果要实现大分销的目标，那么，立邦还要补齐另外“一块短板”，即品牌知名度。显然，立邦这次渠道调整是想架构大城市的渗透式渠道。可是，立邦在大城市与一般地级市的品牌知名度是不可同日而语的。在上海等大城市，立邦靠高知名度形成拉力，通过渠道和终端达成销售目标，而在像 A 省一般的地级市，就算立邦完成渠道构建，如果没有足够的品牌拉力，立邦的目标就很难保证了。立邦如果要补齐品牌知名度这块短板的话，自身的资金、人力、管理等因素都在一定程度上制约目标的实现，另外，外部的竞争因素、原有经销商的改弦更张等问题也亟待立邦解决。

挑战二：服务内包是否可行？

服务营销随着消费者理性消费意识的提高，已受到厂家越来越多的重视。这一点对于涂料行业来说，显得尤为重要。因为涂料产品的技术含量不高，同质化严重，产品营销的路越走越窄，再往下走就陷入价格竞争的“红海”而不能自拔。作为行业龙头的立邦当然知道这一点，但促使立邦放下 NO.1 的架子改走服务路线的原因，还有一个外部竞争压力的因素，那就是像中华制漆、华润、嘉宝莉等竞争对手近几年服务营销推广取得成功，且呈现越来越强的生命力。立邦成立区域性木器漆服务商在涂料营销界属于新生事物，相信立邦在理论层面上已经解决，摆在立邦面前的难题在于：如何改变服务商的服务意识？立邦区域经销商和立邦在业界的知名度一样，无论是主观上还是客观上，都是一副高高在上的姿态，服务意识和水平不敢恭维。而现在却要放下架子，做一些平时不屑的服务工作，还没有多少利益可得，能否做好存在很大变数。

挑战三：直供三四级市场的困难能否克服？

正如家电连锁重心下移到农村市场一样，立邦直供县乡等三四级市场的目的正是看好农村市场的未来发展。但诸如物流配送、窜货、服务、管理等难题依然存在，如何解决？目前连在中国营销水平最高的家电业都没能很好地解决，立邦是否能有效克服，拭目以待。

资料来源：俊容．立邦借渠道调整谋求战术突破．中国建材报，2007-05-28（B03）.

问题：

1. 结合案例和理论，立邦调整渠道的原因是什么？

2. 结合案例，分析立邦调整渠道应用了哪些调整方式？可能带来什么后果？

实践活动

一、实训目的

了解企业的营销渠道变化，掌握渠道调整的情况和方式，模拟开展渠道调整工作。

二、实训内容

访问联想、戴尔公司或其他生产企业的网站，或者通过其他途径，收集这些企业营销渠道方面的材料，运用渠道调整理论，完成下列任务：

1. 介绍该企业营销渠道的基本现状。
2. 分析该企业现有营销渠道存在的问题。
3. 对该企业的渠道调整提出建议。

三、实训组织

1. 教师明确实训目的、任务和评价标准。
2. 班级成员分为若干小组，实行组长负责制，成员合理分工，团结协作，专人负责活动记录和资料整理。
3. 每个小组通过查阅资料加深对渠道调整的理解，并做好企业渠道现状资料的收集整理，分析和讨论。
4. 教师组织各小组在课堂上进行交流。

四、实训步骤

1. 各小组按照实训目的与内容选择一家特定的企业，进行渠道现状资料的收集整理。
2. 各小组根据收集到的资料，分析讨论该企业渠道中存在的问题，提出调整方案。
3. 教师安排1~2个课时，由各小组代表向全班同学交流展示其成果。
4. 教师进行总结点评。

第9章 连锁经营与特许经营

学习目标

- 明确连锁经营的概念
- 掌握连锁经营的特征
- 认识连锁经营的基本模式
- 了解连锁经营的管理体系
- 明确特许经营的基本概念
- 了解特许经营的类型
- 掌握特许经营的优势和劣势

本章结构

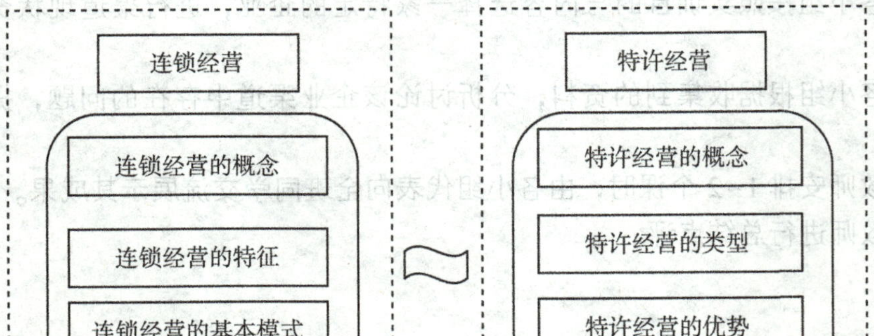

导入案例

说客英语首创 O2O 特许加盟

说客英语（Talk915. com）是中兴通讯旗下专业提供真人外教一对一学习的在线教育平台。学员只要打开电脑，戴上耳机，就可以随时随地与外教一对一英语学习。说客英语倡导教育公平，为广大学员提供专业、便利、平价的外教口语培训服务，通过互联网 1 对 1 的教学方式，说客英语以实惠的价格，让每一个工薪家庭都能把地道的口语外教“请回家”。早期为中兴通讯内部员工英语培训平台，2013 年 5 月正式对外运营，2014 年 12 月荣获腾讯网“2014 年度最具创新力在线教育品牌”，2015 年 4 月荣获互联网周刊评选的中国新互联网公司 300 强第六名。

一、互联网+机遇难得，首创 O2O 特许加盟，把握有利局势

随着“互联网+”概念的提出，作为一种先进生产力的代表，它推动经济形态不断地发生演变，从而带动社会经济实体的生命力，为改革、发展、创新提供广阔的网络平台。在互联网+时代的变革催生下，说客英语凭借中兴通讯创新的研发力，通过为大众提供超出预期的超高性价比的 1 对 1 外教在线口语服务，已经成长为 K12 在线英语教育领导品牌。采用在线 1 对 1 的教学方式，用户可在平台上自选外教，自选教材，自选时间，自由制订符合自身的教学计划，打造以学习者为中心的个性化学习环境，而价格仅为传统线下 1 对 1 培训的十分之一。说客英语独特的在线教育 O2O 特许加盟模式，将在线服务和线下渠道优势紧密结合，其低成本高收益的加盟策略，吸引了众多中小企业及个人创业者的加入。一年多时间，其渠道已覆盖全国 2/3 省份，200 多家线下体验中心遍布大中城市，成功帮助众多有志于在线教育的创业者实现创业梦想，逐渐形成以说客英语平台为核心的 O2O 教育生态圈。

二、以小搏大，营销模式也要 O2O

作为互联网初创品牌，说客英语并非采用类似滴滴打车、餐饮 O2O 巨头的这种靠烧钱培养用户、靠补贴维持平台的活跃度的方式进行推广。在品牌推广方面，玩的是以小搏大的技法。经过分析，笔者发现，说客英语已经形成了一套完整的推广网络。总部做好品牌战略规划，通过线上+线下的整合传播，各加盟分校充分利用网络、社交自媒体以及当地的丰富媒介资源，在辖区内做进一步宣传和渗透，与总部的品牌战略规划实现无缝承接。一套线上+线下的 O2O 品牌宣传网络即可组建起来。

此前，说客英语斥资百万在广州机场投放广告，敲开华南市场的大门。紧接着联合支教中国 2.0 开展国内首个“互联网+”公益支教项目。通过微信朋友圈推广，达到病毒式的传播，当全国的加盟校都参与进来时，一次微信砍价活动即可达到几百万次的品牌曝光。接下来，受邀参加中国最大的展会——中国特许展，亮相北京；与《销售与市场》紧密合作发展招商；5 月发力深圳上千个小区，投放灯箱广告……近期启动京津市场的品牌战略，斥资百万投放首都国际机场、机场高速沿线户外广告，接下来的宣传力度预计会更大，这对销售渠道来说，增强了信心，对竞争对手也是一次很好的威慑。

三、市场战略性扩张，以北京为中心，开拓华北地区

说客英语诞生于互联网快速崛起的深圳。深圳地处华南区域的中心城市，辐射广东、福建、浙江、江西、广西、海南等地。一直以来，以广东深圳为核心的华南市场都是说客英语重点打造的战略要地。在华南地区的发展完成了第一阶段的市场目标，但华北市场还相对比较薄弱。笔者了解到说客英语曾在深圳机场斥资百万投放了机场广告砸开了华南地区市场的缺口。近期在首都机场的大手笔的广告投放，足以说明说客英语启动华北市场的实力和雄心。笔者认为，搭着互联网+的顺风车，下半年将重点开发华北市场。而据内部人士透露，说客英语下半年计划在以北京为中心的华北地区开设 100 家加盟分校。

资料来源：佚名．说客英语首创 O2O 特许加盟．http：//www.ceccen.com/qiyexinwenfabuhui/1438311924.html.

连锁经营和特许经营经过一百多年的发展，目前在服务业中已经占据主导地位，成为最具活力的现代经营方式。连锁经营和特许经营在全球范围内得到了广泛的运用，不管在发达国家还是发展中国家，都成为了分销产品或服务的有效方法。

9.1　连锁经营

9.1.1　连锁经营的概念

连锁经营是指经营同类产品或服务的若干个门店，通过一定的纽带联结成联合体，在整体规划下进行专业化分工，并实施规范化的管理，以提高经营效率，实现规模效益的一种经营方式。连锁经营的本质是将分散、独立的商店联合在一起，形成一个市场覆盖面很广的大规模销售网络系统。这种经营方式是将社会化大生产的分工理论引入商业领域，将复杂的经营活动分解为一个个简单的环节，由专业部门统一负责商品采购、仓储、陈列和财务等业务环节，使各个门店专注于商品销售和服务提供上，通过明确分工和互相协作，从而提高企业的市场竞争力。连锁经营具有高度的统一性，具体体现在企业识别系统的统一、商品和服务的统一、经营管理的统一和经营理念的统一等方面，如图 9-1 所示。

1. 企业识别系统的统一性

在连锁经营中，各门店都采用统一设计的企业识别系统，所有门店的商号、招

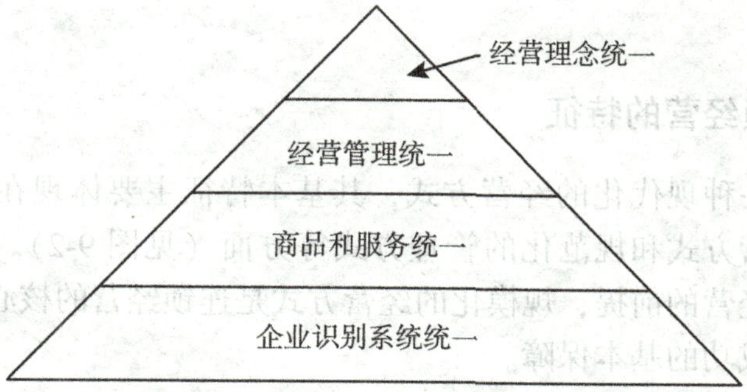

图 9-1 连锁经营的统一性

牌、标志、商标、颜色、字体、装潢、外观、商店设计、店面布置、商品陈列、包装材料、员工服装都一致。统一设计的企业识别系统在各门店的使用，有助于树立起一致的企业形象，使顾客对分布在不同地区的连锁商店产生信任感，便于顾客识别各连锁商店并购买商品。

2. 商品和服务的统一性

传统的商店一般是由各自独立进货，每个商店都是购销合一，各个商店所经营的商品和提供的服务存在着一定的差异。而连锁经营将买卖职能分离，由总部集中采购，各门店负责销售。连锁企业一般设有总部，总部是连锁企业的决策管理中心和后勤服务中心，代表着连锁企业的利益和权利。连锁经营总部经过统一的商品规划，进行大批量的采购，再由各门店分散销售同样类别的商品。对于服务业而言，服务质量比较容易变化，顾客能否获得一致的服务对企业成功很关键。因此，连锁总部还对各个门店提供的服务进行了统一的规范，使得处于各个地区的不同门店向顾客提供的服务流程和服务标准都一致，从而使顾客在任何一家商店，都可以获得相同的商品质量和服务质量。

3. 经营管理的统一性

在连锁经营中，由连锁总部统一制定企业整体经营战略，对各个门店进行统一管理。连锁总部经过整体规划后，形成一套标准化的连锁经营与管理的制度体系，由各连锁商店认真贯彻实施。连锁总部还会对连锁门店的一些日常经营与事务进行管理，如采购、库存、配送，以及会对各个门店的经营管理活动的规范性进行检查和监督。

4. 经营理念的统一性

连锁企业的经营理念是指该企业的经营哲学、价值理念、经营宗旨和经营准则等，它是连锁企业开展经营活动的依据。连锁企业通过经营理念将各个分散在各地的连锁商店联结在一起，使分散的连锁商店形散而神不散，为各连锁商店的经营提供了统一的指导思想。在当前激烈的市场竞争中，虽然各个连锁企业对经营理念的表述各不相同，但很多连锁企业都树立了以消费者为中心的理念，以市场为导向来开展经营活动。

9.1.2　连锁经营的特征

连锁经营是一种现代化的经营方式，其基本特征主要体现在网络化的组织形式、规模化的经营方式和规范化的管理方式等方面（见图 9-2）。其中，网络化的组织形式是连锁经营的前提，规模化的经营方式是连锁经营的核心，规范化的管理方式是连锁经营成功的基本保障。

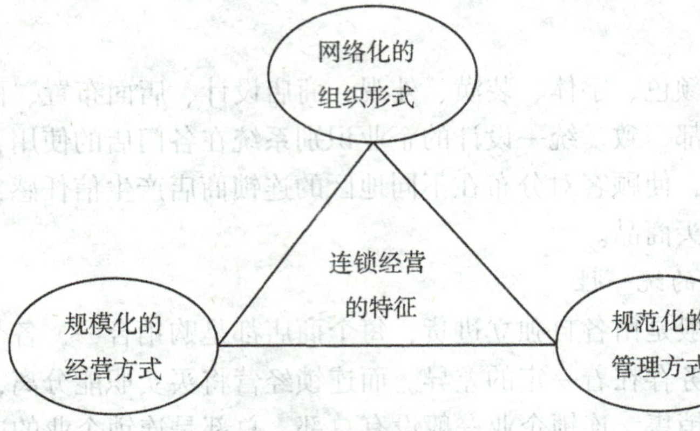

图 9-2　连锁经营的特征

1. 网络化的组织形式

连锁经营是总部与多个门店组成的一个联合体，所有的门店就像一条锁链相互连接在一起，故称之为“连锁商店”。连锁经营是在传统企业组织形式基础上的革命性突破。传统企业之间也存在着一定程度的联合，但它们之间主要是局部的合作，如共同开发技术项目、研发新产品、共同开拓市场、联合促销。而连锁经营是一种全方位的联合，这一联合体具有一定的整体性和稳定性。连锁企业的经营理念一旦确定就会始终贯彻，企业形象也会对各门店带来长期的影响，各门店向顾客提供的都是标准化的商品和服务，连锁企业还会将各门店中最成功的经验推广到整个连锁经营体系中，以成功的模式复制出新的门店。

从组织形式来看，连锁经营体系是由一个连锁总部与很多连锁门店构成的一个网络组织。这一网络组织通过一定的纽带，将众多分散的中间商联结成为一个联合体。这个联合体一方面通过分工实现了经营决策、店铺管理、财务管理等方面的专业化，提高了经营效率。另一方面，它又将各种渠道功能有机地组合在一个网络组织内，通过集中管理实现了采购、配送、销售的一体化，使产销或批零一体化。明确分工和集中管理在连锁经营体系中的有机结合，使连锁经营突破了传统企业的组织形式，提高了流通领域的组织化程度，有助于高效率地进行商品的分销，使大量的商品能快速地传递到不同地区的消费者手中。

2. 规模化的经营方式

规模化的经营方式是连锁经营的一个重要特征。连锁经营将分散的商店联系起来，构成了一个大规模的经营联合体，这个联合体的门店数量很多，一家连锁企业少则有十几个门店，多则有成千上万个门店。这些门店的分布比传统商店的分布广，有些连锁企业的门店分布在某一特定区域，而有些连锁企业的门店遍布全球。连锁门店数量的规模化使得连锁经营的规模化成为了可能。连锁企业在总部的统一管理下，将各种资源进行有效的整合，通过规模化经营取得了传统商店无法获得的规模优势，这种规模优势主要表现在以下方面：

(1) 研发的规模优势。连锁经营体系是由同业态经营类似商品的很多门店构成，连锁总部可以将研发成果运用到各个门店中去，如信息系统、货物跟踪系统、商品陈列和防盗等技术，使各门店都可以获得连锁经营研发所带来的技术共享效益，而连锁企业进行研究、开发的费用则可以由众多的门店来共同分担。

(2) 统一采购的规模优势。由总部进行集中采购，采购批量会很大，在采购商品时，可以绕开批发商直接向制造商进货，节省了费用。同时，大批量的采购使其可以获得较强的议价能力与供应商谈判，从而能以较低的价格采购到商品。

(3) 运输和配送的规模优势。大批量的采购会形成批量运输，节省了单位商品的运输费用。在集中采购基础上设置配送中心，总部在统一配送时可以通过最佳运输路线同时向几个门店配送商品，不但降低了单独配送的成本，还可以及时送货，防止缺货现象的出现，并降低门店库存成本。

3. 规范化的管理方式

连锁经营对所辖门店采取统一管理、统一经营的方式，各门店都按照连锁总部所制定的经营管理规范和标准来执行。一般来说，传统企业依赖经营者个人的经验和技巧对商店进行管理，而连锁企业将复杂的经营活动分解为简单的活动，对各种活动都进行标准化的运作，使管理方式规范化，提高了管理的有效性。连锁经营规范化的管理方式，主要体现在管理的简单化、专业化和标准化等原则上。

(1) 简单化。即把作业流程简单化、各岗位作业活动简单化。单店是连锁经营体系的构成单位，如果单店的作业流程和活动比较复杂，那么每个门店的营建成本、学习成本和日常运营管理成本就会很高，容易使连锁企业丧失竞争优势。简单化使各项作业便于学习、复制、实施和考核，有利于连锁门店的复制。

(2) 专业化。这是指在连锁经营中，所有的商业活动都具有明确的分工。这种专业化可以表现为连锁总部和各门店的专业化分工，也可以表现为总部内部的专业分工，还可以表现为门店内各环节、岗位和员工的分工。通过分工，各部门各司其职，使各种活动都专业化，如采购专业化、配送专业化、商品陈列专业化、收银专业化等，从而提高整个连锁体系的运转效率。

(3) 标准化。标准化是连锁企业为持续地生产、销售商品而设定的合理的状态、条件，并能反复操作的控制系统。连锁经营的标准化主要包括作业流程标准化、商品和服务的标准化和企业整体形象的标准化等。连锁企业的总部对各种活动都制定有相关标准，并要求各门店按照标准来操作。标准化的目的是为了使整个连锁经营体系内的门店都保持高度的统一。

9.1.3　连锁经营的基本模式

连锁经营主要有直营连锁和自由连锁等基本模式，如图9-3所示。直营连锁是连锁经营中最早出现的一种基本形式，随着经济的发展，逐渐形成了直营连锁和自由连锁并存的局面。

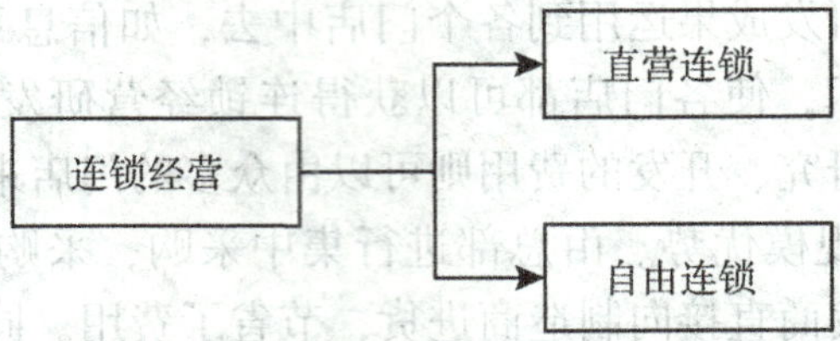

图9-3　连锁经营的基本模式

1. 直营连锁

(1) 直营连锁的定义。

直营连锁又称为正规连锁（Regular Chain，RC），是连锁企业以独资、控股、兼并等途径开设商店，对所有商店都进行统一管理的一种连锁组织形式。例如，美国的西尔斯零售公司、日本大荣集团的大荣株式会社都是典型的直营连锁商店。连锁企业的所有商店通过产权纽带与连锁企业联系起来，由连锁企业总部对各商店进行统一管理。直营连锁主要适用于零售业，尤其是超级市场和大型百货商店，因为这类零售店投资巨大，管理难度也大，需要一个强有力的企业进行投资和管理。

国际连锁经营协会将直营连锁定义为："直营连锁是以单一资本，直接经营11个以上商店的零售业或饮食业组织。"该定义强调了连锁商店是由单一资本所拥有，以及对商店数量的要求。

美国商务部对直营连锁下的定义是："它是由总公司管辖的许多门店构成。它往往具有行业垄断性质，凭借资本雄厚的特性大量进货和大量销售，具有很强的竞争力。"此定义突出了连锁企业的性质。

日本通产省则认为直营连锁是："处于同一流通阶段，经营同类产品和服务，由同一经营资本和同一总部集中管理领导，进行共同经营活动，由两个以上单个连锁店组成的组织化零售集团。"该定义比较详细，将直营连锁的基本特征，如连锁店由同一资本所有、统一对连锁店进行管理等特征具体描述出来。

(2) 直营连锁的特点。

①以产权关系联结。直营连锁的全部门店的所有权均属于同一个所有者，该所有者可以是一个联合组织、一个企业或一个人。总部与各连锁门店之间通过产权纽带而形成了一个销售网络系统。在直营连锁中，所有的门店都由同一个投资主体开设，各个门店不具备独立的法人资格，这是直营连锁与自由连锁最大的不同之外。

②集中管理。在直营连锁方式下，由于所有门店都是由一个投资主体组建的，因此，连锁总部自然拥有各门店的所有权、经营权和监督权等各种权力，由总部统一对连锁门店的人力资源、财务、营销、物流、信息等各个方面进行管理，各门店必须按照总部的命令认真执行。任何一个门店都不能单独进行经营决策，必须按照总部制定的管理制度来开展经营活动。

③统一的核算。连锁企业实行总部统一核算的制度，各个连锁商店只是连锁企业分设在各地区的一个销售分支机构，销售利润完全由总部支配，每个门店的经营盈亏也是由总部直接承担。各店的店长虽然是由总部委派的，但店长只是连锁企业的管理者而非所有者，店长没有权利决定连锁店利润的分配，也无权决定员工的工资奖金，工资奖金是由总部根据连锁企业规定的标准来确定的。

2. 自由连锁

(1) 自由连锁的定义。

自由连锁，也称为自愿连锁（Voluntary Chain，VC），是渠道成员之间为了共同利益而通过合同自愿形成的事业合作体，是现有的独立的渠道成员之间在部分业务范围内合作的一种连锁组织形式。自由连锁起源于欧美，随着20世纪60—70年代日本政府所推行的优惠政策，自由连锁在日本得到了迅速的发展。自由连锁通常适用于零售业，对中小型零售商而言是一种很有吸引力的经营方式。

美国商务部对自由连锁所下的定义是："由批发商组织的独立的零售集团，亦即批发商主导的任意连锁集团。作为成员的零售商店所经营的商品全部或大部分是从该批发商处采购而来。作为对等条件，该批发企业必须向零售企业提供规定的服务。"

日本通产省则认为自由连锁是："分散在各地的众多的零售商，既保持各自的独立性，又缔结着永久的连锁关系，使商品进货和其他事业共同化，以实现共享规模效益的目的。"

自由连锁是在中小零售商对抗大型连锁企业的过程中发展起来的。与实力雄厚、规模庞大的大型连锁企业相比，众多的中小批发商和零售商显得势单力薄，在激烈的市场竞争中，它们的市场日益萎缩，市场占有率不断下降。为了摆脱这一困境，与大型连锁企业相抗衡，有些中间商自发组织起来共同进货，或者在其他方面合作，从而形成了自由连锁。

(2) 自由连锁的特点。

①合同是维系自由连锁体系的纽带。自由连锁不像直营连锁那样依靠财产所有权关系来维系连锁体系，而是通过合同来维系。自由连锁总部与各成员店之间通过

签订合同而形成了一个合作体。在这种经营模式中，合同是由各成员之间进行相互协商而制订的，体现了自由的原则。合同对各成员的约束力比较小，一般在自由连锁的合同上并未对退出连锁经营业务的情况规定有具体的惩罚细则，因此，成员店可以随意退出自由连锁体系。

②共同进货是自由连锁的主要诱因。很多独立的小型零售商从事相同的业务，进销差价是其利润的主要来源，在各自分散经营的情况下，由于规模小、资金少，进货时很难得到价格折扣，进货成本很高，在与大型零售竞争中处于劣势。通过构建自由连锁经营体系，可以通过共同进货来提高商品的采购规模，使这些小型零售商和大型百货商店、超市一样，能以低廉的价格获得商品，从而与大型零售商相抗衡。

③成员店拥有独立的所有权、经营权和财务核算权。自由连锁保留了成员店的所有权，成员店经营者拥有门店的资产。各连锁店在所有权、经营权和财务上都是独立的，与总部不存在所属关系。在自由连锁中，总部主要为各成员店提供服务，不以盈利为目的。各成员店在保持独立性的前提下，自愿联合起来，共同开展一些活动，如统一采购和配送、共同进行促销活动，并向总部交纳一定的费用。各成员店在经营商品种类、经营方式和经营策略方面也有很大的自主性，各店独立核算、自负盈亏。

9.1.4　连锁经营的管理体系

连锁经营的管理体系主要包括组织系统、运营系统、支持系统和控制系统等子系统，组织系统是连锁经营管理体系的前提，运营系统是连锁经营管理体系的基础，控制系统是连锁经营体系正常运转的保障，支持系统是连锁经营管理体系的补充。这些子系统共同构成了连锁经营的管理体系的基本框架，如图9-4所示。

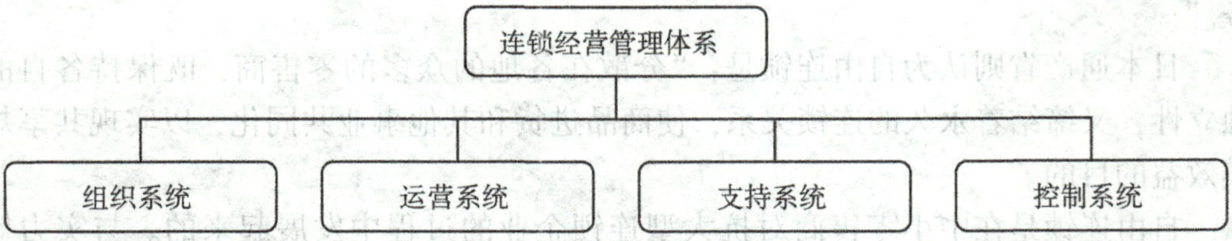

图9-4　连锁经营的管理体系

1. 组织系统

组织系统是反映了连锁企业内部的专业化分工关系，以及企业资产结构、法律形式的系统结构。组织系统包括以下组织模式：一是总部和门店的组织模式。一般的连锁企业可以采用总部-门店，或总部-地区分部-门店的组织模式。总部、地区分部和门店之间有着明确的分工，总部负责制定战略和计划，区域分部代表总部行使职权，主要是向门店提供相关服务、协调各门店之间的关系，并监督各门店的经营管理情况，而门店主要负责商品销售、服务提供和现场管理。二是总部部门化模式。连锁企业应该根据专业化的原则来设置总部的部门，按职能可以在总部设立开发部、营运部、营销部、采购部、配送中心、财务部和设备工程部等各个部门。三是门店岗位化模式。各门店的管理主要是对商品、资金、人员、信息等进行管理，门店的职能相对单一，组织结构可以按照岗位划分来形成，常见的岗位有店长、服务人员、理货员、收银员等。

应用案例

苏宁电器连锁公司的机构设计

苏宁电器连锁公司内部组织体系划分为品牌营销、市场策划、连锁管理、物流配送、售后服务、行政后勤、人力资源、财务管理、信息系统九大专业职能领域，包括集团总部决策层-地区管理中心经营层-终端作业层三个管理层级，并且在全国连锁网络中实现了岗位设置与职能的统一化、标准化，所有的苏宁子公司都遵循相同的组织体系运作。

在组织管理方面，苏宁为有效地推进连锁事业的发展，从以下几方面做出改革：第一，调整集团内部的组织架构，实现扁平化管理，以连锁推进为目标，形成采购连锁管理和地区销售相结合的管理体系。第二，形成统一的连锁管理规范文件，以统一形象、统一资源、统一服务，贯彻苏宁的连锁。第三，以内部管理的 ERP 系统和外部交易的电子商务为手段，借助“中国电器网”发展连锁企业之间的 B2B 交易和面向全国公众的 B2C 网上购物。第四，同步建立售后服务和物流连锁，强化对连锁企业的后台支持系统。

资料来源：何森．连锁为王——解读中国连锁企业经典案例．中国经济出版社，2005.

2. 运营系统

运营系统反映了连锁企业进销储运等业务营运情况，是连锁经营管理体系的核心部分。它包括以下职能：①制订营运计划。营运计划是连锁企业为了实现经营目标而制定的一套系统的计划体系。它既包括连锁企业长远的战略发展规划，也包括门店短期的日常业务运营计划。②门店开发。它包括了按照连锁企业定位和选址标准选择店址的各种活动，以及门店开业前的准备工作和开业后的跟踪分析等一系列的活动。作为运营系统的一项重要职能，门店开发可以使连锁企业快速扩张，但也存在着很大的风险。③商品供应。商品供应是商品采购、存货控制和商品配送等业务活动的总称，会直接对门店的经营业绩产生影响。商品供应模式一般有两种：一种是由供货商直接向各连锁门店直接配送商品，另一种是各个供货商将货送到连锁企业的配送中心，配送中心再根据各连锁门店的要求重新加工、集配和组合商品，再送到各门店销售。④商品销售。连锁门店是通过商品销售来获得利润的，连锁门店应该围绕着获取更多的收益来进行各种活动。作为商品销售的主要场所，连锁门店应该按照总部标准和操作规范来运作，加强门店的现场管理，促进商品的销售，以获得良好的经济效益。

3. 控制系统

控制系统主要包括日常营业管理控制、财务控制、风险和成本控制等方面。建立控制系统对连锁企业很重要，它是连锁经营体系正常运转的保障。连锁企业通过日常营业管理的控制，可以发现各类问题和异常情况并及时处理，了解到各层次员工执行任务的情况以确保各种任务的完成；通过对财务进行控制，以保证财务会计活动的真实性、完整性；通过对风险和成本的控制，有利于避免各种风险的出现，降低成本，确保获得一定的利润。

为了进行有效的控制，连锁企业必须建立一套控制标准。控制标准是连锁企业进行控制的前提条件。控制标准不但可以为员工开展工作提供明确具体的目标，还可以为控制提供的依据，使连锁企业能够按照标准进行监督和评估。控制标准包括以下标准：连锁企业的用人标准、供应商的选择标准等选择性标准；各部门人员配置、门店面积与人员设备配置等配置性标准；商品质量、信息系统建设等技术性标准；商品储存和验收作业、门店理货作业、收银作业等操作性的标准；营业额增长率、毛利率等财务指标的标准。

4. 支持系统

支持系统是连锁经营体系的辅助系统，是不可或缺的一部分。在现实中，许多门店的失败与总部对门店提供的培训服务、技术支持、资金支持、指导和监督等不到位有关，各个连锁门店的良好运转与企业内部人力、物力、财力和信息等资源的支持紧密相关。连锁企业需要建立有效的支持系统。支持系统包括人力资源支持、财务支持、信息支持、提供设备和设施等物质保障，以及总部向门店提供的各种服务。

9.2 特许经营

9.2.1 特许经营的定义

特许经营一词源于法文的Franchise，意为免于奴隶、苦役的身份（free from servitude）。特许经营概念的起源与政治有关，在欧洲封建时期，国王授予贵族使用某些特殊的权利，如贵族在其领地内拥有行政管理权和征税权，生产和经营某些产品的权利，进行贸易的权利等，作为回报，贵族要把使用这些权利所带来收益的一部分上缴给国王。这种做法后来延伸到商业活动中，有些企业将其所属的某些权利，授予其他企业或个人使用，从中获得利润，逐步形成了现在的特许经营。目前，特许经营被全球各国企业广泛采用，发展非常迅猛。

关于特许经营的定义有很多种，到目前为止还没有一个统一的定义，在众多的定义中，比较有代表性的定义有：

国际特许经营协会给特许经营下的定义是：特许经营是特许人与受许人之间的契约关系，特许人由此有义务向受许人持续提供经营诀窍、培训等方面的支持，而受许人在一个为特许人所有和控制的共同商号标志、经营模式和流程下运营，开展业务的基础投资来源于受许人的经济资源。这个定义简明扼要，说明了特许经营的契约性特征，指出了特许权的内容是商号、标志、经营模式等，但没有明确指出受许人拥有所经营企业的所有权，以及受许人必须支付费用给特许人以获得特许权。

欧洲特许经营联合会将特许经营界定为：特许经营是一种营销产品、服务和技术的体系，这种体系基于在法律和财务上分离和独立的当事人（特许人和他的单个受许人）之间紧密和持续的合作，依靠特许人授予单个受许人权利及附加义务，以便于受许人按照特许人的概念进行经营。该权利通过直接或间接财务上的交换，授予受许人权利并强制受许人在双方一致同意并制定的书面特许合同内，使用特许人的商号、商标、服务标记、经营诀窍、商业和技术方法、经营体系和其他工业或知识产权。该定义比较详细，首先将特许经营界定为一种“营销”体系，特许经营“营销”的是产品、服务、技术或者它们的组合。其次，该定义对特许人向受许人授权的内容进行了非常全面和详细的描述，指明了特许权的内容是商号、商标、服务标记、经营诀窍、商业和技术方法、经营体系和其他工业或知识产权。最后，该定义还强调了特许人和受许人是通过书面特许合同这一契约联系起来的。但该定义忽略了受许人必须要向特许人支付费用，而这一点正是特许经营的基本特征之一。

我国政府也对特许经营进行了明确的界定。2007 年 1 月 31 日由国务院第 167 次常务会议通过，从 2007 年 5 月 1 日起实施的《商业特许经营管理条例》中对特许经营的定义进行了明确的规定：特许经营是指拥有注册商标、企业标志、专利、专有技术等经营资源的企业（以下称特许人），以合同形式将其拥有的经营资源许可其他经营者（以下称被特许人或受许人）使用，被特许人按照合同约定在统一的经营模式下开展经营，并向特许人支付特许经营费用的经营活动。本书采用的就是该定义，这一定义包含了特许经营的四个基本要素：

- 特许人拥有注册商标、企业标志、专利、专有技术等经营资源。
- 特许人通过与受许人签订特许经营合同，将特许权授予受许人使用。
- 受许人应当在合同约定的与企业运作有关的规则条款的限制下开展经营。
- 受许人为获得特许权需要支付费用给特许人。

应用案例

内蒙古“小肥羊”香飘全国

2004年我国餐饮业百强排行榜中，内蒙古的“小肥羊”以43.3亿元的营业额仅次于百胜餐饮位列第二。1999年8月成立的“小肥羊”从一家小店发展成拥有5个分公司、700多家分店的餐饮企业，已经摸索出了自己的成功之道。

“小肥羊”的经营策略就是依靠品牌力量汇聚众多分散投资者的资金。与肯德基900多家店中只有40多家加盟店相比较，“小肥羊”大部分是加盟店。一般情况下，加盟者已经有了一定规模的饮食店面，只是借“小肥羊”的招牌和一定的秘方配料进行单店经营，并向“小肥羊”总公司交纳合同约定数额的加盟费。特许经营虽然为“小肥羊”的统一管理带来了一定的困难，但是，不可否认的是，正是因为“小肥羊”的“借力发力”，才使得自己在短短4年中取得骄人的成绩，成为中国本土餐饮业的“领头羊”。

“小肥羊”严格实施“三统一”原则：汤料羊肉标准统一、服务管理统一和视觉形象统一。全国“小肥羊”的羊肉和锅底全部由内蒙古总部统一向全国配送，它建设的深圳中央厨房迅速向全国各地的“小肥羊”店推广。公司2004年在香港开设分店，香港“小肥羊”分店所用的羊肉和汤料，是由内蒙古总部生产后直接配送到香港的，因此香港人享用的是原汁原味的“小肥羊”美食。“小肥羊”在借鉴的基础上进行创新，在创新的基础上再进行借鉴，这就是兼容并包的真正内涵，也是“小肥羊”的管理之道。

资料来源：肖怡．企业连锁经营与管理．东北财经大学出版社，2006.

9.2.2　特许经营的类型

1. 按特许权的内容划分

按照特许人特许内容的不同，特许经营可以划分为生产特许经营、产品-商标特许经营和经营模式特许经营几种类型。

(1) 生产特许经营。它主要是指受许人投资建厂，使用特许人的专利、技术、设计和生产标准来生产取得特许权的产品，并通过中间商销售给顾客。这种类型的特许经营主要是某一特定品牌产品制造权的转让，它通常会涉及专利或技术的使用许可。例如，可口可乐的灌装厂、耐克的委托生产加工等。在生产特许经营中，特许人通常拥有名牌或产品专利，生产特许权的内容是商标、专利、技术、标准等知识产权。特许人有权要求受许人按规定的技术、标准和工艺流程进行生产，确保产品质量的一致性，从而维护商标或企业的信誉。受许人则有义务维护特许人的信誉，使特许人的商标、专利、技术不受侵犯。

应用案例

耐克（NIKE）——超级品牌运营商

作为全球最大的体育用品公司，耐克（NIKE）公司被有些观察家称作“超级品牌运营商”，只有1千多人，没有自己的工厂。它采用了“哑铃式”的经营结构，拥有杰出的前端开发网络和后端营销网络，把中间不能产生高附加值的生产制造部分通过特许经营的方式授权给发展中国家的工厂。耐克公司的经理们乘坐着飞机往来于世界各地，把设计好的样品和图纸交给生产商，要求他们根据耐克的标准体系和设计要求进行生产，最后验收产品，贴上“耐克”的商标，销售到每个喜爱耐克的人手中。

资料来源：胡春．市场营销渠道管理．清华大学出版社，北京交通大学出版社，2006：132.

(2) 产品-商标特许经营。即受许人使用特许人的商标和营销方法来销售特许人的产品。这种特许经营包括商标特许、产品特许和品牌特许等类型。例如，米老鼠、史努比、蓝猫等属于商标授权。在大多数的产品-商标特许经营中，特许人一般是拥有知名品牌的大制造商，为了替其产品寻找销路，授予受许人相应的权利以销售其产品。这种特许经营在汽车、石油、化妆品、服装等行业中比较常见。在该类特许经营中，受许人主要是作为特许人的中间商帮助销售其产品，并提供各种售前和售后服务。这类受许人既可以是批发商，也可以是零售商，大部分情况下受许人是零售商。在这种类型的特许经营中，特许人向受许人转让的是商标、产品的营销方法等知识产权，特许人对受许人的内部经营管理一般没有统一的要求，对受许人经营其他产品也不进行严格限制。在获得特许人许可后，受许人的加盟店可以专门只销售特许人所拥有品牌的产品，也可以将该品牌产品与其他产品一起销售。目前这种模式逐渐向经营模式特许经营转变。

应用案例

Snoopy（史努比）——商标特许的典型代表

Snoopy（史努比）这只来自美国的小狗出自“花生一族”的漫画，是美国著名卡通画家查尔斯·舒尔茨先生创作的著名卡通形象。1950 年，第一则“花生一族”漫画在美国的七家日报上刊登。从此，因为作者查尔斯·舒尔茨对特许经营权的释放，动画片、史努比公园、史努比商场竞相产生。1998 年，史努比乐园兼礼品店在新加坡开业（该公司拥有 9 个国家的特许经营权，包括中国）。2000 年，全球第一家美国以外的“史努比世界”主题公园在香港开幕。2001 年，日本成立了“史努比村”，在“村”内可以买到各种“花生一族”商品。

在持续 50 多年的时间里，全球共有 75 个国家、3 亿多读者在 2500 多家不同的报纸上看到了 18000 多套 Snoopy 的漫画。通过漫画和卡通片的传播，Snoopy 成为风靡世界的著名卡通人物。带给查尔斯·舒尔茨先生庞大财富的不是“稿费”，而是“卡通商品授权”，2002 年全球就有超过 2 万种与 Snoopy 有关的商品，包括 0~4 岁婴儿装；浴巾、挂毯等家用纺织品；卡通钟表、体育用品、主题电脑、手机促销、流行食品饮料促销、特色机车、主题公园等，每年利润高达 11 亿美元。“花生一族”现拥有超过 1223 种世界性的专利权商品，每年平均新增 1200 个特许经销商和 22000 种新商品。

资料来源：李维华．特许经营学．中国发展出版社，2009：29.

（3）经营模式特许经营。它是指受许人完全按照特许人的全套经营模式进行经营。例如，麦当劳、肯德基等采用的就是经营模式特许经营。目前，这种类型在全球发展迅速，成为特许经营的主流，人们通常所说的特许经营指的就是这种类型。经营模式特许经营的实质是特许人将其所拥有的商号、商标、产品、管理系统、经营诀窍等知识产权组合成具有独特竞争力的特许权，再通过特许经营合同的形式授权给受许人使用。特许人对受许人的内部管理、经营活动、市场营销等方面都进行严格的控制，要求受许人所经营加盟店的选址、装潢、陈设、经营方针、质量标准、促销、产品和服务必须与特许人的标准保持一致，未经许可不能经营其他产品或提供其他服务。受许人要按特许人的经营模式来操作，并向特许人缴纳加盟费和特许权使用费，代表特许人的形象出现在公众面前。经营模式特许经营是一种综合的经营模式，也是特许经营的高级形式，具有较高的知识和技术含量。目前，这种类型的特许经营在很多行业中都得到了广泛的使用。

应用案例

肯德基的特许经营

1987 年 11 月 12 日肯德基在北京前门繁华地带设立了在中国的第一家餐

厅，现已发展到130多个城市，600多家店。肯德基宣布，今后每年将为中国消费者开150家。未来的加盟商必须自愿地从事肯德基加盟经营十年以上。每个餐厅的转让费将在800万元人民币以上（不包括房产租赁费用）。加盟金36200美元，使用费为总销售额6%。

目前开放加盟不采用自有店面/地点开新店的方式，并且只在中国内地非农业人口大于15万小于40万，且年人均消费大于人民币6000元的地区开展特许加盟业务。

资料来源：特许经营体系成功推广的必备条件．全球品牌网，2010-02-08.

2. 按特许经营双方的构成划分

按照特许人和受许人所处行业的不同和身份的不同，可以把特许经营划分为以下四种类型：

（1）制造商和批发商的特许经营。即由制造商将特许经营权授予批发商。它起源于饮料行业中的制造商通过特许经营组建装瓶厂的实践。具体而言，制造商向各区域的装瓶厂进行生产授权，装瓶厂使用制造商提供的浓缩糖浆并按其要求进行生产和装瓶，并分销最终的产品。美国的可口可乐公司和百事可乐公司都采用了这种特许经营类型。例如，对于可口可乐公司而言，随着市场的扩展，公司需要运输大量饮料到距离很远的地方销售，这会加大公司的运输成本，为解决这一难题，该公司采用了这种类型，授权各地的装瓶厂加工生产饮料并组织分销。这种做法促进了饮料的销售，使可口可乐迅速打入了许多市场，大大提升了公司和品牌的知名度，从而使可口可乐公司迅速发展成为国际上知名的大公司。目前，酒吧、咖啡店、餐馆也采用这种类型的特许经营。

（2）制造商和零售商的特许经营。即由制造商向零售商授予特许经营权。这种类型的特许经营起源于20世纪初的汽车业。由于生产流水线在汽车制造业的广泛运用，使美国汽车制造业的生产效率得以大幅度提高，大量生产出来的汽车需要进行大规模的销售，但对于大部分汽车制造商而言，完全靠自已投资建立渠道网络是不可能的，为了解决汽车销售的问题，汽车制造商纷纷将汽车的销售授权给一些零售商，由零售商帮助其销售汽车。采用这一特许经营类型后，汽车的渠道网络迅速在各地建立起来，促进了汽车的销售，带动了汽车工业的发展。

（3）批发商和零售商的特许经营。它往往由一家批发商作为特许人向若干家独立的零售商授权。五金商店、药店和汽车维修店等采用的通常就是该类型的特许经营。这种类型很难明确认定，它不像制造商和零售商的特许经营那样可以分辨清楚，因为批发和零售的界限难以界定。

（4）零售商之间的特许经营。它是由零售商与零售商之间组建起来的特许经营系统。肯德基、麦当劳、“7-11”便利店等都属于零售商之间的特许经营。这种类型是典型的经营模式特许经营，是最普遍的一种特许经营关系的存在形式，也是我们最熟悉的特许经营类型。

应用案例

“7-11”便利店

“7-11”公司是世界上最大的便利店特许组织。至1992年年底，该公司在全世界22个国家和地区拥有13590个分支店。在我国的深圳，该公司自1992年起，就开始以自营的方式开展业务，并以出售区域特许权的方式在中国开展特许业务。

为分店着想的特许制度：“7-11”便利店的店销营业面积按总部统一规定，基本上为100平方米。总部每月要向分店推荐80个新品种，使经营的品种经常更换，能给顾客以新鲜感。商店内部的陈列布局，由总部统一规定、设计。商店的建设、管理遵循四项原则：一是必须商品齐全；二是实行限度管理；三是店内保持清洁明快；四是亲切周到的服务。这四项原则即是“7-11”便利店成功的秘诀。

“7-11”便利店成功的特许制度包括以下内容。

(1) 培训受许人及其员工。“7-11”公司为了使受许人适应最初的经营，消除他们的不安和疑虑，在新的特许分店开业之前，对受许人实行课堂训练和商店训练，使其掌握POS系统的使用方法、接待顾客的技巧、商店的经营技术等。另外，总部还应店主的要求，为提高员工、临时工的业务经营能力．围绕商店营运和商品管理、接待顾客等内容，集中进行短期的基础训练。

(2) 合理进行利润分配。毛利分配的原则是：总部将毛利额的57%分给24小时营业分店（16小营业的为35%），其余为总部所得。商店开业5年后，根据经营的实际情况，还可以按成绩增加1%~3%，对分店实行奖励。如果毛利率达不到预定计划，分支店则可以保证得到一个最低限度的毛利额，以保证其收入。

(3) 给予多项指导。总部对分支店进行开业前的市场调查工作，并从经营技巧培训、人才的招募与选拔、设备采购、配货等方面对分支店给予支持；总部还指导分支店的日常经营、财会事务等工作；总部还负责向分店提供各种现代化的信息设备及材料。

“7-11”公司周密、完善的分销计划赢得了众多分销商的青睐，以至于使其便利店业务在世界范围内得到了迅速的发展。

资料来源：7-11 便利店特许经营案例．全球品牌网，2009-12-29.

9.2.3 特许经营对特许人的优劣势

1. 对特许人的优势

(1) 可以利用受许人的资金实现快速增长。

直营连锁是由连锁企业本身投资发展连锁商店，投资额大，需要的资金很多，投资风险较大，连锁企业的发展速度也相对较慢。而采用特许经营，特许人可以不受资金限制，不断发展加盟店来迅速扩张。在特许经营体系中，每一家加盟店的开设都是由受许人自己投资，受许人承担了开店所需的各种费用，如商店选址、店面租赁和装修、设备购买及安装、人员招聘、库存等费用，而特许人扮演的是指导者的角色，所承担的主要是招募与选择加盟商的费用和开业前对加盟商培训的费用，所需支付的费用较少。因此，特许人不会受到自身经济资源的限制，可以利用受许人的资金，通过经营模式的复制，就能快速地将组织扩展到全国范围内或全世界范围内。同时，正是因为特许网点的建设不是由特许人提供资本，在进入其他国家时，它不涉及外资的进入，故可以绕开贸易壁垒，利用受许人对当地市场的知识和经验、社交关系，通过特许权这种无形资产的转让，轻易地将组织扩展到其他国家和地区。不仅如此，特许人承担的市场风险也相对较小。因为在开设加盟店的过程中所发生的租赁、债务、人员等合约均由受许人签订，与特许人无关，这极大地降低特许人的市场风险。由于不受特许人实际财力的限制，所承担的市场风险又小，采用特许经营有助于特许人快速地发展和提高品牌知名度。

(2) 可以解决管理人才短缺和激励的问题。

即使是资金雄厚的企业，在开设直营连锁商店时，也面临着优秀管理人才短缺和如何激励管理人员的问题，这往往需要企业花费大量的时间和精力来解决。在直营连锁体系中，连锁企业需要通过招聘来获得店长，店长虽然是商店的管理者，但只是连锁企业的雇员之一，连锁企业需要对这些管理者进行监督并给予相应的奖赏和惩罚，以激励他们努力工作。而采用特许经营，具有良好声誉的特许人通常可以吸引到一批优秀的管理人才，同时也可以有效地解决激励机制的问题。通过特许经营使受许人成为加盟店的所有者，受许人就能与特许人一样可以分享利润，这样一来，受许人会往往比雇佣的管理者容易受到激励并会竭尽全力地工作，而无须特许人对其进行大量的监督，从而降低监督成本。

(3) 可以利用受许人的创业精神来发展特许人的事业。

在特许经营体系中，加盟店的所有权和经营权合一，受许人集投资者、所有者和经营者于一身，受许人成为了加盟店的真正主人和管理者，全权负责招聘、培训、激励和评估加盟店的全体员工，负责加盟店的日常经营与管理，加盟店的经营状况与受许人的切身利益紧密相关。为了避免亏损或获得更多的利润，受许人会利用特许人提供的商标或经营模式，发挥他的所有知识和经营管理才能，全身心地投入加盟店的经营管理中。与雇佣的管理者相比，受许人会更加努力地工作，认真地经营，对加盟店的各个方面进行全面的管理，及时解决执行过程中遇到的各个问题，因此使得一个个运行良好、盈利更多的加盟店不断出现。受许人在将自己的加盟店经营好的同时，也提高了特许人的声誉和效益，会吸引更多的受许人加入进来，使特许人的事业持续地发展下去。

(4) 可以提高管理效率和管理水平。

特许人只需组建一个总部，在总部设置一系列合理而紧密的部门，各部门各司其职，由各方面专业的高级经理负责各项业务，就可以为众多的分店提供各种专业化的服务，从而降低管理成本、提高管理效率。此外，特许人不需要负责各分店的日常管理工作，不会被各分店经营中的琐碎事务和各种纠纷所困扰，因此，特许人可以将精力集中于整个特许经营系统的总体战略、促销计划、新产品的开发，以及对各分店的支持等重大事项方面，不断改善经营管理，提高管理水平。

(5) 可以促进产品销售和树立品牌形象。

特许经营实际上是一种营销渠道结构，意在使顾客相信自己是在向一个纵向一体化的企业购买产品，而实际上顾客可能是从一个独立的商店购买。这种渠道类型对产品销售和品牌形象树立发挥着重要的作用。通过特许经营，制造商可以向批发商或零售商授权，由这些中间商帮助其销售产品，这为制造商的品牌或产品建立起一个稳定的渠道系统，并将竞争对手隔离在该系统之外，有利于其产品长期稳定的销售，使制造商获得市场竞争的优势。同时，分布在各地的众多分店的良好运转也会提高制造商品牌的知名度，有利于为其树立良好的品牌形象。这也是许多制造商建立特许经营体系的一大动因。

应用案例

可口可乐的全球特许装瓶系统

可口可乐公司是世界上最大的软饮料公司，其品牌价值多年来高居全球100家最具价值的品牌榜首。可口可乐公司是举世闻名的汽水大王，它在全球各地有500余种产品销售，其中可口可乐、健怡可口可乐、雪碧、芬达四大品牌在全球最畅销汽水前5位中独占4位。其产品通过全球最大的分销系统，畅销世界超过200个国家及地区，每日饮用量达10亿杯，占全世界软饮料市场的48%。在现代美国人的心目中，可口可乐已经成了美国生活方式的象征，代表着美国的文化。

进入国际市场，实行生产和销售的本土化或特许装瓶是可口可乐公司的最成功战略之一。

在20世纪早期，可口可乐公司的产品销售已经非常不错了，比如1904

年，可口可乐公司已经在国内379个城镇销售其碳酸饮料——可口可乐。但公司同时也意识到，由于从产品的生产基地到销售场所的运输成本太大以及产品送达顾客手中的时间不好控制，所以公司的管理层就设想在销售市场区域所在地直接建立工厂。而当时的有些经销商也正有愿意与可口可乐公司合作建厂的想法，于是双方就决定联合办厂。在联合办厂的合作意识下，可口可乐公司就通过向一些地方性企业授予装瓶和销售的独家经营权，以及按照固定价格供应浓缩液的承诺，建立了一个全国性的装瓶商网络。每一家装瓶商都与可口可乐签订一份"永久合同"，合同中规定浓缩液的价格，以及授予装瓶商地区独家经营权。这种早期的特许装瓶商模式取得了巨大成功，可口可乐也迅速成为美国人最喜爱的饮料之一。

特许装瓶模式的基本理念是，通过合作伙伴与当地优秀饮料企业合资，签订一定年限的特许生产经营合同，由其在限定区域内生产、销售可口可乐系列产品。具体来讲就是：在当地设立公司，直接进行可口可乐的生产和销售；由当地公司筹措资金，总公司原则上不出钱；除了可口可乐秘密配方的浓缩液外，一切设备、材料、运输、销售等，均由当地人自制自办。

通过特许装瓶系统，可口可乐公司获得了众多利益：依靠出售浓缩液，积累了大量的当地资金；就地生产、就地销售的方式大大降低了产品的运输成本；使公司可从最繁杂的销售事务中脱离出来并专心进行品牌运作；省掉了独自建立生产基地和销售网络的费用；双方出资而不是公司单独出资建设工厂，所以大大加快了建厂的速度；由于当地特许装瓶商的地域熟悉性，他们可以更加及时和快速地把握市场进入的有利时机，并最快地将品牌辐射到空白区域；由于划区管理和各自经营，一个庞大而复杂的分销体系变得井然有序；对装瓶商控股的方式使公司的财务控制能力大大加强；能根据各地市场的不同特点进行有针对性的市场运作，极大地满足了世界各地的消费者需求，提升了品牌的价值。

多年来，可口可乐已经在全球借本土之力建起了1200多家装瓶厂。以特许装瓶理念为基础，可口可乐的全球化策略获得了极大的成功。总之，随着可口可乐在全世界的畅销以及其装瓶商网络的扩大，可口可乐公司的成功之道——特许经营——也引发了经济领域的一场革命。

资料来源：李维华．特许经营学．中国发展出版社，2009：27-29.

2. 对特许人的劣势

在面对上述经营优势的同时，特许人还需要考虑到特许经营所存在的经营劣势，这些经营劣势主要表现在以下方面：

(1) 受许人可能有独立的倾向性。

当经营的加盟店情况良好，获得了预期的利润或更多的利润时，有些受许人会认为是自己的经营管理能力的发挥所致，将加盟店的成功完全归功于自己，认为特许人没有起到多少作用，特许人的存在是多余的，从而产生了一种独立感，具有独立的倾向。在这种情况下，特许人应该与受许人进行良好的沟通。

(2) 很难维持统一的质量标准。

在特许经营体系中，特许人往往会要求所有的受许人都按照自己确定的统一质量标准来提供商品和服务，但特许人对受许人监控不力或因受许人自身的原因，可能会造成各加盟店执行的质量标准不一致。尤其是受许人拥有加盟店，为了自身的利益，可能会擅自修改这些质量标准，或者不按这些质量标准进行操作，这在当时看来好像只是偏离质量标准的一些小问题，但在未来可能会变成受许人要按自己的质量标准来运营的大问题，从而造成了整个特许经营体系的质量标准不一致。

(3) 企业形象和声誉会受个别受许人的影响。

在特许经营系统中，各个要素相互依赖、相互影响。受许人的失误或经营失败会对特许人产生负面影响。在特许经营的过程中，有些受许人在经营过程中难免会出现一些失误，还有些受许人由于自身原因导致经营失败，这些都会使特许人受到牵连，破坏企业的形象，影响到企业的声誉。

(4) 难以获得和保留合适的受许人。

特许人在招募受许人时，表面上看起来可能符合要求，但实际上受许人不具备从事分店经营的决心和才能，并不适合运营分店。特许人对受许人错误的判断和选择，使其难以得到合适的合作者。即使获得了合适的受许人，要保留和激励受许人也会存在不少困难。有些受许人获得了成功，已经实现了各种愿望，认为通过努力工作已经不会再获得更多，而宁愿选择闲暇，从而不再像以前那样全身心地投入加盟店的经营中。此外，由于受许人拥有加盟店的所有权，激励受许人按照特许人的规定来促销、定价、送货也是一项困难的工作，尤其是在受许人的业务不佳时更是困难。

9.2.4　特许经营对特许人的优劣势

1. 对受许人的优势

(1) 可以借助特许人的品牌效应。

品牌对特许经营十分重要。特许经营在服务业中应用非常广泛，确保服务效果的一致性是服务企业取得成功的关键，而品牌代表着特许人对所提供的产品、服务和利益的一贯性承诺，知名品牌对顾客有较强的吸引力和感召力，因此，很多特许人都会努力地通过塑造和维护品牌来吸引和维系顾客，使之拥有一个庞大、忠诚的顾客队伍。

特许人往往专注于某一类产品或服务的经营上，如快餐、汽车修理等，来取得专业化的利益。在经营这类产品或服务时，他们还会将全部必要的服务进行有效的组合，以获得规模经济和范围经济。最重要的是，特许人把所有的这一切注入品牌中，使品牌与其产品特征、服务质量和专业化利益紧密相连，通过长期的品牌塑造，树立良好的品牌形象。许多创业者采用特许经营方式，就是为了使用特许人的品牌，借用其品牌效应以获得经营的成功。对于一个创业者而言，最困难的问题就是如何吸引顾客，打开市场。即使是实力雄厚的经营者，也需要借助于各种促销活动，花费很长的时间才能提高品牌的知名度。何况创业者往往是中小企业，缺乏足够的资金和能力来开展各种促销活动。而在特许经营的情况下，由于特许人已经拥有了良好的声誉和品牌形象，作为创业者的受许人可以利用特许人良好的品牌形象，而无须开展大量的广告宣传和市场开发，使加盟店一开业就有现成的顾客，从而顺利进入市场并获得稳定的发展。

除此之外，受许人在经营的过程中，还可以共享特许人保护品牌所带来的好处。在特许经营中，有些受许人为了使自身利益最大化，不按特许人的规定进行操作，这会损害品牌形象，使品牌资产流失。例如，一个特许人将自己定位为新鲜面包的生产者，规定受许人将几小时还未售出的面包抛弃。而有些受许人并未将超过时间的面包丢弃，因为这样做成本很高，在利润的诱惑下仍把面包卖给顾客，这种做法会损害品牌形象，也会损害其他受许人的利益。为了维护品牌权益，维系住顾客，使特许经营系统能够正常运转下去，特许人会对各个受许人进行监督，确保所有的受许人都按照规定运作。有一个特许人主动地对整个特许经营系统进行监控，保护品牌权益，会使品牌资产不断增值，这对众多的受许人都是有好处的。

(2) 可以获得一系列的支持和服务。

在创业初期，通过特许经营，受许人获得了一个品牌和一套成熟的经营模式。特许人往往会向受许人提供在创业初期所需要的各种支持和服务。这些服务主要包括：店址选择、店面设计与陈列布置、操作手册、管理培训、库存采购和控制方法等。从特许人那里获得的服务对受许人的创业成功很重要，特许人所提供的服务和支持有助于提高受许人的创业成功率，这是其他创业方式所不能提供的。美国商务部的一项研究数据显示，在三年时间内，新设的普通企业破产率达80%左右，而只有2%的新加盟店失败了。该研究数据说明以特许经营创业的成功率相对较高。

在运作过程中，受许人还可以得到促销支持、对管理者和员工的再培训、现场指导和监督、营销、运营和财务方面的协助等服务。这些支持使分店在日常经营过程中少犯错误、促使受许人加强日常管理和不断提高管理水平，从而使各个分店能够稳定和持续地经营下去。以特许人所提供的现场指导和监督服务为例，特许人会派出特许经营顾问对各分店进行指导和监督。在对特许分店的拜访中，他们会检测产品和服务质量，检查分店运作是否偏离了特许人的相关规定，监控分店运行情况。为了解决特许分店中出现的问题，特许人会向受许人提供咨询专家，由他们向这些分店提供改进意见，从而帮助这些分店改善经营管理，使之能正常地运转下去。

(3) 可以分享规模效益，降低成本。

特许人将众多分散的受许人组织成一个整体，使特许经营系统具有规模经济的优势，各受许人可以从中享受规模效益的好处，降低成本。具体来看，受许人主要可以减少以下成本：

①进货成本。独立的商店规模小，资金少，每次进货的数量少，很难享受到价格折扣，容易出现缺货现象。而特许经营往往由总部集中进货和统一配送。规模化效应能增强总部与供应商谈判的实力，使总部以较低价格采购到优质的产品，从而能减少进货成本，获得价格优势。由总部进行统一配送，不但可以降低配送成本，还可以提供方便快捷的配送服务，保证产品的及时供货，避免产品脱销，减少缺货成本。

②促销成本。受许人在创业初期，可以利用特许人良好的品牌形象来吸引顾客，节省了为提高知名度而进行广告宣传的费用。在以后的经营过程中，每个受许人只需按一定比例交纳促销费用，由总部统一开展全球性或全国性的促销活动，这可以降低单独使用广告商的成本，由于品牌的同一性，每个受许人均可从中受益，与其单独开展促销活动相比，受许人所分担的促销费用要低得多。此外，特许经营系统中的分店众多，遍布在全球各地或全国各地，它们本身就是一种“活广告”，每天都在向顾客展示着品牌形象，任一受许人都可以享受到这种宣传所带来的好处。

2. 对受许人的劣势

特许经营在给受许人带来这些好处的同时，也存在一些弊端，在采用特许经营时，受许人也要考虑到特许经营所存在的不足之处。

（1）经营缺乏自主性。

在特许经营中，特许人会制定许多规则和限制性条件，要求各个受许人都按照特许经营手册和服务标准来经营。对于受许人来说，特许人可能决定了受许人的加盟店的选址、店面的布置、提供的产品和服务、服务流程，甚至服务人员的言行举止等各方面的事项，受许人主要是要服从特许人的各种要求，按照这些要求执行。这些做法虽然确保了特许经营系统的一致性，但也带来了不好的一面。特许人对受许人的经营进行严格的控制，在一定程度上可能会制约受许人的创造性和积极性，甚至使受许人丧失市场应变能力。当然，这种经营劣势与受许人过度依赖特许人有关。有些受许人因为过度依赖特许人而丧失了个人动力和市场洞察力，而个人动力对于加盟店的组建和运营非常必要，市场洞察力对于在充分利用特许经营体系的基础上如何使加盟店与当地市场需求相适应也很重要。过度依赖的受许人错误地认为特许人会事无巨细地帮助加盟店，向加盟店提供各种各样的服务，保证加盟店有数量足够的顾客，确保加盟店只盈利不亏损，这些不切实际的想法对特许经营的发展只会产生阻碍的作用。

（2）会受到特许人和其他受许人带来的负面影响。

虽然受许人拥有加盟店，具有独立的法人资格，但是，这只是特许经营系统中的一个方面，受许人的成功不仅仅只是靠自身的努力，更多的还需要依靠特许人和其他人受许人。特许人与所有的受许人之间存在着“一荣皆荣，一损皆损”的关系。受许人所受到的负面影响一般来自两方面：一是特许人带来的负面影响。特许人如果在有关企业革新的关键决策方面出现失误，可能会使整个特许经营体系遭受损失，甚至受到毁灭性的打击，处于特许经营系统中的任何一个受许人必然会受到特许人决策失误的直接影响。还有一种常见的现象是，如果特许人一味追求利润，大量发展加盟店而又缺乏有效的管理的话，不但会损害到特许人的形象，也会损害到受许人的利益。二是其他受许人产生的负面影响。其他受许人的恶劣表现不只是影响到其自身的业务和利益，也会对整个特许经营系统的成员产生负面的影响，作为该系统成员的任一受许人当然也不可避免地被间接影响。

(3) 退出或转让特许业务很困难。

很多特许经营合同都包括了受许人权利转让、终止、续约的条款，以及不参与竞争的条款，这些条款对受许人退出或转让特许经营业务形成了限制。受许人一旦与特许人签订合同，在合同期内就很难有其他选择。如果受许人在合同期内因各种原因想中止合同，特许人出于自身利益的考虑，往往不会轻易同意，受许人只能通过法律途径来解决，需要较长的时间和支付很多费用，这为受许人退出特许经营设置了的障碍。若受许人想将业务转卖给第三方，也必须通过特许人的批准。即使在合同终止后，受许人要从事类似的业务，也会受到许多限制。

9.2.5 特许经营对社会的优势

特许经营不但会给特许人和受许者带来好处，也会给社会带来益处。目前，服务业发展非常迅猛，服务业可以吸收大量的劳动力就业。随着服务在全球经济中的主导性在不断增强，促进了经济的快速增长。而特许经营在服务业中运用越来越广泛，小、散、差的服务企业借助于特许经营，可以获得先进的管理经验，得到迅速的成长，从而促进第三产业和整个经济的发展。

1. 增加就业

特许经营可以为社会创造更多的就业机会。美国曾在第二次世界大战后推出退伍兵特许经营计划，其目的就是为了解决退伍兵的就业问题，该计划至今仍在实施。从国内来看，在2009年一年之内，中国肯德基就向社会提供了28万个新的就业岗位。我国人口众多，发展特许经营的社会意义更为重大。通过特许经营来增加就业机会有三种方式：一是特许经营本身提供了一些专业职位，如特许经营专业人士、顾问咨询、律师等。二是受许人需要招聘新的员工。一个特许人可以向许多受许人授权，一旦某个受许人的加盟店开张，就需要招收新员工。三是与特许人相关的企业所提供的就业机会。随着特许人不断发展，与供应商、合作者等相关企业的业务也会不断增加，带动了相关企业的发展，这些企业需要招聘新的人员。

2. 优化资源配置

特许经营可以使资源在全社会范围内实现更优的配置。在特许经营体系内，通过科学的分工和合理的专业化，使有成熟经营模式的特许人提供经营模式，有资金的受许人出钱，各方充分发挥其优势并进行密切地合作，对现有资源进行更优的配置，使各个分店提供的产品或服务质量更好、价格更合理，从而更好地满足顾客的需求，使各方获得最佳的效益。

3. 规范市场秩序

特许经营体系是依靠特许人与众多的受许人之间的契约关系建立起来的。在特许经营中，往往是以特许人的商号信誉或品牌形象为担保，通过特许人与受许人之间签订的特许经营合同来约束各方的市场行为，确保受许人所提供的服务与特许人向顾客提供的服务一致，使全球各地的顾客都能享受到同一品牌的相同的服务质量。这有助于健全社会信用体系，规范市场秩序。

特许经营的优势和劣势如表 9-1 所示。

表 9-1　**特许经营的优势和劣势**

	优　势	劣　势
特许人	利用受许人的资金实现快速增长	受许人可能有独立的倾向性
	可以解决管理人才短缺和激励的问题	很难维持统一的质量标准
	利用受许人的创业精神	企业形象和声誉会受个别受许人的影响
	提高管理效率和管理水平	难以获得和保留合适的受许人
	促进产品销售和树立品牌形象	
受许人	借助特许人的品牌效应	经营缺乏自主性
	获得一系列的支持和服务	会受到特许人和其他受许人的负面影响
	共享规模效益，降低成本	退出或转让特许业务很困难
社会	增加就业	
	规范市场秩序	
	优化资源配置	

本章小结

连锁经营是指经营同类产品或服务的若干个门店，通过一定的纽带联结成联合体，在整体规划下进行专业化分工，并实施规范化的管理，以提高经营效率，实现规模效益的一种经营方式。作为一种现代化的经营方式，连锁经营具有高度的统一性，具体表现在企业识别系统、商品和服务、经营管理和经营理念等方面的统一。连锁经营具有网络化的组织形式、规模化的经营方式和规范化的管理方式等基本特征。直营连锁和自由连锁是连锁经营的两种基本模式。连锁经营的管理体系主要包括组织系统、运营系统、支持系统和控制系统四个子系统。

特许经营是指拥有注册商标、企业标志、专利、专有技术等经营资源的企业（以下称特许人），以合同形式将其拥有的经营资源许可其他经营者（以下称被特许人或受许人）使用，被特许人按照合同约定在统一的经营模式下开展经营，并向特许人支付特许经营费用的经营活动。特许经营按照不同的划分依据可以分为很多类型。特许经营对于特许人和受许人各有其优势和劣势。特许人进行特许经营的优势是：可以利用受许人的资金实现快速增长、可以解决管理人才短缺和激励的问题、可以充分利用受许人的创业精神来发展特许人的事业、可以提高管理效率和管理水平、可以促进产品销售和树立品牌形象。在面对这些优势的同时，特许人还需要考虑到特许经营所存在的劣势，如受许人可能有独立的倾向性、很难维持统一的质量标准、企业形象和声誉会受个别受许人的影响、难以获得和保留合适的受许人等。从受许人的角度来看，采用特许经营的优势在于：可以借助特许人的品牌效应、可以获得一系列的支持和服务、可以共享规模效益和降低成本。特许经营在给受许人带来这些好处的同时，也存在一些不足之处，如经营缺乏自主性、会受到特许人和其他受许人带来的负面影响、退出或转让特许业务很困难等。特许经营不但会给特许人和受许者带来好处，也会给社会带来增加就业、优化资源配置和规范市场秩序等益处。

习　题

一、单选题

1.（　　）是指经营同类产品或服务的若干个门店，通过一定的纽带联结成联合体，在整体规划下进行专业化分工，并实施规范化的管理，以提高经营效率，实现规模效益的一种经营方式。

A. 特许经营　　B. 连锁经营　　C. 直营连锁　　D. 自由连锁

2. 自由连锁是通过（　　）来维系整个连锁体系。

A. 财产所有权　　B. 权力　　C. 激励　　D. 合同

3. 在特许经营中，受许人为获得（　　）需要支付费用给特许人。

A. 工业产权　　B. 知识产权　　C. 特许权　　D. 商标

4. 目前，在全球发展迅速，已经成为特许经营的主流的是（　　）特许经营。

A. 经营模式　　B. 产品-商标　　C. 制造商和批发商　　D. 生产

5. 在特许经营中，很多特许经营合同的条款对（　　）退出或转让特许经营业务形成了限制。

A. 特许人　B. 创业者　C. 受许人　D. 经营者

二、多选题

1. 连锁经营规范化的管理方式，主要体现在管理的(　　)等原则上。

A. 复杂化　B. 简单化　C. 专业化

D. 个性化　E. 标准化

2. 连锁经营主要有(　　)等基本模式。

A. 制造连锁　B. 批发连锁　C. 直营连锁

D. 零售连锁　E. 自由连锁

3. 连锁经营的管理体系主要包括(　　)等子系统，这些子系统共同构成了连锁经营的体系的框架。

A. 组织系统　B. 运营系统　C. 权力系统

D. 支持系统　E. 控制系统

4. 按照特许人特许内容的不同，特许经营可以划分为(　　)等类型。

A. 产品-商标特许经营　B. 经营模式特许经营

C. 零售商之间的特许经营　D. 生产特许经营

E. 批发商和零售商的特许经营

5. 特许经营对社会的优势主要体现在(　　)

A. 优化资源配置　B. 增加就业　C. 规范市场秩序

D. 树立品牌形象　E. 提高市场占有率

三、判断题

1. 共同进货是自由连锁的主要诱因。　(　　)

2. 如果创业者采用特许经营方式，成为了受许人，就可以利用特许人良好的品牌形象。　(　　)

3. 在我国，特许人不需要与受许人签订特许经营合同，也可以将特许权授予受许人使用。　(　　)

4. 受许人的失误或经营失败不会对特许人的声誉和形象产生负面影响。　(　　)

5. 特许经营只会给特许人和受许人带来好处，不可能给社会带来什么好处。　(　　)

四、简答题

1. 连锁经营的统一性主要表现在哪些方面？

2. 连锁经营的特征是什么？

3. 直营连锁的具有什么特点？

4. 对于特许人来说，特许经营有哪些优劣势？

五、案例分析题

失控的黄焖鸡：病毒式加盟的罪与罚

2015年5月份，最后一块净土"西藏"被攻克了，黄焖鸡实现了对全国所有省、直辖市及自治区的覆盖（除港澳台）。在北上广深这四个一线城市中，北京的黄焖鸡一度超过300家店。北京市朝阳区SOHO现代城附近，一条有29家店的小街，已经扎堆了6家"黄焖鸡米饭"。从2013年突然崛起，只用了两年多的时间，黄焖鸡米饭已经超过了沙县小吃和成都小吃，成为第一"街霸"。然而，危机已经悄然来临。

1. 用冲一杯咖啡的节奏做一碗饭

"不用厨师，开店就挣钱。"这是"黄焖鸡"用来吸引加盟商的口号。这个口号简单、粗暴，但是不忽悠。因为，黄焖鸡的操作确实已经简单得不能再简单了——拿着量杯，按指标配置佐料，再加入鸡肉，焖至数分钟后便可出锅。

这个操作就跟星巴克给我们冲一杯咖啡的节奏差不多，利润也有得一拼。一般，黄焖鸡米饭的纯利润在50%左右。去掉人工费、材料费等成本，仍然是稳赚不赔。

操作的简单，也节约了人力。招聘过来的员工往往可以身兼多职，甚至不需要专业厨师。这给小老板们省了一笔开支。在写字楼、学校、商场附近，也分布了大大小小的"黄焖鸡米饭"餐馆。虽然店面不大，但依靠白领、学生等外卖市场，生意红火。

北京朝阳区金台里一家"黄焖鸡米饭"，一天平均就能卖出100多份，其中至少一半是外卖。按一份黄焖鸡米饭15元算，$15\times100\times30=45000$（元）。黄焖鸡的纯利润有50%，以此估计，黄焖鸡每月收益在23500元左右。

这当然是有吸引力的。但是，更具有吸引力的，可能还是黄焖鸡的新模式。

2. 病毒式传播：子子孙孙无穷尽

其实，黄焖鸡火爆的原因除了操作简单、成本低、容易复制之外，还得益于"病毒式传播"的模式。

病毒式传播方式是发展新加盟者：比如B以5000元加盟了A之后，A授权B可以继续发展下线加盟商……这种传播方式有两个流派别：卖技术和卖酱料。

第一种：就是卖酱料。向加盟商收取加盟费，出售所谓的酱料秘方。

第二种：到店学习配方调制，费用是4800元。学会后不用从总店进任何材料，配方都可以自己调制，调料可以在本地。也可以从总部购买酱料，并使用品牌。

有的公司则明确表示，不搞加盟，只需交3800元就能学会制作黄焖鸡以及酱料的配制方法，开店者可以自己做品牌独立经营，也可以发展加盟商。

如此一来，对于后进入者，发展下线，也是很可观的收益啊。所以，也就有了现在的局面：全国相关品牌上百个。更关键的是，如何做黄焖鸡米饭根本不是什么秘密，其配方用网络一搜就能查到，根本无需保密。

没有秘密配方，也就没有了约束力。没有约束力，也就没有了统一江湖的盟主。现在，江湖已乱。

失控的黄焖鸡，继续疯狂地扩张，随着欲望的贪婪，扩张，扩张。病毒式传播，带给黄焖鸡“子生子，孙生孙”的扩张力度，就出现了不可阻挡之势。

百度指数显示，黄焖鸡米饭大概是从2013年8月份开始出现增长趋势，然后在2013年年底出现了火箭般的蹿升，并将这个趋势保持到现在。直到进入2015年后，才出现了平台期。

3. 土家掉渣烧饼“附体”黄焖鸡

当年的土家掉渣烧饼一夜之间遍地开花，一夜之间无影无踪。黄焖鸡乱象会否重蹈掉渣烧饼覆辙，疯狂过后留下一地鸡毛？这种担忧是存在的。现在的黄焖鸡出奇地类似“土家掉渣烧饼”。

当年，“土掉渣”有几十个品牌。现在，黄焖鸡已失控：全国超过一万家店，分别隶属于几百个品牌。

今天的黄焖鸡和当年的“土掉渣”一样，都没有注册商标，法律保护无从谈起；今天的黄焖鸡加盟费已经从万元跌落到两三千元，甚至更低。当年“土掉渣”的秘方从万元竟然跌到30元就能买到。

更可怕的是，今天的黄焖鸡和当年的“土掉渣”一样，都存在着“严重的无序加盟”：一些经营者急功近利靠收取加盟费赚钱，结果便是层层加盟。

现在，黄焖鸡虽然火爆，但已隐忧初现，部分餐馆正在悄悄转手，某些店面直接关门歇业。

4. 黄焖鸡只有品类，没有品牌，行业风险将一损俱损

黄焖鸡以一个品类，横扫全国。这种快速扩张埋下了太多的“风险”。一些黄焖鸡关店，这其中，除了经营管理因素，主要原因还是无序加盟，最终造成店面分布过于集中，导致供大于求，让小型加盟者吃够了苦头。

面对黄焖鸡现状，餐饮界人士也提出取经洋快餐。一些洋快餐，在发展连锁加盟中不仅要考察选址、加盟者资质，还要考虑到当地的市场密度，并从管理到技术给予分店指导，保证了整个品牌的有序发展。

这很难。目前黄焖鸡只有品类，没有公认的品牌，未来行业风险将一损俱损，很容易集体沉没。因此，黄焖鸡真正需要学习的是鸭脖行业，在这个行业已经形成了“周黑鸭”、“绝味”等品牌。

黄焖鸡这个品类没有品牌，并且大多数都是小业主，他们本钱有限，而且租的店面小，环境卫生也不太理想，已经形成了一个比较低档次的集体形象。为了摆脱这种低端印象，现在几乎每家店都声称自己是加盟店，有的店面还挂出了相应的合同证明，说自己是加盟。

这个混乱的局面，就要黄焖鸡的行业领袖担起品牌升级责任，带领行业走出一条大路，这样才能真正和成都小吃、沙县小吃一样，持续健康发展。中式餐饮业在未来几年肯定是一个大浪淘沙的阶段，没有创新的自然就被淘汰。只有行业领袖推动产品和品牌升级，才能避免行业的集体灾难。

资料来源：王新磊．失控的黄焖鸡：病毒式加盟的罪与罚．销售与市场（渠道版），2016（2）．

问题：

1. 结合案例，分析特许经营的优劣势。
2. 黄焖鸡失控的原因？
3. 如何避免黄焖鸡失控？

实践活动

一、实训目的

1. 加深对连锁经营和特许经营理论知识的理解。

2. 增强学生运用渠道管理相关理论分析、解决企业实际问题的能力，培养学生的创新能力。

二、实训内容

1. 连锁经营或特许经营。各小组自行选择一家感兴趣的连锁经营服务机构或特许经营服务机构，介绍该服务机构的营销渠道，运用相关渠道理论对其进行分析并提出建议。

2. 渠道诊断。本实训为综合性训练，建立在渠道管理理论之上。实训要求各组对某企业进行调查，收集相关资料，对其渠道进行诊断并提出解决方案。

三、实训组织

1. 教师提前1~2周布置实训作业，说明实训的要点和注意事项。

2. 各组在组长组织下，明确实训任务及分工。

3. 教师组织部分小组在课堂上进行成果交流，

四、实训步骤

1. 各小组按照实训目的与内容进行准备。

2. 各小组收集和整理相关资料，讨论并制作报告和演示文稿。

3. 教师安排 1~2 课时，由部分小组的代表向全班同学交流其成果。

4. 在各小组陈述完毕后，教师可组织其他同学发表意见与建议。

5. 教师进行点评。

6. 各小组根据教师和同学意见进一步修改报告和课件并提交，教师记录实训成绩。

第10章 网络营销渠道

学习目标

- 理解并掌握网络营销渠道的含义、功能和类型
- 明确网络营销渠道的优劣势
- 了解网络营销渠道设计应考虑的因素和问题
- 掌握网络营销渠道管理的内容
- 理解网络中间商存在的必要性
- 了解网络中间商的常见类型

本章结构

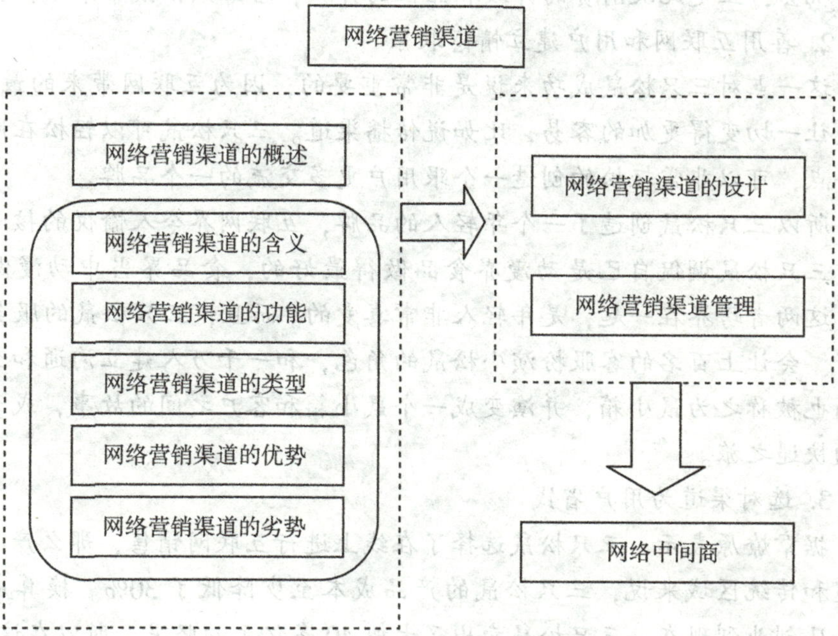

导入案例

三只松鼠的成功

三只松鼠近日宣布，2016新财年从4月1日至2017年3月31日，新财年的销售目标为50亿以上。三只松鼠自2012年开始创立，是国内第一家定位于纯互联网食品品牌的企业，也是当前国内销售规模最大的食品电商企业。

三只松鼠仅上线65天，其在淘宝、天猫的坚果行业跃居第一名，花茶行业跃居前十名。人气发展速度之快创造了中国电子商务历史上的一个奇迹。而且在2012年天猫“双十一”大促中，成立刚4个多月的三只松鼠当日成交近800万元，一举夺得坚果零食类目冠军宝座，并且在约定时间内发完10万笔订单，创造了中国互联网食品历史的突破。

那么三只松鼠的成功，其背后到底有着怎样的营销思路呢？

据三只松鼠创始人章燎原表示，自己非常痛恨营销这个词，而且也比较后悔去年投放的广告太多——应该用更好的方式去替代广告，最好的营销一定要看不出营销的痕迹。

1. 抓住机会

2012年创立三只松鼠的时候，很多人认为坚果是一片红火，但是章燎原认为是一片蓝海。因此抓准了2012年整个中国电子商务进入第二个时期的崛起的机会，正是此次消费的升级和品位的升级，给三只松鼠带来了机会。

2. 善用互联网和用户建立情感联系

这一点对三只松鼠成功来说是非常重要的，因为互联网带来的最大变化，就是让一切变得更加的容易，比如说传播渠道。三只松鼠可以轻松在网上注册一个点，可以非常轻松的创造一个跟用户更多交流的一个品牌。

所以三只松鼠创造了一个年轻人的品牌，互联网界令人愉悦的核心有几个点，三只松鼠调侃自己是动漫界食品做得最好的，食品界当中动漫做得最好的。这两者跨界在一起，是年轻人非常喜爱的。而且，三只松鼠的服务也做得很好。会让上百名的客服扮演小松鼠的角色，和一千万人建立沟通和交流，快递箱也被称之为鼠小箱，并演变成一个鼠小箱和客户之间的故事，或者是鼠小箱的快递之旅。

3. 选对渠道为用户省钱

据章燎原表示，三只松鼠选择了在线上进行互联网销售，那么产品相对于商超和传统区域来说，三只松鼠的产品成本至少降低了30%。换算成数字的话，从创业到现在，三只松鼠卖出了大概40多亿元的坚果，所以在这一项上，替用户省了10亿元。

4. 好产品会让用户疯传

三只松鼠坚持做好产品和好服务。只要这两个做好并形成了企业文化，那么自然能够得到用户的认可和疯传。三只松鼠有很强大的客服队伍，对客服的最重要的考核是跟用户的黏性和沟通。同时也会使用一些触点营销，帮助品牌的宣传。

比如会在包裹里放置打动年轻人的小玩意儿，还有因为客服独特的聊天方式，让每一个用户成为了三只松鼠的传播员。所以好的营销就是要植入到无形当中，让人家愿意说，愿意传播。

资料来源：佚名．三只松鼠今年卖 50 亿，背后的营销思路是怎样的．http://mt.sohu.com/20160422/n445493915.shtml.

10.1 网络营销渠道概述

10.1.1 网络营销渠道的含义

近年来，技术的发展，特别是互联网技术的发展，正在对营销渠道的发展产生巨大的影响。现在，不仅是很多年轻人，甚至很多中老年人都有了在互联网购物的经历，网上购物已成为我们日常生活的一部分。戴尔、亚马逊、淘宝网、阿里巴巴、卓越已成为互联网时代靠网络营销起家的典型，网络营销渠道已成为很多企业正在采用、还有很多企业准备采用的渠道模式。实际上，一些学者预言，互联网将从根本上改变营销渠道的结构和战略，由砖和水泥搭建起的购物中心、商店和顾客常去的零售中心很可能将被虚拟的商场和商店所取代，网上购物将代替去商店购物。所以，不了解网络营销渠道的发展情况是不可想象的。

1. 营销渠道的定义

网络营销渠道，又被称为电子营销渠道，是指应用互联网提供可利用的产品和服务，以便使用计算机或其他能够使用技术手段的目标市场通过网络进行和完成交易活动①。理解这个定义，有以下四点需要注意：

首先，定义中所说的可利用性是指销售的产品本身具有可利用性，是对顾客有用的产品。通过互联网提供的主要是产品信息，顾客要真正获得产品还需要物流的配合，只有少数音乐、文字等数码类产品可通过互联网直接实现配送。

① 伯特·罗森布洛姆．营销渠道管理（第 6 版）．李乃和，等，译．北京：机械工业出版社，2003：365.

其次，定义中的其他技术手段是指除电脑之外的其他手段，例如现阶段的智能手机、专用上网本、网络电视等，这为今后技术的发展留下了拓展空间。

再次，定义中的目标市场是指某企业所服务的顾客群体，是产品的销售对象，他们具备上网手段，具有网络购物的习惯和经验。

最后，通过网络完成交易，是指目标顾客从网络上获得产品信息，通过网络讨价还价、订购，收到产品后从网上支付货款（目前也有部分顾客采用货到付款，直接支付现金的方式），完成整个交易过程。也就是说，从网上完成信息流和资金流，配合网下的物流和商流，完成整个网络营销过程。

2. 营销渠道的发展现状

我国的网络营销渠道起步较晚，直到1996年才开始被我国企业尝试。但随着我国互联网的快速普及和发展，网络营销渠道发展也非常迅速。根据2016年《中国互联网络发展状况统计报告》，截至2015年12月，我国网络购物用户规模达到4.13亿，较2014年年底增加5183万，增长率为14.3%，我国网络购物市场依然保持着稳健的增长速度。与此同时，我国手机网络购物用户规模增长迅速，达到3.40亿，增长率为43.9%，手机网络购物的使用比例由42.4%提升至54.8%。在政策的支持下，跨境电商成为网络零售市场新的增长点，影响力直达全球。商务部数据显示，中国主要跨境电商交易额平均增长率在40%左右，其中进口网络零售增长率在60%左右，出口网络零售增长率在40%左右。网络零售平台引入美国、欧洲、日本、韩国等25个以上国家和地区的5000多个海外知名品牌的全进口品类，国内超过5000个商家的5000万种折扣商品售卖到包括"一带一路"沿线的64个国家和地区。与此同时，网络零售企业深挖农村市场消费潜力，农村地区网购用户占比达到22.4%，阿里巴巴、京东、苏宁等电商平台在农村建立电商服务站，招募农村推广员服务于广大农村消费者。

目前，网络购物市场涌现出一些新的模式和机遇。第一，团购模式的兴起，显现出区域性电子商务服务发展的势头；第二，购物网站向手机平台平移，移动电子商务紧密布局；第三，B2C模式主流化发展，网络购物更加注重用户体验和安全保障等；第四，购物网站加快自建物流或合作提供物流的步伐，积极主动夯实线下服务基础。另外，随着免运费价格战再次打响，通过媒体宣传和促销活动，网络购物正加速向社会大众渗透。

10.1.2　网络营销渠道的功能

作为一种新兴渠道，与传统营销渠道一样，以互联网作为支撑的网络营销渠道也应具备传统营销渠道的功能，才能承担生产企业产品分销的任务。传统营销渠道一般具有调研、促销、谈判、匹配、订货、物流、融资、付款、风险承担等功能，涉及顾客在购买产品过程中的信息沟通、产品所有权转移、资金转移和实物转移等内容。因此，一个完善的网络营销渠道至少应有三大功能：订货功能、结算功能和配送功能。

1. 订货功能

网络营销渠道要能为顾客提供多媒体产品信息、网内搜索引擎，方便顾客寻找产品，并能从多个角度使顾客对产品的外观、性能、使用等有一个相对准确的认识，最好还能有一些在线服务，解答顾客对产品的一些疑惑。顾客一旦对产品比较满意，可以在网上直接下订单。订货系统要能为顾客购买多种产品提供方便，让顾客自由地增加和减少产品，最后选定产品后能集中结算，统一送货。同时，这一订货系统还应该方便生产企业获取顾客信息，以便建立顾客数据库，今后根据新老顾客的不同及顾客忠诚度开展相应的促销活动。拥有一个完善的订货系统，可以最大限度降低生产企业库存，减少销售费用。

2. 结算功能

顾客在购买产品后，生产企业或网络中间商应该提供多种方式方便顾客进行付款。目前国外流行的几种方式有：信用卡、电子货币、网上划款等。近几年国内网上支付系统也有较大的发展，常见的付款结算方式主要有：网上银行、信用卡、支付宝、邮局汇款、货到付款等。现在几乎所有的国有及商业银行都开通了网上银行，大部分的借记卡和信用卡都可以实现网上支付。支付宝则是近年来发展极快的支付方式，在淘宝网购物的顾客几乎都拥有自己的支付宝账号，通过支付宝的中介作用来保证网上购物的安全性。而邮局汇款和货到付款在一些不太发达的地区使用较为广泛。

3. 配送功能

一般来说，网上销售的产品分为有形产品和无形产品两类。对于无形产品如服务、软件、音乐、文件等产品，可以直接通过网上进行传送，顾客在网上下载即可。对于有形产品的配送，则要涉及运输和仓储问题。目前除少数生产企业实施自行配送（如IBM的蓝色快车物流系统）外，大多数生产企业都通过第三方物流公司进行配送。国外已经形成了巨型的专业配送公司，如著名的美国联邦快递公司、UPS，其业务覆盖全球，可实现全球快速的专递服务。专业从事电脑网上直销的戴尔公司就将美国货物的配送业务都交给联邦快递完成。国外网上商店之所以发展迅速，专业配送公司的存在也是一个重要原因。我国目前还缺乏类似于联邦快递、UPS这样的国际性专业快递企业，但小型的快递公司发展迅速，中国邮政也在积极转型，大力发展特快专递业务，从而为我国网络营销的发展提供了有力的支持。目前，在我国的B2C和C2C市场上，如果顾客对所订购产品的等候时间要求不高，则可通过费用最低的包裹发货，货到后由顾客自己去物流中心取。若对等候时间要求较高，则可通过快递公司发货，直接送货上门。如果顾客对安全要求很高，则可通过邮政特快专递发货，费用高，但安全性较能保障。

应用案例

海底捞式 O2O

海底捞，一个以极致的服务让人记住的名字。这家拥有 100 家分店的火锅连锁企业，让每一个进店消费过的顾客都可以随口说出一两个关于海底捞“变态服务”的案例，我们熟悉海底捞的故事，却看不懂它的全部。

海底捞从头到脚并没有什么创新之处，这家还没有营销部门和市场部门的传统餐饮企业，长久以来坚持菜品不打折、服务不打折。但让人意外的是，看起来跟科技和互联网相距甚远的海底捞，已经通过一系列尝试，在移动端拥有了数量可观的用户群。

海底捞目前移动 APP 用户 30 余万，微信公众账号将近 80 万用户，支付宝钱包约 50 余万用户。通过线上产品和应用的布局，海底捞已经在线上线下相互打通的过程中，摸索出了一条自己的路径。

海底捞为什么走在前面

从 2009 年开始，海底捞规划整体门店系统的平台。在这个过程里，2011 年前后就上线了移动 APP 和官网订餐等功能，并且在当时就已经实现了线上产品和店内系统、CRM、社区等系统的打通。这为海底捞在近两年发力 O2O，打下了一个特别重要的基础。

“我们 IT 的东西都已经做好了，我只要考虑店外的东西，但是有很多企业还要回头解决打通的问题，系统的问题。”海底捞信息部部长冯海龙说。

对于大多数餐饮企业来说，系统的打通，仍然是一个大难题。除了餐饮企业的投入外，餐饮行业本身的复杂性也注定了这不是一个简单的过程。譬如在海底捞用 pad 点菜，你可以只点半份菜，也可以随时退菜，这些都是海底捞的个性化服务，当然也需要后台系统的支持和打通。

海底捞的线上布局显得相对庞杂，有自己的 PC 端官网、移动 APP，也分别和 BAT 通过百度直达号、支付宝钱包、微信公共账号等展开了 O2O 相关的尝试。

看起来分散，但却彼此相连。“这些产品和应用，也已经实现了系统到系统之间的打通，系统到服务之间的打通，甚至系统到设备之间的打通。比如我们的美图打印服务，它是通过我们的系统跟设备直接连接。比如我们排号系统也是一样，做到了系统跟设备的连接”。

冯海龙认为，这也是为什么微信、支付宝、百度直达号选择和海底捞合作的原因，“他们看中了我们线下、线上这个比较完整的平台，所有订单流、支付流、信息流，都能够实现前端系统到后台系统的完全打通”。

谈到海底捞的 O2O，冯海龙经常被追问的一个问题是，转化率怎么样？

但他一直试图说明，海底捞并没有特别把转化率作为一个核心指标来考核，“有时候这种投入不一定是有产出的。也正是因为公司并没有说一定要从中得到多少的转换率，要达到什么样的条件，我们才能把精力集中于如何把更多的服务和更好的用户体验提供给我们的客户”。

海底捞做 O2O，还是想延续服务

海底捞在线下让人印象深刻的是服务，在线上，海底捞仍然要做服务。

除了可以在 APP 上订餐、叫外卖，海底捞还上线了两款休闲小游戏，一款叫 hi 农场，另一个叫 hi 拼菜，都是借用了比较流行的休闲游戏类型，再换上海底捞的元素而来。

谈到上线游戏的目的，冯海龙认为提供外卖、点餐等功能对用户来说太过单一，希望借助游戏提高 APP 的黏性，“只能下个单订个餐下载量是有限的，如果有一些别的功能可能会保留下来”。

去年，海底捞与印美图合作，在各个门店内提供微信照片打印服务，冯海龙的想法是，“游戏会腻，但是服务会给用户带来价值”。从数据的反馈上看，在线上继续延续服务这个策略是有效的。“公众号以前每天新增一千多用户，上线了印美图之后每天新增六七千”。

上线印美图，一次性投入就高达 200 万元，对于传统餐饮企业来说是难以想象的。但在海底捞，“上线了之后，公司内部都觉得特别好，这可能和我们本身的企业文化有关系。”冯海龙补充。

如何用产品倒逼服务

当产品先行时，意味着要改变的不仅是消费者的使用习惯，更多的是服务人员的认知和理解。

以海底捞的体量来说，想要推动一个服务流程的改变可能更加困难。不同门店的差异和管理人员的配合程度，对结果的影响也更为直接。

从去年年底，2013 年海底捞和微信合作推广微信支付。根据冯海龙此前在微信公开课分享的数据，从今年 1 月到 3 月，海底捞微信订单已经增长到 31491 单，占全网订单 63%。微信支付订单 3446 笔，占全网支付比例 60%。最有冲击力的一点是，微信支付的交易额占到了海底捞整体销售额的 17%。

“餐饮行业是最爱用现金的，刷卡支付推行了十几年，但目前支付比例也不到 40%”，这也正是海底捞取得的效果的惊人之处。

但是一项看起来快速促进行业变革的产品，推行起来也并非一帆风顺。“因为这件事的合作对我们（海底捞和微信）来说都是第一次，系统的预热也要时间。刚开始系统会出现各种各样的问题。等到系统磨合好，才是人的磨合，前前后后大概也用了两个半月”。

门店的差异也直接决定了效果，冯海龙举例说，譬如门店的宽带，有的门店经理接的是5M，有的是10M、20M，高的可能是50M。"海底捞武汉的几家门店接的都是50M的宽带，当时推微信支付，每个月我们都看到是这几个店门列前茅。最多的时候他们一个礼拜微信支付近千笔，门店经营者的推动作用特别大"。

海底捞目前也在产品的细节上优化线上支付的环节：譬如以前结账，服务员会先询问是否用微信支付。如果是的话需要在系统上选择后才能跳出二维码。但是现在消费者点击结账，pad可以直接跳出二维码。省去了询问再选择的过程。

当产品推行到服务层面，收到反馈，再进行产品的改良，就是一个正向的循环。在线上，海底捞的下一步计划，一方面是系统的继续优化，另一方面是对会员管理和数据分析做更多的功课。

海底捞重金投入O2O，收效如何，现在还没到交出答卷的时候。但通过系统的合理布局，大胆的尝试和快速的更新优化，海底捞确实走在了传统餐饮行业的前列。

海底捞的经验也给出了一条传统餐饮企业从线下走向线上的路径。O2O的发展过程，离不开海底捞这类传统商家的互联网化的尝试。当产品与需求高度结合，双线并进，O2O的发展才能给经营者和消费者带来实际的意义。

资料来源：陶然．海底捞式O2O. 营销界·食品营销，2014（11）.

10.1.3　网络营销渠道的类型

在传统营销渠道中，中间商是渠道中的重要组成部分，这些中间商能解决生产与消费中的空间分离、时间分离、所有权分离、供需数量和货色供需的矛盾，降低社会交易总次数，从而提高交换效率，节约交易费用。但随着互联网的发展和网络营销渠道的兴起，传统中间商的地位正在受到严重挑战。戴尔公司网络直销模式与IBM公司经销模式的竞争让我们看到了网络营销渠道与传统营销渠道相比的巨大优势。在网络营销环境下，网络营销渠道主要有网络直接营销渠道和网络间接营销渠道两种类型。

1. 网络直接营销渠道

网络直接营销渠道是指生产企业通过互联网直接将产品销售给消费者的营销渠道。如图10-1所示，网络直销渠道与传统的直销渠道一样，都没有营销中间商介入，商品直接从生产企业转移给顾客或使用者。例如，戴尔公司的电脑销售就是采用的典型的网络直接营销渠道模式，顾客直接在该公司网站查看选择自己需要的电脑类型，并进行订购，戴尔随后会送货上门，收取货款，开出发票。电脑的很多售后服务和技术支持也都通过公司网站进行。在网络直接营销渠道中，虽然不使用批发商、零售商等中间商分销产品，但需要许多为直销渠道提供服务的辅助商，如提供货物运输配送服务的专业物流配送公司，提供货款网上结算服务的网上银行，以及提供产品信息发布与网站建设的ISP和电子商务服务商等。

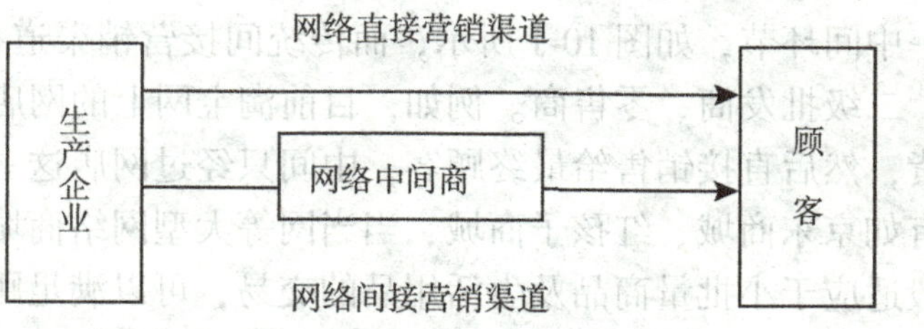

图 10-1 网络营销渠道类型

网络直销营销渠道具有诸多优点：第一，能够使生产企业与消费者直接接触，企业可以直接从顾客处搜集到真实的第一手资料，合理安排生产进度，使产品适销对路。第二，利用互联网的交互特性，使过去单向的信息沟通变成了双向信息沟通，增强了生产企业与顾客的直接联系。第三，网上直接营销渠道可以提供更加便捷的相关服务，如网上支付服务、网上售后服务和技术支持等，既可以方便顾客，也可以使生产企业以最小成本为顾客服务。第四，网上直接营销渠道可以大大减少过去传统渠道中的流通环节，有效降低渠道成本，如库存成本、促销成本等，使企业能以较低价格销售产品，顾客也能从中获得价格的优惠。第五，生产企业的销售人员能利用互联网提供的各种便捷工具，如电子邮件、电子公告牌等，随时根据顾客需求及变化开展促销活动，提高产品销量。第六，生产企业能够及时了解顾客对产品的意见、要求和建议，从而对产品做出改进，提高产品质量，改善企业管理。

网络直接营销渠道具有上述多种优点，所以有人认为网络直销渠道将会取代传统营销渠道，甚至网络间接营销渠道。这种观点是片面的。实际上，网络直接营销渠道也有其缺陷。首先，由于越来越多的生产企业和商家在互联网上建立网站，网站数量剧增。面对数以百万计的企业网站，很少有顾客会耐心地访问一个个企业网站。即使有搜索引擎的帮助，顾客也不会有耐心去阅读成千上万个搜索结果。而且单个企业网站也无法解决产品货色搭配、数量搭配等问题，所以，还有必要建立专门服务于商业活动的综合性商务网站，采用网络间接渠道实行销售。其次，顾客的需求总是多种多样的，即使在大多数人都喜欢网上购物的时代，仍然会有相当多的顾客喜欢实际的购物氛围，例如，有人就喜欢到实体书店去感受优雅的读书环境，接触不同的人，这靠单纯敲击鼠标是无法完成的。最后，有些服务在网上是不可能完成的，如洗衣、加油、理发、到酒吧喝酒等日常服务。事实上，从目前的情况来看，网络直接营销渠道比较适合的是大型商品及生产资料的规模化交易，而对于单价较低、需求量少及需要搭配购买的产品的购买，还需要网络间接营销渠道来满足。

2. 网络间接营销渠道

网络间接营销渠道是指生产企业通过网络中间商把产品销售给顾客的营销渠道。与传统间接营销渠道不同的是，基于互联网的新型网络间接营销渠道只有新型网络中间商这一中间环节，如图 10-1 所示，而传统间接营销渠道有多个中间环节，如一级批发商、二级批发商、零售商。例如，目前淘宝网上的网店，大都是直接从生产企业处进货，然后直接销售给最终顾客，中间只经过网店这一个环节。其他做得比较好的还有如京东商城、红孩子商城、当当网等大型网络商城、书店。网络间接营销渠道一般适应于小批量商品及生活用品的交易，可以满足顾客追求低价和一站式购物的各种需求。与网络直接营销渠道及传统营销渠道相比，网络间接营销渠道具有以下优势：

第一，简化了市场交易过程。这与传统间接营销渠道作用相同，网络间接营销渠道也可以减少社会总交易次数，简化了交易过程，从而节约了交易费用。

第二，使中间商平均订货量规模化。与传统营销渠道相比，一方面，网络间接营销渠道能够以最短的渠道销售商品，减少中间加价，满足顾客对商品价格的要求；另一方面，这种渠道能够通过计算机自动撮合的功能，组织商品的批量订货，满足生产企业对规模经济的要求。例如，一年冬天，有一个普通农民种的一亩半地大棚樱桃即将成熟，如果拿到当地市场去卖，因为需求不大，卖不到好价钱，大约一斤只能卖到 4 元钱。后来登录了易时代网站的《商务快车》，把“早熟的樱桃现在上市!”的信息发到了 37 个网站。结果第二天就接到了郑州、惠州、哈尔滨等十几个城市的回复，都争着要这批早熟樱桃。结果，樱桃卖给了哈尔滨的一个咖啡厅老板，以 40 元一斤的价格成交。正是网络营销间接渠道，帮助这个农民节约了去外地洽谈的费用，找到了最好的客户，最终将樱桃卖到了原来当地价钱的 10 倍。

第三，简化了生产企业的信息收集过程。专业的网络中间商通过网络可以覆盖全国甚至全世界，可以帮助生产企业方便快捷地找到目标市场，迅速达成交易，提高市场份额。例如，中国商品交易中心就是一个覆盖全中国、联结全世界的商品交易网络。企业只要登录该网站，就等于拥有了自己的全国网络。企业可以通过网站查询客户信息，在网络上谈判、确定合同条款、发出订单、履行合同，完成整个商品交易流程。在此过程中，企业可节约大量的差旅费用、流通环节费用、货物货款拖欠及利息的损失、工资费用、中间人的回扣等，最主要的是简化了信息收集过程，使生产企业可以方便地获得大量目标客户信息。

总之，网络间接营销渠道大大提高了中间商的交易效率、专门化程度和规模经济效益。同时，新兴的网络中间商也对传统中间商产生了巨大冲击，以至于很多传统的零售商，如零售业巨头沃尔玛、家乐福，都不得不开设网上商店。

但是，在现实中，很多企业并不单纯依靠网络直接营销渠道，或者网络间接营销渠道来销售产品，而是采用多种渠道分销产品。有些企业采用网络双渠道，即企业同时使用网络直接营销渠道和网络间接营销渠道，以达到销售量最大的目标。这也是目前很多开展网络营销的企业所采取的渠道方式。其实，更多的企业是在原有传统渠道的基础上引入网络渠道，将传统渠道和网络渠道进行整合，构建多渠道网络系统。在目前的买方市场条件下，通过多条渠道销售产品可以更容易实现市场渗透，增加市场份额。

10.1.4 网络营销渠道的优势

网络营销渠道是以互联网为基础发展起来的。互联网具有快速、高效、低成本、一对一互动等特点，拥有传统媒体所不具备的优势。而且互联网还在以日新月异的速度更新换代、突飞猛进。以互联网为基础的网络营销渠道与传统营销渠道相比，具有以下优势：

1. 范围广

全世界任何人只要拥有可以上网的电脑，或者拥有其他可以登录互联网的设备，就可以上网访问任何企业、商业网站并进行网上购物。而对企业来说，哪怕只是一个很小的企业，哪怕处于偏远的山区，只要能够建立自己的网站，只要物流或邮政能够到达，就可以通过网站在全世界范围内寻找顾客，将其产品销售到世界各地。例如，在中央电视台二套的青年创业晚会上，有一位来自山西的青年农民王小帮，回乡创业开网店，将他们山区的大枣、核桃等土产卖到了全世界，月销售额已达2万元。在以前这根本是不可想象的，但在互联网时代，这样的事情每天都在发生。从需求与供给的角度看，其实全球范围内原本就有很多人有共同的消费需求，但在以前，因为信息不畅和物流技术落后，顾客分散在各地，企业无法向他们提供产品。现在，通过网络，企业可以将世界各地具有相同需求的顾客汇总起来，形成一个较大的目标市场。企业通过网络还可以将其产品信息方便地传递到世界各地，如河南的小企业照样可以通过网络将产品卖到欧洲、南美。于是供给和需求有了一个交集，就有了网络购物的快速发展。通过网络，企业的产品可以辐射到整个世界，而不像以前只能辐射到一定的区域。所以，在辐射范围方面，传统渠道根本无法和网络渠道相提并论。

2. 成本低

从理论和现实看，网络营销渠道的确可以大大降低销售与分销成本。首先，网络营销渠道有效减少了流通成本。网络营销渠道大大减少了中间商的层次，甚至取消了中间商，所以，可以有效减少中间商的层层加价，还原产品价格，降低销售成本。该差价可以在生产企业、网络中间商和顾客之间进行分配，实现多赢的局面。其次，网络营销渠道节约了开店费用。网络营销渠道通过网上虚拟化经营，做到无店面销售，可节约渠道成员租赁店面的租金、装修费、水电费、办公费、人工成本等一系列开店费用，降低分销成本。再次，网络营销渠道可以大幅度降低物流成本和资金风险。中间商根据订单进货，甚至可以直接要求生产企业根据订单发货，自己保持零库存，这样就大大降低了库存压力和资金风险。同时，库存集中在生产企业或者在全国、全世界布局的有限仓库，根据订单直接发运给顾客，而不用像传统营销渠道那样将产品先运输至批发商、零售商处，零售商再将产品分发至众多的零售商店，这样就可以大大减少仓库数量，提高仓库位置选择的灵活性，降低多次运输造成的损坏、搬运、装卸、仓储、盘点等费用，有效降低库存、运输等成本。最后，网络营销渠道还可以有效降低促销费用。企业通过网络发布促销信息，不用再印刷、包装、邮寄发送宣传材料，网络信息发布渠道的费用又远低于传统媒体渠道，可以节省广告宣传费用，从而有效降低促销费用。

3. 互动性强

互联网具有强大的互动性，企业可以通过网络实现整个产品销售过程的互动性。首先，在产品设计阶段，企业就可以通过电子公告栏、电子邮件、网上问卷等进行市场调查，了解顾客需求的变化、顾客对产品概念、产品功能、产品定价等的意见，根据顾客需求和意见设计产品。其次，在产品销售阶段，企业可以在网上发布产品、促销信息，顾客可以自己登录查看产品信息，向企业销售人员在线咨询产品情况，并根据需要在网上订购产品。再次，在产品的送货和支付阶段，企业可通过电子邮件、短信等随时通知货物的运输情况，实现顾客对物流的全程跟踪。货到之后，顾客检查无误，在网上支付货款。最后，在售后服务阶段，企业可在网上设置 FAQ（常见问题解答），解答顾客使用产品中经常碰到的常规问题，实现自助服务。对一些特殊问题，也可以在网上留言或直接在线向专家咨询。同时，顾客对所购产品的满意与不满意情况均可在网上留言或打分。例如，在淘宝网，顾客购买产品后，就可以对网店的产品质量、服务态度等打分，网店靠打分积累信誉度。同时，网店也可以就顾客货款支付、沟通情况打分，顾客也依靠这些打分积累个人信用。网店信誉与顾客个人信用情况在淘宝购物中有重要的作用。上述方面的互动性也是很多年轻顾客喜欢网上购物的原因之一，而在传统渠道中，这些互动性是很难实现的。

4. 渠道短

网络营销渠道目前主要有网络直销渠道和网络间接渠道两类。直销渠道属于零级渠道，渠道长度最短。间接渠道往往只有一级网络中间商，如各种网上商城，相当于传统渠道中的一级渠道，而传统渠道中经常有多级批发商、多级零售商，产品从生产企业达到顾客手中往往需要经过多个中间层次，一般都是三级以上的长渠道。网络营销渠道短，对于生产企业而言具有很多好处：一是可以有效降低销售及分销成本；二是可以增加生产企业与顾客的互动，及时获得顾客需求信息，提高渠道效率；三是可以加强生产企业对营销渠道的控制，减少渠道冲突的可能性。因为渠道短，所以渠道成员数量少、层级少，关系比较单一，渠道利益更容易协调，渠道冲突可得到更有效的控制。

10.1.5 网络营销渠道的劣势

虽然网络营销渠道有诸多优点，但在现阶段的实际运行中，网络营销渠道也存在不少劣势。

1. 缺乏直观感受和延时交货

从理论上讲，绝大多数的产品和服务都可以通过互联网进行销售。从网络营销的实际发展中我们也可以看到，通过网络营销渠道销售的产品种类在快速增加，以至于以前很多人认为无法通过网络销售的产品，如时装、珠宝、家具等，现在都已成为网络购物的对象。但网络营销渠道有它的天然缺陷——虚拟性。在网上顾客看到的一切都是虚拟的，他们摸不到、闻不到实际产品，更不用说实际试用或操作产品。例如，汽车、运动器械、音响设备等产品需要顾客实际接触试用才能决定是否购买，而网络无法提供这种直观体验。另外，网络的虚拟性也让顾客无法体验到购物气氛，而这种气氛影响顾客购买的一个重要因素。而且，无论物流怎样发达，在网上购物后不可能像在实体商店那样马上得到实体商品，延时交货不可避免。

2. 网络混乱拥挤

随着网络营销的发展，大量的生产企业和中间商都在建设自己的网站。海量的网站信息让顾客无所适从，要找一个自己需求的产品往往要花费很大精力，就算是找到了网站，往往也会发现网站信息庞杂、过时。同样，对企业来说，花费了大量的财力和精力建立了企业网站，但却淹没在信息的海洋中。为了让顾客了解自己的产品，他们不得不花费巨额广告费在门户网站、搜索引擎、专业网站上发布公告。此外，网速的发展总是跟不上网络应用的发展，网络购物、浏览网页、下载文件经常因为频繁的网络堵塞而变得冗长繁琐，时时考验着顾客的耐心。

3. 物流滞后

网上购物下订单后，除了一些数码类的产品可以通过网络直接发货，由顾客下载外，其他产品还必须通过物流配送体系才能送到顾客手中。而物流的发展恰恰是我国网络营销目前面临的最大瓶颈。我国的物流系统中订单处理、仓储、包装、运输、配送等效率比较低下，且费用较为昂贵，特别是当订购量较小的时候更为突出。

4. 安全问题

传统交易中，顾客购物与商家是面对面交易，一手交钱一手交货，产品是在精挑细选甚至试用基础上选定的，顾客风险较小。而在网上购物时，要支付货款，如果选择网上支付，就面临着三个安全问题：一是货款安全。顾客可能担心货款支付了，但产品能否送来或送来的是次品，也就是存在货款被骗的风险。二是信用卡和账号安全。传统购物时顾客也可能会用信用卡，但刷卡过程顾客全程参与，卡号、密码均为自己掌握，所以感觉比较安全。而网上支付使用信用卡，需要在网上填写信用卡卡号、密码和个人身份信息。由于网络的公开性和网络病毒的存在，这些信息存在被泄露或盗窃的风险。三是个人信息安全。网上填写的个人身份信息被商家全部掌握，有可能会被商家非法利用，例如出售给某些电话营销公司、保险公司甚至诈骗团伙，带来各种隐患。

5. 信誉问题

因为无法切身感受产品，顾客对产品的了解只能通过网络进行，这样对产品的了解就存在较大的局限性，顾客会担心产品质量、性能是否如宣传所说，产品来源是否正规，商家是否会按时发货，产品发现问题是否可以退换，产品使用中出现的售后问题能否得到及时的维修和服务，等等。其实这一切都可以归结为商家的信用问题。如果购买的是知名企业的产品，因为信誉有保障，这些问题就可以在很大程度得到解决。

6. 对个人及社会购物动机的忽视

顾客购物虽然主要是为了满足实际需要，但除此之外还有较为复杂的购物心理和动机。例如，个人购物动机包括角色扮演的需要、了解最新流行时尚的需要、感官刺激的需要、炫耀的需要、放松心情的需要等；社会购物动机包括积累社会经验、和有相同兴趣的人群交流、获得权力与地位感、讨价还价的乐趣等。而这些非经济目的的购物动机在网上购物时就较难被满足。

10.2　网络营销渠道的设计与管理

网络营销渠道设计与管理和传统营销渠道类似，也要经过设计营销渠道、确定组织模式、选择和激励渠道成员、对渠道运行进行控制、管理渠道冲突、定期对渠道进行评估和调整等过程。但是，与传统营销渠道相比，网络营销渠道设计与管理的重点不同。

10.2.1　网络营销渠道的设计

根据销售对象不同，网络营销渠道可以分为两种模式：一种是 B2B，即企业对企业的模式。这种模式单次交易量很大、交易次数较少，且购买方比较集中，因此网络营销渠道建设的关键是订货系统，以便购买方进行选择。而对于资金结算，由于企业一般信用相对较好，通过网上结算或货到付款都比较简单。对于物流配送，由于量大次少，可以由生产企业专门配送。另一种是 B2C，即企业对顾客模式。这种模式的每次交易量小、交易次数多，且购买者非常分散，因此，网络营销渠道建设的关键是结算系统和配送系统。对于结算，近年来网上银行的发展已经对网络营销形成了一定的支持，却仍存在安全、信用等问题，还需要有货到付款、邮政汇款等结算形式的支持。对于配送，虽然小型快递公司、第三方物流公司、邮政快递业务的发展已解决了一部分配送问题，但还面临企业规模小、无知名品牌、行业规范不健全、效率低等问题，还需要大力发展第三方物流业，用现代信息与互联网技术进行改造以提高效率，减少失误。

除了考虑到顾客特性、产品特性、中间商特性、竞争特性、企业特性和环境特性等因素之外，在具体设计网络营销渠道时，还要重点考虑到以下几个方面：

首先，从顾客角度设计渠道。只有采用顾客比较放心、容易接受的方式才有可能吸引顾客使用网上购物，以克服网上购物"虚"的感觉。例如，根据顾客的上网习惯，选择网络中间商，采用虚拟现实、3D 等新技术展示产品，根据顾客对配送的时间要求，建议顾客选择最节约成本的配送方式，等等。

其次，订货系统设计要简便。不要让顾客填写太多信息，而应该采用现在流行的"购物车"方式模拟超市，让顾客一边比较选择商品，一边进行选购；购物结束后一次性进行结算，不满意的产品随时可以从购物车中删除。另外，订货系统还应该提供商品搜索和分类查找功能，以便于顾客在最短时间内找到需要的商品；商品展示信息应尽量详尽，如性能、外形、品牌等顾客关注的重要信息一定要齐全；可根据产品联想，为顾客推荐关联产品；顾客注册后再次购物送货地址不用再重复填写，但可进行修改，等等。

再次，在选择结算方式时，要考虑到网上支付发展现状，尽量提供多种方式供顾客选择。同时还要考虑网上结算的安全性，对于不安全的直接结算方式，可换成间接的安全方式，如 8848 网站将其信用卡号和账号公开，顾客可以自己通过信用卡终端自行转账，避免了网上输入账号和密码被盗的风险。

最后，网络营销渠道建设的关键是建立完善的配送系统。在目前我国配送体系还不成熟的时候，进行网上销售时要考虑该产品是否适合于目前的配送体系。随着我国物流业振兴计划的实施，国外物流巨头联邦快递、UPS 的进入中国，网络营销渠道受制于配送系统的情况将会越来越少。

10.2.2　网络营销渠道管理

网络营销渠道建立之后，就要对其日常运营进行管理。网络营销渠道管理同传统营销渠道管理一样，其实质就是通过一系列的管理手段和方法，比如增加渠道成员合作，防范渠道成员冲突，鼓励渠道成员发展等，进而实现渠道成员之间关系和谐、渠道销售能力增强和整个营销体系功能最优、效率最大的目标。网络营销渠道管理的重点在于渠道政策管理、渠道冲突管理、渠道安全管理和渠道物流管理。

1. 渠道政策管理

渠道政策对于渠道运作的规范与导向作用是不可忽视的，没有好的渠道政策也就不会有成功的渠道。渠道政策实际上关系着整个渠道的健康发展。渠道政策管理的关键在于，首先要制定科学的行之有效的渠道管理政策以保证整个渠道体系的高质量的运转，然后要求所有渠道成员都必须坚决执行已经制定好的政策，以保证渠道的畅通和对外服务的一致性。

(1) 渠道政策制定。

生产企业要明确网络营销渠道的政策内容，一般应包括主要产品的宣传政策、促销政策、价格体系政策、客户服务政策及渠道成员利益分配和激励政策等，这些政策实际上形成一个整体的营销政策体系。

制定渠道政策时，生产企业要注意平衡渠道成员的利益。营销渠道是一个从生产企业到顾客的环节众多、利益主体众多的链条，有一套利益平衡机制在发挥着作用，这套机制促使多方利益主体向同一个方向努力，渠道政策就是这套机制的重要组成部分。因此，制定切实可行的渠道政策的关键在于平衡渠道中各利益相关者的利益分配与冲突，构建一种符合生产企业自身资源的多赢模式。

(2) 渠道政策执行。

渠道政策制定之后，接下来就是渠道政策执行。执行的关键在于通过各种措施保证渠道政策不变形。为此生产企业应做好以下几点：

第一，做好渠道沟通。生产企业应重视与网络渠道中间商的沟通，要让中间商了解自己的目标、策略以及产品和销售的相关信息。沟通分为两个层次，一是生产企业高层与中间商高层的沟通，主要沟通战略、目标、执行等方面的重大问题；二是生产企业客户经理与中间商具体执行层的沟通，主要沟通各项具体问题，如价格、返点、促销活动等。沟通的最终目标是减少和中间商之间的分歧，达成共赢。

第二，加强渠道监控和激励。首先，生产企业渠道管理部门要根据网络中间商的权利和义务，对其产品宣传、价格体系、促销活动等进行定期监控，发现不实宣传、擅自降价等问题后要及时沟通和处理，保障整个网络渠道体系的稳定。其次，定期对网络中间商的销售量、销售额、促销活动、广告宣传、客户服务水平及其他事项进行考核评定，对出色完成销售任务的网络中间商给予物质和精神激励，以调动中间商的分销积极性。

第三，提供渠道增值服务。提供渠道增值服务，既是对网络中间商的激励，也是生产企业加强渠道控制的手段。提供增值服务，要先了解中间商不同发展阶段的不同需求，再根据需求提供相应的增值服务，如培训、协助制定市场营销计划、人力资源规划、企业战略规划、协助开展市场调查、提高中间商管理水平等。对于那些发展较好的中间商，可以谋求与之建立平等的战略合作伙伴关系，共同打造营销渠道的核心竞争力。

第四，实施渠道组织变革。网络中间商具有不同于传统中间商的特点，因此需要生产企业区别对待，另行管理，同时还要兼顾传统渠道与网络渠道之间的利益平衡。所以，生产企业需要对现有的组织结构进行变革，将传统渠道管理与网络渠道管理的部门分设，但都统一在销售部或市场部下，有统一的主管领导，以便平时各自管理，出现重大问题时相互协调。同时，组织变革后一定要任用专业人才进行管理，才能发挥出组织变革的优势。

2. 渠道冲突管理

虽然网络营销渠道发展非常迅速，但要说网络营销渠道已取代了传统营销渠道还言之过早。所以目前很多企业都采用多渠道系统，即同时采用传统营销渠道和网络营销渠道运营，希望能兼得二者的好处。但在实际运营中，这两类渠道经常发生渠道冲突，威胁到渠道的稳定和整体利益的实现。

(1) 渠道冲突的原因。

①客观原因。

一是传统渠道的抵制态度。当原先拥有传统渠道系统的企业引入网络营销渠道时，传统渠道成员出于对自身利益的维护，更唯恐网络营销渠道成员在不远的将来会取代自己的位置，因此难免会对网络营销渠道抱有敌意。传统中间商的不合作直接导致了两种营销渠道系统的冲突，使企业在引入网络营销渠道时左右为难。例如，著名零售商沃尔玛就是传统营销渠道的积极维护者，它放言，任何在网上进行直销的企业，沃尔玛都会毫不留情地将其产品清除出去。以沃尔玛的地位，这一态度对准备引入网络渠道的供货企业来说，确实具有极大的威慑力。传统营销渠道这种坚决的抵制态度使得两种渠道的冲突不可避免。

二是渠道之间的争夺。多渠道的采用不可避免地带来了渠道之间的争夺。这种争夺主要体现在两个方面：对企业资源的争夺和对市场份额的争夺。企业的资金、人力、产品等资源都是有限的，引入网络营销渠道必然会侵占原来对传统营销渠道的资源供给。同时，当两种渠道在同一个市场争夺同一个客户群时，必然会产生激烈竞争，引发利益冲突，最终使企业的营销效果大打折扣。这种情况在顾客网上购物中表现非常明显。我们经常会发现很多顾客会先在传统渠道中仔细观察、试用产品，满意后并不在传统渠道购买，而是返回网络渠道下订单。这是因为网络营销渠道一般和传统营销渠道价格体系不同，价差经常能达到让顾客不能不动心的地步。例如，某品牌一新款灶具烟机在传统渠道中打完折后价格 7200 元，而同样的品牌和款式，在网上只要 4500 元，加上 400 元运费，总价也不过 4900 元，还是要比传统渠道便宜 2300 元。这样的差价对顾客不可能没有诱惑力。这种网络营销渠道对传统营销渠道价格体系的冲击是非常严重的，也是传统营销渠道成员最为痛恨的。

②主观原因。

在传统渠道的基础上引入网络营销渠道时，生产企业必须合理设计渠道关系、协调渠道成员行为以避免冲突。但实际上许多生产企业渠道管理能力低下、多渠道运作经验不足，还未能通过差异化使新旧渠道实现区隔，也不了解如何根据渠道差异使用恰当的定价、促销、宣传及服务手段，不具备进行渠道整合的能力，因此导致甚至恶化了渠道冲突。生产企业整合渠道能力的不足体现在：企业在某一区域市场内未能合理规划使用两类渠道，致使同一客户群可以通过不同渠道接触到企业的同类产品，但产品定价不同，顾客可能会因此对企业的产品甚至企业本身产生怀疑，而新旧两类渠道也会因为争夺顾客进行价格战或促销战，产生冲突；企业对网络营销渠道和传统营销渠道没有根据各自特点设计相应的营销组合，使用统一的营销策略，以致出现执行中的种种问题；即使企业对不同渠道采用了不同的渠道政策和分销手段，但缺乏沟通和说明，导致部分渠道成员的不满；生产企业对网络中间商的管理仍停留在传统的方式，致使两类渠道不能形成强有力的合力，共同协助企业实现销售目标。

（2）渠道冲突的管理。

网络营销渠道冲突主要有两类，一类是网络营销渠道与传统营销渠道间的冲突，另一类是网络营销渠道内部冲突，即不同网络中间商之间的冲突。对于后一类冲突，其管理方式类似于传统渠道内部冲突的管理，此处主要讨论如何管理第一类渠道冲突。管理网络营销渠道与传统营销渠道之间的冲突，关键在于协调好生产企业、传统中间商和网络中间商的三方利益。常见的做法包括以下三个方面：

①差异化定位。

生产企业在使用网络渠道之前，需要事先明确网络渠道在公司的整体战略，至少是在渠道战略中到底将扮演什么样的角色。对于同时使用传统与网络两种渠道的生产企业来说，它需要对网络渠道进行差异化定位，使其成为传统渠道的“增量”而非“替量”，以同时实现传统渠道与网络渠道的不同价值。一些生产企业以为实施网络营销就是把商品打折拿到网上来卖，事实上，这样的做法换来的只是顾客的渠道转换，是“替量”而非“增量”，这是没有实际意义的，不能给企业带来效益，有时甚至会使效益降低。

常见的网络渠道定位有以下三种：一是品牌互动窗口，即发挥网络营销的互动优势，将网络渠道建设成为与现实和潜在顾客开展线上品牌沟通的交流窗口和互动平台，以增加品牌知名度、强化品牌美誉度和提升品牌忠诚度，甚至进行新品推介。二是库存消化通道，即将网络渠道建设为生产企业及各个区域代理商处理积压库存商品的销售途径，开设网上特卖专场，实行降价销售。这样既适应了网络渠道销售价格优惠、地域覆盖不受限制的特点，同时也实现了过季商品和应季商品的有效区隔、网络消费群体与传统消费群体的有效区隔，不会直接损害传统渠道的利益。三是销售增量平台，作为对传统渠道覆盖面不足的弥补，承载现实而直接的销售增量渠道功能。

应用案例

七匹狼触网 全渠道融合策略奏效

2013 年“双 11”七匹狼电商斩获傲人战绩，仅天猫旗舰店的单店营业额即达到 3200 多万元，加上分销商业绩，天猫总体营业额近 8000 万元，加上淘宝总业绩达到 1.2 亿元，创下历史新高，位列淘宝男装品牌类目的第二位。

作为传统品牌，七匹狼男装早在2008年就触网了，但早期发展并不顺利，电商对线下经销商带来的冲击成为最大阻碍。随着电商渠道巨大商机被认可，经过步步规范与精心整合，七匹狼电商逐步稳定发展了起来。到2013年年底，其线上业务已达3.5亿元，约占总销售额的7%，与同类品牌相比处于相当高的水平。

七匹狼于2008年6月在淘宝开办旗舰店，正式启动电商业务。其实此前七匹狼的产品早就在线上扎了营，有许多小店在销售七匹狼男装，店主多为七匹狼线下经销商或是他们的亲朋，商品是滞销的库存。其时，七匹狼既有的口碑与形象并没有产生相应的销售效果，旗舰店一天最多营收不过千元。最初，七匹狼先对未授权的店铺施压，强迫它们关闭。但是互联网开店成本低，违规成本也低，线下渠道的管理秩序并不适用，关掉一批后又再起一批。折腾一年后，七匹狼才意识到，与其围堵剿杀，不如因势利导为我所用。从2010年开始，七匹狼将打压变为招安。通过谈判，七匹狼给规模较大的店主授权，并按照线下经销制度管理他们，引导他们订期货。

分析人士指出，B2C时代，七匹狼网络渠道整合的最大意义，是线上经销商身份得到承认。他们可以自主投放广告、购买流量、与会员互动、打击侵权等。分销商积极性得到提升，销售潜力得以释放，销量开始攀升，七匹狼的B2C业务开始有序运行。在2013年年底，七匹狼线上业务销售额约有3.5亿元，主要功能还是消化库存，网店中90%的货品是库存。

七匹狼的想法是，未来会员在线下实体店购买七匹狼商品，所积累的积分可以在线上的各个平台使用，即所有的积分可以在所有渠道等价使用，获得线上、线下一致的消费体验。

资料来源：王彩霞．七匹狼触网 全渠道融合策略奏效．中国连锁，2014（3）：40-43.

问题：

你认为七匹狼的全渠道发展过程中主要面临哪类渠道冲突？七匹狼对网络渠道的定位是什么？

②渠道区隔。

实施渠道区隔主要有两种具体做法：一是品牌区隔。生产企业可实施多品牌策略，传统渠道销售的是某一个或几个品牌，而网络渠道销售的是另一个品牌。其实在传统渠道中已有很多生产企业针对不同目标市场的不同利益需求实施多品牌策略，如宝洁公司的洗发水就有飘柔、潘婷、海飞丝等多个品牌。线上线下销售不同品牌是一个很好的区隔渠道的方法。例如，报喜鸟集团为开辟网络销售市场，针对不同类型的细分市场，就专门发展了一个全新的网络渠道品牌——“宝鸟”。二是产品线区隔。其实在传统渠道中，为避免多渠道冲突，已经有很多企业在这样做了。例如，很多3C企业为了避免传统渠道与大卖场——国美、苏宁的价格冲突，就是采取型号区隔的做法，为大卖场特制部分型号。网络渠道与传统渠道冲突的解决也可借鉴这种做法，为网络渠道专门定制特别型号的产品，以避免顾客对线上线下产品的直接价格比较。例如，李宁公司在线下各专卖店的销售以正价新品为主，而在专门的打折店中以销售库存产品为主，在网上商城销售的主要是以正价新品的推荐和限量商品为主，包括明星签名的商品，这些商品瞄准的是少数顾客，而淘宝商城的网店则进行一部分库存商品的销售。

③价格管理。

相关研究表明，只要网上商品的价格在线下价格的75%以上，就不会对线下商品产生太大的冲击。例如，联想就采用了控制价格下限的办法，对自己旗舰店的商品，包括网上代理商的销售价格，制定了下限浮动不得超过3%的严令。又如，对于玩具类产品，一般厂家则采取了限调20%的幅度禁令。其实有很多网上商户都是企业自己的传统渠道中间商开的，他们要么为了完成任务指标，要么为了提高销量以获得返利，纷纷开设网店大打价格战。所以，做好价格管理，控制好网上商品最低价格，既可以尽量避免传统渠道与网络渠道的冲突，又可以杜绝传统渠道中间商违规出货。

应用案例

优衣库线上线下渠道“双飞”

跟中国传统品牌一直纠结于线上线下渠道平衡不同，优衣库并不存在这一困扰。当中国大多数服装品牌在线上线下渠道的纠结中裹足不前之时，优衣库甚至能够利用O2O模式，来实现线上线下的渠道“双飞”。

因为中国大多数传统品牌以经销模式为主，为了平衡渠道关系，不得不在上线之初退而求其次选择作为线下渠道的“下水道”，而一直全部直营的优衣库则可以做到线上线下款式完全同步，并且价格一致。对于优衣库来说，如今辐射市场范围更广的天猫店迄今为止最大的价值不是漂亮的销售数字，也不是一直保持不错的毛利率，而是利用该店铺数据可以精准地指导优衣库将线下门店开在中国哪块区域。最好的明证就是，在2009年上线之前已经入华七年的优衣库只开出了22家店，而在上线后的两年里门店已经开到40多家。

资料来源：曹文君，潘红英．优衣库入天猫始末．http：//i. wshang. com/Post/Default/Index/pid/14654. html.

3. 渠道安全管理

针对网络营销渠道中存在的安全问题，生产企业可从以下三个方面加强安全管理：

第一，针对货款安全问题，可通过引入网络支付中介机构和实施网络实名制来解决。首先，引入网络支付中介后，顾客的货款先行支付到中介机构，然后中介机构向网络中间商发出发货要求。顾客收到产品后，判断产品是否符合要求，符合则进行确认，由中介机构将货款付给卖方。若不符合则直接退换货，在一定时间内中介会向顾客退回货款。这样就将网上支付安全与退换货要求全部解决了。本来银行是该中介机构的最佳人选，但现在中国发展最好的却是淘宝网的支付宝，它的出现帮网上购物者解决了一个大问题，使淘宝网成为中国最大的C2C网站。其次，还可通过网络实名制解决货款安全问题。网络实名制后，无论是买方还是卖方都必须实名登录，从制度上减少了顾客受到网络欺骗的可能。当然，这对卖方来说也是一个福音，因为网络实名制可以降低顾客收到商品但不支付货款的概率。

第二，针对信用卡和账号安全，可采用很多的先进技术来预防和避免。信用卡和账号出现问题的原因主要来源于病毒、木马程序和黑客的攻击。因此只要能防备这些攻击，就可最大限度保证信用卡及账号安全。常用的技术手段包括：通过使用安全性较高的网络操作系统并进行必要的安全配置、关闭一些不常用却存在安全隐患的应用、对一些关键文件的使用权限进行严格限制、加强口令字的使用、及时给系统打补丁等，以满足系统安全需求；通过在终端设置防火墙达到隔离信任域网络的目的；通过使用加密技术、个人数字签名技术保证交易过程信息传递的安全性，有效防止信息被第三方非法截取和利用；配备网络安全扫描系统和系统安全扫描系统检测网络中存在的安全漏洞，并且要经常使用，对扫描结果进行分析，及时采取相应的措施修复系统漏洞，对网络设备等存在的不安全配置重新进行安全配置；配备入侵检测系统，对透过防火墙的攻击进行检测并做相应反应（记录、报警、阻断）；从服务器到单机都要配备防病毒软件，防止病毒入侵主机并扩散到全网，实现全网的病毒安全防护，并要对病毒代码库及时更新；通过网络备份与灾难恢复系统对重要数据信息进行安全备份与恢复。

第三，针对个人信息安全，可通过相关技术与制度进行解决。例如，为防止交易过程中泄露个人信息，现在有一种电子现金技术。电子现金就是一种匿名的电子支付手段，它的原理是用银行加密签字后的序列数字作为现金符号，使用时无顾客签名，因此可保证交易中个人信息不被泄露。同时，针对一些不良商家的非法出售个人信息的情况，应由国家出台一些相关规定，对违反规定的给予严厉处罚。

4. 渠道物流管理

物流是指网络营销中基于信息流、商流、资金流的产品或服务的物理传输，是网络营销渠道中必不可少的环节。物流和配送是有区别的，但在一般情况下，我们将物流与配送放在一起统称物流配送，指产品或服务从企业发出直至到达顾客手中的整个过程。渠道物流管理包括订货系统管理、库存与订单管理、物流配送管理三方面内容。

(1) 订货系统管理。

订货系统管理包含订货系统设计和订货信息管理两个方面。订货系统设计要考虑顾客需求，尽量简便，让顾客能方便地寻找、挑选产品并下订单，告诉顾客收到商品的大致时间，允许顾客自主选择不同类型的送货方式。

订货信息管理要重视顾客订单信息的保存与管理。客户信息对企业来说是一种非常重要的资源，能为企业进行市场分析、促销、维护客户关系提供依据，因此，在法律允许的情况下应尽量多获取客户信息。客户信息对于客户来说属于个人隐私，他们愿意将个人信息告诉企业，说明他们对企业有基本的信任。企业一定不能辜负客户信任，应将客户信息视为机密，特别是关于客户信用卡（银行卡）卡号及其他财务信息。同时对客户的姓名、地址、电话、购物经历等其他信息也要加以保护，为顾客再次购物提供方便，不用再次填写相关内容。如果需要将客户信息发布给第三方，之前一定要得到客户的准许，而不能自作主张私自泄露。

(2) 库存与订单管理。

在接到订单后，企业接下来要将产品传递给顾客。如果是无形产品，可通过网络直接传送。而对于不能用网络传送的实体产品，则需通过物流来解决。在产品运送过程中，可能出现产品未能送到顾客手中的情况，这会影响企业的信誉。出现这种情况可能是库存不足或尚未到货，或订单被忘记，或包裹在运输过程中出现丢失、损坏等。为避免这些问题产生，企业需要做好库存和订单的跟踪和管理。

库存管理。企业应建立库存数据库，随时了解销售产品数量和库存产品数量，根据不同时间段产品销售情况计算产品需求水平和最佳库存量，适时补充库存，保持一定的安全库存水平，这样既可满足销售需要，又可尽量减少库存成本。

订单跟踪。为保障订单不被遗忘或丢失，企业应创建订单信息数据库，随时了解有关订单信息及其状态，如新订单、延期订单、已完成的订单等。此外在网站上还应允许顾客登录个人主页查询自己的订单、订单最新状态及有关订单的任何问题。

而一旦出现订单问题，企业应在第一时间内通知顾客，真诚地与顾客沟通，取得顾客谅解，同时提出补偿方案，尽量弥补顾客损失。有诚意的态度和处理措施一般都会取得顾客谅解，而且会成为和顾客深度沟通的机会，常常会获得顾客更高的满意度和忠诚度。所以，企业事前应尽量避免订单问题出现，而一旦出现，也不必惊慌失措，一定要全力以赴加以解决，亡羊补牢时犹未晚。

(3) 物流配送管理。

物流配送一般有自营物流模式和第三方物流模式两种。到底选择哪种模式，由企业根据顾客的地区分布、销售商品的品种、配送细节、物流成本、物流企业发展状况等来综合确定。相对来说第三方物流模式在网络营销中比较常见，这也是社会分工提高效率的结果。不管是哪种物流模式，企业都需要对物流配送进行管理，管理的最终目标是提高效率，减少失误。要实现物流管理的目标，就需要对物流体系进行信息化、网络化、自动化和智能化改造。其中信息化是改造的核心，其内容包括物流信息表达的数字化、物流信息收集的自动化、物流信息处理的电子化及计算机化、物流信息传递的标准化和实时化、物流信息存储的数据库化、物流信息管理的系统化、物流信息查询的个性化等。网络化包括两方面：一是指物流信息的网络化，即物流信息传送、存储的网络化，包括物流配送中心与供应商或生产企业的信息传递与存储要通过计算机网络，与上下游顾客之间的信息传输与储存也要通过计算机网络；二是组织的网络化，也就是企业内部网和ERP系统等信息技术和网络技术在企业内部管理中得到应用。自动化就是采用自动化机械设备，可实现提高劳动生产率、扩大物流作业能力、减少物流作业差错等效果。智能化则是指在物流作业过程中大量的运筹和决策通过计算机等人工智能来解决，以提高运算效率，避免差错。经过信息化、网络化、自动化和智能化改造，可大幅提高物流系统的运作效率，减少差错，提高顾客满意度。

10.3 网络中间商

10.3.1 网络中间商存在的必要性

在网络时代，生产企业可以利用互联网直接向顾客销售商品和服务，顾客则可以通过互联网直接向生产企业订购商品和服务，或者直接向生产企业提出个人需求进行产品定制。生产企业与顾客的直接接触减少了商品流通的环节，降低了交易成本，使交易双方均可以获得更大的收益。这种情况使传统价值链中的中间商面临消失的威胁，很多学者因此对网络时代中间商存在的必要性提出了质疑。那么，网络时代中间商是否还有存在的必要呢？

渠道专栏

互联网将以电子连接的方式连接数以千计的制造商和数以百万计的消费者，因此，21世纪没有对中间商的需求。如果顾客都可以上网，而当制造商都有顾客可以在全世界几乎每个角落均可以访问的网页时，谁还要中间商呢？购物旅行、超大型购物中心、商店，的确，目前营销渠道结构的传统做法将成为废弃之物——早些世纪的文化遗物。

资料来源：伯特·罗森布洛姆．营销渠道管理（第6版）．李乃和，等，译．北京：机械工业出版社，2003：386.

问题：

你是否同意这样的看法？试讨论之。

1. 理论分析

首先，我们可以用交易成本理论对此问题进行分析。根据交易成本理论，中间商存在的最根本原因在于它能降低交易成本，提高市场效率。考虑网络时代中间商是否会消亡，可以据此判断：如果通过网络直接交易的总成本小于借助中间商进行间接交易的总成本，中间商就会失去存在价值而消亡；反之，则中间商就有存在的必要和依据，还可以发挥其功能，起到降低市场交易成本、提高市场效率的作用。分析表明，在网络市场环境下，中间商将面临四种情况①：

第 1 种情况，信息技术可以促进直销市场发展，很多生产企业利用网络进行直销，建立网络直销渠道。第 2 种情况，生产企业通过传统中间商进行交易，传统中间商虽然通过信息化降低了成本，但其总的交易成本却高于直接交易费用，这类中间商就面临被淘汰的危险。第 3 种情况，信息化的高效率交换功能将代替传统直销方式，导致产生一种新型中间商——网络中间商。网络中间商作为生产企业和顾客进行交易的中间组织，通过集中交易产生规模效益从而提高交易效率，降低交易费用。第 4 种情况，信息技术对传统营销渠道结构进行改进，提高其营销效率，降低费用，传统中间商继续存在。例如，美国最大的零售商沃尔玛利用信息技术与生产厂家建立直接网络联系，降低两者间的交易成本，同时实行零库存管理，压缩库存成本，并通过降低价格与顾客分享超额利润。

分析上述结果，我们发现：第 1 种情况下，生产企业进行网络直销，不存在中间商；第 2 种情况下，传统中间商被淘汰，但带来的可能是生产企业直销或者间接销售，有部分可能会产生网络中间商；第 3 种情况下，网络中间商产生；第 4 种情况下，传统中间商继续存在。所以，根据理论分析，即使在网络时代，中间商仍将继续存在，而且传统中间商与网络中间商将在很长时期内并存。

其次，我们可以用渠道功能理论进行分析。营销渠道功能中的大部分都可以通过网络进行，但物流功能，即对商品进行运输、储存，只能通过实际的物流系统解决。当然生产企业也可以自己进行配送，这在单价较高的产品、工业用品的配送中较为常见，而其他单价低、数量少的生活用品的配送通过第三方物流则更为高效和节约成本，而且越来越多的生产企业将物流外包，第三方物流企业就成为了网络营销渠道中非常重要的中间商。

再次，我们可以用生产与消费之间存在的矛盾进行分析。中间商的存在可以解决生产与消费中的空间分离、时间分离、所有权分离、供需数量和货色供需的矛盾。生产企业通过网络直销，空间分离、时间分离、所有权分离的矛盾，甚至供需

① 朱峰，苏多坚．网络时代中间商发展趋势及特点浅谈．物流技术，2005（6）：26-29

数量的矛盾都可以解决，但对于货色供需的矛盾就较难解决。这一矛盾对于单价较高的产品来说可能还不算问题，如电脑、电视、手机等产品，所以，戴尔公司才可以通过网络直销获得成功。但对于单价较低、日常生活所需的产品，这一矛盾就很难通过网络直销解决。顾客可能需要同时购买盐、糖、酱、纸、米、油等生活用品，但任何一家生产盐、糖、酱等商品的企业都无法直接通过网络直销给顾客，因为单价太低，又没有批量，会导致运费远高于商品价格，因此，还是需要一家网上超市。由于供需数量、货色供需矛盾的存在，也需要有网络中间商的存在。

最后，辅助商也是营销渠道中不可缺少的一员。在网络营销中，提供货款网上结算服务的网上银行，提供产品信息发布和网站建设的ISP和电子商务服务商，提供网络营销策划咨询服务的咨询公司，提供营销管理软件开发的软件公司等辅助商都必不可少。网络营销的发展一方面并没有使中间商消亡，另一方面还促使辅助商越出了传统的范畴而获得了新的发展，这些新型网络渠道中介机构在网络市场中正在发挥其独一无二的优势。

2. 现实分析

正如在传统渠道中很多大型公司都会同时使用多条渠道，如进行直销的专卖店、与传统中间商合作的批发零售渠道以及与大超市合作的连锁渠道，在网络时代使用网络直销渠道的生产企业也会同时使用网络间接渠道，例如，戴尔电脑公司既通过公司网站实施网络直销，同时也通过一些网络中间商如京东商城、绿森数码等进行网络间接销售。所以，网络直销渠道与网络间接渠道并不排斥，销售业绩较好的公司经常是两种渠道并用。

在现实生活中，我们发现存在大量的网络中间商，比较著名的如经营综合商品的京东商城（2008年营业额突破13亿元）、淘宝网；专业经营图书的亚马逊、当当、卓越；专业经营家电的世纪电器网；专业经营钻石的美国Blue Nile（蓝色尼罗河）公司（2004年纳斯达克上市）；提供各项专业服务的辅助商，如阿里巴巴、联邦快递、UPS、中国电信等。这些网络中间商的存在也证明在网络时代企业仍然需要中间商。

目前，传统中间商与网络中间商正出现融合的迹象。一方面，从传统中间商角度来说，他们除不断提高自己的信息化水平，提高工作效率外，同时也在相应地开设网站，网站的销售额占到其总销售额的相当部分。例如，国美电器除了提高自己的信息化水平，继续进行传统渠道业务经营外，也于2000年开设了国美网上商城进行网上销售，设立了专门的网上订购部处理顾客订单。2007年其网上销售额已达3亿元，目前正在进行新一轮的网络销售扩张。沃尔玛也开设网站进行网上销售，其网站在2010年世界十大购物网站中排名第五。另一方面，从网络中间商角度来说，在事业发展到一定程度后，很多中间商又开始设立实体形象店进行产品展示和销售，线上线下相结合。例如，经营钻石生意的网站“钻石小鸟”最初纯粹是在网上销售钻石，但在销售额达到一定量后，也开始在主要城市开设实体门店，他们称为体验中心，实行“鼠标+水泥”服务模式。这种模式也比较符合绝大多数顾客的消费习惯。现在很多网络顾客比较习惯的就是“网下看商品，网上下订单”。如今“钻石小鸟”已经获得风险资本的第二轮投资，并计划三四年之内上市。

3. 结论

(1) 网络时代，中间商仍然会存在，仍然会有网络零售商和代理商，这些中间商通过信息化和网络化建设获得极高的分销效率。同时，为网络营销渠道提供各项服务的辅助商会大量增加。

(2) 在未来很长一段时间内，传统中间商和网络中间商会并存，而且会出现一定程度的融合，成为“鼠标+水泥”的新型中间商。

(3) 网络营销渠道模式对企业营销渠道的影响是：传统上做直销的企业大多会继续传统直销或网络直销，另外一些原来并未直销的企业也会开始采用网络直销渠道，这会使直销成为网络营销渠道中非常重要的一条渠道，很多名牌企业都会采用网络直销形式。同时，传统上的间接营销渠道环节变少，从原来占主要地位的二级、三级甚至多级渠道减少为网络时代的一级渠道。

10.3.2　网络中间商的类型

网络直销渠道的出现并没有使中间商消失，承担生产与消费之间中介的经销商与代理商依然存在，同时辅助商大量增加，为生产企业进行网络销售提供各种中介服务。下面所介绍的网络中间商中除少量经销商和代理商外，其他大多为辅助商。

1. 虚拟商场

虚拟商场是指包含与两个以上的商业性站点链接的网站。虚拟商场为需要加入的生产企业或零售商提供建设和开发网站的服务，并收取相应的费用，如租用服务器的租金、销售收入的提成等。例如，提供 B2B 服务的阿里巴巴、慧聪网；提供 B2C 服务的麦考林网、世纪电器网；提供 C2C 服务的淘宝网、易趣、拍拍、百度有啊等都属于这样的虚拟商场，这种商场类似于现实中的综合商场，为入驻商家提供场地和服务，收取相关费用。当然，很多网上商城在业务开拓时期会采用免费策略，但在业务经营到一定规模后可能就会改变收费模式。

2. 虚拟集市

虚拟集市为那些想要进行物品交易的人提供一个虚拟的交易场所，任何人都可以将想要出售的物品的相关信息上传到虚拟集市的网站上，也可以在站点中任意选择和购买，虚拟集市的经营者对所达成的每一笔交易收取一定的管理费。网上拍卖站点是比较具有代表性的一种虚拟集市。另外，中国奇石交易网、漳州二手汽车网上交易中心、中国涂料（油墨、胶粘剂）原材料交易中心网等都属于虚拟集市。

3. 网络零售商

如同传统零售商一样，网络零售商也是通过购进各种商品，然后销售给最终顾客，从中赚取差价。与传统零售商店相比，网络零售商具有如下优势：在网上开店的费用很低，固定成本显著低于同等规模的传统零售商店；网络零售商店每一笔业务均通过计算机自动处理完成，节约了大量的人力，成为技术密集型行业，从而使可变成本也显著低于同等规模的传统零售商店；网上零售商店比传统零售商店更容易获得规模经济和范围经济，所以具有极强的价格竞争优势，很多网上零售商店也往往会以打折、优惠券等促销方式来吸引顾客购物，如当当网上书店在其周年店庆时举行打折促销活动，每小时订书单达到二百余份。所以，网络零售店目前正以日新月异的速度在发展。网络零售店主要由以下三种构成：第一种是生产企业自己开设的网店，通过网络直销增加销量，但网店不是开在自家网站上，而是在其他网络商城中；第二种是生产企业的传统中间商开设的网店，作为增加销量的秘密渠道。例如，九阳电器的中间商几乎都在淘宝网上开有店铺，并且销售额的增长速度都远远高于地面渠道的增长速度。第三种是独立网店，规模大的独立网店成为像经营3C类产品的京东商城、经营母婴类产品的红孩子、经营箱包类的麦包包等那样的商城，这些网店直接从生产企业进货进行销售，赚取差价，其销售额与影响力现在已不可低估；规模小的则成为C2C的个人网店，主要从其他中间商处进货，发展到一定规模，他们也可以成为生产企业直接供货的中间商。

4. 目录服务商

目录服务商对互联网上的网站进行分类并整理成目录的形式，使用户从中能够方便地找到所需要的网站。目录服务包括三种形式：一种是综合性目录服务，比如Yahoo等门户网站，为用户提供各种各样不同站点的综合性索引，在这类站点上通常也会提供对索引进行关键词搜索的功能；另一种是商业性目录服务，如互联网商店目录，仅提供对现有的各种商业性网站的索引，而不从事建设和开发网站的服务，类似于实际生活中电话黄页，如买购网对排名靠前的商业网站的排序；第三种是专业性目录服务，即针对某一专业领域或主题建立的网站，通常是由该领域中的公司或专业人士提供内容，包括为用户提供对某一品牌商品的技术评价信息、同类商品的性能比较等，对商业交易具有极强的支持作用。

5. 互联网内容提供商

互联网内容提供商也称ICP，即在互联网上向目标客户群提供所需信息的服务提供者。这类站点提供了访问者感兴趣的大量信息，目前互联网上的大部分网站都属于这种类型，如新浪网、搜狐网、猫扑网、土豆网等。现在大多数互联网内容提供商的信息服务对网络浏览者是免费提供的，其预期的收益主要来源于以下几方面：在互联网上提供信息以促进传统渠道的销售；为生产企业提供广告空间，收取相应的广告费；互联网增值服务等。

6. 搜索引擎服务商

与目录服务商不同，搜索引擎站点为用户提供基于关键词的检索服务，用户可以利用这类站点提供的搜索引擎对互联网进行实时搜索。著名的搜索引擎有百度、谷歌、雅虎、搜狐、奇虎等。

7. 虚拟评估机构

互联网是一个开放性的网络，任何人都可以在互联网上设立站点，对基于互联网而形成的网络市场来说也同样如此，任何人都可以在网络市场中开设商店、销售商品。正因为网络市场的开放性，所以无法将具有不良企图的经营者从一开始就排除在市场之外，这就使顾客的购物风险显著增加。虚拟评估机构类似于现实生活中的信用评级机构，就是一些根据预先制定的标准体系对网上商家进行评估的第三方评级机构，通过为顾客提供网上商家的等级信息和消费评测报告，降低顾客网上购物的风险，对网络市场中商家的经营行为起到间接的监督作用。例如，淘宝网中的信用评级（用钻石、皇冠表示）对初次登录淘宝网的网民购物就有明显的指导作用。当然，淘宝网中的信用评级来源于已购物的顾客的评价，原理与虚拟评估机构的评价类似。

8. 网络统计机构

网络营销的发展也需要其他辅助性的服务，比如，生产企业需要了解有关网站访问者数量、特征、访问习惯、不同的网络广告手段的使用率等信息，以做出正确的网络广告投放决策。网络统计机构就是为用户提供互联网统计数据的机构，例如 Forrester、A. C. Nielsen 以及国内的 CNNIC 等。

9. 网络金融机构

网上交易的完成还需要得到金融机构的支持，如网上交易过程中的信贷、支付、结算、转账等金融业务。网络金融机构就是为网络交易提供专业性金融服务的金融机构。目前国内各大商业银行及地方性商业银行均可提供网上银行服务，但服务范围及合作网站有较大差异。另外，由于淘宝网在中国 C2C 市场中的龙头地位，支付宝作为阿里巴巴公司的产品，虽然目前还不具备金融机构的资格，但其实已在执行支付中介的金融职能，是目前国内网上支付交易量最大的支付手段，在网上支付方面已远远走在了商业银行的前面。目前支付宝已纳入央行监管，并在积极争取金融机构的资格。

10. 智能代理

随着电子商务在全球范围内的飞速发展，网上的商业信息正以指数级数增长。面对网上浩瀚的信息，顾客往往不知所措。智能代理（intelligent agent）就是利用专门设计的软件程序，根据顾客的偏好和要求预先为顾客自动进行所需信息的搜索和过滤服务的提供者。智能代理软件在搜索时还可以根据用户自己的喜好和别人的搜索经验自动学习、优化搜索标准。这些专门为顾客提供购物比较服务的智能代理，又称为比较购物代理。在此基础上产生了比较电子商务模式，采用这一模式的网站因其先进性而成为众多网络顾客经常访问的站点。目前国内采用这一模式的网站主要有书籍比较购物网站酷买和综合性比较电子商务网站中华比较网等。比较购物代理以及比较电子商务的出现，其意义不仅在于使顾客的购物过程更加快捷方便，更重要的是其所提供的服务可能会对网络营销的竞争状况产生重大的影响。也许在将来，不能获得比较购物代理的认同，生产企业就无法将信息传递给目标市场。所以，比较购物代理可能将成为搜索引擎后另一个引起生产企业竞争的热点。

综上所述，互联网和网络营销的发展对中间商提出了更高的要求，传统意义上的中间商必须向网络中间商转型，以适应网络营销环境的要求。网络中间商使生产企业和顾客之间的信息不对称程度显著降低，提高了网络交易的效率和质量，增加了网络市场的透明度，在网络营销渠道中扮演着重要的角色，具有不可替代的作用和功能，网络中间商的存在促进了网络营销的应用和发展。因此，网络中间商不可能消亡，只会随着时代的发展而不断演化为新的形式，始终伴随生产企业的营销活动而存在。

本章小结

网络营销渠道，又称电子营销渠道，是指应用互联网提供可利用的产品和服务，以便使用计算机或其他能够使用技术手段的目标市场通过网络进行和完成交易活动。随着我国互联网的快速普及和发展，网络营销渠道发展非常迅速。一个完善的网络营销渠道至少应有订货功能、结算功能和配送功能三大功能。网络营销渠道可分为网络直接营销渠道、网络间接营销渠道两大类型。网络营销渠道具有范围广、成本低、互动性强、渠道短等优势，但同时也存在不少劣势，如缺乏直观感受和延时交货、网络混乱拥挤、物流滞后、安全问题、信誉问题、对个人及社会购物动机的忽视等。

网络营销渠道的设计与传统营销渠道的设计类似，也要经过相同的流程，但在具体设计网络营销渠道时，需要重点考虑从顾客角度设计渠道、订货系统设计要简便、为顾客提供多种结算方式、建立完善的配送系统四个问题。要实现网络营销的分销目标，同样需要进行渠道管理。网络营销渠道管理的重点在于渠道政策管理、渠道冲突管理、渠道安全管理和渠道物流管理。渠道政策管理包括政策制定与政策执行管理；管理渠道冲突可以采用差异化定位、渠道区隔和价格管理等措施；渠道安全管理主要针对货款安全、信用卡和账号安全、个人信息安全三个方面的安全问题进行管理；渠道物流管理包括订货系统管理、库存与订单管理、物流配送管理三方面内容。

根据理论分析与现实分析，在网络时代中间商仍有其存在的必要性，且会出现更多的新型网络中间商，网络中间商与传统中间商会出现一定程度上的融合，营销渠道的长度会从多级缩短为零级或一级。网络中间商目前常见的有虚拟商场、虚拟

集市、网络零售商、目录服务商、互联网内容提供商、搜索引擎服务商、虚拟评估机构、网络统计机构、网络金融机构和智能代理等，其中前三种类似于传统的经销商与代理商，后七种属于辅助商。

习　题

一、单选题

1. 网络营销渠道的天然缺陷是它的(　　)。

A. 互动性　　B. 广泛性　　C. 高效性　　D. 虚拟性

2. B2B 模式下，网络营销渠道建设的关键是(　　)。

A. 订货系统　　B. 配送系统　　C. 结算系统　　D. 支付系统

3. 相关研究表明，只要网上商品的价格在线下价格的(　　)以上，就不会对线下商品产生太大的冲击。

A. 65%　　B. 75%　　C. 85%　　D. 90%

4. 生产企业对网络渠道与传统渠道供应不同型号的产品，属于渠道区隔中的(　　)。

A. 品牌区隔　　B. 价格区隔　　C. 促销区隔　　D. 产品线区隔

5. 生产企业通过网络直销，最难解决的是生产与消费中的(　　)的矛盾。

A. 空间分离　　B. 时间分离　　C. 货色供需　　D. 所有权分离

二、多选题

1. 一个完善的网络营销渠道至少应有(　　)功能。

A. 订货功能　　B. 谈判功能　　C. 结算功能
D. 匹配功能　　E. 配送功能

2. 与传统营销渠道相比，网络营销渠道具有(　　)优势。

A. 范围广　　B. 成本低　　C. 互动性强
D. 渠道短　　E. 配送能力强

3. 网上支付面临的安全问题包括(　　)。

A. 人身安全　　B. 货款安全　　C. 个人信息安全
D. 商品功能安全　　E. 信用卡和账号安全

4. B2C 模式下，网络营销渠道建设的关键是(　　)。

A. 订货系统　　B. 结算系统　　C. 配送系统
D. 谈判系统　　E. 信息系统

5. 网络营销渠道管理的重点是(　　)。

A. 渠道政策管理　　B. 渠道物流管理　　C. 渠道价格管理
D. 渠道安全管理　　E. 渠道冲突管理

三、判断题

1. 网络直销渠道没有营销中间商介入。（　）

2. 网络直销渠道将会取代传统营销渠道和网络间接营销渠道。（　）

3. 在网络时代，生产企业可以利用互联网直接向顾客销售商品和服务。所以，中间商已无存在的必要。（　）

4. 网络时代，传统中间商和网络中间商会出现一定程度的融合。（　）

5. 生产企业不能同时使用网络直接营销渠道和网络间接营销渠道。（　）

四、简答题

1. 理解网络营销渠道的定义应注意哪些问题？

2. 网络营销渠道具有哪些劣势？

3. 在具体设计网络营销渠道时，需要重点考虑哪些问题？

4. 为执行好渠道政策，生产企业应该做好哪些工作？

5. 管理网络营销渠道与传统营销渠道之间的冲突的常见做法有哪些？

五、案例分析题

互联网对黄山旅游分销渠道影响

20世纪80年代末90年代初，互联网的应用尚未普及或正在普及中，黄山旅游相关信息以产品宣传为主，十分缺乏关于大交通可进入性、小交通通达性以及目的地各类旅游供应商的具体信息，一方面这使得旅游者在自行安排黄山的旅游行程时常常因信息不足而面临诸多决策困难，往往需要借助旅行社来降低出游成本；而另一方面，目的地的酒店与景区供应商等也往往难以直接接触旅游者，主要依赖于旅行社的销售渠道。因此，一条以传统的旅行社为核心的黄山旅游分销渠道开始形成体系，黄山的旅行社主要作为地接社，接收客源地组团社旅游团，负责住宿、餐饮、游览等行程安排。

黄山的旅行社在这一时期开始迅速发展，1996年旅行社数量共70家，到2000年达到84家，而黄山脚下的汤口镇到2003年也拥有14家旅行社。为了整合重组旗下旅行社企业，黄山旅游发展股份有限公司于2002年将黄山市中国旅行社、黄山中国国际旅行社、黄山海外旅行社、黄山旅行社、黄山顺通旅游汽车公司、黄山航空旅游服务有限公司六家企业整合成为“黄山旅游发展股份有限公司旅行社管理分公司”，在一定程度上推动了黄山旅行社业的整合与发展。

然而，随着旅行社业竞争日趋激烈，自20世纪90年代中后期起，旅行社恶性竞争与市场秩序混乱问题开始日益凸显。地接社因其产品价格被组团社一再压低，转而通过向供应商收取折扣来获取利润，而供应商也通过压榨旅游者来保证生存空间，整个旅游市场恶性竞争严重，这一现象在黄山市尤其是汤口镇亦极为严重，旅游者无法从其主要信息源——旅行社身上获取真实可信的信息，成为整个分销系统混乱的最终受害者。与此同时，中国互联网诞生并开始普及推广，各类旅游网站、旅游网络公司于1997年前后开始涌现，1997年6月中国旅游资讯网成立，1997年10月华夏旅游网成立，1999年携程旅行网成立。黄山也出现各类旅游网站，如官方网站、旅行社网站、宾馆酒店网站、景区景点网站和旅游网络公司网站，这些网站一定程度上为旅游者提供了目的地信息，但由于网站信息的时效性、便捷性、界面友好性以及互联网终端应用的普及性等原因，互联网并未形成有效的分销渠道，对传统分销渠道旅行社的冲击并未显现。

进入21世纪以来，互联网技术的进一步提高，旅游网站逐渐分化为供应商网站与中介商网站，而按照网站性质则可分为信息媒介类网站与交易媒介类网站。信息媒介网站主要提供旅游咨询（如“新浪旅游频道”，无在线交易功能的景区、酒店、旅行社网站）、游记攻略、互动点评（如“到到网”）或是旅游信息垂直搜索功能（如“去哪儿”、“酷讯”）。交易媒介网站在信息媒介功能的基础上强化了旅游交易功能（如“携程”、“艺龙”、“同程网”），形成了分销渠道，使用这一渠道的人数增长迅速，在线旅游交易也日益增加。据《中国互联网发展状况统计报告》显示，截至2010年12月，我国在旅行预订用户规模为3613万人，在网民中的渗透率为7.9%。用户数比2009年年底增长了589万，年增长率为19.5%。

在此背景下，黄山旅游业的互联网应用也出现了三个方面的新征特：官方旅游网站迅速增多、基于web2.0的旅游论坛日益火爆并成为旅游传播的重要平台、旅行社和饭店等企业对互联网的应用程度提高。仅2003年，黄山市旅游企业新建立旅游网站30多个，当年12月，黄山市还举办首届旅游网页设计大赛，旨在提高旅游企业网络化水平。

因旅游信息传播与旅游交易模式的变革，黄山旅游分销渠道也开始呈现了多元化、网络化的发展特征：

一是传统旅行社网络化进程加快。互联网旅游信息的传播加强了旅游者和组团社的信息获取能力，而黄山旅行社也纷纷建立网站，主动提供相关旅游信息。

二是在线预订与交易网站快速发展。

三是为自助游客提供服务的特色酒店不断成长。

互联网对黄山旅游分销渠道的影响：

1. 传统旅行社分销路径与功能变化。从黄山旅行社分销功能在互联网出现前后的对比来看，互联网使旅行社的分销路径一分为三：路径一，旅游者通过组团社参团，组团社通过互联网联系黄山旅行社，由黄山旅行社订购酒店、景区产品并负责地接；路径二，旅游者通过互联网直接联系黄山旅行社参团，由黄山旅行社订购酒店、景区产品并负责地接；路径三，旅游者通过互联网委托黄山旅行社代订酒店，但自行安排线路行程。

2. 在线预订网站与实体分销渠道不断融合。从黄山在线预订网站发展的历程可以看出，在线预订网站发展使其分销渠道演变为两种路径：其一是旅游者通过在线预订网站预订酒店、景区门票等，由旅游者自行安排游览行程；其二是旅游者网上预订旅游线路产品，由网站所属实体旅行社或合作的旅行社进行接待服务。

3. 自助游服务酒店成为新的分销渠道。自助游服务酒店本为酒店供应商，但由于自助游客的人群特征，这些酒店为了吸引更多的顾客，他们不断强化网站功能，增加旅游咨询服务，同时为游客提供专业的现场咨询与讲解、预订等各项服务，使其在一定程度上具有旅游中介的分销功能。

黄山案例研究表明，由于互联网的发展及其在旅游业中的应用，旅游目的地旅游分销渠道逐渐呈现出多元网络化的发展趋势。在互联网普及应用前，黄山旅游分销渠道以传统旅行社为核心；在互联网普及应用后，黄山出现了传统旅行社的网络分销模式、在线预订的分销模式以及自助游服务酒店的中介分销模式等。

伴随着黄山旅游分销渠道的多元网络化发展，旅游分销的关系、功能与结构也发生了明显的变化，分销关系上旅游中介优势地位减弱，分销功能上旅游中介从整合到重组，分销结构上旅游中介从分销核心到分销辅助中心，而旅游者则逐步掌握了旅游分销渠道的主动权，成为旅游分销的核心。

资料来源：张朝枝，游旺．互联网对旅游目的地分销渠道影响——黄山案例研究．旅游学刊，2012（3）：52-59.

问题：

1. 根据案例资料，请描述黄山旅游的营销渠道现状。
2. 你如何评价互联网对黄山旅游分销渠道的影响？

实践活动

一、实训目的

使同学们通过实训了解网络营销与传统渠道的关系。

二、实训内容

采用辩论赛形式，要求将全班同学分为 2 个小组，各组进行辩论。正方观点，网络营销渠道可以取代传统渠道。反方观点，网络营销渠道不能取代传统渠道。小组中没有作为辩论代表上场的同学是正方和反方的智囊团，负责收集资料，答辩后编写各自小组的实训报告。

三、实训组织

1. 教师提前 1 周布置实训题，说明实训要求及注意事项。

2. 将教学班同学进行分组，每组大约 20 人，每组选出自己的辩论代表 4 人。

3. 采用组长负责制，由组长对成员进行分工协作，共同完成实训任务。

4. 教师组织小组在课堂上进行辩论。

四、实训步骤

1. 各小组按照辩论赛的要求，收集支持自己观点的资料。

2. 教师安排 1~2 个课时，组织辩论比赛。

3. 现场辩论，选出一名学生作为主持人，学生中随机抽出 9 个学生组成观察团，这些学生不进入辩论方所在小组，以保持客观公正。

4. 在辩论结束，由观察团投票表决哪方获胜。

5. 辩论学生代表谈辩论感受，教师进行点评并给出实训成绩。

参考文献

[1] [美] 伯特·罗森布洛姆. 营销渠道（第8版）. 宋华，等，译. 北京：中国人民大学出版社，2014.
[2] [美] 伯特·罗森布洛姆. 营销渠道管理（第6版）. 李乃和，等，译. 北京：机械工业出版社，2003.
[3] [美] 安妮·T. 科兰，路易斯·W. 斯特恩，等. 营销渠道（第7版）. 蒋青云，等，译. 北京：中国人民大学出版社，2008.
[4] [美] 安妮·T. 科兰，路易斯·W. 斯特恩，等. 营销渠道（第6版）. 蒋青云，等，译. 北京：电子工业出版社，2003.
[5] 庄贵军. 营销渠道管理（第二版）. 北京：北京大学出版社，2012.
[6] 卜妙金. 营销渠道管理（第二版）. 北京：高等教育出版社，2007.
[7] 李先国. 分销渠道管理. 北京：清华大学出版社，2007.
[8] 张广玲. 分销渠道管理. 大连：武汉大学出版社，2005.
[9] 王国才，王希凤. 营销渠道. 北京：清华大学出版社，2007.
[10] 常永胜，营销渠道：理论与实务. 北京：电子工业出版社，2009.
[11] 胡春. 市场营销渠道管理. 北京：清华大学出版社·北京交通大学出版社，2006.
[12] 胡介埙. 分销渠道管理. 大连：东北财经大学出版社，2009.
[13] 彭建仿. 分销渠道管理学. 广州：中山大学出版社，2009.
[14] 郭国庆. 市场营销学. 武汉：武汉大学出版社，2007.
[15] 王方华，奚俊芳. 营销渠道. 上海：上海交通大学出版社，2005.
[16] 卜妙金. 营销渠道管理. 北京：高等教育出版社，2001.
[17] 崔新健. 国际市场营销. 北京：高等教育出版社，2008.
[18] 苗月新. 营销渠道概论. 北京：清华大学出版社，2007.
[19] 吕一林. 营销渠道决策与管理（第二版）. 北京：中国人民大学出版社，2008.
[20] [美] 拉尔夫·W. 杰克逊，等. 销售管理. 李扣庆，等，译. 北京：中国人民大学出版社，2001.

[21] 中国营销总监职业培训教材编委会编著．营销渠道．北京：朝华出版社，2004.
[22] 吕一林．营销渠道决策与管理．北京：中国人民大学出版社，2005.
[23] 李飞．分销渠道：设计与管理．北京：清华大学出版社，2003.
[24] 居长志，郭湘如．分销渠道设计与管理．北京：中国经济出版社，2008.
[25] 杨顺勇等．连锁经营管理．上海：复旦大学出版社，2008.
[26] 张晔清．连锁经营管理原理．上海：立信会计出版社，2002.
[27]《连锁经营管理师培训教程》编委会．连锁经营管理师培训教程．北京：中国经济出版社，2007.
[28] 郭庆然，张鹏伟．连锁经营．北京：对外经济贸易大学出版社，2008.
[29] 刘星原．连锁经营与管理．北京：中国商务出版社，2008.
[30] [英] 马丁·门德尔松．特许经营指南（第六版）．李维华，等，译．北京：机械工业出版社，2005.
[31] 沈珺．特许经营管理概论．北京：清华大学出版社·北京交通大学出版社，2009.
[32] 侯吉建，汤艾菲著．商业特许经营教程．北京：机械工业出版社，2005.
[33] 李维华．特许经营学．北京：中国发展出版社，2009.
[34] 朱明侠，魏铁梅．特许经营．北京：对外经济贸易大学出版社，2007.
[35] 江占民等．现代企业营销渠道．北京：中国时代经济出版社，2004.
[36] 高定基．娃哈哈是怎样控制窜货的．中国商贸，2003（1）.
[37] 庄楠．营销渠道理论概述．中国建设动态（阳光能源），2007（5）.
[38] 黄国祥．李乃和，杨洪涛．渠道成员绩效的评估．上海管理科学，2002（6）.
[39] 邓刚，陈武，吕四海．营销渠道整体绩效评价指标体系的构建．科技创业，2005（9）.
[40] 徐茜．渠道管理理论概述．经营管理者．2010（4）.
[41] 杨先红．优化家电企业分销渠道策略分析．才智，2010（8）.
[42] 叶峰，李清．宝洁的投放变化与渠道下沉．广告大观（综合版），2010（2）.
[43] 彭国红．分销渠道结构理论演进及其分析．统计与决策，2009（15）.
[44] 卢向虎．中国营销渠道结构的演进及影响因素评价．重庆大学学报（社会科学版），2004（5）.
[45] 贺艳春，张志海．营销渠道结构演变的理性分析．湖南工程学院学报（社会科学版），2002（3）.

图书在版编目(CIP)数据

营销渠道管理/李克芳,范新河主编．—2 版.—武汉:武汉大学出版社,2017.7(2022.8 重印)
高等学校市场营销学系列教材
ISBN 978-7-307-19460-1

Ⅰ.营…　Ⅱ.①李…　②范…　Ⅲ. 购销渠道—销售管理—高等学校—教材　Ⅳ.F713.1

中国版本图书馆 CIP 数据核字(2017)第 158578 号

责任编辑:陈　红　　责任校对:汪欣怡　　版式设计:韩闻锦

出版发行:**武汉大学出版社**　(430072　武昌　珞珈山)
(电子邮箱:cbs22@ whu.edu.cn 网址:www.wdp.com.cn)
印刷:武汉邮科印务有限公司
开本:787×1092　1/16　印张:20.5　字数:426 千字　插页:1
版次:2011 年 1 月第 1 版　2017 年 7 月第 2 版
2022 年 8 月第 2 版第 2 次印刷
ISBN 978-7-307-19460-1　定价:49.00 元
